A Lei Geral de Proteção de Dados Brasileira

A Lei Geral de Proteção de Dados Brasileira

ANÁLISE SETORIAL (VOLUME 1)

2021

Coordenação: Eduardo Tomasevicius Filho

ALMEDINA

A LEI GERAL DE PROTEÇÃO DE DADOS BRASILEIRA
ANÁLISE SETORIAL (VOLUME I)

COORDENADOR: Eduardo Tomasevicius Filho

DIRETOR ALMEDINA BRASIL: Rodrigo Mentz
EDITORA JURÍDICA: Manuella Santos de Castro
EDITOR DE DESENVOLVIMENTO: Aurélio Cesar Nogueira
ASSISTENTES EDITORIAIS: Isabela Leite e Larissa Nogueira

DIAGRAMAÇÃO: Almedina
DESIGN DE CAPA: FBA

ISBN: 9786556271682
Fevereiro, 2021

Dados Internacionais de Catalogação na Publicação (CIP)
(Câmara Brasileira do Livro, SP, Brasil)

A lei geral de proteção de dados brasileira : uma análise setorial (volume I) /
coordenação Eduardo Tomasevicius Filho. -- 1. ed. -- São Paulo : Almedina, 2021..

Vários autores
Bibliografia.
9786556271682

Índice:
1. Direito 2. Direito civil 3. Direito digital 4.
Compliance 5. Informação I. Filho, Eduardo
Tomasevicius.

20-50360 CDU-34:004

Índices para catálogo sistemático:

1. Direito digital 34:004
Aline Graziele Benitez - Bibliotecária - CRB-1/3129

Este livro segue as regras do novo Acordo Ortográfico da Língua Portuguesa (1990).

EDITORA: Almedina Brasil
Rua José Maria Lisboa, 860, Conj.131 e 132, Jardim Paulista | 01423-001 São Paulo | Brasil
editora@almedina.com.br
www.almedina.com.br

SOBRE O COORDENADOR

Eduardo Tomasevicius Filho

Livre-Docente, Doutor e Bacharel em Direito pela Universidade de São Paulo (USP).

Mestre em História Social pela Faculdade de Filosofia, Letras e Ciências Humanas da Universidade de São Paulo (USP).

Professor Associado do Departamento de Direito Civil da Faculdade de Direito da Universidade de São Paulo (USP).

Professor do Curso de Direito das Faculdades Integradas Campos Salles.

Líder do Grupo de Pesquisa "Direito Civil na Sociedade em Rede, vinculado ao Departamento de Direito Civil da Faculdade de Direito da Universidade de São Paulo (USP).

SOBRE OS AUTORES

Bruno Polonio Renzetti

Doutorando em Direito Comercial pela Universidade de São Paulo (USP), Mestre em Direito e Desenvolvimento pela Fundação Getúlio Vargas (FGV/SP) e Bacharel pela Universidade Federal do Paraná (UFPR). Professor da pós-graduação no IBMEC, Insper e PUC/PR. Associado de Pereira Neto | Macedo Advogados. Contato: renzetti@usp.br

Eduardo Lopes Cominetti

Mestre e Doutorando em Engenharia da Computação pela Escola Politécnica da Universidade de São Paulo (USP) na área de criptografia e segurança da informação. Tem trabalhos sobre banco de dados cifrado para utilização em Nuvem, criptografia homomórfica e comunicação segura veicular (V2X). E-mail: ecominetti@larc.usp.br

Henrique Maciel Boulos

Bacharel em Direito e Mestrando em Direito Civil na Faculdade de Direito da Universidade de São Paulo (USP). Advogado. E-mail: henrique.boulos@marchieboulos.com.br

João Guilherme Pereira Chaves

Bacharel em Direito e Mestre em Ciências Sociais Aplicadas pela Universidade Estadual de Ponta Grossa (UEPG). Doutorando em Direito Civil pela Universidade de São Paulo (USP). Professor do Curso de Direito da Faculdade de Telêmaco Borba (FATEB). Advogado. E-mail: jgpchaves@hotmail.com

Leonardo Perez Diefenthäler

Bacharel em Direito pela Faculdade de Direito da Universidade de São Paulo (USP), mestrando pela mesma instituição no Departamento de Filosofia e Teoria Geral do Direito (DFD) e graduando em Filosofia pela Faculdade de Filosofia, Letras e Ciências Humanas da Universidade de São Paulo (FFLCH). *E-mail*: leonardo.diefenthaler@usp.br.

Livia Clozel

Pesquisadora do Grupo de Pesquisa "Direito Civil na Sociedade em Rede", vinculado ao Departamento de Direito Civil da Faculdade de Direito da USP. Jornalista. DPO.

Lucas de Góis Barrios

Mestrando em Direito Comercial pela Universidade de São Paulo (USP). Pós-graduado em Direito Econômico pela Fundação Getulio Vargas de São Paulo (FGV-SP). Bacharel em Direito pela Universidade Federal da Bahia (UFBA). Advogado. E-mail: lucas@barrios.adv.br.

Luís Felipe Rasmuss de Almeida

Bacharel em Direito e Mestrando em Direito Civil pela Universidade de São Paulo (USP). Membro da Rede de Pesquisa de Direito Civil Contemporâneo (RDCC). Contato: luis@rasmuss.com.br

Marcelo Vinícius Miranda Santos

Mestrando em Direito Civil pela Universidade de São Paulo (USP). Pós-graduado em Direito Processual Civil pela Faculdade Baiana de Direito. Bacharel em Direito pela Universidade Federal da Bahia (UFBA). Advogado. E-mail: marcelo_vms@outlook.com

Maria Eugênia Lacerda

Bacharel em Direito pela Escola de Direito de São Paulo da Fundação Getúlio Vargas (EDESP-FGV/SP). Mestranda na Faculdade de Direito da Universidade de São Paulo (USP). Advogada de proteção de dados e tecnologia. E-mail: melacerda@tozzinifreire.com.br

Mariana Almirão de Sousa

Bacharel em Direito, Especialista em Direito Civil e Mestre em Direito Político e Econômico pela Universidade Presbiteriana Mackenzie. Doutoranda em Direito Comercial pela Universidade de São Paulo (USP). Advogada na área de direito empresarial. E-mail: marianaalmirao@usp.br

Rafael Soares Souza

Bacharel em Direito pela Universidade do Sul de Santa Catarina (UNISUL). Mestre e Doutorando em Direito de Estado pela Universidade de São Paulo (USP). Juiz Federal vinculado ao Tribunal Regional Federal da 5ª Região. E-mail: rafael.soares@jfse.jus.br.

Renata Chade Cattini Maluf

Mestre em Direito Civil pela PUC/SP e Doutoranda em Direito Civil pela Faculdade de Direito da Universidade de São Paulo (USP). Advogada. E-mail: renata@mgadv.com.br.

Rodrigo Amaral Paula de Méo

Mestre e Doutorando em Direito Civil na Faculdade de Direito da Universidade de São Paulo (USP). Advogado e professor universitário. E-mail: rodrigodemeo@gmail.com

Selma Carloto

Doutoranda em Direito do Trabalho na Faculdade de Direito da USP – Universidade de São Paulo e Doutora em Direito na Universidade de Buenos Aires. Autora das obras Compliance Trabalhista e Lei Geral de Proteção de Dados (LTr) e Manual de Derecho Laboral Comparado e Interesses Metaindividuais e Ações Coletivas, Editorial Quorom, Buenos Aires. Professora de pós-graduação e MBA da Fundação Getúlio Vargas. Professora premiada como destaque da área de Direito pela rede FGV Management e pelo IDE, dos anos 2011, 2012, 2013 e 2014 consecutivamente, dos cursos de pós-graduação. Condecorada pela FGV Direito Rio com o prêmio de desempenho como docente nos cursos de pós-graduação da FGV em 2011, 2013, 2015. Prêmio de destaque no MBA de Direito do Trabalho em 2016. E-mail: selmacarloto@hotmail.com

Tiago Paes de Andrade Banhos

Mestrando em Direito do Estado pela Universidade de São Paulo (USP) e Bacharel em Direito pelo UniCEUB. Sócio do escritório Sérgio Banhos Advogados Associados. Contato: tiago.banhos@usp.br

Thomas Kefas

Doutorando em Direito Empresarial pela Universidade de São Paulo (USP). Graduado em Direito e Mestre em Direito e Constituição pela Universidade Federal do Rio Grande do Norte (UFRN). E-mail: thomaskefas@usp.br

APRESENTAÇÃO

A vida em sociedade é repleta de pretensões e resistências decorrentes da vontade de uma pessoa querer controlar a outra. Ao longo da história, observam-se importantes episódios de ruptura desses estados de dominação por meio de guerras e revoluções. No fim do século XVIII, por exemplo, a resistência do indivíduo ao poder do Estado resultou no desenvolvimento das liberdades públicas.

No âmbito do direito civil, os direitos da personalidade têm sido o referencial para a autodeterminação da pessoa humana quanto ao controle do próprio corpo e suas projeções imagéticas e identitárias, bem como da psique, em termos de proteção da privacidade e da honra. O direito civil deve muito ao direito público, por este ter dado significativas contribuições para o desenvolvimento dessa matéria enquanto não havia regras nos Códigos Civis – por exemplo, o Código Civil de 1916 – ou, quando previstas, configuravam-se limitadas. Por isso, conceitos de direito civil-constitucional e de eficácia horizontal dos direitos fundamentais foram bastante usados na defesa dos direitos da pessoa quando conflitos entre Estado e indivíduo se manifestavam entre particulares.

No que concerne à privacidade, a expressão magistralmente formulada no fim do século XIX por Warren and Brandeis como o "*right to be let alone*", em razão da invasão feita pela imprensa na vida privada de uma pessoa, tornou-se insuficiente diante da informática, com os bancos de dados e, sobretudo, pelo uso da Internet, que modificou a forma de relacionar-se com as demais pessoas nos mais diversos aspectos, uma vez que há constante estímulo à revelação de dados em redes sociais e no comércio.

Devido à facilidade de coleta de dados de todos os tipos, entre os quais os dados pessoais, incluindo o escaneamento de documentos físicos, além do armazenamento, compartilhamento e análise por meio de inteligência artificial, as violações à privacidade e à honra aumentam de forma exponencial. Mais grave ainda é que, com tamanho tratamento de dados, tem-se a possibilidade de controle real da sociedade, em situação em que a vida imita a arte, tal como na obra "1984", de George Orwell.

Assim, são imprescindíveis leis que disciplinem o tratamento de dados, com o intuito de proteger a liberdade da pessoa humana. No Brasil, a Lei n.º 12.965/2014, denominada de "Marco Civil da Internet", foi o primeiro passo para a regulação dessa atividade. A Lei n.º 13.709/2018, intitulada "Lei Geral de Proteção de Dados", e que finalmente entrou em vigor em 2020, torna-se um marco no direito brasileiro, pela especificação de regras voltadas à proteção dos direitos da personalidade, mas também pela harmonização dos direitos da pessoa com as liberdades do mercado. No fundo, consiste em uma lei que impõe a conduta de acordo com o princípio da boa-fé no tratamento de dados pessoais.

Com o intuito de dar contribuição à sociedade para um dos temas que se tornaram fundamentais dentro do direito, foi oferecida no Programa de Pós-Graduação em Direito da Faculdade de Direito da Universidade de São Paulo a disciplina "DCV 5953 – A Lei Geral de Proteção de Dados brasileira", na qual os participantes apresentaram seminários e elaboraram artigos, que agora são oferecidos à comunidade, como resultado das pesquisas elaboradas no 1º semestre de 2020. Tais estudos continuam sendo realizados dentro do grupo de pesquisa "Direito Civil na Sociedade em Rede", vinculado ao Departamento de Direito Civil da Faculdade de Direito da Universidade de São Paulo (USP), cadastrado no CNPq, e que vem desenvolvendo estudos sobre o tema.

A proposta dos trabalhos desenvolvidos foi diferente daquela tradicionalmente realizada: em vez de realizarem-se exegeses do texto legal, optou-se pelo estudo da lei aplicada aos setores, entre os quais as redes sociais, administração pública, Poder Judiciário, comércio, bancos, aplicativos, telecomunicações, ambiente de trabalho, controles de acesso e saúde.

Agradecemos à Editora Almedina, que vem apoiando essas importantes iniciativas de difusão do conhecimento científico dentro da Universidade de São Paulo, e esperamos que o resultado dessas pesquisas seja de utilidade à sociedade.

Eduardo Tomasevicius Filho

Professor Associado da Faculdade de Direito da Universidade de São Paulo (USP). Responsável pela disciplina "DCV 5953 – A Lei Geral de Proteção de Dados brasileira".

SUMÁRIO

1.
Uma Discussão sobre Rede Sociais: Dados, Ataques, Problemas Recentes e a PL 2.630/2020 (Lei das Fake News)

Eduardo Lopes Cominetti

Introdução

De janeiro de 2015 a janeiro de 2020, o número de brasileiros usuários de Internet aumentou de 110 milhões para 150,4 milhões.[1] Com mais de 70% da população conectada à rede, a interação com as plataformas sociais está substituindo o contato pessoal como meio de comunicação e compartilhamento de experiências por parte da população.

Com tantos usuários ativos, a quantidade de dados coletada por essas redes sociais é considerável. Sendo parte deles considerados sensíveis, são fornecidos livremente e sem preocupação pelos participantes da plataforma.[2]

[1] KEMP, S. Digital 2015: Brazil. We Are Social. 2015. Disponível em: <https://datareportal.com/reports/digital-2015-brazil>. Acesso em: 9 ago. 2020.

[2] GROSS, R.; ACQUISTI, A. Information revelation and privacy in online social networks. In: *Proceedings of the 2005 ACM Workshop on Privacy in the Electronic Society*. New York, NY, USA: Association for Computing Machinery, 2005. (WPES '05), p. 71–80. ISBN 1595932283. Disponível em: <https://doi.org/10.1145/1102199.1102214>. Acesso em: 9 ago. 2020.

Adicionalmente, pelas características inerentes das redes sociais, que estabelecem conexões entre seus membros, essas informações podem ser cruzadas, criando grandes centros de *Big Data*.[3] Consequentemente, as plataformas que proveem esse serviço adquiriram um grande poder, capaz, inclusive, de influenciar em resultados de votações de grande relevância para o cenário mundial.[4]

Outro problema recente nas redes sociais é o seu uso para a disseminação de *Fake News*, conteúdos que possuem informações falsas, mas que buscam parecer legítimos através de uma apresentação similar ao de mídias jornalísticas.[5] Esse conteúdo, usado para a manipulação de indivíduos para diversos fins, consegue atingir uma grande massa de usuários através das plataformas sociais. Isso se deve à capacidade exponencial de compartilhamento de conteúdo pelos participantes das redes sociais sem que seja necessária a verificação do conteúdo quanto a sua idoneidade. O aumento de *Fake News* nas redes sociais tem levado muitas plataformas, e até mesmo governos, a agirem de maneira ativa para combater o problema.[6] Em particular, o Poder Judiciário tem adotado medidas, muitas consideradas extremas, como o bloqueio de páginas que supostamente divulgam conteúdo falso.[7] Além disso, o Projeto de Lei nº 2.630/2020,[8] atualmente em discussão no Senado Federal e

[3] TAN, W. et al. Social-network-sourced big data analytics. *IEEE Internet Computing*, v. 17, n. 5, p. 62–69, 2013. Disponível em: <https://doi.org/10.1109/MIC.2013.100>. Acesso em: 9 ago. 2020.

[4] CADWALLADR, C. The great British Brexit robbery: how our democracy was hijacked. *The Guardian*, 2017. Disponível em: <https: //www.theguardian.com/technology/2017/may/07/the-great-british-brexit-robbery-hijacked-democracy>. Acesso em: 9 ago. 2020.

[5] LAZER, D. M. J. et al. The science of fake news. *Science*, American Association for the Advancement of Science, v. 359, n. 6380, p. 1096, 2018. ISSN 0036-8075. Disponível em: <https://science.sciencemag.org/content/359/6380/1094>. Acesso em: 9 ago. 2020.

[6] DEUTSCHE WELLE. Facebook intensifica combate a fake news. 2019. Disponível em: <https://p.dw.com/p/3Rj7U>. Acesso em: 9 ago. 2020; COLLINS, B. Twitter is testing new ways to fight misinformation — including a communitybased points system. *NBC News*, 2020. Disponível em: <https://www.nbcnews.com/tech/tech-news/ twitter-testing-new-ways-fight-misinformation-including-community-based-points-n1139931>. Acesso em: 9 ago. 2020.

[7] SUPREMO TRIBUNAL FEDERAL. Inquérito n.° 4.781 Distrito Federal. Relator: Ministro Alexandre de Moraes. Brasília, 26 de maio 2020. Disponível em: <http: //www.stf.jus.br/arquivo/cms/noticiaNoticiaStf/anexo/mandado27maio.pdf>. Acesso em: 9 ago. 2020.

[8] BRASIL. Projeto de Lei n.º 2.630. *Institui a Lei Brasileira de Liberdade, Responsabilidade e Transparência na Internet*, Brasília, 3 de julho de 2020. Disponível em: <https://legis.senado.leg.

Câmara dos Deputados, busca regulamentar e coibir a propagação desse tipo de conteúdo.

Dada a importância do assunto, esse artigo tem como objetivo realizar a discussão sobre as redes sociais voltada aos dados que elas armazenam e o risco que eles representam. Essa discussão é dividida em duas partes, sendo a primeira dedicada a sites de redes sociais e a segunda a aplicativos de mensagens instantâneas. Para isso, uma pequena apresentação histórica das redes sociais, juntamente com definições básicas, é feita na seção 2. Na sequência, na seção 3 são expostos os dados econômicos referentes a duas das plataformas sociais mais utilizadas hoje, o Facebook e o Twitter. Adicionalmente, destaca-se o tratamento de dados dos usuários que essas plataformas realizam. Com a visão geral da massa de dados coletada por esses serviços, a seção 4 trata de ataques e problemas sofridos por essas empresas. Em específico, são apresentados o caso Cambridge Analytica e sua possível influência em resultados de votações e a invasão de julho de 2020 de perfis de usuários do Twitter, cujo impacto apenas financeiro supera 500 mil reais. Em seguida, inicia-se a discussão sobre aplicativos de mensagens instantâneas. A seção 5 detalha a operação de dois aplicativos populares, o WhatsApp e o Telegram. Complementarmente, menciona-se algumas propriedades de segurança desses serviços. A seção 6 analisa a invasão e o vazamento de mensagens do aplicativo Telegram, seguido pela divulgação do conteúdo pelo site The Intercept, na matéria intitulada "Vaza-Jato". Após a apresentação das duas partes da discussão, a seção 7 trata de alguns pontos do Projeto de Lei n.º 2.630, de 2020, em especial o artigo 10. Por fim, são apresentadas conclusões e sugestões para a discussão futura na seção 8.

1. Redes Sociais e Internet: um Breve Histórico

Antes de apresentar o histórico de redes sociais e sua relação com a Internet, é conveniente definir o que são redes sociais e quais são as características principais dos serviços oferecidos por plataformas sociais.

br/sdleg-getter/documento?dm=8127630&ts=1595879610916&disposition= inline>. Acesso em: 9 ago. 2020.

De acordo com Wasserman e Faust, uma rede social consiste em um ou mais conjuntos finitos de atores e a relação ou relações definida entre eles.[9] Atores são indivíduos distintos, corporações, ou unidades sociais coletivas (p.ex., cada um dos estudantes da Universidade de São Paulo, a própria Universidade de São Paulo e a cidade de São Paulo). As relações que conectam esses atores são elos, desde os mais simples, como em uma relação de compra e venda, até elos mais complexos, como amizade ou parentesco. A análise de uma rede social pode ser feita em termos de subgrupos ou grupos de seus atores, assim como nas relações estabelecidas entre eles. Por sua vez, Obar e Wildman[10] definiram as principais características das plataformas sociais na Internet. Primeiramente, esses sites facilitam a criação de redes sociais através do estabelecimento de relações. Para realizar essa tarefa, as plataformas demandam a criação de perfis de usuário específicos pelos atores. Esses perfis são mantidos pela empresa controladora do serviço de rede social. No entanto, diferentemente da maioria dos outros serviços encontrados na Internet, a força motriz das redes sociais é o próprio conteúdo gerado pelos usuários. Esses mesmos usuários também são os consumidores desse conteúdo. Dessa maneira, plataformas de redes sociais são aplicações quintessenciais da Web 2.0. Entretanto, como será mostrado no histórico adiante, as redes sociais na Internet surgiram anteriormente à Web 2.0 e sua popularização. De fato, as redes sociais em computadores conectados são mais antigas que a própria Internet e foram a motivação para a sua criação.

1.1. ARPANET, a Primeira Rede de Computadores

No início da década de 1960, o cientista da computação Joseph Carl Robnett Licklider foi apontado diretor do *Information Processing Techniques Office* (Escritório de Técnicas de Processamento de Informação), um orgão da ARPA (*Advanced Research Projects Agency* – Agência de Projetos de Pesquisa

[9] WASSERMAN, S.; FAUST, K. *Social network analysis*: methods and applications. Cambridge: Cambridge University, 1994.

[10] OBAR, J.A.;WILDMAN, S. (2015). Social media definition and the governance challenge: an introduction to the special issue. Telecommunications Policy, 39(9), 745-750., Quello Center Working Paper No. 2647377. Disponível em: https://papers.ssrn.com/sol3/papers.cfm?abstract_id=2647377 . Acesso em: 9 ago.2020.

Avançada) do Departamento de Defesa dos Estados Unidos. Lickilider teve a ideia de usar uma rede de computadores para permitir a comunicação entre seus usuários. Ele foi capaz de convencer os também cientistas da computação Ivan Edward Sutherland e Robert William Taylor sobre o mérito de sua ideia antes de abandonar a agência.

Durante os próximos anos, os dois cientistas mantiveram o interesse na criação dessa rede, com o intuito de conectar pesquisadores geograficamente distantes com recursos computacionais escassos e permitir trabalhos colaborativos entre eles. Em 1966, Taylor conseguiu com que o diretor da ARPA financiasse o projeto. Em outubro de 1969, a primeira conexão remota entre dois computadores, o primeiro situado na Universidade da Califórnia (UCLA) e o segundo localizado no *Stanford Research Institute* (SRI). Para essa rede de computadores recém-criada, foi dado o nome de *ARPANET*.[11]

Em 1969, a *ARPANET* conectava apenas quatro centros no território americano: a Universidade da Califórnia, em Los Angeles (UCLA), o *Stanford Research Institute* (SRI), a Universidade da Califórnia, em Santa Barbara (UCSB) e, por fim, a Escola de Computação da Universidade de Utah. Entretanto, a rede passou por uma rápida expansão. No final de 1970, a rede já contava com 13 centros, incluindo centros na costa leste americana. Esse número continuou a aumentar e, em 1977, a *ARPANET* já tinha mais de 57 centros, incluindo uma conexão com a Inglaterra e com a NORSAR (*Norwegian Seismic Array* – Matriz Sísmica Norueguesa).

A *ARPANET* permitia que seus pesquisadores realizassem login remoto em outras máquinas, além da troca de arquivos e correspondências eletrônicas (e-mail). O sistema também foi responsável por permitir a pesquisa de diversos protocolos que mais tarde seriam usados na Internet.

Em 1990, após mais de duas décadas de operação, a *ARPANET* foi desativada, servindo como pilar para a introdução de uma nova rede de computadores, a Internet.

[11] HAUBEN, M. Behind the net: The untold history of the ARPANET and computer science. In: *Netizens: On the History and Impact of Usenet and the Internet*. New Jersey, United States: Wiley-IEEE Computer Society Press, 1997. v. 1, cap. 7. ISBN 0818677066. Disponível em: <http://www.columbia.edu/~hauben/book-pdf/CHAPTER%207.pdf>.

1.2. Primeiras Redes Sociais na Internet

Com o surgimento da Internet e a possibilidade de seu acesso por qualquer pessoa, serviços que permitiam que usuários criassem e divulgassem o próprio conteúdo não tardaram a aparecer. Em 1995, os sites Tripod.com e Geocities permitiam que pessoas criassem suas próprias páginas pessoais na rede. Nesse mesmo ano, o serviço TheGlobe.com disponibilizava salas de conversa online para seus utilizadores. Entretanto, foi apenas nos anos de 2003 e 2004 que as primeiras plataformas sociais com os modelos atuais surgiram, com o MySpace e o Orkut. Dessas, a plataforma Orkut tornou-se particularmente popular no Brasil, tendo os brasileiros como o seu maior público no mundo.

O Orkut também foi responsável por iniciar a discussão sobre o acesso a dados no território brasileiro. Em 22 de agosto de 2006, o juiz federal José Marcos Lunardelli ordenou que o Orkut divulgasse a informação pessoal de contas associadas a crimes, como a pornografia infantil.[12] Todavia, o Google, controladora da rede social, negou-se a fornecer os dados à Justiça brasileira, sob o argumento de que os dados não estavam armazenados em território brasileiro, portanto, fora de sua jurisdição.[13] Porém, poucos meses depois, o Google criou uma ferramenta para que a Polícia Federal conseguisse obter dados de usuários sem que uma ordem judicial fosse necessária.[14] Apesar disso, o serviço continuou extremamente popular no Brasil até seu fechamento, em setembro de 2014.

2. As Plataformas Sociais Atuais: Facebook e Twitter

Das plataformas sociais existentes hoje, o Facebook e o Twitter são duas das mais utilizadas. No Brasil, o Facebook e o Twitter são acessados,

[12] FOLHA DE SÃO PAULO. Justiça determina quebra de sigilo do Orkut. 2006. Disponível em: <https://www1.folha.uol.com.br/folha/ informatica/ult124u20524.shtml>. Acesso em: 10 ago. 2020.

[13] FOX NEWS. Google fighting Brazilian court order to hand over Orkut records. 2006. Disponível em: <https://www.foxnews.com/story/ google-fighting-brazilian-court-order-to-hand-over-orkut-records>. Acesso em: 10 ago. 2020.

[14] PAGNAN, R. Orkut dá à PF "atalho" para barrar páginas. 2006. Disponível em: <https://www1.folha.uol.com.br/folha/informatica/ ult124u21063.shtml>. Acesso em: 10 ago. 2020.

respectivamente, por 90% e 48% dos brasileiros de 16 a 64 anos com conexão com a Internet.[15] Ambos os serviços têm ganhado destaque no país devido a publicidade do Inquérito n.º 4.781/DF, que tramita no Supremo Tribunal Federal, que tem como uma de suas decisões o bloqueio de perfis de indivíduos nas plataformas.[16] Portanto, dentre os sites de rede social, o Facebook e o Twitter são abordados.

2.1. Facebook

O Facebook[17] foi lançado em 2004 por Mark Zuckerberg, Dustin Moskovitz, Chris Hughes e Eduardo Saverin. A ideia original do site foi a de ser um *"face book"*, um livro com as fotos e nomes dos ingressantes de um curso ou instituição, da faculdade de Harvard. Ainda em 2004, o site passou a englobar outras faculdades estadunidenses e ganhar outras funcionalidades, como o *Wall*, *Photos* e *News Feed*. Entretanto, foi apenas em setembro 2006 que o registro na plataforma foi liberado para qualquer pessoa conectada a Internet. Em julho de 2010, o serviço já contava com 500 milhões de usuários e nos anos seguintes houve uma rápida expansão desse número. Em outubro de 2012, a rede social registrava 1 bilhão de usuários e em agosto de 2015 o mesmo número de pessoas visitou a plataforma em um único dia. Finalmente, em 27 de junho de 2017, o serviço contou com um total de 2 bilhões de usuários. O Facebook, no decorrer dos anos, também adquiriu outras redes sociais com um elevado número de usuários, como o Instagram, em 2012, e o WhatsApp, em 2014.

Os resultados financeiros da empresa também refletem o grande volume de pessoas que utilizam o seu serviço. O relatório econômico da companhia, referente ao quarto quadrimestre fiscal de 2019,[18] aponta que a rede social é visitada diariamente por 1,657 bilhões e mensalmente por 2,498 bilhões de usuários. Cada um desses usuários gera uma receita média de USD 8,52,

15 KEMP, S. Digital 2020. *Id.*

16 SUPREMO TRIBUNAL FEDERAL. Inquérito n.º 4.781.*Id.*

17 FACEBOOK. Facebook: Company information. 2020. Disponível em: <https://about.fb.com/company-info/>. Acesso em: 11 ago. 2020.

18 FACEBOOK. Facebook q4 2019 results. 2020. Disponível em: <https://s21.q4cdn.com/399680738/files/doc_financials/2019/q4/ Q4-2019-Earnings-Presentation-_final.pdf>. Acesso em: 11 ago. 2020.

sendo que 8,38 são provenientes de propaganda, correspondendo a mais de 98% do valor. No total, o Facebook possui uma receita de USD 21,082 bilhões, com 20,736, um valor também superior a 98%, vindo diretamente de publicidade. Apesar da empresa possuir uma grande infraestrutura e muitos funcionários, ela trabalha com uma margem de operação de 42%. Isso equivale a um lucro de USD 8,858 bilhões no quadrimestre fiscal.

2.1.1. Atores e Tratamento de Dados

Antes de discutir o tratamento de dados pelo serviço, é necessário definir seus atores. Uma peculiaridade interessante das redes sociais é a de que a empresa que fornece o serviço muitas vezes também é consumidora desse serviço. Esse é o caso do Facebook, que possui como usuários indivíduos e empresas de todos os portes, incluindo o próprio Facebook.

A coleta e armazenamento dos dados realizados pelo Facebook são regulamentados pelo GDPR (*General Data Protection Regulation* – Regulamentação Geral de Proteção de Dados).[19] Ao cadastrar-se no serviço, o usuário precisa fornecer obrigatoriamente os seguintes dados: nome completo, e-mail (ou telefone celular), data de aniversário, gênero e senha. Desses dados, nome completo, faixa etária e gênero são públicos e visualizáveis por qualquer outro usuário.

No entanto, por tratar-se de uma rede social onde pessoas compartilham fotos, opiniões e até mesmo eventos significativos de suas vidas, como o nascimento de um filho, a plataforma tem acesso a outros dados, que podem ser fornecidos livremente pelos usuários ou serem coletados de forma transparente para o usuário, ou seja, sem o usuário perceber sua coleta. A lista de dados coletados pelo Facebook está disponível de forma clara e precisa em uma página própria a respeito da forma é modo como são usados, compartilhados e eliminados.[20] A seguir, primeiramente elicita-se quais são esses

[19] UNIÃO EUROPEIA. Regulation (EU) 2016/679. *On the protection of natural persons with regard to the processing of personal data and on the free movement of such data, and repealing Directive 95/46/EC (General Data Protection Regulation)*, Bruxelas, Bélgica, 27 de abr. 2016. Disponível em: <https://eur-lex.europa.eu/legal-content/EN/TXT/PDF/?uri=CELEX:32016R0679>. Acesso em: 11 ago. 2020.

[20] FACEBOOK. Facebook: Data policy. 2020. Disponível em: <https://www.facebook.com/policy.php>. Acesso em: 11 ago. 2020.

dados e, depois, para quais finalidades esses dados podem ser efetivamente utilizados. O Facebook coleta os seguintes dados:

- **Todo o conteúdo produzido pelo usuário junto com os metadados associados**, como fotos, posts, arquivos, local onde a foto foi tirada, data que o post foi escrito, o que a câmera do celular observava quando usada pelo aplicativo;
- **Redes e conexões do usuário e sua interação com elas**, como pessoas conectadas ao usuário, páginas e grupos que o usuário participa, hashtags que o usuário utiliza e a interação do usuário com esse conteúdo. Caso o usuário utilize a função de "importar agenda" de seu dispositivo móvel, também são coletadas informações sobre esses contatos;
- **Uso do serviço**, como tipo de conteúdo visto, interações, recursos utilizados, ações tomadas, frequência e duração das atividades;
- **Informações a respeito de transações financeiras utilizando o serviço**, como número do cartão de crédito, endereço de entrega ou cobrança e informações de contato ao realizar uma compra utilizando o Facebook;
- **Informações que outros fornecem a respeito de um usuário**, como a presença em fotos, menções e citações de um usuário por outro;
- **Informações a respeito dos dispositivos conectados na conta**, como tipo (p.ex., celular, computador ou TV), atributos (p.ex., sistema operacional, hardware, software, nível de bateria, força do sinal, espaço de disco disponível, navegador, tipos e nome de apps, tipos e nome de arquivos), operações e comportamento (p.ex., janela ou aplicativo da plataforma estão ativos ou não e movimentação do mouse), identificadores, sinais (p.ex., Bluetooth, informações a respeito de redes Wi-Fi e torres de celular), dados permitidos pela configuração do dispositivo (p.ex., acesso a câmera, fotos e GPS), informações a respeito da rede (p.ex., nome da operadora de celular ou provedor de serviço de Internet, endereço IP, língua, fuso horário e outros dispositivos próximos), cookies;
- **Informações do usuário através de empresas que utilizam ferramentas de negócios do Facebook**, como atividades realizadas

> fora do Facebook (p.ex., dispositivo utilizado pelo usuário ao visitar essas empresas, quais sites foram visitados, quais compras foram realizadas, quais propagandas foram vistas, como o usuário utiliza o serviço das empresas). É requerido a essas empresas a permissão de coletar e compartilhar esses dados do usuário, mas o compartilhamento é independe de o usuário estar logado ou não em sua conta do Facebook, ou até mesmo de possuir ou não uma conta. Também são contabilizadas operações offline.

Com esse enorme volume de dados, sua livre utilização poderia permitir a perfilizição dos usuários de maneira extremamente granular. Tal fato permitiu a manipulação de opinião de um grupo, como ocorreu no caso Cambridge Analytica, com fins políticos ou comerciais. Também pode ser possível identificar movimentos políticos ou sociais aos quais o usuário é integrante ou simpatizante, resultando em censura de sua opinião ou perseguição. Portanto, é de vital importância delimitar as finalidades para as quais os dados podem ser utilizados. Assim como na GDPR, essa medida é obrigatória pela Lei Geral de Proteção de Dados:

> **Art. 6º** As atividades de tratamento de dados pessoais deverão observar a boa-fé e os seguintes princípios:
> I – finalidade: realização do tratamento para propósitos legítimos, específicos, explícitos e informados ao titular, sem possibilidade de tratamento posterior de forma incompatível com essas finalidades;
> II – adequação: compatibilidade do tratamento com as finalidades informadas ao titular, de acordo com o contexto do tratamento;
> III – necessidade: limitação do tratamento ao mínimo necessário para a realização de suas finalidades, com abrangência dos dados pertinentes, proporcionais e não excessivos em relação às finalidades do tratamento de dados; [21]

[21] BRASIL. Lei nº 13.709, de 14 de agosto de 2018. *Lei Geral de Proteção de Dados Pessoais (LGPD)*. Brasília, DF, 14 de agosto de 2018. Disponível em: <http://www.planalto.gov.br/ccivil_03/_Ato2015-2018/2018/Lei/L13709.htm>. Acesso em: 11 ago. 2020.

O Facebook declara que os dados coletados são utilizados para:

- **Fornecer, personalizar e melhorar os produtos da plataforma**, como a personalização de recursos e conteúdos do serviço, além de criar sugestões para o usuário e aperfeiçoá-las. Para realizar essa tarefa, o Facebook interconecta as informações provenientes de múltiplas fontes, como seus diversos produtos (p.ex., Facebook e Instagram) e empresas que utilizam serviços da plataforma. A localização do usuário também é utilizada para essa finalidade, inclusive para personalização de propagandas;
- **Realizar pesquisa e desenvolvimento de seus produtos**, incluindo o teste de novos produtos e a correção de problemas dos produtos atuais;
- **Realizar reconhecimento facial, caso habilitado pelo usuário**, para reconhecê-lo em fotos e vídeos;
- **Personalizar propagandas e conteúdo patrocinado**;
- **Fornecer análises, medidas e serviços de negócio**, para ajudar anunciantes a aferir efetividade de suas propagandas, ou entender o tipo de público que utiliza um serviço;
- **Fornecer segurança, integridade e proteção aos usuários**, ao prevenir spams, experiências negativas e condutas que violam as normas da plataforma. Os dados também são utilizados para detectar situações na qual o usuário precisa de ajuda, como, por exemplo, durante catástrofes naturais;
- **Comunicar-se com o usuário**, por exemplo, para responder um pedido feito ao suporte técnico;
- **Realizar pesquisas e desenvolvimento relacionadas a áreas sociais e de interesse público.**

Além da utilização de dados, o Facebook esclarece como esses dados serão compartilhados em seu serviço e também com terceiros. No serviço fornecido pelo Facebook, os dados são compartilhados da seguinte maneira:

- **O conteúdo que o usuário escolhe a audiência é compartilhado com essa audiência**, como, por exemplo, ao escolher que um post deve ser compartilhada somente com uma lista específica de usuários, somente membros dessa lista recebem o post;

- **Membros da rede de um usuário são informados a respeito da interação desse usuário com produtos do Facebook, incluindo propagandas;**
- **Usuários são informados sobre quem visualizou seus *Stories*;**
- **Informações públicas podem ser visualizadas por qualquer pessoa na Internet;**
- **O conteúdo compartilhado por um usuário com uma audiência pode ser recompartilhado por essa audiência, a critério dela**, por exemplo, ao enviar uma foto diretamente para um usuário, esse usuário pode recompartilhar essa foto a seu critério;
- **A rede de conexões de um usuário pode visualizar quando o usuário está ativo no serviço ou o último momento que o usuário esteve ativo no serviço;**
- **Serviços de terceiros disponibilizados pelo Facebook recebem informações sobre os usuários que os usam**, como a informação de uso relacionada a esse serviço, informações públicas e a lista de amigos (sem outras informações) do usuário que utiliza o serviço;
- **Caso o serviço ou parte dele seja adquirido por outra empresa, essa empresa terá acesso aos dados desse serviço.**

Em relação ao item **Serviços de terceiros disponibilizados pelo Facebook recebem informações sobre os usuários que os usam**, o Facebook está readequando esse compartilhamento de dados. Para prevenir coleta de dados abusiva, serviços que não forem utilizados por 3 meses ou mais terão seu acesso aos dados do usuário bloqueado. Adicionalmente, serviços que não forem auditados pelo Facebook terão acesso apenas ao nome, foto de perfil e e-mail do usuário. Para obter qualquer outro dado, o serviço terá que requisitá-lo ao Facebook.

Com terceiros, o compartilhamento de dados ocorre da seguinte forma:

- **Para parceiros que utilizam o serviço de análise do Facebook** são enviados dados agregados dos usuários sobre interação deles com o conteúdo do parceiro, como a quantidade de pessoas que visualizaram um determinado post;

- **Para anunciantes** são enviados relatórios sobre os tipos de pessoas que interagem com o anúncio. As informações contidas nesses relatórios são anonimizadas, ao menos que o usuário autorize sua identificação. Um exemplo seria informar o sexo, faixa etária e interesses de pessoas que predominantemente interagem com uma propaganda específica;
- **Para parceiros de mensuração** são enviados os dados que estes devem agrupar. Estes dados agrupados são depois utilizados pelo Facebook para seu serviço de análise e elaboração de relatórios;
- **Para parceiros que vendem produtos ou serviços** são enviados os dados públicos, os dados que o usuário decide compartilhar e os dados necessários para realizar a transação dos usuários que adquirem o produto ou serviço;
- **Para fornecedores e provedores de serviço do Facebook** são enviados os dados necessários para que eles possam assegurar o funcionamento do serviço do Facebook;
- **Para pesquisadores e acadêmicos** são disponibilizadas informações e conteúdo para a realização de pesquisas de bem-estar social ou que melhorem o serviço do Facebook;
- **Por motivos legais e para pedidos judiciais** o Facebook fornece os dados de usuários caso a empresa entenda que a exigência é necessária. Essa avaliação é feita baseada no princípio da boa-fé e padrões reconhecidos internacionalmente.

A respeito do compartilhamento de dados, é interessante notar que o Facebook aparenta seguir o determinado pela LGPD, que diz no Art. 12:

> **Art. 12.** Os dados anonimizados não serão considerados dados pessoais para os fins desta Lei, salvo quando o processo de anonimização ao qual foram submetidos for revertido, utilizando exclusivamente meios próprios, ou quando, com esforços razoáveis, puder ser revertido.
> § 1º A determinação do que seja razoável deve levar em consideração fatores objetivos, tais como custo e tempo necessários para reverter o

> processo de anonimização, de acordo com as tecnologias disponíveis, e a utilização exclusiva de meios próprios.[22]

A plataforma de rede social declara que os dados são fornecidos de maneira agregada ou anonimizada para terceiros, portanto eles não seriam considerados dados pessoais. Entretanto, o serviço não menciona como a anonimização é feita, restando ao usuário confiar que esse processamento é feito de maneira adequada e irreversível.

Quanto aos dados fornecidos para pesquisadores e acadêmicos, a LGPD também abre a possibilidade de compartilhamento, no Art. 7º, inciso IV, e no Art. 11, inciso II, alínea "c":

> **Art. 7º** O tratamento de dados pessoais somente poderá ser realizado nas seguintes hipóteses:
> IV – para a realização de estudos por órgão de pesquisa, garantida, sempre que possível, a anonimização dos dados pessoais;
> Art. 11. O tratamento de dados pessoais sensíveis somente poderá ocorrer nas seguintes hipóteses:
> II – sem fornecimento de consentimento do titular, nas hipóteses em que for indispensável para:
> c) realização de estudos por órgão de pesquisa, garantida, sempre que possível, a anonimização dos dados pessoais sensíveis; [23]

Novamente, o Facebook não esclarece se os dados são anonimizados sempre que possíveis e também não elucida se, caso compartilhe dados pessoais sensíveis, esses dados são indispensáveis para a realização do estudo.

Em relação ao controle dos dados pelo usuário, como a correção ou eliminação, desses dados, o Facebook aparenta obedecer ao determinado pela LGPD. A plataforma diz que o usuário pode, livremente, acessar, corrigir, transferir e apagar seus dados. Além disso, a empresa esclarece que dados são armazenados apenas enquanto eles forem necessários para a operação

[22] BRASIL. Lei nº 13.709, de 14 de agosto de 2018. *Id.*

[23] BRASIL. Lei nº 13.709, de 14 de agosto de 2018. *Id.*

do serviço. Todas essas medidas são determinadas pela LGPD nos Arts. 9º, 15, 16 e 18:

> **Art. 9º** O titular tem direito ao acesso facilitado às informações sobre o tratamento de seus dados, que deverão ser disponibilizadas de forma clara, adequada e ostensiva acerca de, entre outras características previstas em regulamentação para o atendimento do princípio do livre acesso.
> **Art. 15.** O término do tratamento de dados pessoais ocorrerá nas seguintes hipóteses:
> I – verificação de que a finalidade foi alcançada ou de que os dados deixaram de ser necessários ou pertinentes ao alcance da finalidade específica almejada;
> II – fim do período de tratamento;
> III – comunicação do titular, inclusive no exercício de seu direito de revogação do consentimento conforme disposto no § 5º do art. 8º desta Lei, resguardado o interesse público;
> **Art. 16.** Os dados pessoais serão eliminados após o término de seu tratamento, no âmbito e nos limites técnicos das atividades, autorizada a conservação para as seguintes finalidades:
> I – cumprimento de obrigação legal ou regulatória pelo controlador;
> II – estudo por órgão de pesquisa, garantida, sempre que possível, a anonimização dos dados pessoais;
> III – transferência a terceiro, desde que respeitados os requisitos de tratamento de dados dispostos nesta Lei; ou
> IV – uso exclusivo do controlador, vedado seu acesso por terceiro, e desde que anonimizados os dados.
> **Art. 18.** O titular dos dados pessoais tem direito a obter do controlador, em relação aos dados do titular por ele tratados, a qualquer momento e mediante requisição:
> I – confirmação da existência de tratamento;
> II – acesso aos dados;
> III – correção de dados incompletos, inexatos ou desatualizados;
> IV – anonimização, bloqueio ou eliminação de dados desnecessários, excessivos ou tratados em desconformidade com o disposto nesta Lei;

> V – portabilidade dos dados a outro fornecedor de serviço ou produto, mediante requisição expressa, de acordo com a regulamentação da autoridade nacional, observados os segredos comercial e industrial; (Redação dada pela Lei nº 13.853, de 2019)
> VI – eliminação dos dados pessoais tratados com o consentimento do titular, exceto nas hipóteses previstas no art. 16 desta Lei; [24]

Entretanto, a respeito da eliminação de dados pessoais, é difícil garantir, tecnicamente, que essa ação realmente foi tomada. Durante seu depoimento ao congresso norte-americano em decorrência do caso Cambridge Analytica, Mark Zuckerberg foi questionado pelo senador Dean Heller a respeito do tempo que dados de um usuário demoravam para serem efetivamente eliminados quando assim solicitado. Zuckerberg respondeu de maneira vaga, não conseguindo fazer essa estimativa.[25]

Por fim, é relevante observar que o Facebook adicionou recentemente em sua política de dados uma seção dedicada a LGPD e que a plataforma começou a requerer o consentimento do usuário para o tratamento de alguns dados.[26] A seção dedicada à LGPD informa:

> Aviso de privacidade do Brasil
> Esta seção se aplica a atividades de tratamento de dados pessoais de acordo com as leis brasileiras e complementa esta Política de Dados. De acordo com a Lei Geral de Proteção de Dados Pessoais do Brasil ("LGPD"), você tem o direito de acessar, retificar, solicitar a portabilidade de seus dados e apagar seus dados, além de autorizar o tratamento desses dados por nós. Saiba mais sobre seus direitos e veja como você pode exercê-los nas configurações do Facebook e nas configurações do Instagram. Em determinadas circunstâncias, você também tem o

[24] BRASIL. Lei nº 13.709, de 14 de agosto de 2018. *Id.*

[25] O'BRIEN, S. A.; YURIEFF, K. 5 questions Mark Zuckerberg dodged on Capitol Hill. *CNN*, 2018. Disponível em: <https://money.cnn. com/2018/04/11/technology/facebook-mark-zuckerberg-hearings-questions/index.html>. Acesso em: 12 ago. 2020.

[26] MARI, A. Facebook asks permission to use personal data in Brazil. *ZDNet*, 2020. Disponível em: <https://www.zdnet.com/article/ facebook-asks-permission-to-use-personal-data-in-brazil/>. Acesso em: 12 ago. 2020.

direito de contestar e restringir o tratamento de seus dados pessoais ou de revogar seu consentimento quando tratamos dados fornecidos por você com base nesse consentimento. Esta Política de Dados fornece informações sobre como compartilhamos dados com terceiros. Caso queira solicitar mais informações sobre as nossas práticas em relação aos dados, clique aqui para o Facebook ou aqui para o Instagram. O controlador de dados responsável por suas informações é o Facebook, Inc. Entre em contato com o encarregado de Proteção de Dados do Facebook, Inc. Você também tem o direito de peticionar em relação aos seus dados perante a Autoridade Nacional de Proteção de Dados ("ANPD"). Para isso, entre em contato diretamente com a ANPD. Esta seção passará a valer a partir da data em que a LGPD entrar em vigor.[27]

2.2. Twitter

O Twitter foi lançado em 2006 por Jack Dorsey,[28] Noah Glass, Evan Williams e Biz Stone. O site surgiu com o propósito de trocar mensagens curtas e compartilhar eventos corriqueiros entre amigos. Apenas em 2007 que a popular hashtag ("#") foi criada como meio de agrupar conteúdo.[29] Em março de 2012, o Twitter atingiu a marca de 140 milhões de usuários e 340 milhões de tweets por dia.[30] Apenas nove meses depois, em dezembro, a marca de 200 milhões de usuários foi alcançada.[31] Cerca de um ano depois, em 6 de novembro de 2013, o Twitter realizou sua Oferta Pública Inicial de ações. Com um preço de abertura de USD 26,00 e um preço de fechamento de USD 44,90, a empresa

27 FACEBOOK. Facebook: Data policy. 2020. *Id.*

28 DORSEY, J. The first tweet. *Twitter*, 2006. Disponível em: <https://twitter.com/jack/status/20>. Acesso em: 12 ago. 2020.

29 MESSINA, C. The hashtag. *Twitter*, 2007. Disponível em: <https://twitter.com/chrismessina/status/223115412>. Acesso em: 12 ago. 2020.

30 WASSERMAN, T. Twitter says it has 140 million users. *Mashable*, 2012. Disponível em: <https://mashable.com/2012/03/21/ twitter-has-140-million-users/>. Acesso em: 12 ago 2020.

31 FIEGERMAN, S. Twitter now has more than 200 million monthly active users. *Mashable*, 2012. Disponível em: <https://mashable.com/ 2012/12/18/twitter-200-million-active-users/>. Acesso em: 12 ago. 2020.

obteve uma valorização de 73% em um único dia.[32] Em 2015, o Twitter lançou sua ferramenta de direcionamento de anúncios.[33] Essa ferramenta permite que companhias direcionem suas propagandas para um público específico do Twitter, como, por exemplo, de determinada faixa etária ou com interesses particulares. Também em 2015, a plataforma lançou sua página de transparência política [34,35]. Nessa página, o Twitter esclarece todas suas ações de engajamento cívil, além de compartilhar sua visão a respeito de causas sociais e fornecer relatórios de transparência sobre essas ações e posicionamentos. Assim como o Facebook, o Twitter adquiriu concorrentes durante os anos, como o Periscope, em 2015.[36]

De acordo com o relatório financeiro da empresa do quarto quadrimestre fiscal de 2019,[37] a plataforma recebe 152 milhões de usuários ativos monetizáveis por dia. Esses usuários geraram uma receita de USD 1,007 bilhões, sendo que USD 0,885 bilhões, aproximadamente 88%, são provenientes de propaganda. O Twitter, no entanto, possui uma margem de operação de 12%, consideravelmente inferior a do Facebook. Essa margem corresponde a um lucro de cerca de USD 119 milhões no quadrimestre fiscal.

[32] PRESSMAN, A. Twitter prices IPO at $26 per share. *Yahoo Finance*, 2013. Disponível em: <https://finance.yahoo.com/news/ twitter-raises--xx-billion-in-ipo-190114410.html>. Acesso em: 12 ago. 2020; BBC NEWS. Twitter shares jump 73% in market debut. 2013. Disponível em: <https://www.bbc.com/news/business-24851054>. Acesso em: 12 ago. 2020.

[33] BOSTON, K. Introducing partner audiences. *Twitter*, 2015. Disponível em: <https://blog.twitter.com/en_us/a/2015/ introducing-partner-audiences.html>. Acesso em: 12 ago. 2020.

[34] BUHR, S. Twitter launches a political transparency page. *TechCrunch*, 2015. Disponível em: <https://techcrunch.com/2015/11/04/ twitter-launches-a-political-transparency-page/>. Acesso em: 12 ago. 2020.

[35] TWITTER. Twitter: Advocacy. 2015. Disponível em: <https://about.twitter.com/en_us/advocacy.html>. Acesso em: 12 ago. 2020.

[36] KOH, Y.; RUSLI, E. Twitter acquires live-video streaming startup periscope. *The Wall Street Journal*, 2015. Disponível em: <https: //www.wsj.com/articles/twitter-acquires-live--video-streaming-startup-periscope-1425938498>. Acesso em: 12 ago. 2020.

[37] TWITTER. Q4 and fiscal year 2019 letter to shareholders. 2020. Disponível em: <https://s22.q4cdn.com/826641620/files/doc_financials/ 2019/q4/Q4-2019-Shareholder-Letter.pdf>. Acesso em: 13 ago. 2020.

2.2.1. Atores e Tratamento de Dados

Assim como ocorre no Facebook, o Twitter também é fornecedor e consumidor do próprio serviço. O Twitter possui como usuários indivíduos e empresas de todos os portes, o Twitter incluso.

O tratamento de dados no Twitter é igualmente regulamentado pela GDPR, ao menos para os usuários europeus .[38] O usuário que deseja cadastrar-se no Twitter precisa fornecer um nome de exibição, um nome de usuário (o nome que sucede o "@"), um e-mail (ou telefone celular) e senha. Desses, ambos os nomes de exibição e o nome de usuário são sempre públicos.

Similarmente ao Facebook, entretanto, os usuários do Twitter compartilham com a plataforma muitos outros dados. A plataforma também capta dados do usuário de maneira transparente. A lista de dados coletados, assim como a finalidade, compartilhamento e eliminação desses dados está disponível em uma página específica da empresa[39] e é apresentada a seguir. O Twitter coleta os seguintes dados:

- **Perfil do usuário, fuso horário e idioma.** Perfil do usuário é uma pequena biografia localizada embaixo do nome de exibição, escrita pelo próprio usuário. Fuso horário e idioma podem ser trocados pelo usuário;
- **Informações sobre um Tweet**, como data e hora que ele foi escrito, seu conteúdo, software utilizado e versão (p.ex., Twitter para Android, website) e, se autorizado, a localização geográfica do usuário no instante de seu envio;
- **Listas criadas pelo usuário, pessoas que "seguem"ou** são **«seguidas"pelo usuário, Tweets que o usuário "curte"ou retransmite**;
- **Informações que outros fornecem a respeito de um usuário**, como a presença em fotos, se permitido, e citações de um usuário em um Tweet;
- **Informações a respeito de comunicação não públicas**, como metadados associados a mensagens diretas;

[38] TWITTER. Welcome to twitter's gdpr hub. 2020. Disponível em: <https://gdpr.twitter.com/>. Acesso em: 13 ago. 2020.

[39] TWITTER. Twitter privacy policy. 2020. Disponível em: <https://twitter.com/en/privacy>. Acesso em: 13 ago. 2020.

- **Informações a respeito de transações financeiras utilizando o serviço**, como número do cartão de crédito e endereço de entrega e cobrança;
- **Informações sobre a localização do usuário**, obtidas através do endereço IP ou de informações do dispositivo do usuário. Também podem ser coletadas a localização exata e lugares previamente visitados pelo usuário, caso autorizado;
- **Interações do usuário com links publicados na plataforma**, como links em Tweets, independente se o Tweet está sendo exibido em um serviço do Twitter ou exibido em outro site através do uso de uma ferramenta.
  Os links enviados junto com e-mails do Twitter também estão inclusos nessa coleta;
- **Cookies**;
- **Dados de Registro**, informações recebidas pelo Twitter quando o usuário vê conteúdo ou interage com serviços da plataforma. Essa informação é recebida pelo Twitter mesmo que o usuário não possua uma conta. Incluem endereço IP, tipo de navegador, sistema operacional, página onde o usuário interagiu com o conteúdo, páginas visitadas pelo usuário, localização, nome da operadora de celular, informações de dispositivo, como identificador e aplicativos, e termos de pesquisa, mesmo que eles não tenham sido utilizados;
- **Informações do usuário cedidas por parceiros comerciais**, como cookies, identificadores do dispositivo, dados demográficos ou de interesse, assim como o conteúdo visto ou acessado no site do parceiro;
  O Twitter delimita as finalidades para qual cada dado pode ser usado, apresentadas a seguir:
- **Autenticar o usuário, manter o serviço seguro e prevenir spams, fraude e abuso**, através do uso de informações de contato e do processamento de mensagens diretas em busca de links maliciosos e conteúdo ilegal;
- **Permitir o uso de recursos da conta e personalizar o serviço, incluindo propagandas**, como possibilitar que outros localizem o usuário, caso ele permita, através de seu e-mail ou telefone, ou facilitar que o usuário adicione seus contatos de telefone a sua rede, caso ele

autorize o uso de sua agenda. A localização do usuário também pode ser utilizada para a personalização de propagandas, se o usuário fornecer seu consentimento. Além disso, a plataforma pode usar a lista de sites visitados pelo usuário, obtidas através de cookies ou dados de registro para personalizar anúncios;

- **Comunicar-se com o usuário**, para enviar informações a respeito do serviço;
- **Processar transações comerciais que o usuário realizou na plataforma**. Quanto ao compartilhamento, o Twitter informa que:
- **As informações públicas podem ser visualizadas por qualquer usuário**;
- **Os Tweets são compartilhados de maneira mais ampla tecnicamente possível pela plataforma**, incluindo através do uso de ferramentas da empresa para sites parceiros;
- **As comunicações não públicas são compartilhadas apenas com os destinatários dessas comunicações**, como no caso de mensagens diretas;
- **O conteúdo compartilhado por um usuário com uma audiência pode ser recompartilhada por essa audiência, a critério dela**, similarmente ao Facebook;
- **Ao clicar em um anúncio ou conteúdo publicitário, a empresa responsável por esse conteúdo recebe informações a respeito do usuário**, como faixa etária ou outra informação que o caracterize. O anunciante também pode obter outros dados através do recebimento de cookies;
- **Informações que o usuário permite serem compartilhadas com terceiros são transmitidas a terceiros**, como ao permitir que um aplicativo acesse a conta do usuário;
- **Para fornecedores e provedores de serviço do Twitter** são enviados os dados necessários para que eles possam assegurar o funcionamento do serviço do Twitter;
- **Por motivos legais, para pedidos judiciais e para a proteção do público** o Twitter fornece os dados de usuários caso a empresa entenda que a exigência é necessária;
- **Caso o serviço ou parte dele seja adquirido por outra empresa, essa empresa terá acesso aos dados desse serviço**.

Assim como no Facebook, o Twitter aparenta seguir o determinado pela LGPD em relação ao acesso e retificação de dados, sendo permitido ao usuário realizar essas operações livremente. Adicionalmente, a revogação de consentimento pelo usuário pode ser feita nas opções de conta, disponíveis na plataforma. O usuário também pode realizar o download de seus dados a qualquer momento, para o fim de portabilidade. Quanto a exclusão de dados pessoais, o Twitter informa que ao desativar a conta, as informações do usuário não serão mais visíveis após um período de 30 dias, mas ele não confirma, objetivamente, que os dados serão eliminados. De acordo com a política de privacidade do Twitter:

> 4.2 Exclusão
> Mantemos os Dados de Registro por 18 meses no máximo. Ao seguir as instruções aqui (ou para o Periscope aqui), sua conta será desativada. Quando desativada, sua conta do Twitter, incluindo seu nome de exibição, nome de usuário e perfil público, não serão mais visíveis no Twitter.com, Twitter para iOS e Twitter para Android. Por até 30 dias após a desativação, ainda será possível restaurar a sua conta do Twitter, caso ela tenha sido desativada acidentalmente ou indevidamente.
> Lembre-se de que os mecanismos de busca e outros terceiros ainda podem manter cópias de suas informações públicas, como as informações do seu perfil de usuário e Tweets públicos, mesmo após a exclusão das informações dos nossos serviços ou a desativação de sua conta. Saiba mais aqui. [40]

3. Facebook e Twitter: Problemas Relacionados a Dados

Nessa seção, são expostos alguns problemas relacionados a dados enfrentados pelo Facebook e Twitter. O destaque é dado ao caso Cambridge Analytica, que afetou o Facebook, e suas consequências, e ao caso de invasão de perfis de usuários do Twitter, ocorrida em julho de 2020.

[40] TWITTER. Twitter privacy policy. *Id.*

Ambas as empresas são controladoras e operadoras dos dados de seus clientes. O dado do usuário é protegido utilizando o protocolo TLS 1.2 [41] ou 1.3[42] entre seu aplicativo e os servidores das plataformas. Dessa maneira, o canal de comunicação entre o usuário e os servidores é adequadamente seguro. Por sua vez, essas redes sociais operam com data centers próprios, tendo o total controle físico do equipamento. Como a própria empresa é responsável pela aplicação das medidas de proteção, ela garante o cumprimento dos termos de privacidade da sua operação. Delegar serviços para nuvens ou servidores de terceiros pode não ser adequado para o tratamento de dados pessoais sensíveis, pois esse operador ganha acesso físico aos dados.

É interessante observar que nos dois casos em destaque, considerados os piores problemas com dados pessoais das respectivas plataformas, os vazamentos ocorreram sem a quebra de algoritmos criptográficos. Em ambos os casos, o vazamento de dados ocorreu por falhas em processos de controle dos dados: no caso do Facebook, pelo compartilhamento indevido de dados com terceiros, e no caso do Twitter, pelo excessivo poder de controle sobre os dados entregue a administradores.

3.1. Facebook, Cambridge Analytica e Acordo com a Federal Trade Comission

O Facebook esteve envolvido com diversos problemas em relação a privacidade dos dados de seus usuários, como o programa NSA Prism, da Agência de Segurança Nacional norte-americana.[43] Entretanto, o caso de maior repercussão envolvendo a plataforma ocorreu entre 2015 e 2017, envolvendo a empresa Cambridge Analytica.

41 DIERKS, T.; RESCORLA, E. The transport layer security (TLS) protocol version 1.2. RFC 5246, 2008. Disponível em: <https: //www.hjp.at/doc/rfc/rfc5246.html>. Acesso em: 15 ago. 2020.

42 RESCORLA, E. The transport layer security (TLS) protocol version 1.3. RFC 8446, 2018. Disponível em: <https://www.hjp.at/doc/rfc/ rfc8446.html>. Acesso em: 15 ago. 2020.

43 GREENWALD, G.; MACASKILL, E. Nsa prism program taps in to user data of Apple, Google and others. *The Guardian*, 2013. Disponível em: <https://www.theguardian.com/world/2013/jun/06/us-tech-giants-nsa-data>. Acesso em: 14 ago. 2020.

O caso Cambridge Analytica[44] foi a captura e uso, de maneira indevida, de dados pessoais de usuários do Facebook para a criação de perfis psicológicos. Esses perfis foram utilizados para a elaboração de propaganda, inclusive política, cujo fator de persuasão é muito elevado. Um dos usos prováveis do esquema foi a manipulação da opinião de eleitores do Reino Unido na votação do Brexit, a retirada do país do bloco da União Europeia. Deve-se recordar que essa votação teve uma diferença absoluta de aproximadamente 1,3 milhões de votos .[45] Assim sendo, uma possível interferência que possa ter ocorrido em cerca de 650 mil votos, cerca de 2% dos votantes, pode ter favorecido o resultado da eleição. A descoberta do caso e dos mecanismos que possibilitaram o abuso dos dados do usuário levaram a FTC (*Federal Trade Comission*, Comissão Federal de Comércio), um órgão norte-americano, a aplicar uma multa de USD 5 bilhões ao Facebook, além de impor várias sanções à companhia.[46] A multa histórica ocorreu em função de a FTC e o Facebook já terem um acordo, não cumprido, que mitigaria os processos utilizados pela Cambridge Analityca para a captura de dados de usuários da plataforma de rede social.

A FTC, em 2012, acusou o Facebook de violar oito questões relativas a privacidade do usuário. Uma dessas questões tratava da captura de dados através de aplicativos que as pessoas usavam em sua rede de contatos. Se um usuário marcasse que seus dados deveriam ser compartilhados apenas com "amigos" e um desses amigos utilizasse um aplicativo disponibilizado no Facebook que coletava dados, os dados do usuário também eram coletados, mesmo sem seu consentimento. Esse mecanismo de coleta de dados foi utilizado pela Cambridge Analytica para a construção de sua base de dados.

[44] DAVIES, H. Ted Cruz using firm that harvested data on millions of unwitting Facebook users. *The Guardian*, 2015. Disponível em: <https://www.theguardian.com/us-news/2015/dec/11/senator-ted-cruz-president-campaign-facebook-user-data>. Acesso em: 14 ago. 2020.

[45] THE ELECTORAL COMISSION (UK). EU referendum results. 2016. Disponível em: <https://www.electoralcommission.org.uk/who-we-are-and-what-we-do/elections-and-referendums/past-elections-and-referendums/eu-referendum/results-and-turnout-eu-referendum>. Acesso em: 14 ago. 2020.

[46] FAIR, L. FTC's $5 billion Facebook settlement: Record-breaking and history-making. Federal Trade Comission (FTC), 2019. Disponível em: <https://www.ftc.gov/news-events/blogs/business-blog/2019/07/ftcs-5-billion-facebook-settlement-record-breaking-history>. Acesso em: 14 ago. 2020.

O Facebook entrou em acordo com a FTC, comprometendo-se a não fornecer informações falsas sobre a privacidade de seus usuários, nem fornecer informações falsas sobre como os dados de usuários eram compartilhados e, por fim, adotar uma política de segurança de dados razoável. De acordo com a FTC, o Facebook violou o acordo em múltiplas ocasiões, como no caso Cambridge Analytica. Além disso, as ferramentas que auxiliavam o usuário a gerir sua segurança de dados eram ineficientes. Elas não permitiam que o usuário limitasse o alcance de compartilhamento de seus dados de forma adequada, mesmo se ele escolhesse a opção mais restritiva. Entre os dados que ainda eram compartilhados, incluíam-se os detalhes de relacionamentos, visão política e religiosa, fotos e vídeos visualizados pelo usuário. As opções que realmente permitiam restringir o acesso de terceiros aos dados do usuário eram de difícil localização dentro da plataforma, para impedir suas ativações.

Adicionalmente, o Facebook foi acusado de negligência em averiguar se seus parceiros tratavam os dados de maneira adequada. Em muitos casos, o Facebook simplesmente requeria que o parceiro marcasse uma opção de "Eu concordo" ao registrar-se na plataforma, sem aprofundar-se mais na análise. A acusação tornou-se mais grave pelos indícios de que se o tratamento de dados inadequado fosse detectado, a reprimenda e punição dada à empresa infratora eram fortemente influenciados pelo valor monetário que essa empresa gerava na plataforma.

A Cambridge Analytica utilizou-se desses mecanismos para operar. A companhia informou ao Facebook que pretendia realizar a coleta de dados para fins acadêmicos e desenvolveu um aplicativo que foi utilizado por cerca de 270 mil usuários. Entretanto, através da captura de dados de pessoas relacionadas aos usuários, a empresa obteve acesso aos dados privadas de 87 milhões de usuários do Facebook. Esses dados serviram como modelo para a criação de diversos perfis psicológicos, que, por sua vez, foram utilizados como base para a criação de propagandas. Baseadas em perfis psicológicos, têm um poder de persuasão maior em comparação a propagandas tradicionais. Algumas dessas propagandas foram utilizadas no cenário eleitoral norte-americano [47] e no cenário de votação do Brexit.[48]

[47] DAVIES, H. *Id.*
[48] CADWALLADR, C. *Id.*

Devido ao caso Cambridge Analytica, o Facebook sofreu grandes perdas de investimento e de valor de mercado. Além disso, o presidente do Facebook, Mark Zuckerberg, fez um pedido público de desculpas e teve que prestar um depoimento ao Congresso Americano.[49] Complementarmente, a FTC adicionou o caso a sua acusação e conseguiu um novo acordo com o Facebook. Nesse acordo, o Facebook comprometeu-se a pagar USD 5 bilhões e a seguir todas as diretivas do acordo anterior. Também foi acertado a criação de um conselho de privacidade independente que irá auditar todas as ações e decisões relativas a privacidade do Facebook pelos próximos 20 anos.

Apesar disso, existem críticas à decisão da FTC. Uma delas é que não houve punições a executivos da empresa. Outra é que o valor de USD 5 bilhões, apesar de ser a maior multa já aplicada pelo órgão, foi extremamente baixa em comparação com a receita da empresa. De fato, como apontado na seção 3.1, o valor corresponde a menos de 25% da receita quadrimestral da empresa e quando a multa foi anunciada, as ações da empresa subiram.[50]

3.2. Twitter e a Invasão de Julho de 2020

Essa seção trata do ataque e invasão de contas sofridos pelo Twitter em julho de 2020.[51] O evento ainda está sob investigação e as informações a seguir apresentadas são preliminares e sujeitas a modificações.

Em 15 de julho de 2020, um total de 130 contas de usuários do Twitter, incluindo contas autenticadas de figuras públicas notórias, como Barack Obama, Joe Biden, Elon Musk e Bill Gates, foram invadidas 45 dessas contas, inclusive

[49] O'BRIEN, S. A.; YURIEFF, K. *Id.*

[50] PATEL, N. Facebook's $5 billion FTC fine is an embarrassing joke. *The Verge*, 2019. Disponível em: <https://www.theverge.com/2019/ 7/12/20692524/facebook-five-billion-ftc-fine-embarrassing-joke>. Acesso em: 14 ago. 2020.

[51] STATT, N. Twitter's massive attack: What we know after Apple, Biden, Obama, Musk, and others tweeted a bitcoin scam. *The Verge*, 2020. Disponível em: <https://www.theverge.com/2020/7/15/21326200/elon-musk-bill-gates-twitter-hack-bitcoin-scam-compromised>. Acesso em: 15 ago. 2020. NEWTON, C. Everything we know about this week's big twitter hack so far. *The Verge*, 2020. Disponível em: <https://www.theverge.com/ interface/2020/7/17/21327171/twitter-hack-faq-direct-messages-sim-swappers-facebook-maxine-williams-diversity-report-interview>. Acesso em: 15 ago. 2020. TWITTER SUPPORT. Security incident – 07/15/20. 2020. Disponível em: <https://twitter.com/TwitterSupport/status/ 1283518038445223936>. Acesso em: 15 ago. 2020.

as contas autenticadas, foram utilizadas para aplicar um golpe financeiro, mediante pedidos de depósitos de Bitcoins em um endereço, com a promessa de serem ressarcidos em dobro. Apesar da desconfiança que as mensagens possam ter causado, vários usuários foram enganados, pois os Tweets partiram de contas legitimamente autenticadas pela plataforma social. O ataque foi detectado prontamente, mas os estelionatários conseguiram roubar cerca de USD 120 mil antes que os Tweets fossem apagados. Adicionalmente, 36 das 130 contas não identificadas pelo Twitter, tiveram suas mensagens diretas, ou seja, suas mensagens pessoais, violadas. Em outras oito contas, nenhuma delas autenticada, tiveram todos os seus dados coletados.

O ataque foi executado e possibilitado através do uso de engenharia social e do controle excessivo conferido a alguns administradores da plataforma. Engenharia social é uma técnica na qual se busca persuadir um alvo a divulgar dados sigilosos, induzindo o alvo a confiar no atacante ao revelar informações pessoais relacionadas a vítima obtidas através de investigação. Inicialmente, acredita-se que membros da equipe de suporte interno do serviço tenham sido alvo de ataques de engenharia social através de seus telefones móveis. Por intermédio desse ataque, os criminosos foram capazes de obter credenciais desses empregados, que conferiam acesso a ferramenta de auxílio de contas da plataforma.

Com acesso à ferramenta, os infratores selecionaram as contas que desejavam acessar e prosseguiram o ataque através da troca do e-mail associado a essas contas. Como a troca do endereço eletrônico foi originada pela ferramenta do Twitter, os alvos não foram informados sobre o ocorrido. O próximo passo foi visualizar se as contas alvo possuíam autenticação de 2 fatores ativada. Caso afirmativo, a ferramenta de auxílio de contas também permitia que esse fator extra de proteção fosse desativado. Embora a desativação gere um aviso para o usuário, esse aviso é encaminhado via e-mail, que foi trocado no passo anterior. Com essa camada adicional de segurança desativada, os criminosos iniciaram o processo de redefinição de senha e, finalmente, obtiveram acesso as contas-alvo.

É importante observar que apesar do dano financeiro causado, o acesso a possíveis informações privadas de pessoas públicas pode ser usado posteriormente para chantagens ou ameaças. Portanto, até que toda a investigação se encerre, o impacto total do ataque é de difícil predição. Complementarmente, o Twitter também possuía um acordo com a FTC, feito em 2011, por não proteger adequadamente a privacidade de seus usuários.[52] Esse acordo foi violado entre 2013 e 2019 pelo Twitter, por uso de e-mails e números de telefone para o envio de propaganda, sem o consentimento do usuário. Em decorrência dessa quebra do acordo, a FTC pretende multar o Twitter, que estima o valor da multa entre USD 150 e 250 milhões.[53] Com esse novo ataque e nova quebra da privacidade dos usuários, acredita-se que a FTC possa iniciar uma nova investigação sobre o não cumprimento do acordo de 2011 e que uma nova punição mais severa seja feita.

4. Aplicativos de Mensagens Instantâneas

Nessa seção é explicado, de maneira superficial, o funcionamento de dois populares aplicativos de mensagens instantâneas, o WhatsApp[54] e o Telegram.[55] Para o WhatsApp, são abordadas as conversas individuais e as conversas em grupo e as propriedades de segurança que essas modalidades oferecem. Para o Telegram, são explicadas as conversas em nuvem e suas propriedades de segurança. Apesar de o Telegram também oferecer um esquema de conversas com criptografia fim-a-fim, esse método não é abordado, pois ele não é adotado como padrão do aplicativo.

4.1. WhatsApp

O WhatsApp é um serviço de mensageria privada entre duas ou mais pessoas que oferece criptografia fim a-fim (*end-to-end encryption* ou E2E). Criptografia

[52] FEDERAL TRADE COMISSION (FTC). FTC accepts final settlement with twitter for failure to safeguard personal information. 2011. Disponível em: <https://www.ftc.gov/news-events/press-releases/2011/03/ftc-accepts-final-settlement-twitter-failure-safeguard-personal-0>. Acesso em: 15 ago. 2020.

[53] KASTRENAKES, J. Twitter faces $250 million ftc fine for misusing emails and phone numbers. *The Verge*, 2020. Disponível em: <https://www.theverge.com/2020/8/3/21353232/twitter-ftc-fine-misused-email-phone-advertising-2011-settlement>. Acesso em: 15 ago. 2020.

[54] WHATSAPP. Whatsapp: Simple. secure. reliable messaging. 2020. Disponível em: <https://www.whatsapp.com/>. Acesso em: 15 ago. 2020.

[55] TELEGRAM. Telegram: a new era of messaging. 2020. Disponível em: <https://telegram.org/>. Acesso em: 15 ago. 2020.

fim-a-afim é um modelo de criptografia no qual somente os emissores e o receptores de uma conversa possuem a chave secreta utilizada para a cifração de sua comunicação. Dessa maneira, a conversa é mantida privada contra qualquer adversário que busque escutá-la, incluindo os operadores do sistema e os encarregados do canal de comunicação. O sistema de criptografia do WhatsApp [56] foi implementado pela Open Whisper Systems, uma organização sem fins lucrativos, criadora do aplicativo de mensagens instantâneas Signal.[57] A criptografia fim-a-fim do WhatsApp está disponível para todas as suas versões desde abril de 2016.[58]

Sucintamente, o sistema funciona através do estabelecimento de uma chave secreta comum entre dois usuários, através do protocolo X3DH,[59] e a troca de mensagens, utilizando o protocolo Double Ratchet.[60] O protocolo X3DH é executado com a participação de três entidades: os dois indivíduos que desejam se comunicar, que são denominados A e B, e um servidor, que não conseguirá saber a chave secreta estabelecida entre essas pessoas. Tanto A quanto B possuem um conjunto de pares de chave público-privada. Para simplificação, cada par de chaves é tratado como um único objeto, mas deseja-se clarificar que a chave privada do par é de conhecimento único e exclusivo do possuidor dessa chave e a chave divulgada a terceiros sempre corresponde à chave pública. O conjunto de chaves corresponde a uma chave de identidade, de longa duração, uma chave denominada pré-chave, que é trocada

[56] WhatsApp. Whatsapp encryption overview. 2017. Disponível em: <https://scontent.whatsapp.net/v/t61.22868-34/ 68135620_760356657751682_6212997528851833559_n.pdf/WhatsApp-Security-Whitepaper.pdf?_nc_sid=41cc27&_nc_ohc=NBR90VEnn8oAX-uFLY&_nc_ht=scontent.whatsapp.net&oh=c228194a53d72b6e583ccb0ef6de43ba&oe=5F3A4913>. Acesso em: 16 ago. 2020.

[57] SIGNAL. Signal: Speak freely. 2020. Disponível em: <https://signal.org/>. Acesso em: 15 ago. 2020.

[58] LOMAS, N. Whatsapp completes end-to-end encryption rollout. *TechCrunch*, 2016. Disponível em: <https://techcrunch.com/2016/04/ 05/whatsapp-completes-end-to-end-encryption-rollout/>. Acesso em: 15 ago. 2020; METZ, C. Forget apple vs. the FBI: Whatsapp just switched on encryption for a billion people. *Wired*, 2016. Disponível em: <https: //www.wired.com/2016/04/forget-apple-vs-fbi-whatsapp-just-switched-encryption-billion-people/>. Acesso em: 15 ago. 2020.

[59] MARLINSPIKE, M.; PERRIN, T. The x3dh key agreement protocol. *Open Whisper Systems*, 2016. Disponível em: <https://signal.org/ docs/specifications/x3dh/>. Acesso em: 15 ago. 2020.

[60] MARLINSPIKE, M.; PERRIN, T. *Id.*

regularmente e é assinada pela chave de identidade, e um conjunto de chaves de uso único, numeradas. Um usuário envia ao servidor essas chaves para que outro usuário, ao desejar comunicar-se com ele, consiga estabelecer uma chave secreta. Quando A quer iniciar uma conversa com B, ele recupera do servidor a chave de identidade, a pré-chave e uma das chaves de uso único de B. O servidor elimina a chave de uso único enviada a A. O usuário A gera uma chave efêmera, isto é, uma chave que será descartada ao final do protocolo, e através do X3DH ele combina as chaves recuperadas de B junto com sua chave de identidade e a chave efêmera. O resultado é a criação de uma chave secreta, denominada S. Para B, o indivíduo A envia sua chave de identidade, a chave efêmera e o identificador da chave de uso único utilizada. Ao receber essa comunicação, B também utiliza o protocolo X3DH, combinando as chaves recebidas com as chaves que somente ele possui. A chave secreta obtida por B é exatamente igual a chave secreta S obtida por A. Como para executar o protocolo é necessário saber informações que são de conhecimento único e exclusivo de A e B, nenhuma outra entidade é capaz de obter a mesma chave S.

Para cifrar as mensagens de sua comunicação, A e B utilizam a chave secreta S comum no protocolo Double Ratchet. A execução do Double Ratchet é mais complexa que a do X3DH, mas, em uma visão geral, a partir da chave raiz utilizada (nesse caso, S), o protocolo deriva chaves para o envio e a recepção de mensagens. A cada mensagem enviada, uma nova chave de cifração é gerada, garantindo que não haja repetição de chaves. Cada mensagem enviada também contém uma chave efêmera aleatória. Quando uma mensagem é recebida, combina-se a chave efêmera dessa mensagem recebida com a chave efêmera enviada e utiliza-se esse resultado para derivar novas chaves de envio e recepção. Dessa maneira, após uma sequência de envio e recebimento, as novas chaves criadas possuem a contribuição de ambas as pessoas envolvidas na conversa. Por fim, os algoritmos criptográficos usados com essas chaves para a cifração e autenticidade das mensagens são padronizados, como o AES[61] em modo CBC[62] e o SHA-256.[63]

[61] NIST. Federal Information Processing Standards Publication 197: Announcing the advanced encryption standard (AES). 2001. Disponível em: <https://doi.org/10.6028/NIST.FIPS.197>. Acesso em: 16 ago. 2020.

[62] EHRSAM, W. F. et al. *Message verification and transmission error detection by block chaining.* 1978. US Patent 4,074,066.

Através desses dois protocolos, são garantidas as propriedades de confidencialidade, integridade, autenticidade, segurança futura (*Forward Secrecy*), segurança retrógrada (*Backward Secrecy*), não ligação entre mensagens, repúdio de mensagens e repúdio de participação [64]. Segurança futura é a propriedade que garante que se a chave utilizada em uma conversa for descoberta por um terceiro, ele não conseguirá usar essa chave para decifrar mensagens que ocorreram no passado. Segurança retrógrada significa que se um adversário passivo, ou seja, que apenas escuta a comunicação, mas não interfere ativamente nela, conseguir descobrir a chave de um dos participantes da conversa, ele não será capaz de utilizá-la para decifrar mensagens após certo tempo. Não ligação entre mensagens significa dada uma sequência de mensagens de um indivíduo, caso seja possível provar que uma delas foi de autoria do indivíduo, não é possível utilizar esse fato para garantir a autoria das outras mensagens. Repúdio de mensagens e de participação são as propriedades que garantem que uma pessoa possa negar o envio ou recebimento de uma mensagem e sua participação em uma conversa.

Também é de importância observar que autenticidade não confere irretratabilidade a uma mensagem. Autenticidade é a capacidade de convencer um participante da conversa que a mensagem é autêntica. Irretratabilidade é a capacidade de convencer qualquer pessoa de que uma mensagem é autêntica e de autoria de um indivíduo determinado. Essa propriedade somente é conferida através do uso de uma assinatura digital na mensagem.

Essas propriedades são validas para uma conversa entre duas pessoas. Para conversas em grupo, existe uma diferença fundamental que revoga, em condições específicas, algumas dessas propriedades. Caso o protocolo entre duas pessoas fosse seguido para grupos, isso ocasionaria que um indivíduo, para se comunicar com um grupo com *N* usuários, tivesse que cifrar a mensagem *N*–1 vezes distintamente para enviá-la a todos os participantes. Isso geraria um grande consumo de banda no canal de comunicação. Portanto, para evitar

[63] NIST. Federal Information Processing Standards Publication 180-4: Secure hash standard (SHS). 2015. Disponível em: <http://dx.doi. org/10.6028/NIST.FIPS.180-4>. Acesso em: 16 ago. 2020.

[64] JOHANSEN, C. et al. The Snowden Phone: A Comparative Survey of Secure Instant Messaging Mobile Applications. Disponível em: <https://ui.adsabs.harvard.edu/abs/2018arXiv180707952J> . Acesso em: 14 ago.2020.

esse inconveniente, ao entrar em um grupo, o usuário cria duas chaves para a utilização nesse grupo, uma simétrica e uma assimétrica, e as envia para todos os outros integrantes utilizando o canal de comunicação entre duas pessoas, descrito anteriormente. A partir desse ponto, ele utiliza a chave simétrica para cifrar as mensagens que deseja enviar ao grupo e envia uma única cópia dessa mensagem ao servidor, que a copia e a distribui entre todos os membros. Uma nova chave de cifração também é derivada a cada mensagem enviada, de uma maneira similar ao processo que ocorre entre duas pessoas, mas uma nova chave não é derivada a cada mensagem recebida. Adicionalmente, para assegurar que a mensagem realmente é de autoria do usuário, afinal todos os membros do grupo possuem a chave simétrica do usuário utilizada na cifração, ele utiliza a chave assimétrica para assinar digitalmente o texto cifrado. Como apenas o autor de uma mensagem é capaz de assiná-la digitalmente desse modo, a autenticidade do texto cifrado é garantida. Complementarmente, novas chaves simétricas e assimétricas são geradas e transmitidas para todos os integrantes do grupo sempre que algum membro se retira da conversa.

O sistema para grupos continua possuindo as propriedades elencadas anteriormente, com uma exceção. Caso um integrante do grupo resolva manter a sequência de chaves utilizadas por um usuário juntamente com os textos cifrados assinados digitalmente, ele poderia provar para um terceiro a autoria das mensagens, revogando as propriedades de confidencialidade e repúdio. Isso ocorre justamente pela presença da assinatura digital.

Por fim, é importante mencionar que os metadados, informações a respeito da comunicação em si, como os usuários envolvidos, o horário que ela ocorre e a localização desses clientes, são enviados às claras, ou seja, sem cifração. Isso permite que o WhatsApp infira informações a respeito de seus clientes, que podem ser utilizadas como dados para construir análises para parceiros comerciais.

4.2. Telegram

O Telegram, assim como o WhatsApp, é um serviço de mensageria entre duas ou mais pessoas. Entretanto, apesar de oferecer criptografia fim-a-fim, o modo de operação padrão do Telegram é através do uso de servidores em nuvem. Dessa maneira, além das pessoas envolvidas diretamente na conversa, o servidor do Telegram também tem acesso a todo o conteúdo trocado. A justificativa para esse modo de operação é a facilidade em criar *backups* e sincronizar diversos dispositivos.[65] Como se trata do modo padrão de funcionamento do aplicativo, a discussão a seguir é baseada nele.

Cada cliente estabelece uma chave secreta comum permanente com o servidor usando o processo descrito na página da plataforma.[66] Uma chave secreta temporária também é gerada e associada com a permanente. Essa chave temporária é então utilizada no protocolo MTProto.[67] O MTProto, assim como o DoubleRatchet, também gera uma chave única para cada mensagem enviada com base na chave temporária fornecida, com a diferença que a aleatoriedade da chave única é decidida única e exclusivamente pelo emissor da mensagem. O usuário agrega as informações que criaram essa chave à mensagem a ser enviada e a cifra. Uma parte da chave gerada é enviada às claras, ou seja, não cifrada, conjuntamente com a mensagem cifrada. O receptor é capaz de usar esse pedaço da chave para calcular a chave de cifração através da combinação dessa parte recebida com a chave secreta temporária comum. Ao decifrar a mensagem, o receptor necessita verificar se as informações que criaram a chave secreta única estão corretas, através do recalculo da chave de cifração. Dessa forma, a mensagem é autenticada pelo receptor.

Deve-se observar que o protocolo é utilizado para cifrar mensagens entre o cliente e o servidor. Portanto, para comunicar-se com uma ou mais pessoas, a mensagem é cifrada entre o emissor e o servidor. O servidor decifra essa mensagem e a recifra, usando a chave temporária comum entre ele e os receptores finais dessa mensagem. Consequentemente, o servidor tem acesso a todas as mensagens trocadas entre os usuários. Infelizmente, o código do servidor do Telegram não é público, logo não é possível afirmar o tratamento de dados realizado por ele.

65 DUROV, P. On telegram cloud use. *Twitter*, 2015. Disponível em: <https://twitter.com/durov/status/678305311921410048>. Acesso em: 16 ago. 2020.

66 TELEGRAM. Creating an authorization key. 2020. Disponível em: <https://core.telegram.org/mtproto/auth_key>. Acesso em: 16 ago. 2020.

67 TELEGRAM. Mobile protocol: detailed description. 2020. Disponível em: <https://core.telegram.org/mtproto/description>. Acesso em: 16 ago. 2020.

Acredita-se que o Telegram ofereça as mesmas propriedades de segurança que o WhatsApp (confidencialidade, integridade, autenticidade, segurança futura, segurança retrógrada, não ligação entre mensagens, repúdio de mensagens e repúdio de participação) Entretanto, como o servidor age como intermediário de qualquer mensagem, a observação feita para uma conversa em grupo de usuários no aplicativo anterior também é válida. Caso o servidor do Telegram guarde todos os dados referente a geração de chaves e mensagens cifradas dos usuários, ele poderia revogar as mesmas propriedades de segurança.

5. Vazamento de Mensagens do Telegram: Caso Vaza-Jato

Em junho de 2019, o site The Intercept Brasil publicou uma série de reportagens, revelando conversas privadas pelo aplicativo Telegram de diversos membros da operação Lava-Jato.[68] Essas conversas revelam comportamentos privados desses membros sobre investigações e decisões judiciais. Essa seção faz uma análise de como acredita-se que a captura desses dados tenha ocorrido, baseado na decisão do juiz Vallisney de Souza Oliveira.[69] Embora vários sites tenham dito que provaram a autenticidade do conteúdo,[70] essa afirmação é tecnicamente incorreta.[71]

[68] GREENWALD, G.; REED, B.; DEMORI, L. Como e por que o Intercept está publicando chats privados sobre a Lava Jato e Sergio Moro. *The Intercept Brasil*, 2019. Disponível em: <https://theintercept.com/2019/06/09/editorial-chats-telegram-lava-jato-moro/>. Acesso em: 16 ago. 2020.

[69] FREIRE, S. 'Há fortes indícios de que suspeitos de hackear celulares integram organização', diz juiz. *Poder360*, 2019. Disponível em: <https://www.poder360.com.br/justica/ha-fortes-indicios-de-que-suspeitos-de-hackear-celulares-integram-organizacao-diz-juiz/>. Acesso em: 16 ago. 2020.

[70] GREENWALD, G.; DEMORI, L. #vazajato: as provas de que os chats são autênticos agora vêm de diversos veículos de comunicação – são definitivas e esmagadoras. *The Intercept Brasil*, 2019. Disponível em: <https://tinyurl.com/y6mn8jya>. Acesso em: 16 ago. 2020.

[71] SIMPLICIO, M. A. Afinal, o quão fácil é manipular mensagens do telegram após uma invasão? dá para auditar? Laboratório de Arquitetura e Redes de Computadores (LARC) – Escola Politécnica da Universidade de São Paulo, 2019. Disponível em: <https://www.larc.usp.br/experimento_mensagens/>. Acesso em: 16 ago. 2020.

5.1. Como o Vazamento Ocorreu

Para entender como o vazamento ocorreu, é necessário saber que o aplicativo Telegram possui uma versão Desktop, que pode ser executada em computador. Essa versão permite a coleta de todas as mensagens e arquivos trocados por um usuário através da versão padrão do Telegram e que se encontram disponíveis nos servidores em nuvem da empresa. Também é preciso ter o conhecimento que para acessar o conteúdo de um usuário através dessa versão do aplicativo, é necessário uma autenticação através de um código, que pode ser enviado através de uma ligação telefônica. Apesar de existirem outras camadas extras de proteção, como a necessidade de fornecer uma senha numérica, elas não são habilitadas por padrão. Por fim, o acesso ao correio de voz de uma linha telefônica móvel pode ser realizado sem a apresentação de uma senha, caso o dispositivo que busque esse acesso esteja identificado com a própria linha, como no caso de acesso vindo do próprio aparelho celular.

Inicialmente, descobriu-se o número de telefone celular de um dos alvos do roubo de mensagens. Com essa informação, foi possível iniciar o cadastro no aplicativo Telegram Desktop, utilizando-se desse número como usuário. O aplicativo, então, requisitou o meio pelo qual transmitiria a senha de acesso e os atacantes decidiram que a senha seria transmitida via ligação telefônica. Simultaneamente a esse fato, os infratores realizaram diversas ligações para o número da vítima, com a intenção de ocupar a linha telefônica e não permitir que a chamada de voz feita pelo Telegram fosse exitosa. Como a linha telefônica encontrava-se ocupada, a ligação do Telegram foi direcionada ao serviço de correio de voz, onde foi armazenada. Com o código de acesso agora salvo no correio de voz, bastava ter acesso a esse sistema para obter a senha e completar o cadastro no sistema de mensageria. Para realizar essa invasão, utilizou-se de uma facilidade provida por serviços de VoIP (*Voice over IP* – Voz sobre IP), ligações telefônicas feitas através da Internet. Esses serviços permitem que o usuário informem um número de telefone para a identificação. Dessa maneira, os criminosos utilizaram como número para identificação o próprio número de telefone celular da vítima e realizaram o acesso ao correio de voz. Como o correio de voz identificou que o número de origem era o mesmo da linha móvel, ele permitiu o acesso sem nenhuma verificação extra. Dessa maneira, os infratores obtiveram a senha de cadastro enviada pelo Telegram e finalizaram o acesso ao serviço de mensagens.

Uma vez que os criminosos tiveram acesso ao conteúdo da vítima, eles utilizaram a função de exportar mensagens, que permite a coleta de todas as mensagens e arquivos da vítima armazenados na nuvem. É importante observar, para a discussão sobre a comprovação de autenticidade do conteúdo, que as mensagens são fornecidas pelo servidor em formato HTML e o conteúdo não é assinado digitalmente.

Esses arquivos de mensagem em formato HTML foram os arquivos recebidos pelo site The Intercept, o que pode ser evidenciado pelo fato de as mensagens divulgadas pelo veículo jornalístico terem sua precisão aferida em segundos. Essa precisão encontra-se disponível de maneira simples de ser averiguada nesses arquivos.

5.2 É Possível Realizar uma Auditoria nas Mensagens Vazadas?

Destaca-se, primeiramente, que o exposto a seguir é referente a auditoria de mensagens trocadas pela plataforma Telegram. Os conteúdos audiovisuais podem ser auditados de outras maneiras, sem o uso das propriedades de segurança fornecidas pelo serviço.

Outro fato a ser considerado é que, desde março de 2019, qualquer mensagem em uma conversa entre duas ou mais pessoas pode ser excluída por qualquer um dos integrantes dessa conversa. Essa deleção pode ser feita para todos os usuários e é totalmente transparente, ou seja, não existe nenhum aviso de que ela feita, por quem foi feita e em qual mensagem foi feita. Dessa maneira, qualquer pessoa com acesso ao grupo é capaz de eliminar todo o conteúdo desse grupo, inclusive para todos os outros integrantes.

Devido aos fatos mencionados nas seções 5.2 e 6.1, argumenta-se que é infactível realizar uma auditoria em mensagens do Telegram para averiguar a veracidade ou falsidade dessas mensagens.[72]

Primeiramente, recorda-se que o Telegram possui como propriedade de segurança o repúdio de mensagens. Essa característica não é um defeito do protocolo, e sim uma premissa do projeto. Logo, seria esperado que o envio

[72] SIMPLICIO, M. A. *Id.*

de qualquer mensagem pudesse ser negado por qualquer um dos usuários da plataforma.

O segundo ponto de interesse é que as mensagens foram obtidas através de um arquivo HTML não assinado digitalmente. Esse arquivo apresenta as mensagens de maneira completamente estruturadas, de fácil compreensão e de fácil edição, até mesmo por ferramentas básicas como o editor de textos Notepad do sistema Windows. Como mostrado por Simplício (2019), mensagens editadas de Telegram são indistinguíveis de mensagens originais, impossibilitando a detecção de fraudes, seja ela de nome de integrantes, data de envio das mensagens ou até mesmo conteúdo. Adicionalmente, pelo formato estruturado que as conversas são salvas no arquivo, a edição pontual de conteúdo é trivial. Consequentemente, seria possível alterar uma única mensagem, mesmo que o arquivo apresentasse centenas ou até milhares de mensagens distintas. Lembra-se também que o aplicativo Telegram também possui a propriedade de não ligação entre mensagens. Portanto, a comprovação de autoria de uma mensagem não ocasiona a comprovação de autoria de qualquer outra mensagem. Destaca-se que uma assinatura digital do servidor do Telegram no arquivo poderia corroborar com a comprovação de sua autenticidade. Entretanto, o servidor não assina arquivos resultantes da ferramenta de exportar mensagens.

Por fim, poderia ser feita uma requisição ao Telegram para que se comprovasse o teor das conversas, visto que ele possui todas as mensagens salvas. Todavia, o Telegram tem um histórico de não atender pedidos para acesso a seus dados.[73] Complementarmente, os invasores do sistema tiveram acesso a conta de seus alvos e, após terem feita a captura dos dados sigilosos, podem ter eliminado todas as conversas do servidor, ocasionando uma deleção do conteúdo para todos os integrantes do grupo. Tendo em vista os pontos apresentados, comprovar que as mensagens capturadas na invasão das contas de Telegram dos integrantes da Lava-Jato são verídicas é tecnicamente impraticável, assim como comprovar que as mensagens são falsas.

[73] ROTH, A. Moscow court bans telegram messaging app. *The Guardian*, 2018. Disponível em: <https://www.theguardian.com/world/ 2018/apr/13/moscow-court-bans-telegram-messaging-app>. Acesso em: 16 ago. 2020.

6. Projeto de Lei no 2.630: Lei das Fake News

O Projeto de Lei nº 2.630, de 2020,[74] conhecido como Lei das Fake News, de iniciativa do senador Alessandro Vieira, busca combater a desinformação e aumentar a transparência na Internet em relação a redes sociais e serviços de mensagem privado. Apesar da justificativa do projeto ser nobre, ele vem suscitando discussões a respeito de como a lei pode limitar a liberdade de expressão e ferir o direito a privacidade dos indivíduos. Nessa seção, será discutido alguns aspectos do projeto que foi enviado a Câmara dos Deputados em 3 de julho de 2020.

A respeito do assunto, dois textos publicados no CDT (*Center for Democracy and Technology*), referentes ao projeto original[75] e ao projeto enviado a Câmara dos Deputados,[76] trazem pontos relevantes a discussão sob a visão da privacidade. Alguns desses pontos são elencados e discutidos a seguir.

O Projeto de Lei, no seu Art. 7º traz o seguinte texto:

> **Art. 7º** Os provedores de redes sociais e de serviços de mensageria privada poderão requerer dos usuários e responsáveis pelas contas, em caso de denúncias por desrespeito a esta Lei, no caso de indícios de contas automatizadas não identificadas como tal, de indícios de contas inautênticas ou ainda nos casos de ordem judicial, que confirmem sua identificação, inclusive por meio da apresentação de documento de identidade válido.
> *Parágrafo único.* Os provedores de redes sociais e de serviços de mensageria privada deverão desenvolver medidas técnicas para detectar fraude no cadastro e o uso de contas em desacordo com a legislação,

[74] BRASIL. Projeto de Lei nº 2.630. *Id.*

[75] MAHESHWARI, N. Traceability under Brazil's proposed fake news law would undermine users' privacy and freedom of expression. *Center for Democracy and Technology (CDT)*, 2020. Disponível em: <https://cdt.org/insights/ traceability-under-brazils-proposed-fake-news-law-would-undermine-users-privacy-and-freedom-of-expression/>. Acesso em: 16 ago. 2020.

[76] MAHESHWARI, N.; NOJEIM, G. Update on Brazil's fake news bill: The draft approved by the senate continues to jeopardize users' rights. *Center for Democracy and Technology (CDT)*, 2020. Disponível em: <https://cdt.org/insights/ update-on-brazils-fake-news-bill-the-draft-approved-by-the-senate-continues-to-jeopardize-users-rights/>. Acesso em: 16 ago. 2020.

devendo informá-las em seus termos de uso ou em outros documentos disponíveis aos usuários. [77]

Uma das versões do projeto requisitava que a identificação fosse feita no momento de registro da conta na plataforma, para todos os usuários. Como apontado no artigo do CDT, essa exigência levaria as redes sociais a tornarem-se grandes bancos de dados de identificação de pessoas. Apesar da mudança para exigir a identificação apenas para casos de desrespeito a Lei, é duvidoso se, na prática, as redes sociais não continuariam adotando a identificação no momento de cadastro. Devido ao fato de que a definição das circunstâncias nas quais a identificação de uma conta seja necessária é tecnicamente imprecisa (p.ex., não é claro o que constitui uma denúncia), aliada ao Art. 31, inciso II, que diz:

> **Art. 31.** Sem prejuízo das demais sanções civis, criminais ou administrativas, os provedores de redes sociais e de serviços de mensageria privada ficam sujeitos a:
> II – multa de até 10% (dez por cento) do faturamento do grupo econômico no Brasil no seu último exercício.[78]

A impossibilidade de assegurar que uma conta aleatória denunciada cumpra com a obrigação legal, é possível que para prevenirem-se de uma eventual multa, as redes sociais exijam a prévia identificação do usuário. Quanto ao Art. 10 do Projeto de Lei:

> **Art. 10.** Os serviços de mensageria privada devem guardar os registros dos envios de mensagens veiculadas em encaminhamentos em massa, pelo prazo de 3 (três) meses, resguardada a privacidade do conteúdo das mensagens.
> §1º Considera-se encaminhamento em massa o envio de uma mesma mensagem por mais de cinco usuários, em intervalo de até 15 dias, para

[77] BRASIL. Projeto de Lei nº 2.630. *Id.*
[78] BRASIL. Projeto de Lei nº 2.630. *Id.*

> grupos de conversas, listas de transmissão ou mecanismos similares de agrupamento de múltiplos destinatários.
> §2º Os registros de que trata o caput devem conter a indicação dos usuários que realizaram encaminhamentos em massa da mensagem, com data e horário deste encaminhamento, e o quantitativo total de usuários que receberam a mensagem.
> §3º O acesso aos registros somente poderá ocorrer com o objetivo de responsabilização pelo encaminhamento em massa de conteúdo ilícito, para constituição de prova em investigação criminal e em instrução processual penal, mediante ordem judicial, nos termos da Seção IV do Capítulo III da Lei nº 12.965, de 23 de abril de 2014.
> §4º A obrigatoriedade de guarda prevista neste artigo não se aplica às mensagens que alcançarem quantitativo total inferior a mil usuários, devendo seus registros ser destruídos nos termos da Lei nº 13.709, de 14 de agosto de 2018.[79]

Argumenta-se que esse artigo violaria a privacidade dos indivíduos e que ele é tecnicamente infactível de ser cumprido em qualquer serviço de mensageria que adote criptografia fim-a-fim, como o WhatsApp.

Inicialmente, a definição de "encaminhamento em massa", da maneira que foi descrita, parece arbitrária e injustificada. Não é de conhecimento do autor desse artigo uma definição técnica de "encaminhamento em massa" e as buscas realizadas em bancos de dados acadêmicos não retornaram nenhum resultado. O WhatsApp, recentemente, adotou uma marcação especial na mensagem se uma cadeia de encaminhamento possuir mais de cinco usuários, além de limitar futuros encaminhamentos.[80] Entretanto, não há uma justificativa técnica acompanhada a decisão.

Em seguida, a guarda de registros dos envios apenas caso ocorra encaminhamento em massa não possui efetividade prática. Como apontado por Maheshwari e Nojeim, o serviço de mensageria não tem como saber, a priori, se uma determinada mensagem será compartilhada por mais de cinco e

79 BRASIL. Projeto de Lei nº 2.630. *Id.*

80 WHATSAPP. More changes to forwarding. 2019. Disponível em: <https://blog.whatsapp.com/more-changes-to-forwarding>. Acesso em: 16 ago. 2020.

alcançará um total superior a 1000 usuários. Consequentemente, todos os registros dessas mensagens devem ser salvos. Um aplicativo como o WhatsApp possui uma circulação de bilhões de mensagens por dia,[81] e o arquivamento de todos esses registros iria requerem uma capacidade de armazenamento e processamento de dados gigantesca. Isso torna a medida inviável de ser realizada. Outro ponto, também feito por Maheshwari, é que o arquivamento desses registros violaria a privacidade de todas as pessoas na cadeia de encaminhamento, independente de sua anuência com o conteúdo da mensagem.

Por fim, para serviços de mensageria que adotam criptografia fim-a-fim, como o próprio WhatsApp, esse artigo é infactível de ser cumprido. Uma mensagem cifrada em um serviço com criptografia fim-a-fim só é conhecida por seu emissor e receptor. Para se ter essa garantia, todos as mensagens que são cifradas resultam em um texto cifrado único, inclusive se as mensagens forem perfeitamente idênticas. Dessa forma, se um usuário encaminhar uma mensagem para três amigos distintos, o serviço iria observar três textos cifrados diferentes, que não podem ser associados entre si por meios técnicos razoáveis. Caso um desses amigos encaminhe essa mensagem mais uma vez, o serviço observaria um quarto texto cifrado, diferente de todos os anteriores. Portanto, o rastreamento da cadeia de encaminhamento não pode ser realizado. Adicionalmente, não é possível, por meios técnicos razoáveis, aferir quantas vezes essa mensagem foi encaminhada e quantos usuários foram alcançados por ela.

Duas dúvidas que podem ocorrer ao leitor são como o WhatsApp consegue, então, saber que uma mensagem foi reencaminhada mais de cinco vezes e se a inclusão nos metadados de uma transmissão de um dado anonimizado, mas único por mensagem, como o hash desta, não poderia permitir o rastreamento dessa cadeia. A resposta para a primeira dúvida é que as mensagens encaminhadas por WhatsApp possuem um contador anexado a elas, que é incrementado a cada reenvio da mensagem. No entanto, esse contador é cifrado conjuntamente com a mensagem. Dessa maneira, ao receber uma mensagem, o usuário sabe quantas vezes ela foi reencaminhada, mas só sabe quem foi o

[81] SANTINO, R. Whatsapp quebra recorde com 75 bilhões de mensagens trocadas em um dia. *Olhar Digital*, 2018. Disponível em: <https://olhardigital.com.br/noticia/whatsapp-quebra-recorde-com-75-bilhoes-de-mensagens-trocadas-em-um-dia/73237>. Acesso em: 16 ago. 2020.

elo anterior dessa cadeia (i.e., a pessoa que lhe enviou a mensagem). A segunda pergunta possui uma explicação técnica. Ao associar um identificador à mensagem, mesmo que ele não revele o conteúdo da mensagem, ele dá uma informação a respeito dessa mensagem. Em especial, esse identificador permite comparar textos cifrados e achar quais deles possuem conteúdos idênticos. Isso permitiria que o serviço criasse um "dicionário" com mensagens comuns e os identificadores a elas associados. Consequentemente, para um grupo de mensagens, a privacidade dos usuários seria violada, removendo, na prática, a criptografia do sistema. Mesmo que um dicionário não fosse elaborado, a identificação de textos cifrados que correspondem a uma mesma mensagem é um problema extremamente conhecido em criptografia, como no caso do modo de operação ECB, sendo usado como exemplo em livros-textos:

> *ECB: Electronic Codebook (never never use this! never!!)*
> *The most obvious way to use a block cipher to encrypt a long message is to just apply the block cipher independently to each block. The only reason to know about this mode is to know never to use it (and to publicly shame anyone who does). It can't be said enough times: never use ECB mode! It does not provide security of encryption.*[82]

> ECB: Livro de Códigos Eletrônico (jamais, jamais, use isso! Jamais!!)
> A maneira mais óbvia de usar uma cifra de blocos para cifrar uma mensagem longa é aplicar a cifra independentemente para cada bloco. A única razão para conhecer esse modo [de operação] é para saber para nunca usá-lo (e para envergonhar publicamente quem o faz). Isso não pode ser dito um número suficiente de vezes: nunca use o modo ECB! Ele não fornece segurança a cifração. (tradução do autor)

Associar textos cifrados a uma mesma mensagem permite a detecção de padrões. Em uma foto, por exemplo, apesar de todas as cores estarem modificadas, é possível identificar o contorno dos objetos, revelando o conteúdo retratado na imagem. Um exemplo recente da prática desse erro foi o aplicativo

[82] ROSULEK, M. *The Joy of Cryptography*. Oregon State University, 2018. Disponível em: <https://web.engr.oregonstate.edu/~rosulekm/ crypto/>. Acesso em: 16 ago. 2020. p. 142

de vídeo conferência Zoom, que utilizou o modo ECB para cifrar o conteúdo transmitido.[83] Como resposta, a empresa comprometeu-se a formular um departamento exclusivo de segurança da informação,[84] e, em menos de noventa dias, substituiu o modo de operação por um adequado e atualizou outros elementos de segurança do aplicativo.[85]

7. Conclusões

Nesse artigo, foi apresentado a discussão realizada a respeito de redes sociais e aplicativos de mensagem instantânea realizada na disciplina de Lei Geral de Proteção de Dados da Faculdade de Direito da Universidade de São Paulo.

É possível aferir que as plataformas sociais iniciaram um movimento pela adequação do tratamento de seus dados às leis de proteção de dados. Entretanto, essas redes sociais ainda cometem abusos em relação ao tratamento de dados de seus usuários, gerando prejuízos financeiros e até mesmo políticos.

Em relação aos serviços de mensageria privada, observa-se um grande enfoque por parte das empresas em fornecer serviços com garantias de privacidade. No caso do WhatsApp, embora existam evidências de que seu protocolo de criptografia seja seguro, ainda é capaz de capturar os metadados dos clientes e inferir origem, destinatário, horário e localização de mensagens. No caso do Telegram, para o serviço de conversas em Nuvem, é necessário confiar que o servidor da empresa comporta-se de maneira honesta e não

[83] MARCZAK, B.; SCOTT-RAILTON, J. Move fast and roll your own crypto: A quick look at the confidentiality of zoom meetings. *The Citizen Lab*, 2020. Disponível em: <https://citizenlab.ca/2020/04/ move-fast-roll-your-own-crypto-a-quick-look-at-the-confidentiality-of-zoom-meetings/>. Acesso em: 18 ago. 2020.

[84] YUAN, E. S. Update on zoom's 90-day plan to bolster key privacy and security initiatives. *Zoom*, 2020. Disponível em: <https: //blog.zoom.us/update-on-zoom-90-day-plan-to-bolster-key-privacy-and-security-initiatives/>. Acesso em: 18 ago. 2020.

[85] YUAN, E. S. End-to-end encryption update. *Zoom*, 2020. Disponível em: <https://blog.zoom.us/end-to-end-encryption-update/>. Acesso em: 18 ago. 2020.; YUAN, E. S. Ceo report: 90 days done, what's next for zoom. *Zoom*, 2020. Disponível em: <https://blog.zoom.us/ceo-report-90-days-done-whats-next-for-zoom/>. Acesso em: 18 ago. 2020.

comete abusos no tratamento de dados do cliente. Adicionalmente, acredita-se que seu protocolo de criptografia não é tão robusto quanto o do WhatsApp.

Por fim, a análise do Projeto de Lei n.º 2.630 mostrou que existem críticas extremamente relevantes quanto à privacidade de dados das pessoas e quanto à capacidade técnica de execução da Lei, principalmente quanto ao artigo 10.

Como sugestões, as redes sociais poderiam ser mais claras a respeito de como elas se adequaram às legislações de proteção de dados e providenciar relatórios sobre esse fato. Os aplicativos de mensageria instantânea poderiam comprometer-se a cifrar os metadados de suas mensagens, como realizado no Signal, e adotar criptografia fim-a-fim como padrão, caso isso não seja feito. Em relação ao Projeto de Lei nº 2.630, apesar da enorme importância que a discussão tem para a sociedade, é vital e necessário que seja feita uma discussão mais profunda a respeito do tema. Em especial, é fundamental permitir a exposição técnica de conteúdo através de membros da indústria e acadêmica, como ocorreu na Arguição de Descumprimento de Preceito Fundamental n.º 403 e na Ação Direta de Inconstitucionalidade n.º 5527, que versaram sobre o bloqueio judicial do aplicativo WhatsApp. Essa medida é essencial para que o Projeto de Lei não traga medidas impraticáveis considerando meios técnicos razoáveis e para criar definições precisas a respeito da matéria da qual o Projeto de Lei aborda.

Referências

BOSTON, K. Introducing partner audiences. **Twitter**, 2015. Disponível em: <https://blog.twitter.com/en_us/a/2015/ introducing-partner-audiences.html>. Acesso em: 12 ago. 2020.

BRASIL. Lei n.º 13.709, de 14 de agosto de 2018. **Lei Geral de Proteção de Dados Pessoais (LGPD)**. Brasília, DF, 14 de agosto de 2018. Disponível em: <http://www.planalto.gov.br/ccivil_03/_Ato2015-2018/2018/Lei/L13709.htm>. Acesso em: 11 ago. 2020.

BRASIL. Projeto de Lei n.º 2.630. **Institui a Lei Brasileira de Liberdade, Responsabilidade e Transparência na Internet**, Brasília, 3 de julho de 2020. Disponível em: <https://legis.senado.leg.br/sdleg-getter/documento?dm=8127630&ts=1595879610916&disposition= inline>. Acesso em: 9 ago. 2020.

BUHR, S. Twitter launches a political transparency page. **TechCrunch**, 2015. Disponível em: <https://techcrunch.com/2015/11/04/ twitter-launches-a-political-transparency-page/>. Acesso em: 12 ago. 2020.

CADWALLADR, C. The great British Brexit robbery: how our democracy was hijacked. **The Guardian**, 2017. Disponível em: <https: //www.theguardian.com/technology/2017/may/07/the-great-british-brexit-robbery-hijacked-democracy>. Acesso em: 9 ago. 2020.

DAVIES, H. Ted Cruz using firm that harvested data on millions of unwitting Facebook users. **The Guardian**, 2015. Disponível em: <https://www.theguardian.com/us-news/2015/dec/11/senator-ted-cruz-president-campaign-facebook-user-data>. Acesso em: 14 ago. 2020.

DEUTSCHE WELLE. Facebook intensifica combate a fake news. 2019. Disponível em: <https://p.dw.com/p/3Rj7U>. Acesso em: 9 ago. 2020; COLLINS, B. Twitter is testing new ways to fight misinformation — including a communitybased points system. **NBC News**, 2020. Disponível em: <https://www.nbcnews.com/tech/tech-news/ twitter-testing-new-ways-fight-misinformation-including-community-based-points-n1139931>. Acesso em: 9 ago. 2020.

DIERKS, T.; RESCORLA, E. The transport layer security (TLS) protocol version 1.2. RFC 5246, 2008. Disponível em: <https: //www.hjp.at/doc/rfc/rfc5246.html>. Acesso em: 15 ago. 2020.

DORSEY, J. The first tweet. **Twitter**, 2006. Disponível em: <https://twitter.com/jack/status/20>. Acesso em: 12 ago. 2020.

DUROV, P. On telegram cloud use. **Twitter**, 2015. Disponível em: <https://twitter.com/durov/status/678305311921410048>. Acesso em: 16 ago. 2020.

EHRSAM, W. F. et al. **Message verification and transmission error detection by block chaining**. 1978. US Patent 4,074,066.

FACEBOOK. Facebook: Company information. 2020. Disponível em: <https://about.fb.com/company-info/>. Acesso em: 11 ago. 2020.

______. Facebook: Data policy. 2020. Disponível em: <https://www.facebook.com/policy.php>. Acesso em: 11 ago. 2020.

______. Facebook q4 2019 results. 2020. Disponível em: <https://s21.q4cdn.com/399680738/files/doc_financials/2019/q4/ Q4-2019-Earnings-Presentation-_final.pdf>. Acesso em: 11 ago. 2020.

FAIR, L. FTC's $5 billion Facebook settlement: Record-breaking and history-making. **Federal Trade Comission (FTC)**, 2019. Disponível em:
<https://www.ftc.gov/news-events/blogs/business-blog/2019/07/ftcs-5-billion-facebook--settlement-record-breaking-history>. Acesso em: 14 ago. 2020.

FEDERAL TRADE COMISSION (FTC). FTC accepts final settlement with twitter for failure to safeguard personal information. 2011. Disponível em: <https://www.ftc.gov/news-events/press-releases/2011/03/ftc-accepts-final-settlement-twitter-failure-safeguard-personal-0>. Acesso em: 15 ago. 2020.

FIEGERMAN, S. Twitter now has more than 200 million monthly active users. **Mashable**, 2012. Disponível em: <https://mashable.com/ 2012/12/18/twitter-200-million-active--users/>. Acesso em: 12 ago. 2020.

FOLHA DE SÂO PAULO. Justiça determina quebra de sigilo do Orkut. 2006. Disponível em: <https://www1.folha.uol.com.br/folha/ informatica/ult124u20524.shtml>. Acesso em: 10 ago. 2020.

FOX NEWS. Google fighting Brazilian court order to hand over Orkut records. 2006. Disponível em: <https://www.foxnews.com/story/ google-fighting-brazilian-court--order-to-hand-over-orkut-records>. Acesso em: 10 ago. 2020.

FREIRE, S. 'Há fortes indícios de que suspeitos de hackear celulares integram organização', diz juiz. **Poder360**, 2019. Disponível em: <https://www.poder360.com.br/justica/ha-fortes-indicios-de-que-suspeitos-de-hackear-celulares-integram-organizacao-diz--juiz/>. Acesso em: 16 ago. 2020.

GREENWALD, G.; REED, B.; DEMORI, L. Como e por que o Intercept está publicando chats privados sobre a Lava Jato e Sergio Moro. **The Intercept Brasil**, 2019. Disponível em: <https://theintercept.com/2019/06/09/editorial-chats-telegram-lava-jato-moro/>. Acesso em: 16 ago. 2020.

______; MACASKILL, E. Nsa prism program taps in to user data of Apple, Google and others. **The Guardian**, 2013. Disponível em: <https://www.theguardian.com/world/2013/jun/06/us-tech-giants-nsa-data>. Acesso em: 14 ago. 2020.

______; DEMORI, L. #vazajato: as provas de que os chats são autênticos agora vêm de diversos veículos de comunicação – são definitivas e esmagadoras. **The Intercept Brasil**, 2019. Disponível em: <https://tinyurl.com/y6mn8jya>. Acesso em: 16 ago. 2020.

GROSS, R.; ACQUISTI, A. Information revelation and privacy in online social networks. In: **Proceedings of the 2005 ACM Workshop on Privacy in the Electronic Society**. New York, NY, USA: Association for Computing Machinery, 2005. (WPES '05), p. 71–80. ISBN 1595932283. Disponível em: <https://doi.org/10.1145/1102199.1102214>. Acesso em: 9 ago. 2020.

HAUBEN, M. Behind the net: The untold history of the ARPANET and computer science. In: **Netizens: On the History and Impact of Usenet and the Internet**. New Jersey, United States: Wiley-IEEE Computer Society Press, 1997. v. 1, cap. 7. ISBN 0818677066. Disponível em: <http://www.columbia.edu/~hauben/book-pdf/CHAPTER%207.pdf>.

JOHANSEN, C. et al. The Snowden Phone: A Comparative Survey of Secure Instant Messaging Mobile Applications. Disponível em: https://ui.adsabs.harvard.edu/abs/2018arXiv180707952J . Acesso em: 14 ago.2020.

KASTRENAKES, J. Twitter faces $250 million ftc fine for misusing emails and phone numbers. **The Verge**, 2020. Disponível em: <https://www.theverge.com/2020/8/3/21353232/twitter-ftc-fine-misused-email-phone-advertising-2011--settlement>. Acesso em: 15 ago. 2020.

KEMP, S. Digital 2015: Brazil. We Are Social. 2015. Disponível em: <https://datareportal.com/reports/digital-2015-brazil>. Acesso em: 9 ago. 2020.

KOH, Y.; RUSLI, E. Twitter acquires live-video streaming startup periscope. **The Wall Street Journal**, 2015. Disponível em: <https: //www.wsj.com/articles/twitter-acquires--live-video-streaming-startup-periscope-1425938498>. Acesso em: 12 ago. 2020.

LAZER, D. M. J. et al. The science of fake news. **Science**, American Association for the Advancement of Science, v. 359, n. 6380, p. 1096, 2018. ISSN 0036-8075. Disponível em: <https://science.sciencemag.org/content/359/6380/1094>. Acesso em: 9 ago. 2020.

LOMAS, N. Whatsapp completes end-to-end encryption rollout. **TechCrunch**, 2016. Disponível em: <https://techcrunch.com/2016/04/ 05/whatsapp-completes-end-to--end-encryption-rollout/>. Acesso em: 15 ago. 2020.

MAHESHWARI, N. Traceability under Brazil's proposed fake news law would undermine users' privacy and freedom of expression. **Center for Democracy and Technology (CDT)**, 2020. Disponível em: <https://cdt.org/insights/ traceability-under-brazils-proposed-fake-news-law-would-undermine-users-privacy-and-freedom-of-expression/>. Acesso em: 16 ago. 2020.

______; NOJEIM, G. Update on Brazil's fake news bill: The draft approved by the senate continues to jeopardize users' rights. **Center for Democracy and Technology (CDT)**, 2020. Disponível em: <https://cdt.org/insights/ update-on-brazils-fake-news-bill-the-draft-approved-by-the-senate-continues-to-jeopardize-users-rights/>. Acesso em: 16 ago. 2020.

MARCZAK, B.; SCOTT-RAILTON, J. Move fast and roll your own crypto: A quick look at the confidentiality of zoom meetings. **The Citizen Lab**, 2020. Disponível em: <https://citizenlab.ca/2020/04/ move-fast-roll-your-own-crypto-a-quick-look-at-the-confidentiality-of-zoom-meetings/>. Acesso em: 18 ago. 2020.

MARI, A. Facebook asks permission to use personal data in Brazil. **ZDNet**, 2020. Disponível em: <https://www.zdnet.com/article/ facebook-asks-permission-to-use-personal-data-in-brazil/>. Acesso em: 12 ago. 2020.

MARLINSPIKE, M.; PERRIN, T. The x3dh key agreement protocol. **Open Whisper Systems**, 2016. Disponível em: <https://signal.org/ docs/specifications/x3dh/>. Acesso em: 15 ago. 2020.

MESSINA, C. The hashtag. **Twitter**, 2007. Disponível em: <https://twitter.com/chrismessina/status/223115412>. Acesso em: 12 ago. 2020.

METZ, C. Forget apple vs. the FBI: Whatsapp just switched on encryption for a billion people. **Wired**, 2016. Disponível em: <https: //www.wired.com/2016/04/forget-apple-vs-fbi-whatsapp-just-switched-encryption-billion-people/>. Acesso em: 15 ago. 2020.

NEWTON, C. Everything we know about this week's big twitter hack so far. **The Verge**, 2020. Disponível em: <https://www.theverge.com/ interface/2020/7/17/21327171/ twitter-hack-faq-direct-messages-sim-swappers-facebook-maxine-williams-diversity-report-interview>. Acesso em: 15 ago. 2020.

NIST. Federal Information Processing Standards Publication 180-4: Secure hash standard (SHS). 2015. Disponível em: <http://dx.doi. org/10.6028/NIST.FIPS.180-4>. Acesso em: 16 ago. 2020.

______. Federal Information Processing Standards Publication 197: Announcing the advanced encryption standard (AES). 2001. Disponível em: <https://doi.org/10.6028/ NIST.FIPS.197>. Acesso em: 16 ago. 2020.

OBAR, J.A.; WILDMAN, S. (2015). Social media definition and the governance challenge: an introduction to the special issue. Telecommunications Policy, 39(9), 745-750., Quello Center Working Paper No. 2647377. Disponível em: https://papers.ssrn.com/ sol3/papers.cfm?abstract_id=2647377 . Acesso em: 9 ago.2020.

O'BRIEN, S. A.; YURIEFF, K. 5 questions Mark Zuckerberg dodged on Capitol Hill. **CNN**, 2018. Disponível em: <https://money.cnn. com/2018/04/11/technology/facebook-mark-zuckerberg-hearings-questions/index.html>. Acesso em: 12 ago. 2020.

PAGNAN, R. Orkut dá à PF "atalho" para barrar páginas. 2006. Disponível em: <https:// www1.folha.uol.com.br/folha/informatica/ ult124u21063.shtml>. Acesso em: 10 ago. 2020.

PATEL, N. Facebook's $5 billion FTC fine is an embarrassing joke. **The Verge**, 2019. Disponível em: <https://www.theverge.com/2019/ 7/12/20692524/facebook-five-billion-ftc-fine-embarrassing-joke>. Acesso em: 14 ago. 2020.

PRESSMAN, A. Twitter prices IPO at $26 per share. **Yahoo Finance**, 2013. Disponível em: <https://finance.yahoo.com/news/ twitter-raises--xx-billion-in-ipo-190114410.html>. Acesso em: 12 ago. 2020; BBC NEWS. Twitter shares jump 73% in market debut. 2013. Disponível em: <https://www.bbc.com/news/business-24851054>. Acesso em: 12 ago. 2020.

RESCORLA, E. The transport layer security (TLS) protocol version 1.3. RFC 8446, 2018. Disponível em: <https://www.hjp.at/doc/rfc/ rfc8446.html>. Acesso em: 15 ago. 2020.

ROSULEK, M. **The Joy of Cryptography**. Oregon State University, 2018. Disponível em: <https://web.engr.oregonstate.edu/~rosulekm/ crypto/>. Acesso em: 16 ago. 2020. p. 142

ROTH, A. Moscow court bans telegram messaging app. **The Guardian**, 2018. Disponível em: <https://www.theguardian.com/world/ 2018/apr/13/moscow-court-bans-telegram-messaging-app>. Acesso em: 16 ago. 2020.

SANTINO, R. Whatsapp quebra recorde com 75 bilhões de mensagens trocadas em um dia. **Olhar Digital**, 2018. Disponível em: <https://olhardigital.com.br/noticia/whatsapp-quebra-recorde-com-75-bilhoes-de-mensagens-trocadas-em-um-dia/73237>. Acesso em: 16 ago. 2020.

SIGNAL. Signal: Speak freely. 2020. Disponível em: <https://signal.org/>. Acesso em: 15 ago. 2020.

SIMPLICIO, M. A. Afinal, o quão fácil é manipular mensagens do telegram após uma invasão? dá para auditar? Laboratório de Arquitetura e Redes de Computadores (LARC) – Escola Politécnica da Universidade de São Paulo, 2019. Disponível em: <https://www.larc.usp.br/experimento_mensagens/>. Acesso em: 16 ago. 2020.

STATT, N. Twitter's massive attack: What we know after Apple, Biden, Obama, Musk, and others tweeted a bitcoin scam. **The Verge**, 2020. Disponível em: <https://www.theverge.com/2020/7/15/21326200/elon-musk-bill-gates-twitter-hack-bitcoin-scam-compromised>. Acesso em: 15 ago. 2020.

SUPREMO TRIBUNAL FEDERAL. Inquérito n.° 4.781 Distrito Federal. Relator: Ministro Alexandre de Moraes. Brasília, 26 de maio 2020. Disponível em: <http: //www.stf.jus.br/arquivo/cms/noticiaNoticiaStf/anexo/mandado27maio.pdf>. Acesso em: 9 ago. 2020.

TAN, W. et al. Social-network-sourced big data analytics. **IEEE Internet Computing**, v. 17, n. 5, p. 62–69, 2013. Disponível em: <https://doi.org/10.1109/MIC.2013.100>. Acesso em: 9 ago. 2020.

TELEGRAM. Creating an authorization key. 2020. Disponível em: <https://core.telegram.org/mtproto/auth_key>. Acesso em: 16 ago. 2020.

______. Mobile protocol: detailed description. 2020. Disponível em: <https://core.telegram.org/mtproto/description>. Acesso em: 16 ago. 2020.

______. Telegram: a new era of messaging. 2020. Disponível em: <https://telegram.org/>. Acesso em: 15 ago. 2020.

THE ELECTORAL COMISSION (UK). EU referendum results. 2016. Disponível em: <https://www.electoralcommission.org.uk/who-we-are-and-what-we-do/elections-

-and-referendums/past-elections-and-referendums/eu-referendum/results-and-turnout-eu-referendum>. Acesso em: 14 ago. 2020.

TWITTER. Twitter: Advocacy. 2015. Disponível em: <https://about.twitter.com/en_us/advocacy.html>. Acesso em: 12 ago. 2020.

______. Q4 and fiscal year 2019 letter to shareholders. 2020. Disponível em: <https://s22.q4cdn.com/826641620/files/doc_financials/ 2019/q4/Q4-2019-Shareholder-Letter.pdf>. Acesso em: 13 ago. 2020.

______. Twitter privacy policy. 2020. Disponível em: <https://twitter.com/en/privacy>. Acesso em: 13 ago. 2020.

______. Welcome to twitter's gdpr hub. 2020. Disponível em: <https://gdpr.twitter.com/>. Acesso em: 13 ago. 2020.

TWITTER SUPPORT. Security incident – 07/15/20. 2020. Disponível em: <https://twitter.com/TwitterSupport/status/ 1283518038445223936>. Acesso em: 15 ago. 2020.

UNIÃO EUROPEIA. Regulation (EU) 2016/679. **On the protection of natural persons with regard to the processing of personal data and on the free movement of such data, and repealing Directive 95/46/EC (General Data Protection Regulation)**, Bruxelas, Bélgica, 27 de abr. 2016. Disponível em: <https://eur-lex.europa.eu/legal-content/EN/TXT/PDF/?uri=CELEX:32016R0679>. Acesso em: 11 ago. 2020.

WASSERMAN, S.; FAUST, K. *Social network analysis*: methods and applications. Cambridge: Cambridge University, 1994.

WASSERMAN, T. Twitter says it has 140 million users. **Mashable**, 2012. Disponível em: <https://mashable.com/2012/03/21/ twitter-has-140-million-users/>. Acesso em: 12 ago 2020.

WHATSAPP. More changes to forwarding. 2019. Disponível em: <https://blog.whatsapp.com/more-changes-to-forwarding>. Acesso em: 16 ago. 2020.

______. Whatsapp encryption overview. 2017. Disponível em:
<https://scontent.whatsapp.net/v/t61.22868-34/ 68135620_760356657751682_6212997528851833559_n.pdf/WhatsApp-Security-Whitepaper.pdf?_nc_sid=41cc27&_nc_ohc=NBR90VEnn8oAX-uFLY&_nc_ht=scontent.whatsapp.net&oh=c228194a53d72b6e583ccb0ef6de43ba&oe=5F3A4913>. Acesso em: 16 ago. 2020.

______. Whatsapp: Simple. secure. reliable messaging. 2020. Disponível em: <https://www.whatsapp.com/>. Acesso em: 15 ago. 2020.

YUAN, E. S. End-to-end encryption update. **Zoom**, 2020. Disponível em: <https://blog.zoom.us/end-to-end-encryption-update/>. Acesso em: 18 ago. 2020.; YUAN, E. S. Ceo report: 90 days done, what's next for zoom. **Zoom**, 2020. Disponível em: <https://blog.zoom.us/ceo-report-90-days-done-whats-next-for-zoom/>. Acesso em: 18 ago. 2020.

______. Update on zoom's 90-day plan to bolster key privacy and security initiatives. **Zoom**, 2020. Disponível em: <https: //blog.zoom.us/update-on-zoom-90-day-plan-to-bolster-key-privacy-and-security-initiatives/>. Acesso em: 18 ago. 2020.

2.
A Lei Geral de Proteção de Dados (Lei 13.709/2018) e a Administração Pública – Desafios na Aplicação

Rodrigo Amaral Paula de Méo
Henrique Maciel Boulos

Introdução

A Lei Federal n.º 13.709/2018 (Lei Geral de Proteção de Dados, que chamaremos, no decorrer deste texto, de "LGPD") ainda é um mistério para todos nós. Publicada em 14 de agosto de 2018, teve sua vacância prorrogada sucessivas vezes, principalmente no decorrer do ano de 2020, em virtude do cenário caótico que se instalou no Brasil e no mundo todo por causa da pandemia de Covid-19. Finalmente programada para ter início em 3 de maio de 2021, acabou por entrar em vigor em 18 de setembro de 2020, exceto em relação aos artigos 52, 53 e 54, que entrarão em vigor em 1º de agosto de 2021, estando em vigor os arts. 55-A, 55-B, 55-C, 55-D, 55-E, 55-F, 55-G, 55-H, 55-I, 55-J, 55-K, 55-L, 58-A e 58-B desde 28 de dezembro de 2018.

Enquanto não tem início a plena vigência da LGPD, continuam cada vez mais calorosas as discussões a respeito de como essa vigência ocorrerá em termos práticos. O que não se discute é que, enquanto a LGPD não estiver plenamente vigente e atuante, o debate público e também o debate acadêmico permanecerão parcialmente inconclusivos, partindo de premissas e pressupostos extraídos do texto legal, mas sem saber perfeitamente aonde se pode chegar.

Por outro lado, ainda que limitada a efeitos práticos sempre imprevistos, a prorrogação constante do período de *vacatio legis* permitiu aos especialistas e interessados prosseguir no debate e tentar alinhar a estruturas dos sujeitos da LGPD para seguirem à risca os seus preceitos e evitarem problemas quando a vigência total efetivamente começar. Dentre esses sujeitos, encontra-se, evidentemente, a Administração Pública, ente que, sem dúvidas, trata mais dados do que boa parte das outras instituições que buscam adequar-se à LGPD (ou talvez mais do que todas elas) ao mesmo tempo em que, provavelmente, é a mais incipiente de todas em relação à adequação que a LGPD exige.

Coube-nos contribuir ao debate em meio a um curso voltado à LGPD ministrado na pós-graduação da Faculdade de Direito da Universidade de São Paulo no relevante tema ventilado acima: a adequação da Administração Pública à LGPD. Para isso, partimos de uma identificação dos entes da Administração Pública que efetivamente estão sob sua abrangência, passando pela forma atual como esses entes coletam e tratam dados pessoais da população e chegamos, finalmente, a sugestões direcionadas ao setor.

O trabalho contou, ainda, com referências importantes a um estudo do InternetLab, centro de pesquisas que muito contribui com o debate envolvendo direito e tecnologia e, coincidentemente, publicou excelente estudo empírico a respeito do tema. Além disso, contou também com diálogo normativo e destaques a intersecções envolvendo a LGPD e todo o ordenamento jurídico pátrio.

Como encerramento, atreveu-se a dar sugestões que, espera-se, tragam boa luz aos entes da Administração Pública e seus responsáveis, contribuindo, assim, para a sua efetiva adequação à LGPD.

O fato de haver poucos trabalhos a respeito do tema (especificamente sobre este recorte) leva-nos a dois alertas iniciais de cunho bibliográfico: as conclusões partiram, praticamente, de debates promovidos ao longo do curso e do próprio texto legal e espera-se que este artigo possa embasar muitos outros, de mesmo teor, conforme novas necessidades surjam a tragam a necessidade de mais estudos pontuais.

1. Entes Públicos Atingidos pela LGPD

Não se poderia iniciar o presente estudo sem delimitar, claramente, "de quem" se está falando. Por isso, parte-se, inicialmente, de apontar quem são, de fato, os entes públicos a que a LGPD faz referência. E nessa simples referência já vem à discussão o primeiro dos muitos diálogos normativos que se verificarão ao longo da redação.

A LGPD traz, em seu art. 1º, referência extensa e genérica à sua aplicação ao tratamento de dados digital ou fisicamente, "por pessoa natural ou por pessoa jurídica de direito público ou privado". Pela definição, já fica clara a incidência da LGPD sobre qualquer pessoa jurídica de direito público.

Ocorre que posteriormente, a partir de seu art. 23, a LGPD inaugura o Capítulo IV, intitulado "DO TRATAMENTO DE DADOS PESSOAIS PELO PODER PÚBLICO". O referido art. 23 promove um diálogo com a Lei Federal n.º 12.527/2011 (Lei de Acesso à Informação) ao indicar que as pessoas jurídicas de direito públicos elencadas no art. 1º da Lei de Acesso à Informação deverão tratar dados mediante a observância de 3 (três) requisitos: atender finalidade pública, perseguir interesse público e executar competências ou atribuições legais do serviço público. Vale ressaltar que esse diálogo da LGPD com a Lei de Acesso à Informação não ocorre por acaso: trata-se de algo criado propositalmente, a fim de que ambas possam conversar e se complementar.[1]

Por sua vez, o referido art. 1º da Lei de Acesso à Informação indica, como seus sujeitos, "órgãos públicos integrantes da administração direta dos poderes Executivo, Legislativo e Judiciário, incluindo cortes de contas, Judiciário e Ministério Público, autarquias, fundações públicas, empresas públicas, sociedades de economia mista e demais entidades controladas direta ou indiretamente pela União, Estados, Distrito Federal e Municípios".

Assim, já se pode delimitar, com maior rigor, quais são os entes da Administração Pública que se submetem aos mandamentos da LGPD – e o texto legal reproduzido deixa claro que há poucas, ou nenhuma, exceção: toda a Administração Pública deve estar dentro de suas previsões.

[1] OTERO, Rodrigo Guynemer Lacerda. A LGPD e seus efeitos no setor público. 2019. Disponível em: <https://www.serpro.gov.br/lgpd/noticias/2019/lgpd-setor-publico-efeitos>. Acesso em: 12 ago. 2020.

Ao incluir, acertadamente, a nosso ver, integrantes da Administração Pública direta e indireta em níveis federal, estadual e municipal, a LGPD abre espaço para que sobre estruturas muito diversas recaia a mesma responsabilidade. Esses entes federativos não têm, necessariamente, alinhamento em relação ao tratamento de dados, embora lidem com eles em diversas situações de maneira conjunta e concatenada. A situação de descentralização certamente já trará, por si só, dificuldades na gestão (agora denominada "tratamento") de dados colhidos da população, uma vez que, embora se valham de seus próprios sistemas de coleta e tratamento, estes precisam, constantemente, atuar em conjunto e de maneira conectada – surgindo, evidentemente, desde o início, uma delicada questão relacionada à forma de se transmitir dados entre esses entes federativos de forma segura e em conformidade com a LGPD.

2. Atual Estágio do Tratamento de Dados pela Administração Pública

2.1. O Elevado Índice de Dados Coletados e a Baixa Eficiência da Segurança

A Administração Pública é, no Brasil, um dos setores que mais coleta dados pessoais, uma vez que precisa de uma quantidade imensa deles (dados considerados sensíveis, inclusive) para desempenhar as suas atividades habituais, notadamente no que diz respeito à execução de políticas públicas e prestação de serviços de assistência à população.[2] Como se sabe, e como se espera, boa parte dessas políticas públicas (das quais se falará, especificamente, adiante) tem sido realizada de maneira predominantemente digital, por meio de websites ou mesmo aplicativos.

Ao mesmo tempo, essa grande quantidade de dados coletados enseja uma grande quantidade de problemas. De acordo com o Centro de Tratamento e Resposta a Incidentes Cibernéticos de Governo (CTIR Gov), houve, no ano de 2019, mais de nove mil incidentes relacionados à segurança dos sistemas de computação em órgãos da Administração Pública no Brasil (precisamente,

[2] ARAÚJO FILHO, José Mariano. O impacto da Lei Geral de Proteção de Dados. Revista Jus Navigandi, nov/2019. Disponível em: < https://jus.com.br/artigos/77586/o-impacto-da-lei-geral-de-protecao-de-dados-na-administracao-publica.>. Acesso em: 22 abr. 2020.

foram nove mil, quatrocentos e trinta e um incidentes, dos quais dois mil, duzentos e trinta e um são casos de vazamento de dados).[3]

No entanto, embora a segurança, como noticiado, não seja plenamente efetiva, essa coleta de dados é parte da rotina da Administração Pública e não haverá retorno ao *status* anterior, pois em diversas ocasiões os indivíduos fornecem, ainda que sem perceber, dados a órgãos da Administração Pública para obterem qualquer tipo de informação. Podem-se mencionar, a título de exemplo, fatos recorrentes no cotidiano de toda a população e que, embora passem, muitas vezes, despercebidos, representam situações em que os indivíduos, exercendo atividades rotineiras, compartilham dados, de alguma maneira, com a Administração Pública. Por meio de *websites* e aplicativos, qualquer cidadão pode acessar contas de consumo, serviços previdenciários, informações referentes ao próprio Imposto de Renda (de pessoa física ou jurídica) e demais serviços. Evidentemente, todos esses acessos são condicionados ao fornecimento de dados que, em boa parte das ocasiões, pouco ou nada têm a ver com o escopo daquele *website* ou aplicativo, especificamente. Importante ressaltar, ainda, que esses aplicativos existem tanto em âmbito federal quanto em âmbito estadual e federal.

No Brasil, vale mencionar que a maior parte das políticas públicas governamentais é executada, hoje em dia, digitalmente (Bolsa Família, por exemplo, ou até mesmo o Auxílio Emergencial, criado recentemente), sendo imprescindível, para a sua correta aplicação, a coleta de dados de todos os interessados, até para que seja avaliada a sua adequação ao recebimento dos benefícios ou não. Trata-se de uma grande necessidade a coleta de todos os tipos de dados, desde nome, endereço e existência de dependentes até fotos, origem racial, gênero e condições de saúde. A demanda vai de dados comuns até os mais sensíveis, e na esfera federal já existe uma mobilização no sentido de centralizar essa coleta de dados para o seu melhor tratamento – trata-se da criação do *site* "Gov.Br", portal pelo qual se unificaram todas as páginas do Poder Executivo Federal para a execução de serviços estatais e políticas públicas.

[3] ROLLEMBERG, Gabriela; FRAGA, Janaina Rolemberg. Como a LGPD pode atuar no vazamento de dados dos órgãos públicos. Revista Consultor Jurídico. São Paulo, 8 de outubro de 2019. Disponível em: <https://www.conjur.com.br/2019-out-08/opiniao-lgpd-atuar-vazamento-dados-orgaos-publicos>. Acesso em: 23 abr. 2020.

Neste campo, referente ao atual estágio da coleta e tratamento de dados pela Administração Pública, é que vem a calhar a menção ao estudo promovido pelo InternetLab, já indicado acima e mais robusto material sobre o tema de que dispomos, além dos próprios textos legais, tal como destacado.

2.2 A Pesquisa Realizada pelo InternetLab no Ano de 2018

O InternetLab consiste em um centro de pesquisa independente e que estuda as relações do direito e da tecnologia, para fins de adequação de ambos às demandas atuais em conjunto. No ano de 2018, realizou uma pesquisa detalhada, por meio da qual apontou o nível de cuidado com que determinados entes públicos (União Federal e Etado de São Paulo) coletam e tratam dados pessoais da população. Os resultados não foram animadores.

Valendo-se do aplicativo *Privacy Monitor* (desenvolvido pelo projeto Haystack, da Universidade de Berkeley), o InternerLab analisou o tráfego de dados de 13 aplicativos governamentais (Bolsa Família, Caixa, CNH Digital, ANATEL Consumidor, FGTS, DENATRAN, Meu INSS e SNE – Administração Pública federal – e CPTM Oficial, EMTU, Metro SP, Nota Fiscal Paulista e SP Serviços – Administração Pública estadual de São Paulo). Essas análises foram realizadas por meio do *download* de todos esses aplicativos e sua posterior utilização, de modo que fosse possível verificar as suas condições de uso em termos de coleta de dados, bem como a real utilidade dos dados coletados para a execução dos fins a que se prestam. Achamos por bem compartilhar uma parte desses resultados, para fins de concretizar as informações prestadas.[4]

Dos treze aplicativos mencionados acima, e que foram tomados como base para a realização do estudo, seis, de início, não têm qualquer política de privacidade, enquanto outros dois têm políticas de privacidade fracas ou genéricas. No primeiro filtro, portanto, apenas cinco aplicativos apresentaram políticas de privacidade satisfatórias aos usuários (CPTM Oficial, Caixa Econômica Federal, Bolsa Família, FGTS e INSS). Ao menos, prosseguindo com

[4] ABREU, Jacqueline de Souza; LAGO, Lucas; MASSARO, Heloisa. Especial: Por que se preocupar com o que o Estado faz com os nossos dados pessoais? InternetLab. 21 de maio de 2018. Disponível em: < https://www.internetlab.org.br/pt/privacidade-e-vigilancia/especial-apps-do-governo/> . Acesso em: 20 abr.2020.

a análise do tráfego desses dados, foi verificado que nenhum dos aplicativos os compartilha com terceiros.

Prosseguindo com a análise, o InternetLab identificou que, em termos de consentimento para o acesso a dados, seis aplicativos solicitam ao usuário o consentimento genérico, ou seja, um único consentimento para o acesso a toda e qualquer informação disponível no celular, para que comece a operar. Quatro não solicitam nenhum tipo de consentimento ao usuário e, de todos os analisados, apenas três obtêm o consentimento específico, qual seja, aquele que informa, claramente, qual será o uso destinado a cada um dos dados coletados.

Aproveitamos o dado acima para, mais uma vez, trazer para a análise um ponto de diálogo entre a LGPD e outros integrantes do ordenamento jurídico pátrio – neste caso, trata-se da Lei n.º 12.965/2014 (Marco Civil da Internet). Referida lei traz, em seu art. 7º, VII e IX, a expressa necessidade de consentimento expresso e informado, por parte do usuário da internet, para a coleta de seus dados pessoais. Evidentemente, um consentimento genérico, que permita ao aplicativo coletar todo e qualquer tipo de dado, sem prévio esclarecimento quanto às razões de coletar cada um, foge ao "consentimento informado" preconizado pelo Marco Civil da Internet, razão pela qual aplicativos governamentais não deveriam proceder dessa maneira.

Ainda sobre a ausência do consentimento, e na esteira dos mencionados dispositivos dos arts. 7º, VII e IX, do Marco Civil da Internet, verificou-se, ainda, que mesmo os aplicativos que contêm boas políticas de privacidade, adotam modelos de consentimento implícito, também em claro desacordo com as normas emanadas dos dispositivos supracitados.

Por fim, foi verificado, ainda, pelo InternetLab, que boa parte desses aplicativos solicita a coleta de dados que nada têm a ver com os seus verdadeiros fins. A título de exemplo, mencionamos o aplicativo da Nota Fiscal Paulista, que coleta o *serial number* do aparelho utilizado para a navegação; os aplicativos do Bolsa Família e do FGTS coletam o *Android ID* do aparelho usado no estudo e alguns outros aplicativos acessaram as contas utilizadas pelo usuário no Twitter e SkyDrive.

Poderíamos passar linhas ou páginas discorrendo a respeito dos resultados obtidos pelo InternetLab, que muito nos chamaram a atenção. No entanto, o estudo foi trazido a este artigo com o fim de demonstrar que, em regra, a coleta de dados da população por parte da Administração Pública é muito intensa, inevitável e, infelizmente, insegura. Finalizamos o presente tópico recomendando aos interessados uma leitura cuidadosa do estudo ora noticiado e deixamos, abaixo, um pequeno quadro, por ele produzido, que ilustra todas as permissões requeridas para acesso em cada um dos aplicativos analisados.

PERMISSÕES	FGTS	CAIXA	BOLSA FAMILIA	SEFAZ NF	MEU INSS	CNH DIGITAL	ANATEL	SP SERVIÇOS	EMTU SP	METRÔ SP	CPTM SP	SNE (Detran)	MEU IR
Acessar a localização aproximada	■		■		■		■	■	■	■			
Acessar a localização precisa	■	■	■		■		■	■	■			■	
Acessar as contas	■		■				■	■	■				■
Ler memória externa	■	■	■	■	■		■	■	■		■	■	■
Escreve em memória externa	■	■	■	■	■		■	■	■		■	■	■
Ler estado do telefone	■	■	■				■	■					■
Realizar ligações											■		
Acessar a câmera		■		■									
Acessar a internet	■	■	■	■	■	■	■	■	■	■	■	■	■
Acessar o estado da rede	■	■	■	■		■	■	■	■	■	■	■	■
Acessar o estado do wi-fi	■	■	■	■			■						
Receber informações do *boot* do aparelho												■	
Requisitar instalação de pacotes				■									
Vibrar		■					■		■				■
Manter o aparelho ativo	■		■			■	■	■	■			■	■
Usar *hardware* de impressão digital		■		■									
Acessar a lanterna				■									
Acessar as tarefas							■						
Criar janelas		■											

Como se pode notar, são muitos os aplicativos que acessam dados desnecessários aos fins a que se prestam, além de todos os outros problemas apontados pelo estudo e mencionados acima, contando com as nossas observações.

Passa-se, agora, a uma análise das estratégias que vêm sendo tomadas pela Administração Pública para a sua adequação efetiva aos mandamentos da LGPD.

3. Grau de Conscientização da Administração Pública em Relação à LGPD

Se é questionável o grau de zelo com que a Administração Pública coleta e trata dados da população, são igualmente questionáveis as formas com que se prepara para o advento da LGPD – ao menos em níveis estadual e municipal.

Para estes casos, não há, à época de redação deste artigo, grandes avanços no que diz respeito à recepção da LGPD. Evidentemente, a precisa mensuração desse grau de avanço dependeria de um estudo aprofundado em cada ente federativo, o que não é o escopo deste estudo. No entanto, pode-se afirmar que, até onde se buscou, não foram encontrados significativos avanços por parte dos governos estaduais e municipais na adequação de seus sistemas de coletas de dados à LGPD.

Realidade diferente pôde ser verificada nas iniciativas da Administração Pública Federal. Conforme já noticiado nos itens acima, existe, por parte desta uma maior preocupação com a adequação à LGPD, que teve início com a criação do já mencionado portal "Gov.Br", *site* em que têm sido centralizadas todas as ações que exigem a coleta e tratamento de dados por sua parte. Essa centralização, mesmo não sendo suficiente, já se mostra um grande avanço, uma vez que coletar e tratar todos os dados por meio de uma única plataforma para a execução de políticas públicas e outros serviços estatais, já representa a adoção de políticas de privacidade unificadas e tratamento de dados de maneira uniforme.

3.1. O Guia de Boas Práticas da LGPD do Portal "Gov.Br"

No dia 11 de abril de 2020, foi disponibilizado, justamente no portal "Gov. Br", o "Guia de Boas Práticas da LGPD, a fim de instruir todos os entes da Administração Pública Federal a seguirem as diretrizes da LGPD, com as devidas responsabilidades e cuidados em sua implantação.[5] O guia conta, basicamente, com duas diretrizes, que são a preocupação com a execução de políticas públicas e, ainda, a indicação de formas pelas quais os cidadãos possam acessar dados seus que estejam em poder do governo com facilidade.

[5] BRASIL (GOV.BR). Guia de Boas Práticas – Lei Geral de Proteção de Dados (LGPD). Publicado em 10 de abril de 2020. Atualizado em 21 de maio de 2020. Disponível em < https://www.gov.br/governodigital/pt-br/governanca-de-dados/guia-de-boas-praticas-lei-geral-de-protecao-de-dados-lgpd>- Acesso em: 14 ago.2020.

Tal como esclarecido acima, em relação ao estudo providenciado pelo InternetLab, o intuito do presente artigo não é esgotar nenhum tema relacionado à LGPD. Ao contrário: partindo, basicamente, de estudos e buscas realizadas, o que se pretende é transmitir um panorama atual da preparação da Administração Pública para a sua aplicação. Da mesma forma como não se esgotou o assunto referente ao estudo compartilhado acima, não se pretende reproduzir o Guia de Boas Práticas da LGPD do portal "Gov.Br", mas, tão somente, elencar alguns de seus pontos que julgamos relevantes.

Logo em seu início são elencadas as questões que merecem atenção da Administração Pública Federal para a adequação de toda e qualquer ato de obtenção de dados aos ditames da lei – o que consideramos um ponto importante. A título de exemplo, o documento orienta qualquer integrante do poder público antes de coletar ou exigir a coleta de qualquer dado de um indivíduo, identifique a finalidade daquele dado, defina uma forma de esclarecer a necessidade da coleta desse dado, garanta que o dado coletado será utilizado única e exclusivamente para o fim indicado, assegure que quaisquer mudanças na utilização dos dados coletados sejam informadas ao titular, e preveja as possibilidade de danos que o vazamento desses dados poderão causar e outras medidas.

Além disso, o guia faz uma importante referência ao art. 29 da LGPD, acerca do Relatório de Impacto à Proteção de Dados Pessoais. Esse relatório pode ser solicitado a qualquer tempo pela Autoridade Nacional de Proteção de Dados (ANPD) e deve prestar informações a respeito de como vem sendo realizado o tratamento de dados pela Administração Pública em relação às operações que promove.

Entendemos ser esse relatório da maior importância, uma vez que é a partir dele que a Administração Pública deve, efetivamente, "prestar contas" à sociedade, na pessoa da ANPD, a respeito de como vem cumprindo a LGPD (o art. 29 da LGPD finaliza o seu capítulo IV, referente à Administração Pública, conforme adiantado acima). O referido guia faz menção a esse relatório e anexa, ao seu encerramento, um modelo para o seu preenchimento, que consideramos, igualmente, valioso a partir desse modelo. Caso seja respeitado, ter-se-á uma orientação e padronização na forma da Administração Pública Federal de esclarecer o uso dos dados da população aos indivíduos, sem espaço para dubiedades e relatórios ininteligíveis que sigam padrões desconhecidos.

A fim de que o preenchimento desse relatório seja otimizado, o guia tentou "metrificar" todos os eventos de risco envolvendo a coleta de dados por parte da Administração Pública. Criou-se, para isso, uma tabela com todos os riscos inerentes à atividade e, para cada um deles, mediu a "probabilidade" e o "impacto", caso venha a se concretizar. Se essa metrificação fará sentido, evidentemente só o tempo dirá. No entanto, dois pontos são certos: primeiramente, deixamos nosso elogio à iniciativa do documento e, em segundo momento, acreditamos que, por mais que se tentem prever todos os riscos possíveis, muitos dos fatos virão a ser conhecidos apenas após a sua ocorrência, de modo que essa metrificação, embora bem elaborada, jamais será plenamente completa – deve-se saber como lidar com os casos obscuros, que estejam fora do rol.

Sempre a título de exemplo, alguns dos riscos previstos no guia, e que deverão ser inseridos nos relatórios, são o acesso não autorizado, modificação não autorizada, perda, roubo e coleta excessiva. A esses riscos, e a todos os outros, são atribuídos índices "baixos", "moderados" e "altos" de probabilidade ("P") e impacto ("I" – metrificados, respectivamente, como "5", "10" e "15"); a multiplicação desses dois fatores ("P" e "I") representa o efetivo nível de risco.

Entrando um pouco na questão matemática da medição proposta, pois se mostra deveras interessante, é importante notar que essa multiplicação ("P" x "I"), sempre composta pelos números "5", "10" e "15" (conforme esclarecido acima), resultará em 25, 50, 75, 100, 150 ou 225. Caso resulte em 25 ou 50, enquadrar-se-á na faixa verde, como baixo nível de risco; caso resulte em 75 ou 100, enquadrar-se-á na faixa amarela, como moderado nível de risco, e, caso resulte em 150 ou 225, enquadrar-se-á na faixa vermelha, como alto nível de risco. E assim ocorre a mensuração.

Evidentemente, essa mensuração está sujeita a testes, quando a LGPD tiver entrado em vigor. Seus critérios podem ser modificados e aprimorados conforme surjam os reais problemas que a Administração Pública certamente enfrentará.

Além dos esclarecimentos acima, que não passam de alguns pontos relativos ao Guia de Boas Práticas da LGPD, há muitos outros que chamam a atenção, inclusive uma cartilha com instruções a serem seguidas para o compartilhamento dos dados coletados.

Esperamos ter esclarecido, nesta primeira metade, o atual estágio da Administração Pública em relação ao que versa a LGPD, bem como as formas como vem se preparando para recebê-la. De agora em diante, entraremos em temas mais atinentes à própria LGPD em seu texto, divididos em *compliance*, impactos na responsabilidade civil e criminal e na regulação da LGPD com leis específicas.

4. *Compliance* e Estratégias de Adequação

Tratar a respeito de *compliance*, especificamente no ambiente da Administração Pública, é desafio adicional em relação às análises tradicionalmente propostas dentro do tema em termos mais gerais. Afinal, nesse caso, existe a necessidade de encontrarem-se respostas que privilegiem o interesse coletivo tanto em termos teóricos (acadêmicos, por exemplo) quanto concretos, ao contrário do que ocorre no âmbito das relações exclusivamente privadas; nestas, prevalecem interesses de mercado que, embora obviamente também precisem ser respaldados pela juridicidade em favor do bem comum, urgem ser passíveis de imediata implementação. Em regra, não projetam consequências para além dos limites do cenário no qual as soluções tenham sido aplicadas.

É claro também que a prestação de *compliance* no âmbito da Administração Pública dependerá da existência de relações com o Estado distintas daquelas que se verificarão em corporações privadas, consequentemente exigindo adequações na própria estrutura dos órgãos voltados aos interesses gerais da sociedade, conforme regramento aplicável a cada situação concreta.

Frente a esse contexto, tanto mais instigante se torna a proposta de encontrarem-se intersecções entre ambos os assuntos, quando analisada sob o prisma das diretrizes previstas pela LGPD, dos que agora abandonam o interesse apenas especulativo sobre o tema, revestindo-se de obrigatoriedade, à vista da expectativa de vigência integral da referida norma.

De todo modo, é fato que o Estado ainda demandará tempo para absorver as novidades da LGPD em sua estrutura frente ao *compliance*, tempo esse que também deverá ser aguardado para que se possa desenvolver jurisprudência a respeito dos muitos pontos que serão suscitados em vista de vivências até então, obviamente, inéditas; por esses motivos, a necessidade de medidas concretas em nada diminui a necessidade de reflexão teórica – muito antes, uma área complementa a outra. Com efeito, está-se diante de terreno a ser inteiramente explorado.

Para tanto, como o tema se apresenta de forma extremamente ampla, parece que seria pertinente questionar a respeito de quais seriam os principais desafios merecedores de atenção primária, com vistas à conformação simultânea (na medida do possível) entre todos os institutos jurídicos envolvidos na questão, levando-se sempre em conta a importância palpável dessa análise em favor da vida dos cidadãos – este o norte principal, haja vista o interesse da norma em proteger os dados das pessoas naturais.

Nesse sentido, sem prejuízo de outras possibilidades, dever-se-ia, por exemplo, questionar como contornar a necessidade de transparência da "coisa pública", essencial ao *compliance*, com a aludida proteção de dados da pessoa natural conferida pela LGPD.

Em outras palavras, buscando complementar – e, ao mesmo tempo, delinear mais claramente essa proposição – poder-se-ia perquirir: se o agente público se guia na transparência, corolário do princípio da publicidade, encartado no art. 37 da Constituição Federal, e se qualquer manual básico de *compliance* predica que essa transparência é condição *sine qua non* para o *compliance*, qual é a dose certa para que o exercício dessa transparência não esvazie a proteção de dados?

A propósito da menção ao art. 37 da Constituição Federal para inclusão da publicidade, na qualidade de condição da transparência, como valor relevante na discussão, soa quase intuitivo perceber que incumbirá aos princípios jurídicos a tarefa de calibrar a bússola necessária para condução sobre os caminhos possíveis em vista da criação do cenário mais favorável à aplicação de *compliance* no âmbito da LGPD sob o panorama da Administração Pública.

Sendo assim, o princípio da publicidade (como todos os demais) admite exceções impostas por regras e o cotejo com outros princípios, notadamente em vista daqueles estabelecidos pelo próprio microssistema do caput do dispositivo legal em tela, quais sejam: legalidade, impessoalidade, moralidade e eficiência.

Isso, naturalmente, sem se esquecer das outras diretrizes às quais a Administração Pública direta e indireta também deve obediência e que se encontram elencadas logo abaixo do *caput* do mesmo art. 37 da Constituição

Federal, divididas entre incisos e parágrafos, dentre os quais, para os fins ora propostos, merecerá destaque o "acesso dos usuários a registros administrativos e a informações sobre atos de governo, observado o disposto nos arts. 5º, X e XXXIII" e 37, §3º, II, da Constituição Federal.

Em caráter complementar, vale lembrar que os incisos expressamente mencionados pelo art. 5º dizem respeito a: (i) inviolabilidade da intimidade, a vida privada, a honra e a imagem das pessoas, assegurado o direito a indenização pelo dano material ou moral decorrente de sua violação (art. 5º, X, da Constituição Federal); e (ii) direito a receber dos órgãos públicos informações de seu interesse particular, ou de interesse coletivo ou geral, que serão prestadas no prazo da lei, sob pena de responsabilidade, ressalvadas aquelas cujo sigilo seja imprescindível à segurança da sociedade e do Estado (art. 5º, XXXIII, da Constituição Federal).

No que diz respeito ao primeiro aspecto, está-se diante da indicação de alguns dentre os infinitos direitos da personalidade – e diz-se aqui "infinitos" porque, à medida que tais atributos são inatos à própria natureza humana, não haveria lei capaz de antevê-los e esgotá-los todos mediante positivação, de sorte que a menção constitucional jamais poderia ser interpretada como exaustiva, senão como forma meramente exemplificativa, provavelmente com o objetivo de revestir de maior concretude – portanto, nesse aspecto, segurança jurídica – esses conteúdos que reclamam tutela.

A violação desses atributos implica responsabilização nas mais distintas áreas do direito (civil, penal, administrativa e outros) e, por esse motivo, merece ser enfrentada em tópico subsequente, especificamente destacado para essa finalidade, que contempla perquirições que incluem, mas também extrapolam, situações de *compliance*.

A bem da verdade, essa responsabilização é também objeto do segundo cenário legal ora antevisto, que principia com a abordagem sobre os órgãos públicos, diante da qual o art. 5º, XXXIII, da Constituição Federal contempla dois atributos da personalidade de extrema importância, a saber: o segredo – como núcleo ainda mais restrito da privacidade e da intimidade, levando-se em conta a teoria alemão dos círculos concêntricos – e a segurança.

À vista da necessidade de adaptação aos novos parâmetros estabelecidos pela LGPD, é certo que deverá ocorrer reestruturação da Administração Pública direta e indireta para o pleno atendimento das novas diretrizes, em conjunto com as já existentes, sob a perspectiva também de observância ao *compliance*.

A esse propósito, quer-se destacar inicialmente que a já mencionada ANPD foi revestida de competência para dispor sobre as formas de publicidade das operações de tratamento de dados pessoais, respeitados os segredos comercial e industrial (art. 55, X, da LGPD). Note-se, aliás, como referida diretriz confirma com exemplo bastante claro a necessidade de sopesamento entre princípios.

No caso, está-se a tratar da expectativa de evitar-se o potencial confronto entre publicidade e segredo (comercial e industrial) – este último, como visto, na qualidade de conteúdo aprofundado em termos de privacidade. Diga-se de passagem, aliás, que, no caso do uso tecnológico, a privacidade se descola por completo do singelo conceito clássico de "direito de permanecer sozinho" para se projetar sobre a tutela sobre os atributos da pessoa consolidados no universo digital, mediante extensão da personalidade da pessoa natural sobre seus dados.

Também incumbirá a essa mesma ANPD proceder à tutela (preventivamente, inclusive) de dados que apresentem alto risco de violação, mediante, por exemplo, elaboração de relatórios de impacto (art. 55, XIII, da LGPD), os quais serão solicitados por ela, Autoridade, ao Poder Público (art. 32 da LGPD).

Ainda a respeito do órgão em questão, vale ponderar que os regulamentos e normas editados pela ANPD devem ser precedidos de consulta e audiência públicas e que será mantido fórum permanente de comunicação, inclusive por meio de cooperação técnica, com órgãos e entidades da Administração Pública responsáveis pela regulação de setores específicos da atividade econômica e governamental, para fins de regulação, fiscalização e punição (art. 55 da LGPD).

Mais uma demonstração de adaptação da estrutura da Administração Pública diante dos desafios propostos pela LGPD em termos de *compliance* reside na criação do Conselho Nacional de Proteção de Dados Pessoais e da Privacidade, que tem, dentre suas funções, realizar debates e audiências públicas (art. 58-B, IV, da LGPD) e disseminar o conhecimento sobre a proteção de dados pessoais e da privacidade à população (art. 58-B, V, da LGPD).

Não há dúvidas de que todas as referências normativas ora sugeridas, tanto no que digam respeito à ANPD quanto no que se refiram ao Conselho

Nacional de Proteção de Dados Pessoais, estão diretamente relacionadas à transparência, afinal obrigam à divulgação das atividades para além do hermetismo do âmbito institucional, portanto envolvendo, necessariamente, a participação da sociedade. E aqui, naturalmente, o *compliance* encontra seu "habitat natural".

Aprofundando-se a pesquisa a respeito do sopesamento entre princípios à vista da aplicação de *compliance* no âmbito da Administração Pública em decorrência do ingresso no ordenamento jurídico brasileiro da LGPD, importa também analisar quais desses princípios foram expressamente previstos pela norma em questão e de que modo eles podem dialogar com as demais diretrizes igualmente merecedoras de atenção frente à mesma finalidade.

Nesse sentido, necessária a menção ao art. 6º, VI, da LGPD, que determina a observância, conjuntamente com a boa-fé, dos princípios de (i) transparência e (ii) garantia, aos titulares, de informações claras, precisas e facilmente acessíveis sobre a realização do tratamento e os respectivos agentes de tratamento, observados os segredos comercial e industrial; mas, sem prejuízo de outros princípios indicados no mesmo dispositivo legal, tais como: segurança, finalidade, responsabilização e prestação de contas, adequação, necessidade, livre acesso, qualidade dos dados, prevenção e não discriminação.

De mais a mais, o sopesamento entre princípios dispostos pela Constituição Federal e a novel norma protetiva não será a única ferramenta de modulação de interesses em termos jurídicos com o intuito de adequação do *compliance* no tocante ao tratamento de dados diante de Administração Pública, eis que a própria LGPD dispõe de referências adicionais importantes com esse escopo.

É o caso da perspectiva de balanceamento proposta nos termos do art. 23 da norma em tela, conforme a qual, se observada a existência de hipóteses autorizadas pela própria lei, o dever de atendimento à finalidade e ao interesse público pelos atores deve coexistir com a obrigação de fornecimento de informações claras e atualizadas sobre a previsão legal, a finalidade, os procedimentos e as práticas utilizadas para a execução dessas atividades, em veículos de fácil acesso, preferencialmente em seus sítios eletrônicos – ainda que dispensada a obtenção de consentimento pelo titular.

Nota-se a salutar preocupação do legislador em cindir interesses em dois grupos distintos, mas que comunicam por vias transversais, quais sejam:

(i) de um lado, o dever de atendimento à finalidade e ao interesse público; e, de outro, (ii) a obrigação de fornecimento de informações claras e atualizadas sobre a previsão legal, a finalidade, os procedimentos e as práticas utilizadas para a execução dessas atividades.

Quer-se, desde pronto, destacar o interesse público como fator expressamente pensado também como regra neste caso, cuja análise (mesmo sem aprofundamento) logo faz notar que a transparência não é valor absoluto na LGPD mesmo sem interferências de referências legislativas externas, como no caso dos princípios constitucionais. Nem poderia ser diferente, à medida que a elevação desse conteúdo a patamar irrestrito subverteria toda a lógica estrutural do ordenamento jurídico brasileiro, que nem mesmo em relação à própria vida confere status de soberania inquestionável.

Novo tipo de sopesamento pode ser encontrado mediante análise do art. 26 da LGPD, que determina que o uso compartilhado de dados pessoais pelo Poder Público deve atender a finalidades específicas de execução de políticas públicas e atribuição legal pelos órgãos e pelas entidades públicas, respeitados os princípios de proteção de dados pessoais elencados no já estudado art. 6º da mesma norma.

Mais uma vez, observa-se preocupação com a observância à finalidade como fator preponderante para que haja o compartilhamento de dados no âmbito da Administração Pública, reforçando-se a ideia de que a pessoalidade de informações merece ser preservada como regra, desde que não coloque em xeque os interesses coletivos.

Observe-se, ainda, que a LGPD indica mais uma intersecção clara em vista da necessidade de revestir de transparência o tratamento de dados pessoais ao prescrever que o titular destes tem direito de requerer uma série de providências ao controlador – que, sem embargos, pode ser uma figura da própria Administração Pública.

Dentre essas prerrogativas, podem ser citadas, apenas em caráter exemplificativo: confirmação da existência de tratamento; acesso aos dados; correção de dados incompletos, inexatos ou desatualizados; anonimização, bloqueio ou eliminação de dados desnecessários, excessivos ou tratados em desconformidade com o disposto na norma em questão (art. 18, *caput*, da LGPD – e, no que diz respeito aos tópicos indicados, incisos de I a IV, do dispositivo legal em questão).

Adicionalmente, note-se que o mesmo dispositivo legal também franqueia ao titular dos dados pessoais solicitar informação das entidades públicas e privadas com as quais o controlador realizou o uso compartilhado de dados (art. 18, VII, da LGPD).

Novamente se discute aqui o papel da ANPD quando se estabelece que o titular tem o direito de peticionar em relação aos seus dados contra o controlador perante referido órgão, bem como diante dos organismos de defesa do consumidor (art. 18, VII, §§1º e 8º, da LGPD). No primeiro caso, aliás, é curioso que, se o controlador pode ser a própria Administração Pública, quem *controla o controlador*, na qualidade de Autoridade Nacional, também o será.

De mais a mais, embora a pretensão da presente reflexão a propósito das diretrizes de *compliance* no ambiente da Administração Pública no tocante à LGPD nem de longe seja esgotar o tema – muito antes, vale mais como convite à reflexão conjunta a propósito de perspectivas quase embrionárias – entende-se valer menção, antes do encerramento da presente digressão, a possibilidade prevista pelo art. 50 da norma em comento quanto à formulação de regras de boas práticas e governança, as quais deverão ser publicadas e atualizadas periodicamente e poderão ser reconhecidas e divulgadas pela autoridade nacional (art. 50, § 3º, da LGPD).

Aludidas regras visam, dentre outras finalidades, a tutelar a segurança dos dados sob tratamento e ao estabelecimento de mecanismos internos de supervisão e de mitigação de riscos e outros aspectos relacionados ao tratamento de dados pessoais, equilibrando riscos e benefícios, levando em conta fatores como a sensibilidade dos dados tratados e objetivando, com base em atuação transparente, estabelecer relação de confiança com o titular dos referidos dados.

É claro que não somente em função dos dispositivos legais ora mencionados se compõe o *compliance* em proteção de dados no contexto da Administração Pública, haja vista que, como mencionado, dado o ineditismo da norma em estudo, esse instituto ainda se encontra sob construção. Entende-se que mais relevante do que a menção normativa específica seja a compreensão acerca do espírito que reveste cada dispositivo legal, com vistas à perquirição de qual seja o intuito de sua existência, decorrrendo desse exercício, como lógica consequência, a importância dos princípios como instrumentos para nortear a tomada de decisões.

Aliás, retomando-se o tema dos princípios, notadamente à vista da Administração Pública, seu papel fundamental no contexto da LGPD não se restringe ao *compliance*, indicando vias interpretativas possíveis ou necessárias também no que induz à responsabilidade jurídica, como será analisado doravante.

5. Impactos da LGPD em Termos de Responsabilidade

No tópico anterior, a responsabilidade jurídica decorrente do tratamento de dados no âmbito da norma que convida às presentes reflexões foi comentada apenas de forma breve, sob a perspectiva da relação entre Administração Pública e *compliance*, tendo em vista que o tema contempla perquirições que incluem, mas também extrapolam situações de *compliance*, espraiando-se, portanto, para as mais diversas áreas da atuação humana – o que, obviamente, também transborda em relação aos limites exclusivamente institucionais, no sentido da criação ou adaptação de órgãos.

Essa abordagem se sustentou na menção a determinados dispositivos legais que visam à tutela dos direitos de personalidade das pessoas envolvidas em operações de tratamento de dados nas quais a Administração Pública desempenha papel fundamental, mas desde logo também se abriu espaço para que princípios do direito voltassem a ser analisados e modulados diante da necessidade concreta de se salvaguardar integralmente os direitos da personalidade dos titulares dos dados envolvidos nas operações.

Entre esses atributos protegidos, privacidade, segurança, inviolabilidade da intimidade, honra e imagem das pessoas naturais, poderiam ser destacados, ainda que inexista limitação, como visto, para quaisquer outros valores que igualmente se demonstrem merecedores da mesma necessidade de tutela.

Entretanto, seria um equívoco concluir que esse viés de abordagem seria o único possível no tocante ao estudo da responsabilização jurídica da Administração Pública frente à LGPD. Independentemente do quanto disposto pela referida norma, sabe-se que não somente a violação de direitos da personalidade é motivo para que o instituto interesse às ciências jurídicas.

Mesmo assim, esse parece ser o mais pertinente ponto de partida para análise do enfoque em questão, à luz do conteúdo disposto pelos dispositivos legais que a norma destacou em capítulo específico para tratar da responsabilidade jurídica. Está-se a tratar dos arts. 42 a 45 da LGPD, muito embora, para os fins ora pesquisados, este último artigo importe menos, à medida que se restrinja às questões de consumo – logo, a princípio, sem relação tão direta com a Administração Pública.

O mesmo não se pode dizer em relação aos demais dispositivos legais ora assinalados, notadamente aquele inicial dentro desse grupo específico, à medida que dispõe expressamente sobre a obrigação de reparação de danos pelas figuras específicas do controlador e do operador.

Sob essa perspectiva, à vista da perquirição acerca da responsabilização no âmbito da Administração Pública, importa discernir qual o papel desta em determinado caso concreto: se *controladora* (art. 5º, VI, da LGPD) ou *operadora* (art. 5, VII, da LGPD) para identificar o perfil de responsabilidade ao qual ela estará sujeita, conforme as especificações da própria norma. Conforme o papel de cada agente, decorrerá, portanto, sua medida de obrigatoriedade em assumir as consequências do ato lesivo.

Na mesma esteira, o art. 43 da LGPD determina que a regra é a responsabilização desses agentes, motivo pelo qual indica exceções específicas diante das quais, a princípio, eles poderiam se esquivar de responder pelas ilicitudes – mais especificamente, quando provarem que: (i) não realizaram o tratamento de dados pessoais que lhes é atribuído; (ii) embora tenham realizado o tratamento de dados pessoais que lhes é atribuído, não houve violação à legislação de proteção de dados ou; (iii) o dano é decorrente de culpa exclusiva do titular dos dados ou de terceiro.

Há de se ponderar que a interpretação desse dispositivo legal merece ser realizada de modo especial no que concerne ao recorte ora analisado: afinal se está a tratar da Administração Pública, frente a qual, portanto, a responsabilização na modalidade objetiva já foi preestabelecida art. 37, § 6º da Constituição Federal, conforme o qual as pessoas jurídicas de direito público e as de direito privado prestadoras de serviços públicos responderão pelos danos que seus agentes, nessa qualidade, causarem a terceiros, assegurado o direito de regresso contra o responsável nos casos de dolo ou culpa.

Para que não haja nenhuma confusão nesse sentido, vale deixar claro: não se está aqui indagando se a responsabilidade proposta pela LGPD prescinde ou não de culpa – que é *outro* debate pulsante no meio acadêmico para o qual ainda não se encontrou resposta definitiva, em que pese (e talvez, por ironia, justamente em função desse mesmo motivo) a qualidade dos argumentos de ambos os posicionamentos doutrinários divergentes entre si. Situação essa, aliás, que teria sido evitada mediante simples esclarecimento do legislador acerca do texto do art. 42. Tal fato acabará ocorrendo, mais cedo ou mais tarde, por meio de bem-vindo adendo legislativo, senão, alternativamente, em decorrência de pacificação jurisprudencial.

Nota-se, assim, que a LGPD estabeleceu seu próprio microssistema de responsabilização jurídica, ao qual devem se conformar os demais dispositivos internos da norma, de sorte a se preservar a unidade dos objetivos desta, consoante lógica interpretativa endógena, mas que, como visto, não sobrevive sem sua complementação exógena, ou seja, decorrente do diálogo com outras leis presentes no ordenamento jurídico.

É então conforme tal perspectiva, mais completa, que se vislumbra que o legislador determinou que a regularidade do tratamento de dados dependeria da observância à legislação, tanto quanto da segurança possível a ser estimada pelo titular desses dados em termos técnicos. Essa equiparação arrojada entre aspectos jurídicos e tecnológicos (no sentido de "estado da arte") exige que a Administração Pública implemente ou atualize sistemas de informação em sua estrutura funcional para que a norma se revista da efetividade mínima necessária.

Note-se ainda que o parágrafo único do referido dispositivo legal determina que responderá pelos danos decorrentes da violação da segurança dos dados o controlador ou o operador que tenha deixado de adotar as medidas de segurança previstas pelo artigo 46 da LGPD, as quais possuem natureza tanto técnica quanto administrativa e visam à proteção dos dados pessoais em decorrência de acessos não autorizados e de situações acidentais ou ilícitas de destruição, perda, alteração, comunicação ou qualquer forma de tratamento inadequado ou ilícito.

Conforme o §1º do referido dispositivo legal, tem a ANPD a possibilidade de dispor sobre os padrões técnicos mínimos necessários para tornar aplicáveis as medidas de segurança técnicas e de segurança mencionados no *caput*. Referida dicção legal implica algumas reflexões peculiares, a começar pela escolha do legislador quanto ao verbo "poderá", em lugar de "deverá" – ou seja, na preferência de indicação de uma faculdade a uma obrigação, o que causa estranhamento, tendo em vista a Autoridade ser órgão da Administração Pública (como, aliás, não poderia deixar de ser).

Outra questão que não merece passar em branco à vista de comentário sobre o mesmo art. 46, §1º da LGPD está relacionada à indicação de que essa prerrogativa da ANPD deverá considerar a natureza das informações tratadas, as características específicas do tratamento e o estado atual da tecnologia, especialmente no caso de dados pessoais sensíveis, assim como os princípios previstos no caput do art. 6º da mesma norma.

Isso porque se abrem com a expressa menção legal dois campos que se demonstrarão fundamentais em termos de responsabilidade da Administração Pública no tocante ao tratamento de dados, a saber: (i) a relevância dos dados sensíveis em relação aos demais dados protegidos pela lei e (ii) o sopesamento com os demais princípios estabelecidos pela norma em seu artigo 6º, que são numerosos, como visto quando das reflexões a respeito de *compliance*.

Entretanto, se naquela ocasião se destacou o princípio da transparência (art. 6, VI, da LGPD), neste caso, agora conforme o âmbito da responsabilização, mereceriam maior destaque (claro que sem prejuízo dos demais), os princípios da segurança (artigo 6º, VII, da LGPD) e da prevenção (art. 6, VIII, da LGPD).

Interessante notar que referidos dois campos parecem complementar um ao outro, à medida que, enquanto os princípios fornecem diretrizes para balizamento e modulação, a menção aos dados sensíveis induz à necessidade de se atentar para a extensão dos prejuízos causados em decorrência da violação normativa.

Ora, se os dados pessoais sensíveis são aqueles que dizem respeito à origem racial ou étnica, convicção religiosa, opinião política, filiação a sindicato ou a organização de caráter religioso, filosófico ou político, saúde, vida sexual, informação genética ou biométrica da pessoa natural (art. 5º, II, da LGPD), naturalmente o conteúdo de tais atributos exige tutela mais restritiva, à medida que fala direto aos direitos da personalidade de seus titulares.

Não por acaso, que a LGPD estabelece a autorização para tratamento dos dados pessoais sensíveis pela Administração Pública estar restrita à execução de políticas públicas previstas em leis ou regulamentos (art. 11 da LGPD). Embora a própria norma não faça nenhuma ligação expressamente no sentido ora proposto, entende-se cabível determinar que essa autorização dependa da observância a todas as diretrizes gerais contidas no já mencionado capítulo IV da lei em questão – "DO TRATAMENTO DE DADOS PELO PODER PÚBLICO".

Vale lembrar que a indenização mede-se pela extensão do dano, nos termos do art. 944 do Código Civil e, por esse motivo, tanto maiores são as consequências nocivas quanto mais sensíveis forem os dados, o mesmo podendo ser dito em relação aos riscos envolvidos em tais operações – daí porque, se reforça a necessidade de segurança técnica exigida pela legislação em relação à Administração Pública em igualdade de relevância com o próprio enfoque legislativo.

Embora o art. 46 da LGPD induza a uma série de consequências teóricas e práticas de notável importância, preferiu o legislador deixá-lo de fora do referido microssistema de responsabilização, alocando-o para o capítulo subsequente, específico para tratar de segurança e boas práticas.

A propósito, não se encerraria ainda o diálogo entre referido dispositivo legal e o ora comentado art. 44 da mesma LGPD, à medida que o seu parágrafo único estabelece a extensão da responsabilidade dos agentes de tratamento desde a fase de concepção do produto ou do serviço até sua execução, o que, aliás, não poderia mesmo ser reduzido em termos de Administração Pública, dado o caráter objetivo de sua responsabilidade.

Ainda como critérios de balizamento para avaliação da regularidade do tratamento de dados pessoais, submetidos às duas exigências nucleares de observância à legislação e à necessidade de segurança em favor do titular, o art. 44 estabelece que devem ser levados em conta: (i) o modo pelo qual ele é realizado; (ii) o resultado e os riscos que razoavelmente dele se esperam; e (iii) as técnicas de tratamento de dados pessoais disponíveis à época em que foi realizado.

Em todas as hipóteses, somando-se a elas os demais conteúdos brevemente comentados até o presente momento, reflete-se se não seria o caso de afirmar que o legislador inovou ao criar, ainda que implicitamente, um *princípio de segurança técnico-legislativa* com o advento da LGPD, que muito bem mereceria ser elencado conjuntamente com aqueles outros já disciplinados do artigo 6º da norma em questão.

Não há dúvidas de que as diretrizes em questão aproveitam não somente ao direito administrativo (como base) e ao direito civil, mas também a outras áreas das ciências jurídicas, como, por exemplo – e apenas em caráter meramente ilustrativo – o direito penal. A propósito, vale fazer notar que a LGPD indica restrição expressa a que dados referentes a infrações penais armazenados em bancos de dados possam ser tratados por particulares (art. 4º, §§ 1º e 2º), no que consiste mais uma intersecção entre Administração Pública e responsabilização.

6. Regulação da LGPD com Legislações Específicas

Como visto, analisar as inúmeras repercussões da LGPD sobre a Administração Pública exige conhecê-las ambas com alguma profundidade. No que diz respeito àquela norma, importa também sintetizar as diretrizes buscadas mediante confronto entre dispositivos legais que muitas vezes não foram alocados dentro do mesmo assunto – eventualmente, até porque dialoguem a um só tempo com vieses distintos, como se viu ocorrer tanto em termos de *compliance* quanto de responsabilização.

Talvez ainda mais relevante do que a prática dessa visão endógena no âmbito da LGPD seja projetá-la para além de seus próprios limites, fazendo-a encontrar no ordenamento jurídico outras normas que proporcionem diálogos que, quando não sejam imprescindíveis – como no caso da submissão à Constituição Federal, em função de hierarquia –, se demonstrem pertinentes à vista da possibilidade de complementação dos conteúdos carecedores de tutela.

Inexiste limite para a prática do exercício em comento, mas se entende que o balizamento se demonstre pertinente conforme a necessidade de proteção concreta aos direitos dos titulares dos dados, razão última pela qual a norma foi incorporado ao sistema nacional.

Nesse sentido – obviamente, além da própria Constituição Federal – entende-se que a consulta a todos os códigos federais atualmente vigentes seja boa medida para estabelecimento de parâmetros, dada a sua variedade de abordagens concretas.

Há outras leis federais que merecem ser analisadas conjuntamente com o mesmo objetivo, tais como a Lei Federal n.º 8.112/1990, que dispõe sobre o regime jurídico dos servidores públicos civis da União, das autarquias e das fundações públicas federais e a Lei Federal n.º 8.429/1992, que dispõe sobre sanções aplicáveis aos agentes públicos nos casos de enriquecimento ilícito no exercício de mandato, cargo, emprego ou função na Administração Pública direta, indireta ou fundacional.

Em ambos os casos, dados os respectivos escopos das normas, o direito administrativo encontra-se latente e serve como bússola para o estabelecimento de diretrizes concretas, com vistas à criação de órgãos e ao desenvolvimento de rotinas que atendam às exigências estabelecidas pela nova legislação.

Para além dos códigos e de ambas as leis federais acima referidas, um terceiro grupo de normas que merece ser analisado conjuntamente com a LGPD é aquele composto por legislações que já abordem providências no âmbito da tecnologia da informação, desde a Lei do *Habeas Data* – Lei Federal n.º 9.507/1997, passando pela Lei do Cadastro Positivo – Lei Federal n.º 12.414/2011, a Lei de Acesso à Informação – Lei Federal n.º 12.527/2011 e a Lei Federal n.º 12.965/2014 – Marco Civil da Internet.

Todas essas leis – sem prejuízo de outras que orbitem em torno da mesma temática – possuem intersecções que falam diretamente aos interesses da LGPD e permitirão o aperfeiçoamento paulatino desta, assim como ocorreu com elas próprias nas datas de inicio de vigência.

Por fim – embora sem a intenção de esgotar o tema – vale a menção como quarto representante normativo externo à própria LGPD o Decreto Federal n.º 10.046/2019, que interessa de forma fundamental à norma em questão, à medida que dispõe sobre a governança no compartilhamento de dados no âmbito da Administração Pública federal e institui o Cadastro Base do Cidadão e o Comitê Central de Governança de Dados, regulando como deverá se dar o compartilhamento de dados entre os órgãos e as entidades da Administração Pública federal, direta, autárquica e fundacional e os demais Poderes da União.

Conclusões – Críticas e Sugestões ao Setor

A LGPD haverá ainda de ensejar um sem número de discussões em termos doutrinários e jurisprudenciais que, eventualmente, poderão até mesmo acarretar mudanças no corpo da própria norma.

Sem prejuízo, desde logo se permite realizar sugestão no sentido de incorporação de princípio denominado técnico-normativo ao rol disposto no art. 6º, como forma de melhor ilustrar a interessante e aparentemente inédita solução de equilíbrio pensada pelo legislador, à medida que expressamente alinhou em importância as abordagens jurídica e tecnológica (em termos de estado da arte), com vistas à proteção integral dos dados – e dos direitos a eles atrelados.

Em âmbito extranormativo, propõe-se ampla divulgação de materiais informativos a respeito de atividades que a Administração Pública esteja adotando para tratamento dos dados dos cidadãos, e ainda, esclarecendo do que se trata a LGPD, quais os direitos que a pessoa natural pode postular, a quem recorrer e outras informações basilares.

No mesmo sentido, porém com viés mais acadêmico, embora preferencialmente (não institucional/governamental), sugere-se a criação de um observatório para gerenciamento das atividades, agrupamento de normas, realizações de estudos e demais atividades que se relacionam à intersecção entre Administração Pública e LGPD.

Por fim, em se tratando do atual estágio de adequação da Administração Pública em relação à LGPD, conforme analisado no início do artigo, não parece haver uma preocupação geral em relação às técnicas de adequação por parte de boa parte de seus entes. A Administração Pública Federal publicou o supracitado Guia de Boas Práticas da LGPD, com instruções precisas e uma bela tentativa de adequar-se desde já. No entanto, será de pouca valia caso se restrinja à Administração Pública Federal e não conte com um bom sistema de integração aos demais entes.

Na pesquisa do InternetLab, como se mencionou, não foi encontrado sequer um aplicativo federal ou do Estado de São Paulo que se mostre plenamente em acordo com os dispositivos da LGPD – embora alguns cumpram certos requisitos, diversamente.

Não se pode esquecer de que a LGPD tem como foco, além da proteção de dados em si, a forma como esses dados são transmitidos, e a transmissão de dados entre os entes da Administração Pública é muito intensa. Caso não haja uma boa conversa entre todos, com a elaboração de políticas conjuntas (a difusão do Guia de Boas Práticas da LGPD seria um excelente início), corre-se o sério risco de toda a proteção isolada, de um ente ou outro, perder-se em meio à sua inevitável transmissão.

Referências

ABREU, Jacqueline de Souza; LAGO, Lucas; MASSARO, Heloisa. **Especial: Por que se preocupar com o que o Estado faz com os nossos dados pessoais?** InternetLab. 21 de maio de 2018. Disponível em: < https://www.internetlab.org.br/pt/privacidade-e-vigilancia/especial-apps-do-governo/> . Acesso em: 20 abr.2020.

ARAÚJO FILHO, José Mariano. **O impacto da Lei Geral de Proteção de Dados**. Revista Jus Navigandi, nov/2019. Disponível em: < https://jus.com.br/artigos/77586/o-impacto-da-lei-geral-de-protecao-de-dados-na-administracao-publica.>. Acesso em: 22 abr. 2020.

BRASIL (GOV.BR). Guia de Boas Práticas – Lei Geral de Proteção de Dados (LGPD). Publicado em 10 de abril de 2020. Atualizado em 21 de maio de 2020. Disponível em < https://www.gov.br/governodigital/pt-br/governanca-de-dados/guia-de-boas-praticas-lei-geral-de-protecao-de-dados-lgpd>- Acesso em: 14 ago.2020.

OTERO, Rodrigo Guynemer Lacerda. **A LGPD e seus efeitos no setor público**. 2019. Disponível em: <https://www.serpro.gov.br/lgpd/noticias/2019/lgpd-setor-publico-efeitos>. Acesso em: 12 ago. 2020.

ROLLEMBERG, Gabriela; FRAGA, Janaina Rolemberg. **Como a LGPD pode atuar no vazamento de dados dos órgãos públicos**. Revista Consultor Jurídico. São Paulo, 8 de outubro de 2019. Disponível em: <https://www.conjur.com.br/2019-out-08/opiniao-lgpd-atuar-vazamento-dados-orgaos-publicos>. Acesso em: 23 abr. 2020.

3.
Impactos da Lei Geral de Proteção de Dados no Poder Judiciário

Rafael Soares Souza

Introdução

O Poder Judiciário brasileiro tem hoje sob seus cuidados setenta e nove milhões de processos, havendo ainda um número até hoje não contabilizado de autos arquivados.[1] Cada processo contém uma enorme quantidade de dados pessoais cujo acesso até poucos anos atrás só poderia se dar de modo presencial, nos balcões dos fóruns país afora. A despeito da publicidade, obstáculos diversos e custos dificultavam o acesso instantâneo e gratuito à informação. Porém, com o crescente uso da Internet e disponibilização on-line de decisões, movimentações, atas de audiências e outros, abriu-se as portas para a exposição massiva de dados, criando situações de excesso de publicidade e todos os riscos a ela inerentes. Parte desse problema vem sendo equacionado pelo Conselho Nacional de Justiça, limitando as informações on-line, por meio da Resolução nº. 121/2010, que "[d]ispõe sobre a divulgação de dados processuais

[1] BRASIL. Conselho Nacional de Justiça. **Justiça em números 2019**. Disponível em: <https://www.cnj.jus.br/wp-content/uploads/conteudo/arquivo/2019/08/justica_em_numeros20190919.pdf>. Acesso em: 16 ago. 2020.

eletrônicos na rede mundial de computadores, expedição de certidões judiciais e dá outras providências".

Entretanto, o que imporá profundas modificações será o advento da Lei Geral de Proteção de Dados Pessoais – Lei nº. 13.079/2018, que promete impactar em diversos aspectos da função jurisdicional. O objetivo do presente artigo é trazer, sem pretensão de exaurimento, como a proteção de dados pessoais dialogará com a função jurisdicional e procedimentos já corriqueiros, como a divulgação de informações processuais pela internet. Em acréscimo, serão estudados alguns aspectos jurídicos do papel dos motores de busca, o direito ao esquecimento e, por fim, o dever de segurança e o vazamento de dados pessoais.

1. Dados Pessoais: A Razão de Ser de sua Proteção

Dados pessoais sempre foram essenciais tanto para o setor privado como público. No primeiro caso, o acesso a informações sobre concorrentes, fornecedores, clientela, hábitos e preferências dos consumidores podem sacramentar o sucesso ou fracasso de qualquer empreendimento; já no setor público, a organização, planejamento e execução de serviços e políticas públicas, cobrança de tributos, repressão criminal e, de modo mais específico, ações de inteligência e contrainteligência[2] reclamam o manejo de volume considerável de dados sem os quais a Administração Pública ficaria completamente desarticulada.

A preocupação com os dados pessoais remonta ao Século XX, apontando-se a Suécia como o primeiro país que legislou a respeito, em meados de 1970. Mas só no século XXI que a regulação do setor ganhou impulso, alcançando mais de uma centena de países – um número que só cresce.[3] Essa aceleração deveu-se ao ingrediente tecnológico, acompanhado *pari passu* que por riscos

[2] De acordo com a Lei nº. 9.883/1999, "Lei da ABIN", *inteligência* é a atividade que objetiva obtenção, análise e disseminação de conhecimentos dentro e fora do território nacional sobre fatos e situações de imediata ou potencial influência sobre o processo decisório e a ação governamental e sobre a salvaguarda e a segurança da sociedade e do Estado; *contra-inteligência* a atividade que objetiva neutralizar a inteligência adversa [art. 1º, §§ 2º e 3º].

[3] CREENLEAF, Craham. **Sheherezade and the 101 Data Privacy Laws**: origins, significance and global trajectories". Disponível em: <https://papers.ssrn.com/sol3/papers.cfm?abstract_id=2280877>. Acesso em: 10 ago. 2020.

inéditos. Todos os dias, ao abrir um *e-mail*, utilizar o celular, atualizar uma rede social ou simplesmente navegar a esmo na Internet, o indivíduo deixa rastros digitais que, uma vez tratados, desenham um mosaico sem precedentes sobre o usuário, seus valores e visões de mundo. É factível o direcionamento de publicidade, "adivinhando" futuras necessidades do consumidor, compreendendo suas convicções políticas e até seu estado emocional em dado momento. Em termos de serviços públicos, a tecnologia pode otimizar o transporte público, melhorar a arrecadação, transparência e funcionamento da burocracia – em suma, a implementação do *e-government*. Por todas essas serventias, não é exagero proclamar que os dados pessoais são o recurso mais valioso do mundo e que a economia do século XXI será centralizada na sua extração, acumulação e uso – a *data-driven economy*.[4]

Mas, como qualquer empreendimento humano, a possibilidade de abusos exige a regulação do setor, pois a manipulação de eleições, indução de comportamentos, limitação ao direito de escolha,[5] violação à privacidade e abuso do poder econômico[6] são palpáveis e não meras peças de ficção. Há inquietações quanto ao imenso potencial de vigilância e risco de aniquilamento dos direitos fundamentais como frutos sombrios do uso ilimitado e antiético de dados pessoais. Por tudo isso, a União Europeia incluiu na sua Carta de Direitos Fundamentais o artigo 8º, que proclama o direito à proteção dos dados pessoais como direito fundamental;[7] e, disciplinando o tema, há

[4] THE ECONOMIST. **The world's most valuable resource is no longer oil, but data**. Disponível em: <https://www.economist.com/leaders/2017/05/06/the-worlds-most-valuable-resource-is-no-longer-oil-but-data>. Acesso em: 10 ago. 2020.

[5] CRESPO, Montserrat Fernández. **#Shalala: El #Hashtag que Cambió una Campaña**. *In: Ciberpolítica. Gobierno abierto, redes, deliberación, democracia*. Madri, INAP, 2017, p. 79-114.

[6] PFEIFFER, Roberto Augusto Castellanos, Digital Economy, Big Data and Competition Law (February 27, 2019). **Market and Competition Law Review**, volume III, n. 1, april 2019, p. 53-89. Disponível em: <https://ssrn.com/abstract=3440296>. Acesso em: 10 ago. 2020.

[7] Artigo 8º. Proteção de dados pessoais 1. Todas as pessoas têm direito à proteção dos dados de caráter pessoal que lhes digam respeito. 2. Esses dados devem ser objeto de um tratamento leal, para fins específicos e com o consentimento da pessoa interessada ou com outro fundamento legítimo previsto por lei. Todas as pessoas têm o direito de aceder aos dados coligidos que lhes digam respeito e de obter a respectiva retificação. 3. O cumprimento destas regras fica sujeito a fiscalização por parte de uma autoridade independente. UNIÃO EUROPEIA. Carta de Direitos Fundamentais da União Europeia. Disponível em: <https://eur-lex.europa.eu/legal-content/PT/TXT/PDF/?uri=CELEX:12016P/TXT&from=EN>. Acesso em: 16 ago. 2020.

o Regulamento Europeu nº. 2016/679, conhecido como Regulamento Geral sobre a Proteção de Dados – RGPD.[8]

O RGPD sopesa a proteção dos dados pessoais e a inovação tecnológica: uma legislação demasiadamente restritiva inibiria a inovação e seria uma desvantagem concorrencial, deixando os países da União Europeia ainda mais atrás, num mercado já dominado por empresas norte-americanas.[9] Seguindo uma abordagem completamente diferente, os Estados Unidos priorizaram leis setoriais, abdicando de uma legislação geral.[10]

Quanto a Brasil, nosso país subscreveu em 2003 a Declaração de Santa Cruz de La Sierra, cujo item 45 remete à proteção de dados como direito fundamental.[11] Havia alguma legislação esparsa que toca o tema, como o

[8] Iniciativas nessa área são antigas, podendo ser citadas o Convênio nº. 108/1981 do Conselho da Europa e, mais recentemente, a Diretiva nº. 95/46, relativa à proteção das pessoas singulares no que diz respeito ao tratamento de dados pessoais e à livre circulação desses dados, que foi revogada pelo atual RGPD.

[9] Como consta nos considerandos da RGDP: "(6) A rápida evolução tecnológica e a globalização criaram novos desafios em matéria de proteção de dados pessoais. A recolha e a partilha de dados pessoais registaram um aumento significativo. As novas tecnologias permitem às empresas privadas e às entidades públicas a utilização de dados pessoais numa escala sem precedentes no exercício das suas atividades. As pessoas singulares disponibilizam cada vez mais as suas informações pessoais de uma forma pública e global. As novas tecnologias transformaram a economia e a vida social e deverão contribuir para facilitar a livre circulação de dados pessoais na União e a sua transferência para países terceiros e organizações internacionais, assegurando simultaneamente um elevado nível de proteção dos dados pessoais. (7) Esta evolução exige um quadro de proteção de dados sólido e mais coerente na União, apoiado por uma aplicação rigorosa das regras, pois é importante gerar a confiança necessária ao desenvolvimento da economia digital no conjunto do mercado interno. As pessoas singulares deverão poder controlar a utilização que é feita dos seus dados pessoais. Deverá ser reforçada a segurança jurídica e a segurança prática para as pessoas singulares, os operadores económicos e as autoridades públicas". UNIÃO EUROPEIA. **Regulamento nº. 2016/679** [Regulamento Geral sobre a Proteção de Dados]. Disponível em: <https://eur-lex.europa.eu/legal-content/PT/TXT/HTML/?uri=CELEX:32016R0679>. Acesso em: 15 ago. 2020.

[10] LÓPEZ, Marina Sancho. **La Protección de Datos en el Reino Unido**: Evolución del Right to Privacy y escenarios Post-Brexit. Pamplona, Aranzadi, 2019, p. 133-162.

[11] 45. *Asimismo somos conscientes de que la protección de datos personales es un derecho fundamental de las personas y destacamos la importancia de las iniciativas regulatorias iberoamericanas para proteger la privacidad de los ciudadanos contenidas en la Declaración de La Antigua por la que se crea la Red Iberoamericana de Protección de Datos, abierta a todos los países de nuestra Comunidad.* ORGANIZAÇÃO DE ESTADOS IBEROAMERICANOS. **XIII Cumbre Iberoamericana de Jefes de Estado y de Gobierno Declaración de Santa Cruz de la Sierra**. Santa Cruz de la Sierra, Bolívia,

Código de Defesa do Consumidor, a Lei nº. 12.414/2011 – Cadastro Positivo de Crédito e Lei nº. 12.965/2014 – Marco Civil da Internet. Todavia, só depois de considerável atraso é que foi editada a Lei nº. 13.079/2018, a Lei Geral de Proteção de Dados Pessoais – LGPD, cuja inspiração evidente é o RGPD europeu. Todavia, o processo de regulação dos dados pessoais ainda não se perfectibilizou, valendo mencionar a Proposta de Emenda Constitucional nº. 17/2019, que acrescenta ao art. 5º o inciso XII-A, com a seguinte redação: "é assegurado, nos termos da lei, o direito à proteção dos dados pessoais, inclusive nos meios digitais".[12]

2. Institutos Básicos da LGPD

A LGPD complementa a Lei nº. 12.965/2014 – Marco Civil da Internet, cujo art. 3º, III, prevê como um dos princípios do uso da Rede, "a proteção dos dados pessoais, na forma da lei". Entretanto, a LGPD vai além da Internet: de acordo com seu art. 3º, a lei se aplica a qualquer operação de tratamento realizada por pessoa natural ou jurídica, de direito público ou privado, independentemente do meio, do país de sua sede ou do país onde estejam localizados os dados. Melhor dizendo, a LGPD incide em redes de dados corporativas – privadas ou do Poder Público, inclusive, do Poder Judiciário – e em quaisquer bancos de dados, sejam organizados de modo eletrônico,

14 e 15 de novembro de 2003. Disponível em: <https://www.oei.es/historico/xiiicumbredec.htm>. Acesso em 16 ago. 2020.

[12] Não se trata de iniciativa inédita. A Constituição Espanhola tratou do tema no seu art. 18, 4: «*La ley limitará el uso de la informática para garantizar el honor y la intimidad personal y familiar de los ciudadanos y el pleno ejercicio de sus derechos*". A Constituição de Portugal é mais específica em seu art. 35: "2. A lei define o conceito de dados pessoais, bem como as condições aplicáveis ao seu tratamento automatizado, conexão, transmissão e utilização, e garante a sua proteção, designadamente através de entidade administrativa independente. [...] 4. É proibido o acesso a dados pessoais de terceiros, salvo em casos excecionais previstos na lei. [...] 6. A todos é garantido livre acesso às redes informáticas de uso público, definindo a lei o regime aplicável aos fluxos de dados transfronteiras e as formas adequadas de proteção de dados pessoais e de outros cuja salvaguarda se justifique por razões de interesse nacional. 7. Os dados pessoais constantes de ficheiros manuais gozam de proteção idêntica à prevista nos números anteriores, nos termos da lei". ESPANHA. **Constitución Española** [1978]. Disponível em: <https://www.senado.es/web/conocersenado/normas/constitucion/index.html>. Acesso em: 16 ago. 2020.

em cartões, fichas de papel, etc. Sem embargo, tal proteção restringe-se a dados de pessoas naturais, ficando de fora pessoas jurídicas e entes despersonalizados, como espólio, massa falida e condomínios.

Há três conceitos vitais para compreensão da LGPD: (i) dado pessoal, (ii) tratamento de dados e (iii) agentes de tratamento.

Dado pessoal é a informação relacionada a pessoa natural identificada ou identificável. Se esse dado disser respeito à origem racial ou étnica, convicção religiosa, opinião política, filiação a sindicato ou a organização de caráter religioso, filosófico ou político, ser referente à saúde ou à vida sexual ou ainda, dado genético ou biométrico, ele será um *dado pessoal sensível* e submetido a uma proteção qualificada (art. 5º, I e II). São dados pessoais não apenas informações cadastrais, mas também filmagens, biométricos, o prontuário médico, registros de geolocalização, informações fiscais, dentre muitos outros. O conjunto de estruturado de dados pessoais, estabelecidos em um ou vários locais, em suporte eletrônico ou físico denomina-se banco de dados (art. 5º, IV).

Denomina-se *tratamento de dados* toda operação realizada com dados pessoais, como as que se referem a coleta, produção, recepção, classificação, utilização, acesso, reprodução, transmissão, distribuição, processamento, arquivamento, armazenamento, eliminação, avaliação ou controle da informação, modificação, comunicação, transferência, difusão ou extração (art. 5º, X). Dito de outro modo, qualquer interação com dados pessoais subsume-se ao conceito de tratamento, dada a amplitude do texto legal.

Agentes de tratamento são os atores envolvidos, o controlador e o operador. Controlador é a pessoa natural ou jurídica, de direito público ou privado que detém o poder de decidir o tratamento de dados; já operador, que pode ser também pessoa natural ou jurídica de direito público ou privado, é o executor do tratamento em nome do controlador (art. 5º, VI e VII). Imagine-se uma concessionária de telefonia que contrata um *call center*. No exemplo, o *call center* [operador] seguirá as diretrizes da concessionária [controlador], que manterá em suas mãos o poder decisório quanto aos dados pessoais. Essa diferenciação repercute no regime de responsabilidade civil.[13]

[13] Art. 42. O controlador ou o operador que, em razão do exercício de atividade de tratamento de dados pessoais, causar a outrem dano patrimonial, moral, individual ou coletivo, em violação à legislação de proteção de dados pessoais, é obrigado a repará-lo.
§ 1º A fim de assegurar a efetiva indenização ao titular dos dados:

Retomando, há de se abordar o que legitima o tratamento de dados.

Na moldura da LGPD, a principal permissão deriva do consentimento do titular dos dados, não sem um grande número de exceções. Consentimento é definido – ou melhor, adjetivado – como a manifestação (i) livre, (ii) informada e (iii) inequívoca pela qual o titular concorda com o tratamento de seus dados pessoais para uma (iv) finalidade determinada (art. 5º, XII). *Livre* tem o sentido de o titular poder escolher entre aceitar ou recusar, sem intervenções ou situações que viciem seu consentimento, como erro, dolo ou coação; *Informada* significa que o titular deve ter ao seu dispor informações adequadas, claras e satisfatórias acerca dos riscos e implicações do tratamento de seus dados; *Inequívoca* quer dizer que o consentimento não pode ser manifestado de modo ambíguo, duvidoso, incerto; por fim, a *finalidade determinada da coleta de dados* deve ser de conhecimento do titular, havendo um vínculo entre a coleta e o fim declarado, sob pena de abusividade dessa conduta.[14]

3. O Poder Judiciário como Agente de Tratamento de Dados

Sem dúvidas, o Poder Judiciário efetua incalculáveis operações de tratamento de dados, o que é inerente à função jurisdicional, acompanhando o processo do início e perdura depois de seu fim, após o arquivamento dos autos.[15] Entretanto, isso não basta para apreciar se tais operações estão ou não dentro da LGPD, pois a lei exclui de sua abrangência os tratamentos para fins:

I – o operador responde solidariamente pelos danos causados pelo tratamento quando descumprir as obrigações da legislação de proteção de dados ou quando não tiver seguido as instruções lícitas do controlador, hipótese em que o operador equipara-se ao controlador, salvo nos casos de exclusão previstos no art. 43 desta Lei;
II – os controladores que estiverem diretamente envolvidos no tratamento do qual decorreram danos ao titular dos dados respondem solidariamente, salvo nos casos de exclusão previstos no art. 43 desta Lei.

[14] TEPEDINO, Gustavo; TEFFÉ, Chiara Spadaccini de. Consentimento e proteção de dados pessoais na LGPD. In: TEPEDINO, Gustavo; FRAZÃO, Ana; OLIVA, Milena Donato (Org.). **Lei Geral de Proteção de Dados Pessoais e suas repercussões no Direito Brasileiro.** São Paulo: Revista dos Tribunais, 2019. p. 299-302.

[15] Por exemplo, a necessidade de manutenção de registros de autos findos para checagem de coisa julgada, antecedentes criminais, para subsidiar ações rescisórias, anulatórias, de repetição de indébito, dentre outras.

(i) jornalísticos ou artísticos, como releases de imprensa e obras artísticas encomendadas pela Administração; (ii) acadêmicos, como pesquisas em instituições de ensino superior; (iii) segurança pública, defesa nacional, segurança do Estado e investigação e repressão de infrações penais (art. 4º).[16] Para os fins aqui propostos, necessário dedicar alguma atenção ao terceiro item e suas conexões com o Poder Judiciário.

Segurança Pública corresponde ao previsto no art. 144 da Constituição, isto é, a preservação da ordem pública e da incolumidade das pessoas e do patrimônio, dever do Estado, direito e responsabilidade de todos. Trata-se de atribuição do Poder Executivo, não do Poder Judiciário; *Defesa Nacional* é o conjunto de medidas e ações do Estado, com ênfase na expressão militar, para a defesa do território, da soberania e dos interesses nacionais contra ameaças preponderantemente externas, potenciais ou manifestas (Decreto n.º 5.484/2005, item 1.4, II); *Defesa do Estado* refere-se às gravíssimas situações de instabilidade ou convulsão que autorizam o estado de defesa ou de sítio (Constituição, arts. 136 e 137); por fim, *investigação e repressão de infrações penais* cursa com a persecução penal em todas suas fases. O denominador comum a essas três exceções é a minimização das garantias individuais em prol da segurança coletiva, propiciando segurança na dimensão *redução de riscos*.[17]

De todas as exclusões supra, as limítrofes com o Poder Judiciário são as atividades de *investigação e repressão de infrações penais*. É bem verdade que vigora entre nós o sistema acusatório, mas no quesito *investigações* o Poder Judiciário intervém no papel de garantidor dos direitos fundamentais do investigado, apreciando diligências invasivas como interceptações telefônicas, telemáticas, quebras de sigilo fiscal e bancário, dentre outras. No tocante à *repressão de*

[16] Lamentavelmente, atividades com maior invasividade, como videovigilância, reconhecimento facial para fins de segurança pública e outros, persistem sem um marco legal específico. Tramita na Câmara dos Deputados o Projeto de Lei nº. 4612/2019, que "[d]ispõe sobre o desenvolvimento, aplicação e uso de tecnologias de reconhecimento facial e emocional, bem como outras tecnologias digitais voltadas à identificação de indivíduos e à predição ou análise de comportamentos". O projeto pretende regular o tema em conjunto com a Lei Geral de Proteção de Dados, inclusive, com atuação da autoridade nacional. BRASIL. Câmara dos Deputados. **Projeto de Lei n.º 4612/2019**. Disponível em: <https://www.camara.leg.br/>. Acesso em: 15 ago. 2020.

[17] SARLET, Gabrielle Bezerra Sales. Art. 5º. In: CANOTILHO, J. J. Gomes et al (Org.). **Comentários à Constituição do Brasil.** 2. ed. São Paulo: Saraiva, 2018. p. 470-474.

infrações penais, em um conceito largo, abarca a aplicação da lei penal, prisões processuais, medidas cautelares e, por fim, o cumprimento de pena, seja ela privativa de liberdade ou restritiva de direitos.

Assim sendo, é acertado afirmar que embora a LGPD se aplique ao Poder Judiciário como regra, uma importante exceção está nos feitos de natureza penal, como inquéritos e demais procedimentos investigativos, ações penais, medidas cautelares e, naturalmente, toda a execução penal.[18] Por arrastamento, também ficam de fora importantes bancos de dados e sistemas conexos, como o Banco Nacional de Perfis Genéticos – BNPG,[19] o Sistema Nacional de Informações de Segurança Pública – INFOSEG[20] e o Banco Nacional de Monitoramento de Prisões – BNMP 2.0.[21]

Mas, excluídos os processos de natureza criminal, como compatibilizar a proteção de dados pessoais com o exercício da função jurisdicional nos demais casos? Também os juízes no ato de julgar, estão submetidos à LGPD? Como a LGPD silencia a respeito, socorre-se ao RGPD europeu, cujo Considerando nº. 20 assim dispõe:

> Na medida em que o presente regulamento é igualmente aplicável, entre outras, às atividades dos tribunais e de outras autoridades judiciais, poderá determinar-se no direito da União ou dos Estados-Membros quais as operações e os procedimentos a seguir pelos tribunais e outras

[18] Embora a LGPD mencione prevenção e repressão de infrações penais, há de se incluir em tal locução os atos infracionais previstos no Estatuto da Criança e do Adolescente, que correspondem a conduta descrita como crime ou contravenção penal [art. 103].

[19] De acordo com o art. 9º-A da Lei de Execução Penal, os condenados por crime doloso cometido com violência ou grave ameaça contra pessoa, ou por crimes hediondos, serão submetidos obrigatoriamente à identificação de perfil genético, cujo banco de dados só poderá ser acessado por autoridade policial mediante prévia autorização judicial. O BNPG conta com 6.500 perfis genéticos de condenados, 440 de investigados e 7.800 de vestígios de local de crime, já tendo auxiliado 559 investigações. Disponível em: <https://www.justica.gov.br/news/collective-nitf-content-1556212211.45>. Acesso em: 16 ago. 2020.

[20] Rede de informações de Segurança Pública, que condensa dados como endereços, dados eleitorais, cadastrais, registros criminais, etc. disponível em: <http://www.infoseg.gov.br/>. Acesso em: 15 ago. 2020.

[21] Trata-se de sistema implantado em 2011, que objetiva o maior controle dos presos provisórios e definitivos, objetivando produzir melhores informações para gestão do sistema carcerário e evitar erros, excessos de prazo e outros. Disponível em: <https://www.cnj.jus.br/sistema-carcerario/cadastro-nacional-de-presos-bnmp-2-0/>. Acesso em: 16 ago. 2020.

> autoridades judiciais para o tratamento de dados pessoais. A competência das autoridades de controlo não abrange o tratamento de dados pessoais efetuado pelos tribunais no exercício da sua função jurisdicional, a fim de assegurar a independência do poder judicial no exercício da sua função jurisdicional, nomeadamente a tomada de decisões. Deverá ser possível confiar o controlo de tais operações de tratamento de dados a organismos específicos no âmbito do sistema judicial do Estado-Membro, que deverão, nomeadamente, assegurar o cumprimento das regras do presente regulamento, reforçar a sensibilização os membros do poder judicial para as obrigações que lhe são impostas pelo presente regulamento e tratar reclamações relativas às operações de tratamento dos dados.[22]

Depreende-se do fragmento acima que, na União Europeia, distingue-se atividade-fim, isto é, o exercício da função jurisdicional, de atividades-meio ou conexas. Por exemplo, imagine-se uma ação indenizatória por inscrição indevida em cadastros de proteção de crédito, por dívida já paga. Necessariamente a decisão judicial precisará realizar operações típicas de tratamento, obtendo, consultando e reproduzindo dados constantes em documento pessoais de identificação e nos mais variados meios de prova, valorando-os para ser possível redigir a sentença. Tais operações, ligadas ao âmago da função jurisdicional, estão fora do RGPD, pouco importando se envolvam dados sensíveis;[23] bem por isso, o artigo 55°, 3 da RGPD exclui da competência de tais autoridades de controle o tratamento de dados efetuadas por tribunais que atuem no

[22] UNIÃO EUROPEIA. **Regulamento nº. 2016/679** [Regulamento Geral sobre a Proteção de Dados]. Disponível em: <https://eur-lex.europa.eu/legal-content/PT/TXT/HTML/?uri=CELEX:32016R0679>. Acesso em: 15 ago. 2020.

[23] Artigo 9.º Tratamento de categorias especiais de dados pessoais. 1. É proibido o tratamento de dados pessoais que revelem a origem racial ou étnica, as opiniões políticas, as convicções religiosas ou filosóficas, ou a filiação sindical, bem como o tratamento de dados genéticos, dados biométricos para identificar uma pessoa de forma inequívoca, dados relativos à saúde ou dados relativos à vida sexual ou orientação sexual de uma pessoa. 2. O disposto no n.º 1 não se aplica se se verificar um dos seguintes casos: [...] f) Se o tratamento for necessário à declaração, ao exercício ou à defesa de um direito num processo judicial ou sempre que os tribunais atuem no exercício da sua função jurisdicional.

exercício da sua função jurisdicional.[24] Entrementes, atividades como registro processual, consulta eletrônica e correlatos (atividades-meio) necessariamente devem obediência ao regramento de proteção de dados pessoais. Precisamente por isso, diversos tribunais europeus implementaram novas rotinas de anonimização de dados, redação e seleção dos atos processuais a serem publicados em repositórios de jurisprudência etc.[25]

No Brasil, embora a LGPD não dedique um único artigo ao assunto, é razoável defender a mesma distinção feita no âmbito da União Europeia, isto é, entre atos jurisdicionais e atividades de apoio, para discernir o que fica ou não submetido ao regramento da LGPD. Porém, há uma camada extra de complexidade: o Poder Judiciário submete-se tanto ao controle do Conselho Nacional de Justiça[26] como dos tribunais de contas,[27] de sorte que podem surgir conflitos regulatórios, com o acréscimo da Autoridade Nacional de

[24] *Artigo 55.º* Competência. 1. As autoridades de controlo são competentes para prosseguir as atribuições e exercer os poderes que lhes são conferidos pelo presente regulamento no território do seu próprio Estado-Membro. [...] 3. As autoridades de controlo não têm competência para controlar operações de tratamento efetuadas por tribunais que atuem no exercício da sua função jurisdicional.

[25] O Tribunal de Justiça da União Europeia disponibiliza serviços para que os jurisdicionados possam pleitear o sigilo de informações processuais e sua anonimização, disponibilizando formulários específicos para solicitar sigilo dos registros, sua correção, dentre outros. TRIBUNAL DE JUSTIÇA DA UNIÃO EUROPEIA. **A proteção de dados pessoais tratados pelo Tribunal de Justiça da União Europeia**. Disponível em: <https://curia.europa.eu/jcms/upload/docs/application/pdf/2015-11/tra-doc-pt-div-c-0000-2015-201508723-05_00>. Acesso em: 15 ago. 2020.

[26] Art. 103-B. O Conselho Nacional de Justiça compõe-se de 15 (quinze) membros com mandato de 2 (dois) anos, admitida 1 (uma) recondução, sendo:
§ 4º Compete ao Conselho o controle da atuação administrativa e financeira do Poder Judiciário e do cumprimento dos deveres funcionais dos juízes, cabendo-lhe, além de outras atribuições que lhe forem conferidas pelo Estatuto da Magistratura: (Incluído pela Emenda Constitucional nº 45, de 2004)
I – zelar pela autonomia do Poder Judiciário e pelo cumprimento do Estatuto da Magistratura, podendo expedir atos regulamentares, no âmbito de sua competência, ou recomendar providências;
[...]

[27] Art. 71. O controle externo, a cargo do Congresso Nacional, será exercido com o auxílio do Tribunal de Contas da União, ao qual compete:
[...]
II – julgar as contas dos administradores e demais responsáveis por dinheiros, bens e valores públicos da administração direta e indireta, incluídas as fundações e sociedades instituídas e

Proteção de Dados no organograma de controle. Por exemplo, a implantação do Processo Judicial Eletrônico – PJe é uma iniciativa do CNJ, mas que recentemente passou pelo crivo do Tribunal de Contas da União no tocante a aspectos como segurança, prazos de implementação e uniformidade do sistema;[28] acaso a Autoridade Nacional já existisse, certamente tal órgão seria convocado a se manifestar, pois aderente à sua expertise, podendo gerar determinações não necessariamente harmônicas com os outros órgãos de controle.[29] Ainda não há pistas sobre como resolver eventuais disputas nesse verdadeiro condomínio regulatório.[30]

3.1 Sistemas de Consulta Pública de Processos e Jurisprudência via Internet

A publicidade dos atos está prevista em nível constitucional no art. 5º, LX (a lei só poderá restringir a publicidade dos atos processuais quando a defesa da intimidade ou o interesse social o exigirem) e também no art. 93, IX (todos os julgamentos dos órgãos do Poder Judiciário serão públicos, e fundamentadas todas as decisões, sob pena de nulidade, podendo a lei limitar a presença, em determinados atos, às próprias partes e a seus advogados,

mantidas pelo Poder Público federal, e as contas daqueles que derem causa a perda, extravio ou outra irregularidade de que resulte prejuízo ao erário público;
III – apreciar, para fins de registro, a legalidade dos atos de admissão de pessoal, a qualquer título, na administração direta e indireta, incluídas as fundações instituídas e mantidas pelo Poder Público, excetuadas as nomeações para cargo de provimento em comissão, bem como a das concessões de aposentadorias, reformas e pensões, ressalvadas as melhorias posteriores que não alterem o fundamento legal do ato concessório;
IV – realizar, por iniciativa própria, da Câmara dos Deputados, do Senado Federal, de Comissão técnica ou de inquérito, inspeções e auditorias de natureza contábil, financeira, orçamentária, operacional e patrimonial, nas unidades administrativas dos Poderes Legislativo, Executivo e Judiciário, e demais entidades referidas no inciso II;

[28] TCU [Acórdão nº. 1534/2019, 03/07/2019].

[29] A LGPD limita-se a dizer que a ANPD deve "articular-se com as autoridades reguladoras públicas para exercer suas competências em setores específicos de atividades econômicas e governamentais sujeitas à regulação" [art. 55-J. XXIII].

[30] O CNJ, por meio da Portaria nº 63/2019, criou grupo de trabalho para regulamentar o acesso às bases de dados processuais dos tribunais, de acordo com as regras de proteção de dados pessoais. BRASIL. Conselho Nacional de Justiça. **Portaria n.º 63/2019**. Disponível em: <https://atos.cnj.jus.br/files/compilado234320202002195e4dc8187b1a2.pdf>. Acesso em: 15 ago. 2020.

ou somente a estes, em casos nos quais a preservação do direito à intimidade do interessado no sigilo não prejudique o interesse público à informação). Há dispositivo equivalente na Convenção Americana de Direitos Humanos ao dizer que "o processo penal deve ser público, salvo no que for necessário par preservar os interesses da justiça" (art. 8º, 5) e também na legislação processual civil,[31] penal[32] e trabalhista.[33] O sigilo processual atende ao interesse das partes e só pode ser excepcionado, dentro de certos parâmetros, para pesquisa acadêmica, desde que obtido o consentimento e anonimizados os dados.[34]

[31] CPC, Art. 189. Os atos processuais são públicos, todavia tramitam em segredo de justiça os processos:
I – em que o exija o interesse público ou social;
II – que versem sobre casamento, separação de corpos, divórcio, separação, união estável, filiação, alimentos e guarda de crianças e adolescentes;
III – em que constem dados protegidos pelo direito constitucional à intimidade;
IV – que versem sobre arbitragem, inclusive sobre cumprimento de carta arbitral, desde que a confidencialidade estipulada na arbitragem seja comprovada perante o juízo.
§ 1º O direito de consultar os autos de processo que tramite em segredo de justiça e de pedir certidões de seus atos é restrito às partes e aos seus procuradores.
§ 2º O terceiro que demonstrar interesse jurídico pode requerer ao juiz certidão do dispositivo da sentença, bem como de inventário e de partilha resultantes de divórcio ou separação.

[32] CPP, Art. 792. As audiências, sessões e os atos processuais serão, em regra, públicos e se realizarão nas sedes dos juízos e tribunais, com assistência dos escrivães, do secretário, do oficial de justiça que servir de porteiro, em dia e hora certos, ou previamente designados.
§ 1o Se da publicidade da audiência, da sessão ou do ato processual, puder resultar escândalo, inconveniente grave ou perigo de perturbação da ordem, o juiz, ou o tribunal, câmara, ou turma, poderá, de ofício ou a requerimento da parte ou do Ministério Público, determinar que o ato seja realizado a portas fechadas, limitando o número de pessoas que possam estar presentes.
§ 2o As audiências, as sessões e os atos processuais, em caso de necessidade, poderão realizar-se na residência do juiz, ou em outra casa por ele especialmente designada.

[33] CLT, Art. 770 – Os atos processuais serão públicos salvo quando o contrário determinar o interesse social, e realizar-se-ão nos dias úteis das 6 (seis) às 20 (vinte) horas.

[34] CONSULTA. ACESSO À INFORMAÇÃO. LEI N. 12.527, DE 2011, E RES. CNJ N. 215, DE 2015. PESQUISA CIENTÍFICA. PROCESSOS EM CURSO EM VARA DE FAMÍLIA. SEGREDO DE JUSTIÇA. APRECIAÇÃO DO PEDIDO PELO MAGISTRADO. DISPENSA DO CONSENTIMENTO DAS PARTES. CERTIFICAÇÃO DA PROVIDÊNCIA NOS AUTOS. CONSULTA RESPONDIDA POSITIVAMENTE. [...] 1. O acesso a processos sobre estado e filiação das pessoas, que, nos termos do art. 189, II, do Código de Processo Civil, tramitam em segredo de justiça, pode ser conferido para a realização de pesquisas científicas de evidente interesse público ou geral, vedada a identificação da pessoa a que a informação se referir, nos termos do art. 34, I, da Res. CNJ n. 215, de 2015; 2. Compete ao magistrado, após assinatura de termo de responsabilidade pelo requerente e análise da evidência do interesse

A ideia, portanto, é assegurar transparência no exercício da jurisdição, afastando suspeitas, inibindo conchavos e favoritismos, fomentando a confiança dos cidadãos sistema de justiça.[35] A concretização do princípio da publicidade sempre teve em mente sua maximização, visando debelar processos secretos ou equivalentes, isso num tempo pré-Internet. Não muitos anos atrás, para que um interessado obtivesse informações sobre um dado processo, deveria deslocar-se ao respectivo fórum, esperar ser atendido, ter a sorte dos autos estarem disponíveis para, então, consultá-los manualmente, página por página, até encontrar o que era procurado. Outra possibilidade era a aquisição dos diários de justiça em papel, documentos volumosos e de leitura difícil. Mas no início do século XXI, os tribunais migraram para a internet, primeiro, criando sistemas de consulta, substituindo os antigos os diários de justiça físicos por publicações on-line e, por fim, extinguindo os autos em papel, substituindo-os por um equivalente eletrônico. Saber da vida alheia, portanto, ficou imensamente mais fácil e barato, criando o problema oposto à publicidade: o risco da publicização excessiva, criadora de constrangimentos, perseguições, potencial uso indevido de dados para fraudes diversas, etc.

Mesmo antes da LGPD, o CNJ teve a iniciativa de dispor sobre o tema através da Resolução nº. 121/2010, que "[d]ispõe sobre a divulgação de dados processuais eletrônicos na rede mundial de computadores, expedição de certidões judiciais e dá outras providências". A conferir:

> Art. 4.º As consultas públicas dos sistemas de tramitação e acompanhamento processual dos Tribunais e Conselhos, disponíveis na rede

público ou geral veiculado na pesquisa e da anonimização dos dados, autorizar o acesso a processo(s) para as estritas finalidades e destinação apresentadas no pedido; e 3. O acesso para a realização de pesquisa científica será certificado em todos os autos consultados para ciência das partes e de seus procuradores. BRASIL. Conselho Nacional de Justiça. **Consulta nº. 00052821920182000000**, Pleno. Relator: Conselheiro Henrique Ávila. Brasília, 31 de maio de 2019. Disponível em: <www.cnj.jus.br>. Acesso em: 16 ago. 2020.

[35] "168. *La publicidad del proceso tiene la función de proscribir la administración de justicia secreta, someterla al escrutinio de las partes y del público y se relaciona con la necesidad de la transparencia e imparcialidad de las decisiones que se tomen. Además, es un medio por el cual se fomenta la confianza en los tribunales de justicia*". CORTE INTERAMERICANA DE DIREITOS HUMANOS. **Caso Palamara Iribarne Vs. Chile**. San José, 22 de novembro de 2005. Disponível em: <http://www.corteidh.or.cr>. Acesso em: 15 ago. 2020.

> mundial de computadores, devem permitir a localização e identificação dos dados básicos de processo judicial segundo os seguintes critérios:
> I – número atual ou anteriores, inclusive em outro juízo ou instâncias;
> II – nomes das partes;
> III – número de cadastro das partes no cadastro de contribuintes do Ministério da Fazenda;
> IV – nomes dos advogados;
> V – registro junto à Ordem dos Advogados do Brasil.
> § 1º. A consulta ficará restrita às seguintes situações:
> I – ao inciso I da cabeça deste artigo, nos processo criminais, após o trânsito em julgado da decisão absolutória, da extinção da punibilidade ou do cumprimento da pena;
> II – aos incisos I, IV e V da cabeça deste artigo, nos processo sujeitos à apreciação da Justiça do Trabalho.
> § 2º. Os nomes das vítimas não se incluem nos dados básicos dos processos criminais.

Como se vê, a Resolução nº. 121/2010 tenta conciliar a publicidade inerente aos processos judiciais com os direitos individuais, notadamente a intimidade e vida privada, coibindo práticas abusivas, como as "listas negras" de empregadores que evitavam contratar tomando por base se o candidato tinha ou não ações trabalhistas contra antigos patrões. Impor maiores restrições aos mecanismos de consultas públicas dependeria de reforma legislativa, no entender do CNJ.[36] Vale sublinhar que nos países da União Europeia, a maior parte dos tribunais adota mecanismos de anonimização das decisões antes

[36] "A efetiva proteção dos dados de demandantes na Justiça do Trabalho depende de alteração legislativa que afaste a obrigatoriedade de publicação dos nomes das partes, contida no art. 272, § 2º, do Código de Processo Civil. Não se pode determinar que toda e qualquer ação trabalhista tramite em segredo de justiça, seja em razão do princípio da publicidade dos atos processuais, que inviabiliza que se trate como regra o que é medida excepcional, seja pela incompetência deste Órgão para tal determinação, uma vez que a decisão é tomada individualmente no bojo do processo judicial". BRASIL. Conselho Nacional de Justiça. **Pedido de Providências nº. 0003869-39.2016.2.00.0000**, Pleno. Relator: Conselheiro Luciano Frota. Brasília, 06 de março de 2018. Disponível em: <www.cnj.jus.br>. Acesso em: 16 ago. 2020.

de sua publicação e restrições de consulta,[37] proceder também adotado pelo Tribunal de Justiça da União Europeia quanto a seu repositório de jurisprudência.[38] Em que pese em alguns casos seja realmente necessária uma reforma legislativa, práticas de minimização do uso de dados pessoais poderiam ser adotadas mediante recomendação do CNJ, vencendo certas práticas há muito arraigadas. Por exemplo, não é essencial para valoração de um testemunho, fazer constar na sentença o número de seus documentos, telefone e endereço (pois essa checagem já foi feita quando da audiência); para se realizar a intimação do advogado, via publicação, não é essencial ir além do nome completo e nº da OAB; por fim, para divulgação de jurisprudência, os ementários não é preciso repetir nome das partes e testemunhas no ementário, pois o que importa é o conteúdo dos precedentes. Em todas as situações acima, algum grau de anonimização ou minimização do uso de dados pessoais não ofenderia a publicidade dos processos e tampouco a independência da função jurisdicional.

3.2 Motores de Busca Jurídicos e os Repositórios Públicos dos Tribunais

À semelhança do Google, Yahoo, Bing e outros, há um aquecido mercado de motores de busca voltados para o setor jurídico. Tais sites são alimentados com dados oriundos de publicações eletrônicas em diários de justiça, de sites dos tribunais e outras fontes de acesso público.[39] De forma automatizada, robôs leem milhões de páginas de documentos, compilando-os de modo a permitir

[37] Dentre as técnicas de anonimização mais comuns são o obscurecimento de nome e dados pessoais, uso de abreviações, iniciais, conjunto aleatório de letras e números, etc. OPIJNEN, Marc van; PERUGINELLI, Ginevra; KEFALI, Eleni; PALMIRANI, Monica. **On-line Publication of Court Decisions in the EU Report of the Policy Group of the Project 'Building on the European Case Law Identifier'**. Disponível em: <https://boecli.eu/uploads/deliverables/Deliverable%20WS0-D1.pdf>. Acesso em 16.08.2020.

[38] UNIÃO EUROPEIA. Tribunal de Justiça da União Europeia. **A proteção de dados pessoais tratados pelo Tribunal de Justiça da União Europeia**. Disponível em: <https://curia.europa.eu/jcms/upload/docs/application/pdf/2015-11/tra-doc-pt-div-c-0000-2015-201508723-05_00>. Acesso em: 15 ago. 2020.

[39] De acordo com o art. 272, §§2º e 3º do CPC, sob pena de nulidade, as intimações via publicação devem conter o nome completo das partes, vedado o uso de abreviaturas, bem como o de seus respectivos advogados. Conquanto exista a intimação eletrônica, a publicação por órgão oficial é ainda bastante comum.

uma consulta global por nome da parte, sobre processos em todos os tribunais do país.[40] Muito embora a LGPD dispense o consentimento, pois os dados são de acesso público, por outro, impõe-se que tal proceder leve em conta a finalidade, boa-fé e interesse público que justificaram sua disponibilização (art. 7º, § 3º).[41]

De acordo com a LGPD, *finalidade* consiste na "realização do tratamento para propósitos legítimos, específicos, explícitos e informados ao titular, sem possibilidade de tratamento posterior de forma incompatível com essas finalidades" (art. 6º, I). Obviamente, quando um jurisdicionado ingressa em juízo ou nele é demandado, suas preocupações gravitam ao redor da lide e suas consequências, não havendo previsibilidade ou anuência de que seus dados pessoais serão tratados e convertidos em fonte de renda por terceiros, para fins privados.

Outra situação delicada é a violação do segredo de justiça e restrições à consulta de dados pessoais em processos sensíveis. Por exemplo, no caso da Justiça do Trabalho, não é possível a consulta por nome do reclamante. Entretanto, a compilação de grande quantidade de dados processuais em um mesmo ambiente – alvarás, despachos, editais, atos ordinatórios – permite a quebra indireta do anonimato e a pronta identificação das partes envolvidas. O tema é polêmico e aguarda uma resposta conclusiva.

No Pedido de Providências nº. 00064294620192000000, solicitou-se ao CNJ providências no sentido de estabelecer regras de desindexação de dados

[40] No caso do site "Escavador", consta o seguinte: "Como conseguimos todos esses dados? TODO o conteúdo do site foi coletado automaticamente de fontes públicas, seja pela Lei de Acesso à Informação ou de fontes jurídicas e de instituições públicas Portanto, o Escavador não produz ou altera nenhum dos conteúdos exibidos, assim como não substitui as fontes originárias da informação, e não garante a veracidade nem a atualização dos dados. [...] Por que fazemos isso? [...] Apenas advogados conseguem entender o que existe dentro das centenas de Diários Oficiais que são divulgados diariamente. Agregamos, organizamos e estruturamos esses dados para que pessoas comuns possam compreender o que acontece no Brasil. [...] Portanto, caso algum processo que corre em sigilo de justiça tenha sido automaticamente publicado pelo Escavador, solicitamos entrar em contato conosco para requisitar a remoção/supressão dos nomes. Basta clicar no botão "REMOVER INFORMAÇÕES". QUEM SOMOS? Disponível em: <https://www.escavador.com/quem-somos>. Acesso em: 16 ago. 2020.

[41] Art. 7º O tratamento de dados pessoais somente poderá ser realizado nas seguintes hipóteses: [...] § 3º O tratamento de dados pessoais cujo acesso é público deve considerar a finalidade, a boa-fé e o interesse público que justificaram sua disponibilização.

pessoais em sites de busca, com o intuito de proteger as partes em processos judiciais. Tal pleito foi rechaçado por fugir das atribuições do CNJ regular atividades privadas, como a de sites de busca; não se determinou nenhuma providência técnica para minimizar o problema.[42]

Pedido semelhante foi feito em sede de ação civil pública movida pelo Ministério Público Federal, pretendendo que o site "Escavador" fosse bloqueado, uma vez que o mesmo divulga informações sobre processos sem consentimento das partes, o que violaria o direito à intimidade. A sentença rechaçou o pedido com base em três argumentos principais: (i) os dados são públicos; (ii) "cabe ao órgão que publica as decisões buscar maneiras de aumentar o respeito à privacidade e à intimidade dos litigantes, o que já vem sendo feito, sem deixar de atender o dever de publicidade das decisões judiciais"; (iii) "o livre acesso à informação sobre litígios em andamento não fere este direito (intimidade) e que, portanto, no cotejo entre os dois valores prepondera o direito à informação".[43] Há de se advertir que o caso foi proposto e julgado

[42] DECISÃO Trata-se de Pedido de Providências proposto pelo advogado Rafael Tedrus Bento, objetivando a elaboração de estudos e ações no sentido de firmar convênio ou parceria com entidades privadas, nos moldes do "não perturbe", de iniciativa da Anatel, a fim de estabelecer regras para a desindexação de dados pessoais, atinentes a ações judiciais, em sites de busca e consultas jurídicas, a exemplo do google, yahoo, jusbrasil, escavador, com o intuito de proteger as partes em processos judiciais. [...] DECIDO. O pedido de providência em questão, em que pese a sua importância, refoge às atribuições do CNJ, na medida em que as determinações emanadas deste Conselho são destinadas apenas a órgãos jurisdicionais, não atingindo a iniciativa privada. [...] Diante do exposto, não conheço do pedido e, com fundamento no artigo 25, inciso X, do Regimento Interno, determino o arquivamento liminar do feito, com envio de cópia integral dos autos ao referido GT. BRASIL. Conselho Nacional de Justiça. **Pedido de Providências nº. 00064294620192000000**, Relator Conselheiro Rubens Canuto. Brasília, 18 de outubro de 2019. Disponível em: <www.cnj.jus.br>. Acesso em: 16 ago. 2020.

[43] "A começar, porque a fonte de onde o site retira e compila os dados é oficial, pública por excelência. Ainda que o site não condensasse esta informação, ela estaria lá, na rede mundial. Talvez a informação não estivesse "tão pronta", sua obtenção não fosse tão rápida, mas ainda assim ela estaria lá, acessível a qualquer um. E isto porque a Constituição e a lei determinam que estes dados sejam públicos. Qual a legitimidade para coibir o tráfego desta informação? Pretensos entraves no acesso ao mercado de trabalho. Mas se o processo é público, e se o acesso poderia ser obtido por outros meios (consulta ao Diário Oficial), qual a razão para proibir a divulgação? Note-se que o direito à privacidade não tem proteção absoluta. E no caso temos uma norma que determina a publicidade e que pressupõe a mácula à intimidade apenas em determinados casos. Isto legitima afirmar que, para o legislador, o livre acesso à informação sobre litígios em andamento não fere este direito e que, portanto, no cotejo entre os dois valores prepondera o direito à informação". BRASIL. Tribunal Regional Federal da

antes da LGPD, e ainda não transitou em julgado, sendo duvidoso que as conclusões seriam as mesmas, à luz do novo marco legal.

3.3 O Direito ao Esquecimento Aplicado a Registros Processuais de Acesso Público

Por direito ao esquecimento entende-se a pretensão de não permitir a exposição pública de fato, ainda que verdadeiro, que cause sofrimento ou transtornos a determinada pessoa. O precedente sempre lembrado sobre o tema provém do Tribunal de Justiça da União Europeia, *Google* v. Mario Costeja González. Ele, cidadão espanhol, moveu ação contra o Google, pelo fato de nos resultados de pesquisa aparecer publicações referentes a um antigo processo judicial por dívidas fiscais em seu desfavor. O tribunal entendeu pela prevalência à proteção dos dados pessoais, ao argumento de que o processamento de dados realizado por operadores de mecanismos de busca pode afetar significativamente direitos fundamentais à privacidade e à proteção dos dados pessoais, sendo permitido que um indivíduo solicite aos operadores a remoção de links de pesquisa ligada ao seu nome.[44] O precedente foi determinante para impor ao Google e congêneres, rotinas para retirada de resultados de busca, a pedido do usuário domiciliado em algum dos países da União Europeia.

No Brasil, embora não tenhamos um dispositivo equivalente ao artigo 8º da Carta de Direitos Fundamentais, protegendo os dados pessoais,[45] o

4ª Região. **Ação Civil Pública nº. 5068665-15.2016.4.04.7100** [sentença], Juíza Federal Ana Paula de Bortoli. Porto Alegre, 06 de março de 2019. Disponível em: <www.trf4.jus.br>. Acesso em: 16 ago. 2020.

[44] «Dados pessoais – Proteção das pessoas singulares no que diz respeito ao tratamento desses dados – Diretiva 95/46/CE – Artigos 2.°, 4.°, 12.° e 14.° – Âmbito de aplicação material e territorial – Motores de busca na Internet – Tratamento de dados contidos em sítios web – Pesquisa, indexação e armazenamento desses dados – Responsabilidade do operador do motor de busca – Estabelecimento no território de um EstadoMembro – Alcance das obrigações desse operador e dos direitos da pessoa em causa – Carta dos Direitos Fundamentais da União Europeia – Artigos 7.° e 8.°». EUROPA. Tribunal de Justiça da União Europeia. **Caso Google v. Mario Costeja González**. Luxemburgo, 25 de junho de 2013. Disponível em: <https://eur-lex.europa.eu/legal-content/PT/TXT/HTML/?uri=CELEX:62012CC0131&from=PT>. Acesso em: 15 ago. 2020.

[45] Artigo 8.o Proteção de dados pessoais 1. Todas as pessoas têm direito à proteção dos dados de caráter pessoal que lhes digam respeito. 2. Esses dados devem ser objeto de um tratamento leal, para fins específicos e com o consentimento da pessoa interessada ou com

debate é semelhante ao procedido pelo Tribunal de Justiça da União Europeia. É que subjacente ao direito ao esquecimento está a colisão de preceitos constitucionais como a dignidade da pessoa humana (Art. 1º, III) e privacidade (art. 5º, X) versus liberdade de informação (art. 220).

O *leading case* no Superior Tribunal de Justiça envolvia um programa policial sobre a "Chacina da Candelária", que expôs o nome de determinada pessoa já absolvida pelo fato. Em síntese, se até os condenados tem o direito de ver seus registros criminais excluídos da consulta pública após o decurso de tempo,[46] com mais razão não haveria justificativa para expor uma pessoa absolvida a igual ou maior constrangimento, em cadeia nacional.[47] O tema é polêmico e aguarda definição do Supremo Tribunal Federal na Repercussão Geral n.º 786: "Aplicabilidade do direito ao esquecimento na esfera civil quando for invocado pela própria vítima ou pelos seus familiares".

Especificamente quanto a motores de busca, inicialmente o STJ rejeitava pedidos semelhantes ao argumento de prevalência do direito à informação.[48]

outro fundamento legítimo previsto por lei. Todas as pessoas têm o direito de aceder aos dados coligidos que lhes digam respeito e de obter a respetiva retificação. 3. O cumprimento destas regras fica sujeito a fiscalização por parte de uma autoridade independente

[46] A reabilitação [CP, art. 93 e 94], assegura o sigilo dos registros sobre processo criminal e condenação após dois da extinção da pena, por seu cumprimento, mas permanecem disponíveis para consulta das autoridades, não para o público externo [CPP, art. 748; LEP, art. 202].

[47] RECURSO ESPECIAL. DIREITO CIVIL-CONSTITUCIONAL. LIBERDADE DE IMPRENSA VS. DIREITOS DA PERSONALIDADE. LITÍGIO DE SOLUÇÃO TRANSVERSAL. COMPETÊNCIA DO SUPERIOR TRIBUNAL DE JUSTIÇA. DOCUMENTÁRIO EXIBIDO EM REDE NACIONAL. LINHA DIRETA-JUSTIÇA. SEQUÊNCIA DE HOMICÍDIOS CONHECIDA COMO CHACINA DA CANDELÁRIA. REPORTAGEM QUE REACENDE O TEMA TREZE ANOS DEPOIS DO FATO. VEICULAÇÃO INCONSENTIDA DE NOME E IMAGEM DE INDICIADO NOS CRIMES. ABSOLVIÇÃO POSTERIOR POR NEGATIVA DE AUTORIA. DIREITO AO ESQUECIMENTO DOS CONDENADOS QUE CUMPRIRAM PENA E DOS ABSOLVIDOS. ACOLHIMENTO. DECORRÊNCIA DA PROTEÇÃO LEGAL E CONSTITUCIONAL DA DIGNIDADE DA PESSOA HUMANA E DAS LIMITAÇÕES POSITIVADAS À ATIVIDADE INFORMATIVA. PRESUNÇÃO LEGAL E CONSTITUCIONAL DE RESSOCIALIZAÇÃO DA PESSOA. PONDERAÇÃO DE VALORES. PRECEDENTES DE DIREITO COMPARADO. BRASIL. Superior Tribunal de Justiça. **Recurso Especial nº. 1334097/RJ**, 4ª Turma. Relator: Ministro Luis Felipe Salomão. Brasília, 28 de maio de 2013. Disponível em: <www.stj.jus.br>. Acesso em: 16 ago. 2020.

[48] BRASIL. Superior Tribunal de Justiça. **Recurso Especial nº. 1316921/RJ**, 3ª Turma. Relatora: Ministra Nancy Andrighi. Brasília, 26 de junho de 2012. Disponível em: <www.stj.jus.br>. Acesso em: 16 ago. 2020.

Isso mudou em 2018, ao julgar o Recurso Especial n.º 1660168/RJ. O precedente avalia criticamente o papel dos motores de busca, cujas atividades vão além de colecionar resultados ou indexá-los. É que, quanto mais se procura por determinado argumento de pesquisa, mais em evidência esses resultados ficam, num processo infinito de retroalimentação. O STJ concluiu que embora não caiba ao Poder Judiciário impor a retirada do conteúdo, uma solução conciliatória seria a quebra do vínculo entre argumento de busca e resultado (desindexação), que continua na Internet, mas não pode ser achado via Google e congêneres.[49]

[49] RECURSO ESPECIAL. DIREITO CIVIL. AÇÃO DE OBRIGAÇÃO DE FAZER. 1. OMISSÃO, CONTRADIÇÃO OU OBSCURIDADE. AUSÊNCIA. 2. JULGAMENTO EXTRA PETITA. NÃO CONFIGURADO. 3. PROVEDOR DE APLICAÇÃO DE PESQUISA NA INTERNET. PROTEÇÃO A DADOS PESSOAIS. POSSIBILIDADE JURÍDICA DO PEDIDO. DESVINCULAÇÃO ENTRE NOME E RESULTADO DE PESQUISA. PECULIARIDADES FÁTICAS. CONCILIAÇÃO ENTRE O DIREITO INDIVIDUAL E O DIREITO COLETIVO À INFORMAÇÃO. 4. MULTA DIÁRIA APLICADA. VALOR INICIAL EXORBITANTE. REVISÃO EXCEPCIONAL. 5. RECURSO ESPECIAL PARCIALMENTE PROVIDO. 1. Debate-se a possibilidade de se determinar o rompimento do vínculo estabelecido por provedores de aplicação de busca na internet entre o nome do prejudicado, utilizado como critério exclusivo de busca, e a notícia apontada nos resultados. [...] 3. A jurisprudência desta Corte Superior tem entendimento reiterado no sentido de afastar a responsabilidade de buscadores da internet pelos resultados de busca apresentados, reconhecendo a impossibilidade de lhe atribuir a função de censor e impondo ao prejudicado o direcionamento de sua pretensão contra os provedores de conteúdo, responsáveis pela disponibilização do conteúdo indevido na internet. Precedentes. 4. Há, todavia, circunstâncias excepcionalíssimas em que é necessária a intervenção pontual do Poder Judiciário para fazer cessar o vínculo criado, nos bancos de dados dos provedores de busca, entre dados pessoais e resultados da busca, que não guardam relevância para interesse público à informação, seja pelo conteúdo eminentemente privado, seja pelo decurso do tempo. 5. Nessas situações excepcionais, o direito à intimidade e ao esquecimento, bem como a proteção aos dados pessoais deverá preponderar, a fim de permitir que as pessoas envolvidas sigam suas vidas com razoável anonimato, não sendo o fato desabonador corriqueiramente rememorado e perenizado por sistemas automatizados de busca. 6. O rompimento do referido vínculo sem a exclusão da notícia compatibiliza também os interesses individual do titular dos dados pessoais e coletivo de acesso à informação, na medida em que viabiliza a localização das notícias àqueles que direcionem sua pesquisa fornecendo argumentos de pesquisa relacionados ao fato noticiado, mas não àqueles que buscam exclusivamente pelos dados pessoais do indivíduo protegido. 7. No caso concreto, passado mais de uma década desde o fato noticiado, ao se informar como critério de busca exclusivo o nome da parte recorrente, o primeiro resultado apresentado permanecia apontando link de notícia de seu possível envolvimento em fato desabonador, não comprovado, a despeito da existência de outras tantas informações posteriores a seu respeito disponíveis na

4. A Divulgação do Andamento Processual Pode Gerar Responsabilidade Civil?

4.1 A Responsabilidade Civil na LGPD

Elevada à condição de princípio na LGPD, responsabilidade significa que o controlador ou o operador que, em razão do exercício de atividade de tratamento de dados, causar a outrem dano patrimonial, moral, individual ou coletivo, em violação à legislação de proteção de dados, é obrigado a repará-lo (art. 42). A responsabilidade em questão é objetiva, independe de culpa. Basta a demonstração do dano + violação a algum dos deveres impostos pela LGPD. Essa previsão articula-se com o art. 927, § único do Código Civil, segundo o qual haverá responsabilidade independente de culpa quando a atividade desenvolvida pelo autor do dano, por sua natureza, gere risco aos direitos de outrem.[50]

A LGPD criou três hipóteses de exclusão de responsabilidade dos agentes de tratamento: (i) se demonstrarem que não foram eles os responsáveis pelo tratamento de dados que lhes é atribuído [negativa de autoria]; (ii) que, embora tenham realizado o tratamento de dados, não houve violação à legislação [conduta lícita]; ou (iii) que o dano é decorrente de culpa exclusiva do titular dos dados ou de terceiros [art. 43]. Não há incompatibilidade das normas acima citadas com o regime de responsabilidade civil do Estado, que também é objetiva (art. 37, § 6º da Constituição).[51] Como ensina Edmir Netto de Araújo, presentes todos os elementos para responsabilização do Estado, isto é, dano + vítima + agente público no exercício de suas funções, aquele será obrigado a indenizar, salvo se demonstrar qualquer das hipóteses excludentes ou atenuantes de responsabilidade. A culpabilidade do agente público envolvido,

rede mundial.[...]. BRASIL. Superior Tribunal de Justiça. **Recurso Especial nº. 1660168/RJ**, 3ª Turma. Relator: Ministro Marco Aurélio Bellizze. Brasília, 08 de maio de 2018. Disponível em: <www.stj.jus.br>. Acesso em: 16 ago. 2020.

[50] No Código de Defesa do Consumidor também incide a responsabilidade independentemente de culpa, como regra [art. 12 e 14], com exceção quanto à profissionais liberais [art. 14, § 4º].

[51] Art. 37, § 6º As pessoas jurídicas de direito público e as de direito privado prestadoras de serviços públicos responderão pelos danos que seus agentes, nessa qualidade, causarem a terceiros, assegurado o direito de regresso contra o responsável nos casos de dolo ou culpa.

se agiu com dolo ou culpa em sentido lato, só tem relevância para fins de ação regressiva e, eventualmente, sanções penais ou disciplinares.[52]

4.2 Dados Pessoais Derivados de Documentos Públicos e sua Compilação por Sites de Busca

Como visto precedentemente, a publicação de atos processuais na Internet, bem como a disponibilização de sítios para consulta processual são uma derivação direta do princípio da publicidade, um proceder lícito e obrigatório, à luz da legislação em vigor. O Poder Judiciário (Estado) só poderia ser civilmente responsabilizado em caso de erro ou inexatidão dos dados fornecidos, por exemplo, cadastrando a testemunha como réu em um processo, ou relacionando determinada pessoa com processo que lhe é completamente estranho.

Na casuística, uma das situações mais comuns envolve o erro no cadastro de segredo de justiça, deixando o processo como "acesso público". De modo geral, a jurisprudência sustenta que os sites de busca apenas indexam e reproduzem dados de origem pública e, se há erro, este ocorreu na origem e seria imputável ao Poder Judiciário e, portanto, caberia indenização apenas contra o Estado.[53] E na hipótese de divulgação de dados corretos na origem, nega-se

[52] ARAÚJO, Edmir Netto. **Curso de direito administrativo**. 7. ed. São Paulo: Saraiva, 2015. p. 843-844.

[53] RESPONSABILIDADE CIVIL. Taubaté. Publicação de decisões relativas a processos que tramitam em segredo de justiça. Informações veiculadas no DJE e no site JusBrasil, com publicação de seu nome completo, nome completo de seus filhos e ex-esposa, detalhes de cunho pessoal e reprodução de situação familiar. Constrangimentos sofridos em seu meio social e no ambiente de trabalho. Dano moral. [...] A análise do caso concreto permite afirmar que o conteúdo disponibilizado não foi criado pela JusBrasil, que inclusive indicou a fonte original do documento, qual seja o Diário da Justiça de São Paulo; este fato, inclusive, é incontroverso. O JusBrasil não produziu ou deu origem ao conteúdo disponibilizado na internet, não podendo ser responsabilizado pelos danos alegados na inicial, conforme disposto no art. 19 da LF nº 12.965/14. Eventual descumprimento da decisão judicial que deferiu a tutela antecipada ao autor poderá dar ensejo à execução das multas fixadas pelo juízo. – 3. Responsabilidade civil. Culpa administrativa. A culpa administrativa abrange os atos ilícitos da Administração e aqueles que se enquadram como 'falha do serviço', isto é, em que Administração não funcionou, funcionou mal ou funcionou tarde e implica em culpa subjetiva, com fundamento nos art. 15 e 159 do Código Civil (redação anterior; atual art. 186 do CC). No caso dos autos, é fato incontroverso a inobservância do segredo de justiça e publicação da decisão judicial no DJE, com as informações que deveriam ter sido omitidas em razão do sigilo. Além da origem do ato

o direito à indenização em prol da liberdade de informação (Constituição, art. 220); o direito ao esquecimento não costuma ser reconhecido.[54]

Naturalmente, é preciso aguardar o impacto que a LGPD ocasionará nesse tipo de demanda, pois os precedentes estudados deixam de lado dois aspectos fundamentais. O primeiro é que os buscadores não se restringem a facilitar o acesso a dados públicos. Mais que isso, essas informações submetem-se a complexos processos de indexação que geram mais informação a partir dos dados inicialmente coletados, tornando possível expor em profundidade os meandros de qualquer ação judicial, expondo endereços, nomes, indicações de bens, a depender do estiver publicado, como um edital ou termo de audiência. O segundo aspecto é que há muito o STJ definiu que há relação de consumo entre usuário e site de busca, pois o mesmo é remunerado indiretamente

ilícito, está comprovado o nexo de causalidade entre este e o dano alegado pelo autor. [...]. SÃO PAULO. Tribunal de Justiça de São Paulo. **Apelação Cível n.º 1003594-17.2016.8.26.0625**, 10ª Câmara de Direito Público. Relator: Desembargador Torres de Carvalho. São Paulo, 17 de fevereiro de 2020. Disponível em: <www.tjsp.jus.br>. Acesso em: 15 ago. 2020.
OBRIGAÇÃO DE FAZER – Provedor de Hospedagem – JUSBRASIL – Provedora de hospedagem que disponibiliza espaço para publicações de cunho jurídico e não estava obrigada à prévia análise do conteúdo postado e nem a suprimir a matéria sem determinação judicial – Remoção e retratação devidas – Dano moral que não pode ser imputado é ré – Recurso provido em parte. SÃO PAULO. Tribunal de Justiça de São Paulo. **Apelação Cível n.º 1057395-31.2017.8.26.0100**, 4ª Câmara de Direito Privado. Relator: Desembargador Alcides Leopoldo. São Paulo,30 de agosto de 2018. Disponível em: <www.tjsp.jus.br>. Acesso em: 15 ago. 2020.

[54] OBRIGAÇÃO DE FAZER. PRETENSÃO DE QUE A RÉ, RESPONSÁVEL POR INSTRUMENTO DE PESQUISAS NA REDE MUNDIAL DE COMPUTADORES, PROMOVA A DESINDEXAÇÃO DO NOME DA AUTORA AOS RESULTADOS QUE FAZEM REFERÊNCIA À AÇÃO TRABALHISTA POR ELA PROPOSTA. INADMISSIBILIDADE. [...] Processo trabalhista ajuizado pela autora de caráter público e que não tramitou em segredo de justiça. Ausência de ilicitude na atividade realizada pela ré, que se cingiu a coletar dados públicos já disponibilizados pelos diários e sítios eletrônicos oficiais. Inexistência de causa justificante à limitação da amplitude dos direitos fundamentais à informação e à liberdade de expressão. Direito ao esquecimento. Inadmissibilidade. Caso que não se subsume àqueles em que a jurisprudência vem aplicando a tese do direito ao esquecimento. Propositura de ação trabalhista que constitui exercício regular do direito fundamental de acesso à justiça (artigo 5º, XXXV, da Magna Carta). Inexistência de fato desabonador ou violador aos atributos da personalidade da autora, mormente à honra ou à intimidade, a autorizar a aplicação da tese do direito ao esquecimento. Sentença mantida. Recurso desprovido. SÃO PAULO. Tribunal de Justiça de São Paulo. **Apelação Cível n.º 1020941-34.2018.8.26.0224**, 6ª Câmara de Direito Privado. Relator: Desembargador Vito Guglielmi. São Paulo, 21 de outubro de 2018. Disponível em: <www.tjsp.jus.br>. Acesso em: 15 ago. 2020.

– teoria do ganho indireto – mediante publicidade paga por anunciantes interessados no grande fluxo de usuários; tal situação poderia dar margem ao reconhecimento de solidariedade entre os envolvidos.[55]

4.3 O Dever de Segurança e o Vazamento de Dados

De acordo com a Associação Brasileira de Normas Técnicas – ABNT, *segurança da informação* é a proteção dos vários tipos de ameaças para garantir a continuidade do negócio, minimizar o risco, maximizar o retorno sobre os investimentos e oportunidades. A segurança da informação é obtida a partir da implementação de um conjunto de controles, incluindo políticas, processos, procedimentos, estruturas organizacionais e funções de software e hardware. Estes controles precisam ser estabelecidos, implementados, monitorados, analisados criticamente e melhorados, onde necessário, para garantir que os objetivos do negócio e de segurança da organização sejam atendidos.[56]

Conforme a LGPD, o princípio da segurança implica no dever de utilização de medidas técnicas e administrativas aptas a proteger os dados pessoais de acessos não autorizados e de situações acidentais ou ilícitas de destruição, perda, alteração, comunicação ou difusão (art. 6º, VII). Mais que a mera preocupação episódica com segurança, a LGPD vai além, encampando o conceito de *privacy by design*, segundo a qual a proteção de dados não será apenas assegurada pelo cumprimento de parâmetros regulatórios, mas por um integral repensar por parte do agente de tratamento de dados a respeito de como a sua

[55] CIVIL E CONSUMIDOR. INTERNET. RELAÇÃO DE CONSUMO. INCIDÊNCIA DO CDC. GRATUIDADE DO SERVIÇO. INDIFERENÇA. PROVEDOR DE PESQUISA. FILTRAGEM PRÉVIA DAS BUSCAS. DESNECESSIDADE. RESTRIÇÃO DOS RESULTADOS. NÃO-CABIMENTO. CONTEÚDO PÚBLICO. DIREITO À INFORMAÇÃO. 1. A exploração comercial da Internet sujeita as relações de consumo daí advindas à Lei nº 8.078/90. 2. O fato de o serviço prestado pelo provedor de serviço de Internet ser gratuito não desvirtua a relação de consumo, pois o termo "mediante remuneração", contido no art. 3º, § 2º, do CDC, deve ser interpretado de forma ampla, de modo a incluir o ganho indireto do fornecedor. [...] BRASIL. Superior Tribunal de Justiça. **Recurso Especial n.º 1316921/RJ**, 3ª Turma. Relatora: Ministra Nancy Andrighi. Brasília, 26 de junho de 2012. Disponível em: <www.stj.jus.br>. Acesso em: 16 ago. 2020.

[56] ASSOCIAÇÃO BRASILEIRA DE NORMAS TÉCNICAS. **NBR ISO/IEC 17799**. Tecnologia da informação — Técnicas de segurança — Código de prática para a gestão da segurança da informação. Disponível em: < www.abnt.org.br>. Acesso em: 16 ago. 2020.

atividade pode impactar o usuário e terceiros, convertendo essas impressões em medidas concretas que reverberam nos processos de criação, desenvolvimento, aplicação e avaliação de produtos e serviços.[57] Assim, o art. 46 da LGPD prevê que os agentes de tratamento devem seguir os padrões técnicos mínimos impostos pela Autoridade Nacional de Proteção de Dados dentro do seu poder normativo, e também atuar proativamente, desde a fase de concepção do produto ou serviço até sua execução, como elemento integrante de seu núcleo – *privacy by design*.[58] Outra consideração pertinente é que o tratamento de dados será irregular quando não fornecer a segurança que o titular pode esperar, tendo em conta o modo pelo qual é realizado, o resultado e os riscos razoavelmente esperados e, por fim, as técnicas disponíveis à época em que foi realizado (art. 44).

É no campo da segurança informacional que os sistemas da Administração se mostram mais vulneráveis. Há inúmeros relatos de fragilidade dos bancos de dados, com notícias de vazamento de dados, como nome, endereço e CPF de setenta milhões de motoristas por falha de segurança do DETRAN do Rio Grande do Norte,[59] do CPF de cento e vinte milhões de contribuintes[60] ou, por fim, dados referentes às compras vinculadas a CPFs, na plataforma Gestão Inteligente da Nota Fiscal de Serviço Eletrônica – GINFES, responsável pela

[57] CAVOUKIAN, Ann. **Privacy by design**: the 7 foundational principles implementation and mapping of fair information practices. Disponível em: <https://iab.org/wp-content/IAB-uploads/2011/03/fred_carter.pdf>. Acesso em: 16 ago. 2020.

[58] Art. 46. Os agentes de tratamento devem adotar medidas de segurança, técnicas e administrativas aptas a proteger os dados pessoais de acessos não autorizados e de situações acidentais ou ilícitas de destruição, perda, alteração, comunicação ou qualquer forma de tratamento inadequado ou ilícito.
§ 1º A autoridade nacional poderá dispor sobre padrões técnicos mínimos para tornar aplicável o disposto no caput deste artigo, considerados a natureza das informações tratadas, as características específicas do tratamento e o estado atual da tecnologia, especialmente no caso de dados pessoais sensíveis, assim como os princípios previstos no caput do art. 6º desta Lei.
§ 2º As medidas de que trata o caput deste artigo deverão ser observadas desde a fase de concepção do produto ou do serviço até a sua execução.

[59] TECNOBLOG. **Detran-RN confirma falha que expôs dados de 70 milhões de brasileiros**. Disponível em: <https://tecnoblog.net/311005/detran-rn-confirma-falha-expos-dados-brasileiros/>. Acesso em: 16 ago. 2020.

[60] TECNOBLOG. **CPFs de 120 milhões de brasileiros ficaram expostos na internet por meses**. Disponível em: <https://tecnoblog.net/271493/cpf-exposto-internet-servidor-apache/>. Acesso em: 16 ago. 2020.

Nota Fiscal Eletrônica – NFS-e,[61] só para ficar no noticiário recente. O dever de segurança, portanto, engloba a proteção da informação por meio de uma série de condutas preventivas e boas práticas, objetivando coibir uma vasta gama de ilícitos, como o acesso indevido, vazamento acidental e ainda, condutas puramente dolosas, como a invasão – *hackeamento* – das bases de dados. O elemento subjetivo, dolo ou culpa, tem relevância para fins penais,[62] mas é indiferente para fins de responsabilidade civil do Estado, cuja responsabilidade é objetiva.

Até o presente momento, não se tem notícia de violação ou vazamento de dados dos sistemas do Poder Judiciário, tampouco falhas de segurança nos diferentes sistemas de processo eletrônico, o que denota a boa qualidade dos procedimentos de segurança até o momento adotados. Tais cautelas foram seguidas pelo CNJ ao suspender contrato de R$ 1,32 bilhão entre o Tribunal

[61] OLHAR DIGITAL. **Site da Nota Fiscal de Serviço Eletrônica vaza dados de mais de 60 municípios brasileiros.** Disponível em: <https://olhardigital.com.br/noticia/-exclusivo-site-da-nota-fiscal-de-servico-eletronica-vaza-dados-de-mais-de-60-municipios-brasileiros/91624>. Acesso em: 16 ago. 2020.

[62] Invasão de dispositivo informático.
Art. 154-A. Invadir dispositivo informático alheio, conectado ou não à rede de computadores, mediante violação indevida de mecanismo de segurança e com o fim de obter, adulterar ou destruir dados ou informações sem autorização expressa ou tácita do titular do dispositivo ou instalar vulnerabilidades para obter vantagem ilícita:
Pena – detenção, de 3 (três) meses a 1 (um) ano, e multa.
§ 1º Na mesma pena incorre quem produz, oferece, distribui, vende ou difunde dispositivo ou programa de computador com o intuito de permitir a prática da conduta definida no caput.
§ 2º Aumenta-se a pena de um sexto a um terço se da invasão resulta prejuízo. econômico.
§ 3º Se da invasão resultar a obtenção de conteúdo de comunicações eletrônicas privadas, segredos comerciais ou industriais, informações sigilosas, assim definidas em lei, ou o controle remoto não autorizado do dispositivo invadido:
Pena – reclusão, de 6 (seis) meses a 2 (dois) anos, e multa, se a conduta não constitui crime mais grave.
§ 4º Na hipótese do § 3o, aumenta-se a pena de um a dois terços se houver divulgação, comercialização ou transmissão a terceiro, a qualquer título, dos dados ou informações obtidos.
§ 5º Aumenta-se a pena de um terço à metade se o crime for praticado contra:
I – Presidente da República, governadores e prefeitos;
II – Presidente do Supremo Tribunal Federal;
III – Presidente da Câmara dos Deputados, do Senado Federal, de Assembleia Legislativa de Estado, da Câmara Legislativa do Distrito Federal ou de Câmara Municipal; ou
IV – dirigente máximo da administração direta e indireta federal, estadual, municipal ou do Distrito Federal.

de Justiça de São Paulo e a Microsoft, para o desenvolvimento e implantação de sistema processual eletrônico. Além da discussão de aspectos formais – dispensa da licitação – ponderou-se que:

> É dever do Estado, ao impor o monopólio legítimo da força, sendo o Poder Judiciário uma das suas expressões, garantir aos usuários – cidadãos, empresas, entes públicos etc. – segurança no tratamento das informações que obrigatoriamente recaem sob a custódia dos Tribunais. [...] Há de se recordar, ainda, que o acesso democrático à informação e a disseminação de dados na internet também deram ensejo a novos contornos legais acerca da segurança das informações. Referidas regulamentações foram levadas a efeito na Lei do Marco Civil da Internet (Lei 12.965/2014), que estabelece princípios, garantias, direitos e deveres para o uso da internet, e na recente Lei Geral de Proteção de Dados Pessoais (Lei 13.709/2018), que dispõe sobre o tratamento de dados pessoais, inclusive nos meios digitais, por pessoa natural ou por pessoa jurídica de direito público ou privado, com o objetivo de proteger os direitos fundamentais de liberdade e de privacidade e o livre desenvolvimento da personalidade da pessoa natural (art. 1º). A novel Lei 13.709/2018 trouxe ainda abordagem especial aos denominados "dados sensíveis" (art. 5º, II), que guardam informações com risco considerável à privacidade, e previu que o tratamento de dados pessoais deve ter uma finalidade pública e ser guiado pelo interesse público.[63]

[63] PROCEDIMENTO DE COMISSÃO. POLÍTICA NACIONAL DE TECNOLOGIA DA INFORMAÇÃO DO PODER JUDICIÁRIO. SISTEMA PROCESSUAL ELETRÔNICO. RESOLUÇÃO CNJ 185/2013. TRIBUNAL DE JUSTIÇA DO ESTADO DE SÃO PAULO. PEDIDO DE RELATIVIZAÇÃO DE 2015 ENTÃO DEFERIDO. ALEGAÇÃO DE INSUCESSO. RENOVAÇÃO DA PRETENSÃO, AGORA PARA CONTRATAÇÃO DE TRANSNACIONAL DE TECNOLOGIA E CRIAÇÃO DE SISTEMA NOVO. IMPOSSIBILIDADE NOS TERMOS PROPOSTOS. RESOLUÇÕES DO CNJ EM VIGOR. NECESSIDADE DE APERFEIÇOAMENTO DA POLÍTICA NACIONAL, EM CONJUNTO COM OS TRIBUNAIS. BRASIL. Conselho Nacional de Justiça. **Pedido de Providências n.º 000258236.2019.2.00.0000**, Pleno. Relator: Conselheiro Márcio Schiefler Fontes. Brasília, 25 de junho de 2019. Disponível em: <www.cnj.jus.br>. Acesso em: 16 ago. 2020.

Ademais, há de se considerar que seria demasiado delicado colocar toda a gestão do sistema processual nas mãos de uma empresa cujo pessoal, servidores e outros estão sediados no exterior, fora do alcance da jurisdição nacional, para não mencionar todos os conflitos normativos que poderiam surgir, dada a natural diversidade da proteção de dados pessoais.

Questão interessante é saber se – ou melhor, quando – os sistemas do Poder Judiciário forem violados, se isso implicará em responsabilização civil automática. Acaso haja o descumprimento de alguma recomendação da Autoridade Nacional de Proteção de Dados, fica evidente a possibilidade de responsabilização. Mas, e se o tribunal tiver seguido à risca tudo o que a Autoridade Nacional recomenda e ainda assim tiver seus procedimentos de segurança violados por um hacker habilidoso, poder-se-ia cogitar de responsabilização civil?

A resposta, a nosso juízo, está na correta acepção da responsabilidade objetiva, que é o adotado pela LGPD. Isto é, responsabilidade excluindo discussões quando à culpa, mas ainda assim, reconhecendo excludentes. O art. 43, III da LGPD prevê como excludente de responsabilidade se o dano decorre da culpa de terceiro e, na sequência, o art. 44, § único explicita que o agente de tratamento de dados responde pelos danos decorrentes da desobediência a normas obrigatórias de segurança, o que, a *contrario sensu*, conduz à conclusão de que a obrigação do agente de tratamento de dados é de meio (agir com toda a diligência possível) e não de resultado (evitar absolutamente toda e qualquer possibilidade de acesso indevido).

Segurança parte da noção de risco, da probabilidade de que uma ameaça se materialize, aproveitando alguma vulnerabilidade. É irrealístico pensar em padrões de segurança absoluta, uma vez que sempre que se constrói um escudo contra determinado ataque, sempre haverá meios para seu rompimento. O objetivo não deve ser a anulação do risco, senão sua minimização até um nível aceitável.[64] Há infinitas possibilidades de violação de regras de segurança, com os meios de segurança da informação vindo a reboque, num permanente "jogo de gato e rato", de sorte que é impraticável cobrir todas as

64 PEÑA, Carlos Alberto Saiz. Seguridad de los datos, evaluación de impacto, códigos de conducta y certificación. In: **Tratado de Protección de Datos**. Datos Personales y Garantía de los Derechos Digitales (Org. LOMBARTE, Artemi Rallo). Valencia: Tirant lo Blanch, 2019, p. 388.

possibilidades. Fazendo uma analogia com o transporte de valores, nem sempre a empresa de vigilância deverá indenizar seu cliente em caso de roubos e outros crimes, haja vista a existência de inúmeros limites legais, como tipo de armas de fogo, calibre e limite de blindagem, para não falar de outros, como restrições impostas pelo horário bancário e circulação em vias públicas[65]. Assim como dinheiro em espécie, a forma mais segura de deixar os dados a salvo de riscos seria armazená-los de modo a torná-los completamente inacessíveis; esse proceder, entretanto, retiraria toda e qualquer utilidade do manejo de dados pessoais e esvaziaria integralmente a LGPD.

Em suma, a se vincular toda e qualquer violação de segurança à responsabilidade civil do Estado, vedando à Administração a demonstração das excludentes legalmente previstas, estar-se-ia abandonando a teoria do risco administrativo para o risco integral, que só existe em situações excepcionais[66].

Conclusões

A LGPD pretende suprir um atraso de décadas no concernente à proteção dos dados pessoais no Brasil. De modo ambicioso, criou-se uma série de direitos e obrigações complexas que impactarão profundamente na rotina do setor público e privado. Conquanto não explicitamente mencionado, o Poder Judiciário está submetido aos ditames da LGPD em suas atividades-meio. Arriscando um prognóstico, com base no que vem acontecendo nos países da União Europeia, serviços há muito consagrados na rotina dos tribunais, como as consultas públicas de processos, publicação de decisões e montagem de repositórios de jurisprudência deverão ser redesenhados de modo a permitir algum grau de anonimização, evitando a aniquilação das franquias da privacidade e intimidade. Nesse contexto, é de suma importância

65 BRASIL. Superior Tribunal de Justiça. **Recurso Especial n.º 1329831**, 4ª Turma. Relator: Ministro Luis Felipe Salomão. Brasília, 05 de maio de 2015. Disponível em: <www.stj.jus.br>. Acesso em: 16 ago. 2020.

66 A responsabilidade civil estatal, segundo a CF/1988, em seu art. 37, § 6º, subsume-se à teoria do risco administrativo, tanto para as condutas estatais comissivas quanto para as omissivas, posto rejeitada a teoria do risco integral. BRASIL. Supremo Tribunal Federal. **Recurso Extraordinário n.º 841526**, Pleno. Relator: Ministro Luiz Fux. Brasília, 30 de março de 2016. Disponível em: <www.stf.jus.br>. Acesso em: 16 ago. 2020.

acompanhar o que será decidido pelo Supremo Tribunal Federal acerca do direito ao esquecimento bem como as adaptações que o Conselho Nacional de Justiça promoverá no tema.

Referências

a) Bibliográficas

ARAÚJO, Edmir Netto. **Curso de direito administrativo**. 7.ed. São Paulo: Saraiva, 2015.

ASSOCIAÇÃO BRASILEIRA DE NORMAS TÉCNICAS. **NBR ISO/IEC 17799**. Tecnologia da informação — Técnicas de segurança — Código de prática para a gestão da segurança da informação. Disponível em: < www.abnt.org.br>. Acesso em: 16 ago. 2020.

BRASIL. Conselho Nacional de Justiça. **Justiça em números 2019**. Disponível em: <https://www.cnj.jus.br/wp-content/uploads/conteudo/arquivo/2019/08/justica_em_numeros20190919.pdf>. Acesso em: 16 ago. 2020.

CAVOUKIAN, Ann. **Privacy by design**: the 7 foundational principles implementation and mapping of fair information practices. Disponível em: <https://iab.org/wp-content/IAB-uploads/2011/03/fred_carter.pdf>. Acesso em: 16 ago. 2020.

CREENLEAF, Craham. **Sheherezade and the 101 Data Privacy Laws**: origins, significance and global trajectories". Disponível em, in: <https://papers.ssrn.com/sol3/papers.cfm?abstract_id=2280877>. Acesso em: 10 ago. 2020.

CRESPO, Montserrat Fernández. **#Shalala: El #Hashtag que Cambió una Campaña.** *In: Ciberpolítica. Gobierno abierto, redes, deliberación, democracia.* Madri, INAP, 2017.

ESCAVADOR. **Quem somos?** Disponível em: <https://www.escavador.com/quem-somos>. Acesso em: 16 ago. 2020.

LÓPEZ, Marina Sancho. **La Protección de Datos en el Reino Unido**: Evolución del Right to Privacy y escenarios Post-Brexit. Pamplona, Aranzadi, 2019.

OLHAR DIGITAL. **Site da Nota Fiscal de Serviço Eletrônica vaza dados de mais de 60 municípios brasileiros**. Disponível em: <https://olhardigital.com.br/noticia/-exclusivo-site-da-nota-fiscal-de-servico-eletronica-vaza-dados-de-mais-de-60-municipios-brasileiros/91624>. Acesso em: 16 ago. 2020.

OPIJNEN, Marc van; PERUGINELLI, Ginevra; KEFALI, Eleni; PALMIRANI, Monica. **On-line Publication of Court Decisions in the EU Report of the Policy Group of the Project 'Building on the European Case Law Identifier'**. Disponível em: <https://boecli.eu/uploads/deliverables/Deliverable%20WS0-D1.pdf>. Acesso em 16.08.2020.

ORGANIZAÇÃO DE ESTADOS IBEROAMERICANOS. **XIII Cumbre Iberoamericana de Jefes de Estado y de Gobierno Declaración de Santa Cruz de la Sierra**. Santa Cruz de la Sierra, Bolívia, 14 e 15 de novembro de 2003. Disponível em: <https://www.oei.es/historico/xiiicumbredec.htm>. Acesso em 16 ago. 2020.

PEÑA, Carlos Alberto Saiz. **Seguridad de los datos, evaluación de impacto, códigos de conducta y certificación. In: Tratado de Protección de Datos**. Datos Personales y Garantía de los Derechos Digitales (Org. LOMBARTE, Artemi Rallo). Valencia: Tirant lo Blanch, 2019.

PFEIFFER, Roberto Augusto Castellanos, Digital Economy, Big Data and Competition Law (February 27, 2019). **Market and Competition Law Review**, volume III, n. 1, april 2019, p. 53-89. Disponível em: <https://ssrn.com/abstract=3440296>. Acesso em: 10 ago. 2020.

SARLET, Gabrielle Bezerra Sales. Art. 5º. In: CANOTILHO, J. J. Gomes et al (Org.). **Comentários à Constituição do Brasil.** 2. ed. São Paulo: Saraiva, 2018. p. 470-474.

TECNOBLOG. **CPFs de 120 milhões de brasileiros ficaram expostos na internet por meses.** Disponível em: <https://tecnoblog.net/271493/cpf-exposto-internet-servidor--apache/>. Acesso em: 16 ago. 2020.

_____. **Detran-RN confirma falha que expôs dados de 70 milhões de brasileiros.** Disponível em: <https://tecnoblog.net/311005/detran-rn-confirma-falha-expos-dados--brasileiros/>. Acesso em: 16 ago. 2020.

TEPEDINO, Gustavo; TEFFÉ, Chiara Spadaccini de. Consentimento e proteção de dados pessoais na LGPD. In: TEPEDINO, Gustavo; FRAZÃO, Ana; OLIVA, Milena Donato (Org.). **Lei Geral de Proteção de Dados Pessoais e suas repercussões no Direito Brasileiro.** São Paulo: Revista dos Tribunais, 2019.

THE ECONOMIST. **The world's most valuable resource is no longer oil, but data.** Disponível em: <https://www.economist.com/leaders/2017/05/06/the-worlds-most--valuable-resource-is-no-longer-oil-but-data>. Acesso em: 10 ago. 2020.

b) Legislativas

BRASIL. Câmara dos Deputados. **Projeto de Lei n.º 4612/2019**. Disponível em: <https://www.camara.leg.br/>. Acesso em: 15 ago. 2020.

ESPANHA. **Constitución Española** [1978]. Disponível em: <https://www.senado.es/web/conocersenado/normas/constitucion/index.html>. Acesso em: 16 ago. 2020.

UNIÃO EUROPEIA. **Carta de Direitos Fundamentais da União Europeia**. Disponível em: <https://eur-lex.europa.eu/legal-content/PT/TXT/PDF/?uri=CELEX:12016P/TXT&from=EN>. Acesso em: 16 ago. 2020.

_____. **Regulamento n.° 2016/679** [Regulamento Geral sobre a Proteção de Dados]. Disponível em: <https://eur-lex.europa.eu/legal-content/PT/TXT/HTML/?uri=CELEX:32016R0679>. Acesso em: 15 ago. 2020.

c) Jurisprudenciais

BRASIL. Conselho Nacional de Justiça. **Consulta n.º 00052821920182000000**, Pleno. Relator: Conselheiro Henrique Ávila. Brasília, 31 de maio de 2019. Disponível em: <www.cnj.jus.br>. Acesso em: 16 ago. 2020.

_____. Conselho Nacional de Justiça. **Pedido de Providências n.º 0003869-39.2016.2.00.0000**, Pleno. Relator: Conselheiro Luciano Frota. Brasília, 06 de março de 2018. Disponível em: <www.cnj.jus.br>. Acesso em: 16 ago. 2020.

_____. Conselho Nacional de Justiça. **Pedido de Providências n.º 00064294620192000000**, Relator Conselheiro Rubens Canuto. Brasília, 18 de outubro de 2019. Disponível em: <www.cnj.jus.br>. Acesso em: 16 ago. 2020.

_____. Conselho Nacional de Justiça. **Pedido de Providências n.º 000258236.2019.2.00.0000**, Pleno. Relator: Conselheiro Márcio Schiefler Fontes. Brasília, 25 de junho de 2019. Disponível em: <www.cnj.jus.br>. Acesso em: 16 ago. 2020.

_____. Conselho Nacional de Justiça. **Portaria nº. 63/2019**. Disponível em: <https://atos.cnj.jus.br/files/compilado234320202002195e4dc8187b1a2.pdf>. Acesso em: 15 ago. 2020.

_____. Superior Tribunal de Justiça. **Recurso Especial n.º 1316921/RJ**, 3ª Turma. Relatora: Ministra Nancy Andrighi. Brasília, 26 de junho de 2012. Disponível em: <www.stj.jus.br>. Acesso em: 16 ago. 2020.

_____. Superior Tribunal de Justiça. **Recurso Especial n.º 1316921/RJ**, 3ª Turma. Relatora: Ministra Nancy Andrighi. Brasília, 26 de junho de 2012. Disponível em: <www.stj.jus.br>. Acesso em: 16 ago. 2020.

_____. Superior Tribunal de Justiça. **Recurso Especial n.º 1329831**, 4ª Turma. Relator: Ministro Luis Felipe Salomão. Brasília, 05 de maio de 2015. Disponível em: <www.stj.jus.br>. Acesso em: 16 ago. 2020.

_____. Superior Tribunal de Justiça. **Recurso Especial n.º 1334097/RJ**, 4ª Turma. Relator: Ministro Luis Felipe Salomão. Brasília, 28 de maio de 2013. Disponível em: <www.stj.jus.br>. Acesso em: 16 ago. 2020.

_____. Superior Tribunal de Justiça. **Recurso Especial n.º 1660168/RJ**, 3ª Turma. Relator: Ministro Marco Aurélio Bellizze. Brasília, 08 de maio de 2018. Disponível em: <www.stj.jus.br>. Acesso em: 16 ago. 2020.

_____. Supremo Tribunal Federal. **Recurso Extraordinário n.º 841526**, Pleno. Relator: Ministro Luiz Fux. Brasília, 30 de março de 2016. Disponível em: <www.stf.jus.br>. Acesso em: 16 ago. 2020.

_____. Tribunal Regional Federal da 4ª Região. **Ação Civil Pública n.º 5068665-15.2016.4.04.7100** [sentença], Juíza Federal Ana Paula de Bortoli. Porto Alegre, 06 de março de 2019. Disponível em: <www.trf4.jus.br>. Acesso em: 16 ago. 2020.

CORTE INTERAMERICANA DE DIREITOS HUMANOS. **Caso Palamara Iribarne Vs. Chile**. San José, 22 de novembro de 2005. Disponível em: <http://www.corteidh.or.cr>. Acesso em: 15 ago. 2020.

EUROPA. Tribunal de Justiça da União Europeia. **Caso Google v. Mario Costeja González**. Luxemburgo, 25 de junho de 2013. Disponível em: <https://eur-lex.europa.eu/legal-content/PT/TXT/HTML/?uri=CELEX:62012CC0131&from=PT>. Acesso em: 15 ago. 2020.

_____. Tribunal de Justiça da União Europeia. **A proteção de dados pessoais tratados pelo Tribunal de Justiça da União Europeia**. Disponível em: <https://curia.europa.eu/jcms/upload/docs/application/pdf/2015-11/tra-doc-pt-div-c-0000-2015-201508723-05_00>. Acesso em: 15 ago. 2020.

SÃO PAULO. Tribunal de Justiça de São Paulo. **Apelação Cível n.º 1003594-17.2016.8.26.0625**, 10ª Câmara de Direito Público. Relator: Desembargador Torres de Carvalho. São Paulo, 17 de fevereiro de 2020. Disponível em: <www.tjsp.jus.br>. Acesso em: 15 ago. 2020.

_____. Tribunal de Justiça de São Paulo. **Apelação Cível n.º 1057395-31.2017.8.26.0100**, 4ª Câmara de Direito Privado. Relator: Desembargador Alcides Leopoldo. São Paulo,30 de agosto de 2018. Disponível em: <www.tjsp.jus.br>. Acesso em: 15 ago. 2020.

_____. Tribunal de Justiça de São Paulo. **Apelação Cível n.º 1020941-34.2018.8.26.0224**, 6ª Câmara de Direito Privado. Relator: Desembargador Vito Guglielmi. São Paulo, 21 de outubro de 2018. Disponível em: <www.tjsp.jus.br>. Acesso em: 15 ago. 2020.

4. Implicações da Lei do Cadastro Positivo para a Proteção de Dados Pessoais no Brasil: As Dificuldades do Sistema de *Opt-Out*

Bruno Polonio Renzetti
Luís Felipe Rasmuss de Almeida
Tiago Paes de Andrade Banhos

Introdução

A assimetria de informações é uma das mais clássicas falhas de mercado. A disseminação de conhecimento sobre os efeitos corrosivos da assimetria de informações a dado mercado pode ser atribuída ao artigo *Market for Lemons*, de George Akerlof.[1] Partindo do exemplo do mercado de carros usados nos Estados Unidos, ele demonstrou como a assimetria de informações entre duas partes de uma transação (neste caso, vendedor e comprador) é capaz de gerar efeitos deletérios ao mercado, pois as partes não possuem todas as informações necessárias para atingir uma condição de equilíbrio entre oferta e demanda.

[1] AKERLOF, George A. The Market for "Lemons": Quality Uncertainty and the Market Mechanism. **The Quarterly Journal of Economics,** vol. 84, no. 3, (Aug., 1970), p. 488-500. Disponível em: <https://www.jstor.org/stable/1879431?seq=1>.

Em seu artigo, Akerlof apontou o exemplo do mercado de crédito em países em desenvolvimento para reforçar sua posição quanto à formação imperfeita de mercados em situações de informação assimétrica. Nestes locais, a concessão de crédito está intimamente ligada às informações disponíveis que o credor (aquele que fornece o crédito – p. ex., os bancos) possui sobre a pessoa que pleiteia o crédito (devedor). É razoável pensar que o credor esteja disposto a emprestar com menores taxas para aquele devedor que ele conhece melhor e sabe que tem maiores chances de pagar a dívida em dia; uma pessoa desconhecida dificilmente conseguiria o crédito e, caso consiga, se veria obrigada a pagar taxas mais altas para o credor.

Todavia, é impossível que um credor possua informações sobre todos seus potenciais devedores – criando, assim, uma situação de assimetria de informações entre as duas pontas da transação. Em um dos efeitos da assimetria de informações, os bons pagadores seriam excluídos do mercado, pois os bancos, frente à sua necessidade de proteção devido à falta de informações, seriam compelidos a aplicar altas taxas de juros em empréstimos, indiferente do credor ser um bom ou mau pagador, gerando um efeito conhecido na literatura como seleção adversa.

Akerlof pontuou em seu artigo que há instituições que buscam contrabalancear os efeitos da falta de informação de qualidade. Um diploma universitário, por exemplo, serve como um mecanismo de nivelamento de informação entre o recém-formado e a empresa na qual ele busca um emprego: o diploma é capaz de atestar quais as qualidades do candidato. Da mesma forma, instituições financeiras buscam angariar maiores informações sobre seus prospectivos devedores.

É neste cenário que surgem as instituições conhecidas como *bureau* de crédito. São empresas que coletam dados sobre adimplência e inadimplência de consumidores e fornecem às instituições financeiras quando estas desejam consultar a habilidade ou não de alguém honrar com suas dívidas. Os *bureaux* de crédito possuem o condão de diminuir a assimetria de informações entre os dois lados da transação de crédito, melhor gerenciando, assim, seus riscos.

Os benefícios da maior informação sobre os devedores podem resultar em menores taxas de juros e a exigências menos garantias por parte das instituições financeiras. Caso o banco, ao consultar um *bureau* de crédito, constate que um potencial cliente possui um bom histórico de crédito, a instituição financeira se sentirá mais segura em conceder um empréstimo a menores taxas. O inverso também é verdadeiro: caso a consulta ao *bureau* de crédito resulte em uma constatação de inadimplência habitual, o banco se verá obrigado a exigir maiores garantias de pagamento ou mesmo se recusar a conceder tal empréstimo.

No Brasil, os *bureaux* de crédito funcionam, tradicionalmente, somente na chave do "cadastro negativo": instituições como SPC, Serasa e Boavista recebem informações de diversas fontes e armazenam em seu banco de dados, que podem ser consultados pelos interessados ("Consulentes"). Ocorre que nessa chave negativa os *bureaux* apenas cadastram pessoas físicas e jurídicas inadimplentes em suas obrigações, que passam a ter o CPF ou CNPJ "negativado", dificultando a concessão de crédito para eles. Nesse cenário, um bom pagador que tenha deixado de pagar uma simples conta de telefone – por um lapso de memória, por exemplo – teria seu nome negativado junto aos *bureaux* de crédito, ficando com o nome "sujo na praça", apesar de possuir um histórico de excelente pagador.

Com o objetivo de alterar este cenário distorcido, foi promulgada a Lei n.º 12.414/2011, conhecida como Lei do Cadastro Positivo (posteriormente alterada pela Lei Complementar n.º 166/2019). Esta nova legislação disciplina a formação e consulta a bancos de dados com informações de adimplemento para a formação de histórico de crédito. Assim, a chave passa de "negativa" para "positiva" para a pessoa física ou jurídica: suas informações de adimplemento formarão um histórico de crédito a que será atribuída uma pontuação de 0 a 1000 pontos – quão mais alto o *score*, melhor seu histórico de bom pagador.

Ocorre que para a formação do cadastro positivo há a necessidade de coleta de seus insumos essenciais: dados pessoais sobre as pessoas físicas e jurídicas. Com o advento da Lei nº 13.709/2018 ("Lei Geral de Proteção de Dados" ou "LGPD") a proteção aos dados pessoais foi elevada à tutela de direitos fundamentais e inúmeras discussões surgiram a respeito de sua compatibilidade com outras legislações, incluindo a Lei do Cadastro Positivo.

Há muitos pontos de contatos entre as duas legislações e este artigo busca abordar algumas delas, indicando suas convergências e divergências. Para tanto, estruturou-se da seguinte forma: o primeiro tópico produz arqueologia normativa das legislações que versam sobre bancos de dados relativos ao histórico de crédito, demonstrando a evolução do assunto nas leis brasileiras. Em seguida, aborda-se o Cadastro Positivo em uma chave mais prática, demonstrando como é construído a pontuação de crédito do consumidor e quais as dificuldades para alguém conseguir retirar seu nome dos bancos de dados. A terceira seção aborda o tema do histórico de crédito nos tribunais brasileiros, especificamente em dois julgamentos do Superior Tribunal de Justiça e na análise de um ato de concentração submetido ao Conselho Administrativo de Defesa Econômica, os quais fornecem ponderações interessantes sobre o tema. Em seguida são feitos apontamentos sobre a responsabilização pelo vazamento de dados de tais Cadastros Positivos e, no último tópico, comenta-se sobre as iniciativas recentes de *open banking* e seus possíveis impactos na proteção de dados e cadastro positivo. Por fim, é proposta uma conclusão à luz das reflexões ao longo do texto.

1. Evolução Legislativa na Matéria de *Score* de Crédito: do Código de Defesa do Consumidor à Lei Geral de Proteção de Dados

O brasileiro está acostumado com o sistema de negativação de crédito. É comum ouvirmos que alguém está com o nome "sujo na praça" ou ainda que alguém foi inscrito indevidamente nos "órgãos de proteção ao crédito", situação que costuma gerar indenizações por dano moral ao sujeito. A ameaça de negativação é também um dos métodos "coercitivos" mais tradicionais que temos no país para a cobrança de débitos: caso o sujeito não cumpra com suas obrigações, terá o nome incluído no rol de maus pagadores, o que gera imensa dificuldade para obtenção de crédito futuro. A legislação brasileira lida, portanto, com esta dinâmica há algum tempo, buscando tutelar, especialmente, os direitos dos consumidores no que tange ao fornecimento e acesso a tais dados.

O Código de Defesa do Consumidor ("CDC"), promulgado em 1990, foi uma das primeiras legislações a trazer disposições neste sentido. Seu art. 43 trata especificamente os bancos de dados e cadastro dos consumidores, dispondo que o consumidor terá acesso às suas informações existentes em cadastros, bem como suas respectivas fontes. Além disso, seus parágrafos trazem disposições adicionais sobre o tema: os cadastros devem ser objetivos e claros, sem informações negativas superiores a cinco anos; a abertura do cadastro deverá ser comunicada ao consumidor, quando ela não for solicitada; o consumidor poderá requerer a imediata correção dos dados; os bancos de dados relativos a consumidores e serviços de proteção ao crédito são consideradas entidades de caráter público; e a garantia que após a prescrição da possibilidade de cobrança de débito, é vedada a disponibilização, pelo Sistema de Proteção de Crédito, de qualquer informação que possa dificultar o acesso a novo crédito. Exemplo da importância dada pelo CDC ao acesso das informações pelo consumidor é a tipificação como crime, em seu art. 72, do impedimento ou dificuldade de acesso às informações que constem em cadastros, banco de dados, ficha e registros, sujeito a detenção de seis meses a um ano ou multa.

Conforme apontado por Rafael Zanatta,[2] o CDC foi, por muitos anos, "uma das poucas legislações a trazer normas específicas sobre coleta de dados pessoais e formação de 'fichas' e 'arquivos de consumo'". Em 2011, este cenário foi alterado com a aprovação da Lei n.º 12.414, a qual estabeleceu normas específicas para o chamado Cadastro Positivo.

A Lei do Cadastro Positivo foi oriunda da Medida Provisória n.º 518/2010 e fruto do Projeto de Lei de Conversão n.º 12/2011. De acordo com a exposição de motivos da Medida Provisória, a criação do Cadastro Positivo possibilitaria que as pessoas, especialmente as de baixa renda, se beneficiassem da construção do histórico de crédito positivo, podendo ter acesso a crédito com menores taxas de juros. Além disso, a MP disciplinou os direitos dos cidadãos com relação às suas informações pessoais, pois os dados pessoais "representam a própria pessoa e o seu tratamento influencia diretamente sua vida, modelando e vinculando sua privacidade e também as suas oportunidades, escolhas e possibilidades".

É verdade que a Lei do Cadastro Positivo inaugurou um novo momento na tutela do direito básico dos cadastrados, muito além daquele rol posto pelo CDC referente somente aos direitos de informação e de retificação. De acordo com o art. 5º da Lei n.º 12.414/2011, o cadastrado passa ao ter o direito de,

2 ZANATTA, Rafael A.F. **Perfilização, Discriminação e Direitos: do Código de Defesa do Consumidor à Lei Geral de Proteção de Dados Pessoais.** No prelo. Disponível em: < https://www.researchgate.net/publication/331287708_Perfilizacao_Discriminacao_e_Direitos_do_Codigo_de_Defesa_do_Consumidor_a_Lei_Geral_de_Protecao_de_Dados_Pessoais>

por exemplo, solicitar a impugnação de informações erroneamente cadastradas e, de maneira inovadora, solicitar a revisão de decisão realizada exclusivamente por meios automatizados.

Além dos direitos garantidos aos cadastrados, a Lei do Cadastro Positivo também se preocupou em impor limites à coleta de informações pelos *bureaux* de crédito. De acordo com o art. 3º, §3º, são vedadas as anotações de informações excessivas (consideradas aquelas que não estiverem vinculadas à análise de risco de crédito ao consumidor) e de informações sensíveis (consideradas aquelas pertinentes à origem social e étnica, à saúde, à informação genética, à orientação sexual e às convicções políticas, religiosas e filosóficas).

A Lei do Cadastro Positivo, portanto, em sua redação original de 2011, pacificou a necessidade de consentimento do titular de dados para que se iniciem as relações contratuais que estruturam o sistema do cadastro positivo. A figura do consentimento foi reforçada e alçada a requisito indispensável para o bom funcionamento do Cadastro Positivo. Legislações posteriores com disposições atinentes à coleta de dados também deram lugar de destaque ao consentimento do usuário, como o Marco Civil da Internet (Lei nE. 12.965/2014) e a Lei Geral de Proteção de Dados ("LGPD" – Lei n.º 13.709/2018). Tal lugar de destaque do consentimento nas legislações pátrias decorre da adoção do princípio da autodeterminação informativa, mais bem explorado no tópico seguinte.

1.1. O Princípio da Autodeterminação Informativa

A Constituição Federal, em seu rol de direitos fundamentais dispostos no art. 5º, estabelece, no inciso X, a inviolabilidade da intimidade, da vida privada, da honra e da imagem, sendo assegurada a indenização pelos danos decorrentes de sua violação. A exegese deste dispositivo não pode ser outra senão aquela que compreende que o texto constitucional conferiu status de direito fundamental à proteção da privacidade do indivíduo. A questão que deve ser explorada é: estariam os dados pessoais abarcados pelo conceito de privacidade dado pelo texto constitucional, de forma que sua proteção também seria um direito fundamental?

José Afonso da Silva, autor de uma das mais clássicas obras de comentários à Constituição, já apontava que o maior uso da informática e confecção de "fichários eletrônicos" com dados pessoais representaria um desafio à privacidade das pessoas, pois haveria a possibilidade de criação de grandes bancos de dados sem o conhecimento ou autorização dos indivíduos. O autor conclui que a Constituição não somente tutela os dados pessoais como elementos da privacidade do indivíduo, mas também oferece remédio constitucional: o *habeas data*. No mesmo sentido, em trabalho recente, afirma Laura Schertel Ferreira Mendes:[3]

> Assim, quando se interpreta a norma do art. 5º, X, em conjunto com a garantia do *habeas data* e com o princípio fundamental da dignidade humana, é possível extrair-se da Constituição Federal um verdadeiro direito fundamental à proteção de dados pessoais.
> Entendemos que o reconhecimento desse direito fundamental não é apenas uma possibilidade; trata-se de uma necessidade para tornar efetivos os fundamentos e princípios do Estado democrático de direito, na sociedade contemporânea da informação, conforme determina a Constituição Federal.

A autora identifica que o objeto de proteção constitucional seria o processamento e a utilização dados e informações pessoais em geral. Nesse sentido, tal direito fundamental ensejaria um direito subjetivo de defesa do indivíduo, bem como um dever de proteção estatal.[4] Importante para este artigo é a dimensão subjetiva do direito fundamental à proteção de dados pessoais, a fim de se poder entender o que exatamente seria a autodeterminação informativa.[5]

[3] MENDES, Laura Schertel Ferreira. Habeas data e autodeterminação informativa. Revista Brasileira De Direitos Fundamentais & Justiça, 12(39), 2019, p. 202 https://doi.org/10.30899/dfj.v12i39.655

[4] MENDES, Laura Schertel Ferreira. *Id.* p.204.

[5] Laura Schertel Mendes (Habeas data e autodeterminação informativa. Id). aponta que a autodeterminação informativa teve sua construção na jurisprudência do Tribunal Constitucional Alemão. A autora explica que "decisivo para a concepção do direito à autodeterminação informativa é o princípio segundo o qual não mais existiriam dados insignificantes nas circunstâncias modernas do processamento eletrônico de dados. O risco do processamento de dados residiria mais na finalidade do processamento e nas possibilidades de processamento do que no tipo dos dados mesmos (ou no fato de quão sensíveis ou íntimos são). A fim de prestar proteção contra o risco através do moderno processamento de dados, o Tribunal formula que todos os dados pessoais estariam abrangidos no âmbito de proteção do direito

A dimensão subjetiva do direito à proteção de dados pessoais está exatamente na possibilidade de o indivíduo titular deter o controle sobre seus dados. Somente o titular dos dados pode decidir sobre a coleta, processamento, utilização e circulação dos dados pessoais, pois "tendo em vista que os dados se referem a ele e influenciam a sua esfera de direitos, somente o titular pode determinar a extensão da circulação de seus dados na sociedade".[6]

Obviamente, este direito não é absoluto e há limites para o seu exercício. Todavia, deve-se ter em mente que a *autodeterminação* do titular sobre o modo de disposição e utilização de seus dados pessoais deve ser a regra, de forma que se torna indispensável a autorização ou consentimento do titular para qualquer operação envolvendo seus dados pessoais.

Mudança recente que consagrou o direito fundamental à proteção de dados pessoais ocorreu na apreciação pelo STF de cinco Ações Diretas de Inconstitucionalidade atacando o teor da Medida Provisória n.º 954/2020. A MP busca obrigar os operadores de telefonia a repassarem ao IBGE dados de seus consumidores referentes à telefonia móvel, celular e endereço.[7] A justificativa para imposição de tal medida seria a necessidade de produção de dados para produção de estatística oficial e monitoramento da pandemia de Covid-19.[8]

A MP foi imediatamente alvo de diversas ADIs no STF. A primeira delas foi a ADI n.º 6.387, proposta pelo Conselho Federal da Ordem dos Advogados do Brasil (CFOAB), alegando violação ao art. 1º, III, e art. 5º, X e XII, da

à autodeterminação informativa e que só o próprio interessado poderia decidir sobre seu levantamento, processamento e transmissão". (MENDES, Laura Schertel Ferreira. Id.)

6 MENDES, Laura Schertel Ferreira. *Id.* p.206.

7 "Art. 2º As empresas de telecomunicação prestadoras do STFC e do SMP deverão disponibilizar à Fundação IBGE, em meio eletrônico, a relação dos nomes, dos números de telefone e dos endereços de seus consumidores, pessoas físicas ou jurídicas."

8 "1. Submeto à apreciação proposta de Medida Provisória que dispõe sobre o compartilhamento de dados de empresas de telecomunicações para fins de suporte à produção estatística oficial, com vistas ao levantamento de dados para as pesquisas estatísticas do IBGE, incluindo o monitoramento da pandemia associada ao COVID-19. (...) 5. A garantia de realização da PNAD Contínua reveste-se de especial **relevância** no presente momento, já que a pesquisa deverá ser veículo para a inclusão de quesitos relacionados ao monitoramento da pandemia de COVID-19 em todo o território nacional, orientando políticas públicas e o processo decisório nas mais distintas esferas. (...) 8. É mister frisar que a edição da referida Medida Provisória coloca-se como **urgente** diante de três fatos objetivos, quais sejam: 1) a necessidade de produção tempestiva de dados para o monitoramento da pandemia de COVID-19; (...)". (Exposição de Motivos n.º 00151/2020 ME, grifos no original).

Constituição Federal e também pleiteando Medida Cautelar para suspender integralmente a eficácia dos dispositivos da MP atacada. A ADI foi distribuída à relatoria da Min. Rosa Weber, que deferiu a medida cautelar *ad referendum* do Plenário do Supremo, decisão que afetou também as outras ações sobre o tema, que passaram a ser julgadas conjuntamente.

A liminar exarada pela Min. Rosa Weber foi referendada pelo Plenário em julgamento ocorrido nos dias 6 e 7 de maio de 2020. Especialmente interessante para o presente artigo, é notar que nos votos de três ministros – além da Relatora, os votos dos Min. Gilmar Mendes e Luiz Fux – fazem referência e reconhecem o *direito fundamental* à proteção de dados pessoais garantidos pela Constituição. A inovação está no fato de o STF reconhecer o direito à proteção de dados pessoais como um novo direito autônomo, separado da proteção à privacidade e intimidade.[9]

Assim, a partir do entendimento expressado pelo Plenário do STF, reforça-se, ainda mais, a vigência do princípio da autodeterminação informativa na proteção de dados pessoais no Brasil e também a necessita de proteção estatal de adotar medidas para proteger o direito autônomo à proteção de dados. De toda forma, como será visto a seguir, parece ter havido uma certa flexibilização da autodeterminação informativa quando da reforma da Lei do Cadastro Positivo, dada as mudanças feitas em sua dinâmica.

1.2. O Caminho do Consentimento: do *Opt-In* ao *Opt-Out* no Histórico de Crédito

Como visto nos tópicos anteriores, o consentimento expresso do cidadão para a utilização e tratamento de seus dados pessoais está presente em diversas legislações pátrias, desde o início da década de 1990. No âmbito do Cadastro Positivo, a necessidade de consentimento se traduzia na dinâmica de *opt-in* colocada pela lei: o titular de dados não era incluído de maneira automática

[9] MENDES, Laura Schertel. Decisão história do STF reconhece direito fundamental à proteção de dados pessoais. Jota. Brasília, 10 de maio de 2020. Disponível em: https://www.jota.info/paywall?redirect_to=//www.jota.info/opiniao-e-analise/artigos/decisao-historica-do-stf-reconhece-direito-fundamental-a-protecao-de-dados-pessoais-10052020". Acesso em: 14 ago.2020.

nos *bureaux* de crédito, mas somente se assim desejasse – isto é, expressasse seu consentimento de maneira inequívoca.

Ocorre que a Lei do Cadastro Positivo não alcançou a efetividade que se esperava quando da sua promulgação, atraindo poucas pessoas para os *bureaux* de crédito. Uma das principais justificativas levantadas para tal ineficácia era justamente a necessidade de expressão de vontade do titular em fazer parte do banco de dados. Frente a isso, iniciou-se um movimento de reforma do Cadastro Positivo, o qual culminou na Lei Complementar n.º 166/2019, promovendo mudanças intensas na sistemática do Cadastro Positivo.

A principal alteração foi a mudança de um sistema de *opt-in* para *opt-out*, alterando sobremaneira o sistema de cadastro positivo no Brasil. Estruturar um sistema de *score* de crédito com base em *opt-out* significa dizer que o cidadão passa a ser automaticamente incluído nas bases de dados dos *bureaux* de crédito: nessa situação, o titular dos dados deve optar em sair do cadastro positivo, invertendo a lógica anterior, na qual o cidadão deveria optar por aderir ao cadastro.

A Lei Complementar n.º 166/2019 operou esta mudança alterando o art. 4º da Lei n.º 12.414/2011. Em sua redação original, o art. 4º previa que "a abertura de cadastro requer autorização prévia do potencial cadastrado (...)". A redação dada pela reforma de 2019 mudou totalmente esta disposição, ao estabelecer que o gestor de dados está autorizado a "abrir cadastro em banco de dados com informações de adimplemento de pessoas naturais e jurídicas". Houve também a inclusão do art. 7º-A na Lei do Cadastro Positivo, dispondo sobre os elementos e critérios para formação da pontuação de crédito.

Além disso, para poder concretizar esta mudança de lógica referente ao Cadastro Positivo, a Lei Complementar n.º 166/2019 também teve que alterar outras legislações para harmonizar todo o sistema de bancos de dados de crédito. Exemplo disso foi a alteração no art. 1º da Lei de Sigilo Bancário (Lei Complementar n.º 105/2001), ao dispor que não constitui violação de sigilo bancário "o fornecimento de dados financeiros e de pagamentos (...) para formação de histórico de crédito, nos termos da lei específica".

Importante destacar que esta alteração no fluxo de informações no Cadastro Positivo sofreu diversas críticas, principalmente por ir na contramão do disposto na Lei Geral de Proteção de Dados e também por não respeitar o princípio vigente da autodeterminação informativa. Além disso, como será visto mais a frente neste artigo, há preocupações relevantes quanto à dificuldade do consumidor em conseguir, de fato, exercer seu direito de *opt-out* dos *bureaux* de crédito.

Com objetivo de melhor delinear as discussões sobre a formação do *score* de crédito, os próximos tópicos tratarão especificamente sobre o funcionamento prático do Cadastro Positivo, quais informações são utilizadas na formação da pontuação de crédito e as dificuldades do cidadão em retirar suas informações dos bancos de dados.

2. Os Elementos e Funcionamento do Cadastro Positivo

Tendo em vista a evolução legislativa sobre o Cadastro Positivo, objeto de análise na seção 1 deste artigo, a presente seção irá apresentará os principais elementos constituidores do Cadastro Positivo.

A Lei nº 12.414/2011, comumente referida como "Lei do Cadastro Positivo", trouxe regramento específico para a constituição, manutenção e consulta a bancos de dados que contenham informações de adimplemento, sejam estas referentes a pessoas jurídicas ou naturais. A coleta e manutenção de tais informações, por sua vez, geram particular interesse na medida em que são utilizadas para a formação de histórico de crédito de tais pessoas jurídicas ou naturais e culminam na atribuição de pontuação (*score*), consoante a metodologia de cálculo adotada por cada titular de banco de dados (gestor). Além disso, a Lei do Cadastro Positivo previu expressamente a aplicação subsidiária do Código de Defesa do Consumidor (Lei nº 8.078/1990) por força de seu art. 1º.

Neste sentido, o art. 2º estabeleceu as principais definições e conceitos acerca da matéria, incluindo o *objeto* da regulação e os respectivos *sujeitos* ou *agentes*. O objeto da regulação são "bancos de dados", que correspondem, nos termos da lei, a um conjunto de dados – que referem-se à pessoas físicas e jurídicas em geral –, armazenados com o intuito de "subsidiar a concessão de crédito, a realização de venda a prazo ou de outras transações comerciais e empresariais que impliquem risco financeiro" (inciso I). O conceito aproxima-se daquele atribuído ao "histórico de crédito", estabelecido no inciso VII. No entanto, é necessário ressaltar que os "históricos de crédito" constituem parte dos bancos de dados constituídos para auxiliar a tomada de decisões relativas à transações comerciais e empresariais de caráter financeiro, sendo certo que os bancos de dados poderão incluir outras informações – tais como, por exemplo, os dados cadastrais básicos de um consumidor – que não correspondem especificamente aos dados de adimplemento e pontualidade no cumprimento das obrigações contraídas.[10] Nesta linha, o art. 3º da Lei estabelece que os bancos de dados "*poderão* conter informações de adimplemento do cadastrado", para fins de formação do histórico de crédito.

Quanto aos *sujeitos* ou *agentes*, a Lei classifica-os em *gestor*, *cadastrado*, *fonte* e *consulente*.

2.1. Gestor

O *gestor* corresponde, necessariamente, à pessoa jurídica devidamente constituída e que atenda tanto aos requisitos de funcionamento delineados na Lei do Cadastro Positivo e em seu decreto regulamentador (Decreto nº 9.936/2019),[11] quanto às regulamentações administrativas adicionais existentes – tais como as emanadas pelo Banco Central do Brasil e pelo Conselho Monetário Nacional. No Brasil, os gestores correspondem aos chamados *bureaux de crédito privados*, destacando-se SPC, Serasa, Boa Vista SCPC e Quod.

Em que pese a promulgação posterior, a atividade de tratamento de dados pelo *gestor* também está vinculada à observância da Lei 13.709/2018 (Lei Geral de Proteção de Dados), ainda que esta tenha por objetivo específico a tutela de dados de pessoas naturais, cuja compatibilização com a Lei do Cadastro Positivo será tema explorado adiante neste artigo.

[10] Trata-se de dados necessários à análise de risco de crédito de determinada pessoa, mas que não necessariamente correspondem aos dados de adimplemento de obrigações no passado (histórico de crédito). A Lei, nesta linha, disciplina a coleta de informações ao determinar que as informações coletadas, para fins de constituição do banco de dados (art. 3º, §2º), devem corresponder à informações objetivas (descritivas e que não envolvam juízo de valor), claras (possibilitem o imediato entendimento do cadastrado), verdadeiras e de fácil compreensão, sendo ainda restrita a coleta de informações excessivas e sensíveis (§3º).

[11] O art. 1º do Decreto nº 9.936/2019 estabelece os principais requisitos mínimos de operação para os gestores, incluindo patrimônio líquido mínimo de R$ 100.000.000,00 (cem milhões de reais), bem como aspectos técnico-operacionais, aspectos voltados à governança e relacionais em face do cadastrado.

2.2. Cadastrado

O *cadastrado* corresponde às pessoas naturais e jurídicas cujas informações tenham sido incluídas em bancos de dados. Com a promulgação da Lei Complementar nº 166/2019, o sistema de *opt-in*, isto é, a abertura de cadastro mediante autorização prévia (consentimento informado), por meio de assinatura em cláusula ou instrumento específicos, deu lugar à previsão de abertura de cadastro pelo gestor sem a autorização prévia do *cadastrado*.

Cumpre ressaltar que não há equivalência necessária entre o conceito de "cadastrado" e o de "consumidor", para fins de aplicação das regras subsidiárias do Código de Defesa do Consumidor, na medida em que o "cadastrado" é amplo, podendo englobar pessoas jurídicas tomadoras de crédito que, a rigor, não são tidas por *consumidoras* perante a jurisprudência atual do Superior Tribunal de Justiça.[12] Neste sentido, aliás, é o próprio art. 17 da Lei do Cadastro Positivo, ao dispor que "nas situações em que o cadastrado for consumidor", são aplicáveis as sanções do Código de Defesa do Consumidor.

2.3. Fonte

Destacam-se ainda as *fontes* de informação dos bancos de dados. A lei[13] classifica a *fonte* como "pessoa natural ou jurídica que conceda crédito, administre operações de autofinanciamento ou realize venda a prazo ou outras transações comerciais e empresariais que lhe impliquem risco financeiro, inclusive as instituições autorizadas a funcionar pelo Banco Central do Brasil e os prestadores de serviços continuados de água, esgoto, eletricidade, gás, telecomunicações e assemelhados". Trata-se, essencialmente, do originador do crédito. No Brasil, tradicionalmente houve aproximação de determinadas fontes – tais como associações de lojistas – a bancos de dados específicos: a origem da base de dados *Serasa*, por exemplo, remonta ao ano de 1968, com início da atuação conjunta entre instituições financeiras e a Federação Brasileira

[12] Neste sentido, menciona-se o estudo jurisprudencial de Kleber Luiz Zanchim sobre a aplicação do Código de Defesa do Consumidor a contratos celebrados no âmbito da atividade empresária. ZANCHIM, Kleber Luiz. Contratos Empresariais. São Paulo: Quartier Latin, 2012. p. 91-109.

[13] Art. 2º, inc. IV. Lei nº 12.414, de 9 de junho de 2011.

dos Bancos (Febraban), visando a otimizar a tomada de decisões financeiras e de concessão de crédito.[14] A base Quod, por sua vez, tem como titulares as cinco maiores instituições financeiras do País atualmente: Banco do Brasil, Bradesco, Caixa Econômica Federal, Itaú Unibanco e Santander Brasil.[15] Por sua vez, os serviços de proteção ao crédito (SPC e SCPC) remontam à atividade de agrupamento de informações realizados por associações comerciais de lojistas, iniciada na década de 1950.[16]

Em que pese a aproximação de determinados setores comerciais às atividades de certos *bureaux de crédito*,[17] o compartilhamento de informações entre as bases tem se intensificado ao longo dos anos. Neste sentido, destaca-se o art. 10º da Lei do Cadastro Positivo ao dispor sobre a vedação da exigência, por parte de gestores de bancos de dados, de exclusividade em face de fontes do banco de dados. Além disso, a coleta de dados pelos *bureaux* também inclui fontes públicas, como ações judiciais de execução, falências e inscrições de dívidas em tabelionatos de protesto.[18]

2.4. Consulente

O *consulente* corresponde à pessoa física ou jurídica que acessa os bancos de dados para os fins descritos na lei, isto é, "subsidiar a concessão de crédito, a realização de venda a prazo ou de outras transações comerciais e empresariais que impliquem risco financeiro". Trata-se, portanto, do beneficiário final desta cadeia de dados, na medida em que o acesso aos dados, fornecidos pelas

[14] FEBRABAN. Linha do Tempo. Disponível em: <https://portal.febraban.org.br/50anos/linha-do-tempo/>. Acesso em 15 ago. 2020.

[15] BANCOS brasileiros lançam bureau de crédito Quod. Forbes. 12 de junho de 2018. Disponível em: <https://forbes.com.br/last/2018/06/bancos-brasileiros-lancam-bureau-de-credito-quod/>. Acesso em 15 ago. 2020.

[16] O Serviço de Proteção ao Crédito surge no Brasil mediante demanda do titular da sociedade "Casas Minerva Ltda.", em 1955, em face da Associação Comercial do Estado de São Paulo. Neste sentido, ver o histórico disponível na página do Sistema Nacional de Proteção ao Crédito. Disponível em: <https://www.sinpc.com.br/historico/>. Acesso em 15/08/2020.

[17] Como explicado, o Serasa e Quod têm sua origem ligada ao mercado financeiro, enquanto SPC e Boa Vista SCPC estão atrelados às atividades do setor de comércio.

[18] O Serasa oferece inclusive recomendações para adimplemento de títulos protestados em tabelionato. Cf. SERASA. Dívida com cartório: como regularizar? Disponível em:< https://www.serasa.com.br/ensina/seu-nome-limpo/divida-com-cartorio/>. Acesso em: 15 ago. 2020.

fontes e posteriormente compilados e organizados pelos gestores de bancos de dados, estabelecerá influência relevante na tomada de decisão comercial ou empresarial do respectivo consulente.

2.5. A Formação do *Score* nos *Bureaux* de Crédito

Em que pese o início da operação de companhias com atividades similares aos atuais *bureaux de crédito* tenha se dado no final do século XIX,[19] o primeiro sistema de atribuição de pontuação de crédito (*credit scoring*) somente veio a surgir nos Estados Unidos durante a década de 1950.[20] O engenheiro Bill Fair e o matemático Earl Isac desenvolveram o primeiro modelo de avaliação padronizado que viria a ser comercializado poucos anos depois por meio da companhia denominada *Fair Isac Corporation* – atualmente conhecida pelo acrônimo *FICO* e com ações negociadas na Bolsa de Valores de Nova Iorque.[21] Atualmente, os sistemas de *score* norte-americano operados pelas empresas Experian, TransUnion e Equifax têm funcionamento muito similar ao sistema utilizado no Brasil, que será exposto a seguir.

Em linhas gerais, o sistema de *score* predominante no Brasil tem por base a atribuição de uma nota (em escala 0 a 1000) a cada um dos cadastrados constantes do banco de dados. Esta nota, denominada de *score* (escore ou pontuação) visa a trazer, de maneira objetiva, o risco de inadimplemento de obrigações futuras do cadastrado, com base no comportamento financeiro pretérito, incluindo a análise de fatores tais como o adimplemento de obrigações pretéritas e a respectiva pontualidade, o relacionamento com instituições financeiras e a frequência de obtenção de crédito junto ao mercado em face da renda presumida. Com base nestas informações, há a atribuição da respectiva nota – uma nota próxima a 1000 indica baixo risco de inadimplência, enquanto uma nota próxima a 0 indica alto risco de inadimplência. A metodologia e interpretação de dados varia conforme cada *bureau* de crédito, no entanto,

[19] O bureau Equifax foi constituído em 1899, sob a denominação de Retail Credit Company. "Cf. FREAS, Theresa. Credit through the ages: where it all began. Disponível em: <https://insight.equifax.com/the-history-of-consumer-credit/>. Acesso em 14 ago. 2020.

[20] FICO. About us. Disponível em: <https://www.fico.com/en/about-us>. Acesso em 15 ago. 2020.

[21] Ibid.

não há disponibilização pública da metodologia. A base de dados Serasa,[22] em sua página institucional, informa que:

> "O que significa ter Score de Crédito alto?
> Quanto mais alto o score, maiores são as chances de o cidadão honrar compromissos financeiros nos próximos 12 meses e ter acesso facilitado ao mercado de crédito. Por isso, as empresas podem usar a pontuação como uma informação adicional para a tomada de decisão no momento de concessão de financiamentos, além de suas próprias informações para compor sua política de crédito.
> O Serasa Score é um dos modelos estatísticos existentes no mercado para a análise de risco de crédito. As empresas podem utilizar outros que são desenvolvidos de acordo com as suas necessidades. O score para o consumidor é uma ferramenta já disseminada nas maiores economias do mundo.
>
> Como funciona o Score?
> O peso de cada informação do Serasa Score é definido de acordo com um estudo do comportamento histórico de grupos de indivíduos não identificados. Esses grupos são compostos por pessoas com características financeiras parecidas. Desse modo, estatisticamente, é possível comparar os resultados obtidos por um consumidor específico com outros do mesmo grupo para o cálculo do Serasa Score.
>
> A pontuação vai de zero a 1.000 pontos:
> até 300 pontos há alto risco de inadimplência;
> médio risco entre 300 e 700 e baixo
> risco baixo para quem acumula pontuação acima de 700 pontos."

A base de dados SPC, em sua página de "Dúvidas Frequentes", dispõe que:[23]

[22] SERASA ENSINA. O que é score de crédito?. Disponível em: <https://www.serasa.com.br/ensina/aumentar-score/o-que-e-score-de-credito/>. Acesso em 14 ago. 2020.

[23] SPC BRASIL. Dúvidas frequentes. Disponível em: <https://www.spcbrasil.org.br/cadastropositivo/consumidor/duvidas-frequentes.html>. Acesso em 14 ago. 2020.

> "14. Como é calculado meu score?
> Para o cálculo do score. são utilizados dados cadastrais, comportamentais. As informações do Cadastro Positivo também serão utilizadas para compor seu score.
>
> 15. A minha pontuação de crédito (score) será modificada pelos dados positivos?
> Sim. Contudo, as mudanças dependerão da forma e da quantidade de informações a serem fornecidas pelas empresas (fontes), dentre outras condições específicas."

A base Boa Vista SCPC informa que:[24]

> "Como funciona o Score?
> O Score Boa Vista é calculado usando as seguintes categorias de informações:
> Seu comportamento de pagamentos
> Sua busca por crédito no mercado
> Seus pedidos de cartão ou de aumento de limite, financiamentos e cotações, entre outros.
> Suas informações cadastrais."

O *bureau* Quod segue na mesma linha:[25]

> "O Quod Score é calculado com base nos seus dados positivos nos termos da Lei 12.414/11, dados negativos e dados cadastrais. Ele também é construído a partir do seu histórico de pagamentos e depende do seu momento financeiro.
>
> Os pagamentos feitos em dia são bastante importantes e impactam para o consumidor alcançar uma alta pontuação do Quod Score.

[24] BOAVISTA. O que é o Score Boavista? Disponível em: <https://www.consumidorpositivo.com.br/score/>. Acesso em 14 ago. 2020.

[25] QUOD. Sim, você está no controle. Disponível em: <https://www.quod.com.br/para-voce>. Acesso em 14 ago. 2020.

Se existirem pagamentos em aberto ou quitados com atraso, a pontuação do Quod Score pode diminuir.

Veja exemplos de características de pagamentos atrasados que influenciam na pontuação do consumidor:

Quantidade de vezes que o consumidor atrasou seus pagamentos nos últimos meses;
Quantidade de dias que o pagamento está em aberto;
Quantidade de dias que o pagamento ficou em aberto antes de ser pago;
Há quanto tempo o atraso ocorreu, ou seja, idade dos atrasos.
Além do histórico de pagamentos, o momento financeiro do consumidor também é relevante. Veja abaixo estes fatores:

Valor total do crédito que o consumidor já tem contratado no momento da consulta;
Tipo de dívida. Ex: empréstimo, financiamento e etc.
A quantidade de vezes que o consumidor buscou crédito."

2.6. A Realização do *Opt-out*

A Lei Complementar nº 166/2019, ao alterar a dinâmica do regime de consentimento *opt-in* para *opt-out*, como anteriormente exposto, também trouxe mudanças aos direitos dos cadastrados, previstos no art. 5º da Lei do Cadastro Positivo. Uma das consequências mais evidentes da alteração do regime de consentimento correspondeu à supressão do inciso V do referido artigo, que estabelecia o direito de ser informado previamente sobre o armazenamento de dados, a identidade do gestor de dados, o objetivo do tratamento de dados e os destinatários.

O art. 5º, inciso I da Lei do Cadastro Positivo foi alterado para incluir a possibilidade de solicitação de reabertura do cadastro pelo cadastrado, na hipótese deste cadastrado ter, em momento anterior, optado pelo cancelamento de seu cadastro. Embora tenha permanecido inalterada a redação original da lei no tocante ao direito do cadastrado de solicitar o cancelamento de seu cadastro junto a qualquer gestor de bancos de dados, novas inclusões determinaram que a solicitação de cancelamento, passível de ser realizada por meio físico, eletrônico ou telefônico, deve ser atendida em até dois dias úteis (§§4º a 6º).[26]

3. Análise do Cadastro Positivo nos Tribunais: Superior Tribunal de Justiça e Conselho Administrativo de Defesa Econômica

Uma vez vista a evolução legislativa acerca do tema dos bancos de dados e Cadastro Positivo, cumpre agora investigar como os tribunais brasileiros já trataram sobre o assunto. O Superior Tribunal de Justiça teve a oportunidade de analisar o tema em três Recursos Especiais diferentes. Tão de fronteira foi considerado o tema que o STJ decidiu pela realização de sua primeira audiência pública na história, como se verá melhor abaixo no item 3.1.

O Conselho Administrativo de Defesa Econômica ("CADE") também teve a oportunidade de apreciar questões relativas ao Cadastro Positivo, mas por um outro viés, ao investigar as estruturas do mercado de informação de crédito e os incentivos dos agentes econômicos que participam de tal mercado. O item 3.2., abaixo, relata as discussões feitas pelo CADE ao apreciar ato de concentração para a formação de um novo *bureaux* de crédito.

3.1. Recursos Especiais n.º 1.419.697/RS, n.º 1.457.199/RS e n.º 1.758.799/MG – *Credit Scoring* e Banco de Dados

A discussão acerca do cadastro positivo, com especial ênfase na natureza dos sistemas de *credit scoring*, já é há muito conhecida nos tribunais brasileiros, sendo objeto central de diversas demandas nos tribunais de justiça estaduais. Por outro lado, inexistia compreensão uníssona entre os tribunais locais, bem

[26] Conforme noticiado pelo jornal Folha de São Paulo, em 12 de janeiro de 2020, ainda assim há grande dificuldade para efetivação do opt-out do cadastro positivo no Brasil. Cf. SOPRANA, Paula. Birôs de crédito dificultam saída do cadastro positivo no Brasil. FOLHA DE S. PAULO. São Paulo, 12 de janeiro de 2020. Disponível em: <https://www1.folha.uol.com.br/mercado/2020/01/biros-de-credito-dificultam-saida-do-cadastro-positivo.shtml>. Acesso em 14 ago. 2020.

como posicionamento do Superior Tribunal de Justiça – STJ acerca dessa temática.

Nesse contexto, formulou-se o Tema n.º 710 dos recursos repetitivos, no qual foram afetados ao rito de julgamento dos recursos repetitivos os Recursos Especiais n.º 1.419.697/RS (representativo da controvérsia) e n.º 1.457.199/RS. A questão submetida a julgamento abordava a discussão acerca da natureza dos sistemas de *credit scoring* e da possibilidade de violação dos princípios e regras do Código de Defesa do Consumidor, a ensejar eventual indenização por dano moral.

A relatoria dos feitos foi confiada ao Ministro Paulo de Tarso Sanseverino e o Tema nº 710 restou deliberado pela 2ª Seção do STJ na sessão de julgamento do dia 12 de novembro de 2014. Registre-se, por oportuno, que o próprio Ministro relator, ao iniciar o seu voto, apontou que "este é um daqueles processos em cujo julgamento parte-se praticamente do 'zero', pois não tinha uma noção clara acerca do que seria o chamado *credit scoring*, ou simplesmente *credscore*",[27] permitindo-se, assim, vislumbrar a importância e contemporaneidade da discussão.

Além da importância e contemporaneidade da discussão, o caso também foi inovador, uma vez que foi o primeiro a ser objeto de audiência pública na história do STJ. Como não havia sequer previsão de audiência pública no STJ, foi necessária a utilização de previsão do regimento interno do Supremo Tribunal Federal – STF. Na referida audiência, realizada em 25 de agosto de 2014, foram ouvidos vinte e um expositores, com destaque aos institutos de defesa do direito do consumidor, Banco Central, Febraban e representantes das empresas do setor.

Feita essa breve digressão acerca das questões que permearam a análise do Tema nº 710 dos recursos repetitivos, faz-se necessário rememorar o histórico processual do Recurso Especial n.º 1.419.697/RS, representativo da controvérsia, que foi afetado ao rito de julgamento dos recursos repetitivos em 26 de novembro de 2013, tendo produzido, consequentemente, a suspensão de aproximadamente oitenta mil processos que versavam a respeito dessa temática.

[27] BRASIL. Superior Tribunal de Justiça. REsp n.º 1.419.697/RS. Rel. Min. Paulo de Tarso Sanseverino, 2ª Seção, julgado em 12.11.2014, DJe 18.11.2014. Inteiro teor do acórdão. p. 8.

No caso concreto do Recurso Especial n.º 1.419.697/RS, o Tribunal de Justiça do Estado do Rio Grande do Sul – TJRS exarou entendimento no sentido de que é abusiva a prática comercial de utilização de dados negativos de consumidores para lhe alcançar uma pontuação, de forma a verificar a probabilidade de inadimplemento. Além disso, o Tribunal local compreendeu que não se tratava de mero serviço ou ferramenta de proteção aos fornecedores, mas sim forma de afrontar a sistemática protetiva do consumidor e que não poderia ser sobreposta pela proteção do crédito. Apontou-se ainda a falta de transparência na forma como eram classificados os consumidores com baixa probabilidade de inadimplência e os com alta probabilidade de inadimplência.

Ao fim, o Tribunal de justiça estadual manteve a decisão de 1º grau que havia condenado a empresa a retirar a pontuação do consumidor e ao pagamento de danos morais em favor do consumidor.

Os Recursos Especiais n.º 1.4719.697/RS e n.º 1.147.199/RS foram julgados de forma conjunta quando da análise do Tema n.º 710 pela 2ª Seção do STJ, excetuadas as particularidades inerentes a cada um dos casos. A controvérsia examinada no referido tema tinha por objetivo a verificação da licitude do *credit scoring* como sistema avaliativo para a concessão de crédito. O Ministro relator desenvolveu sua compreensão sobre a temática partindo dos seguintes tópicos: (i) conceito de *credit scoring*; (ii) avaliação do risco de crédito nos contratos em geral; (iii) regulamentação dos arquivos de consumo pelo CDC e pela Lei do Cadastro Positivo (Lei n.º 12.414/2011); e (iv) licitude do sistema de *credit scoring* e eventuais danos morais.

Em relação ao conceito do *credit scoring*, verificou-se que este nada mais é do que "um sistema de pontuação do risco de concessão de crédito a determinado consumidor",[28] sendo um "método desenvolvido a partir de modelos estatísticos, considerando diversas variáveis de decisão, com a atribuição de uma nota ao consumidor avaliado, conforme a natureza da operação a ser realizada".[29] De notar que, para a formação do *credit scoring*, vasta gama de informações são consideradas, dentre as quais se destacam as referentes ao adimplemento das obrigações anteriores e aos dados pessoais do consumidor avaliado.

[28] BRASIL. Superior Tribunal de Justiça. REsp n.º 1.419.697/RS. Rel. Min. Paulo de Tarso Sanseverino, 2ª Seção, julgado em 12.11.2014, DJe 18.11.2014. Inteiro teor do acórdão. p. 11.

[29] BRASIL. Superior Tribunal de Justiça. REsp n.º 1.419.697/RS. Rel. Min. Paulo de Tarso Sanseverino, 2ª Seção, julgado em 12.11.2014, DJe 18.11.2014. Inteiro teor do acórdão. p. 11.

Em seguida, ao tratar da avaliação do risco de crédito nos contratos em geral, a 2ª Seção do STJ deliberou, nos termos do voto do Ministro relator, que não se trata de inovação no arcabouço jurídico brasileiro a avaliação recíproca de idoneidade e da capacidade financeira das partes que irão compor o negócio jurídico a ser celebrado, sendo, em verdade, a análise de risco do crédito traço comum dos contratos tradicionais.

Ao tratar da regulamentação dos arquivos de consumo pelo CDC e pela Lei do Cadastro Positivo, o colegiado ponderou que, em relação aos arquivos de consumo (cadastros e bancos de dados), não há qualquer vedação por parte do CDC e pela lei do cadastro positivo, tendo sido apenas e tão somente estabelecidas normas para o seu controle.

Além disso, relembrou-se, na deliberação colegiada, o contexto que permeou a elaboração da lei do cadastro positivo, no qual existia a indagação de que os cadastros negativos reconheciam apenas o mau pagador, inexistindo qualquer valorização do bom consumidor, aquele que bem cumpre com as suas obrigações. De notar que foi nesse contexto normativo que a 2ª Seção do STJ analisou a licitude do sistema de *credit scoring*.

O voto proferido pelo Ministro relator sintetizou que a avaliação acerca "da licitude do sistema de *credit scoring* deve ser realizada a partir da premissa de que não se trata de um cadastro ou banco de dados de consumidores, mas sim de uma metodologia de cálculo do risco de crédito, utilizando-se de modelos estatísticos e dos dados existentes no mercado acessíveis via *internet*".[30]

Nessa perspectiva, ressalta-se que, na Lei do Cadastro Positivo, os sistemas de análise de risco de crédito são mencionados de forma expressa em ao menos duas oportunidades, conforme se depreende dos excertos a seguir destacados:

> Art. 5º – São direitos do consumidor cadastrado:
> V – conhecer os principais elementos e critérios considerados para a **análise do risco de crédito**, resguardado o segredo empresarial.
> Art. 7º – As informações disponibilizadas nos bancos de dados somente poderão ser utilizadas para:
> I – realização de **análise de risco de crédito** do cadastrado. (grifos nossos).

[30] BRASIL. Superior Tribunal de Justiça. REsp n.º 1.419.697/RS. Rel. Min. Paulo de Tarso Sanseverino, 2ª Seção, julgado em 12.11.2014, DJe 18.11.2014. Inteiro teor do acórdão. p. 23.

Por essas razões, a 2ª Seção do STJ, por unanimidade, considerou a prática comercial do *credit scoring* lícita, mas com a necessidade de que sejam respeitados os princípios basilares da proteção ao consumidor, preservando-se a privacidade e transparência nas relações negociais. Nesse sentido, o *credit scoring* demanda o fornecimento de informações claras e precisas ao consumidor acerca dos dados que serão utilizados para a formação de sua nota.

Isso significa que, sempre que forem solicitadas tais informações pelos consumidores, estas deverão ser prestadas com o intuito de que o consumidor possa verificar a veracidade dos dados computados em relação a sua pessoa, sendo possível, inclusive, a retificação de tais dados, permitindo eventual aumento no seu *score*.

Importante observar, também, a compreensão adotada pela 2ª Seção do STJ no sentido de que, muito embora o *credit scoring* seja metodologia de cálculo de risco de concessão de crédito – realizada a partir de modelos estatísticos –, faz-se necessário o cumprimento dos deveres básicos previstos no ordenamento jurídico brasileiro.

Todavia, analisada a questão sob outro prisma, salientou-se, quando do julgamento do Tema n.º 710, que não há exigência de prévio e expresso consentimento do consumidor avaliado pelo cadastro positivo, tendo em vista que, conforme já explicitado, o *credit scoring* é exclusivamente modelo estatístico, e não cadastro ou banco de dados, de modo que se torna dispensável o consentimento prévio e expresso do consumidor.

No que tange ao dano moral, a compreensão adotada pela 2ª Seção do STJ foi no sentido de que a mera "circunstância de se atribuir nota insatisfatória a determinada pessoa não acarreta, por si só, o dano moral, devendo-se apenas oportunizar ao consumidor informações claras acerca dos dados utilizados nesse cálculo estatístico".[31]

Entretanto, os Ministros também concluíram que, caso a nota tenha decorrido de informações excessivas ou sensíveis, haverá dano moral *in re ipsa*. Além disso, a recusa efetiva de crédito, decorrente da utilização de dados incorretos ou desatualizados na composição do *score*, é condição essencial para a configuração do dano moral.

[31] BRASIL. Superior Tribunal de Justiça. REsp n.º 1.419.697/RS. Rel. Min. Paulo de Tarso Sanseverino, 2ª Seção, julgado em 12.11.2014, DJe 18.11.2014. Inteiro teor do acórdão. p. 39-40.

No caso concreto discutido nos autos do recurso especial nº 1.419.697/RS, restaram prejudicadas as alegações acerca da natureza do serviço de *credit scoring*, tendo em vista o julgamento das teses do repetitivo, e deu-se provimento a tese de inocorrência de dano moral *in re ipsa*, na medida em que não havia nos autos qualquer prova de recusa efetiva do crédito ao consumidor, não sendo possível o reconhecimento do dano extrapatrimonial.

Por sua vez, no Recurso Especial n.º 1.457.199/RS, por se tratar, na origem, de ação coletiva de consumo movida pelo Ministério Público do Estado do Rio Grande do Sul, verificou-se, além das teses do repetitivo, a aplicabilidade, ou não, de dano moral coletivo em decorrência do *credit scoring*. A conclusão adotada pela 2ª Seção do STJ foi pela inaplicabilidade do dano moral coletivo, tendo em vista que a comprovação de recusa de crédito deve ser feita pelo consumidor prejudicado e, mesmo nos casos de utilização de dados excessivos ou sensíveis, eventual dano extrapatrimonial será individual. Nesse julgamento, foram utilizadas as mesmas razões adotadas no recurso representativo da controvérsia, com o afastamento do dano moral coletivo.

Em decorrência do Tema n.º 710 dos recursos repetitivos foram fixadas as seguintes teses:

> 1. O sistema *credit scoring* é um método desenvolvido para avaliação do risco de concessão de crédito, a partir de modelos estatísticos, considerando diversas variáveis, com atribuição de uma pontuação ao consumidor avaliado (nota do risco de crédito).
> 2. Essa prática comercial é lícita, estando autorizada pelo art. 5º, IV, e pelo art. 7º, I, da Lei n. 12.414/2011 (lei do cadastro positivo).
> 3. Na avaliação do risco de crédito, devem ser respeitados os limites estabelecidos pelo sistema de proteção do consumidor no sentido da tutela da privacidade e da máxima transparência nas relações negociais, conforme previsão do CDC e da Lei nº 12.414/2011.
> 4. Apesar de desnecessário o consentimento do consumidor consultado, devem ser a ele fornecidos esclarecimentos, caso solicitados, acerca das fontes dos dados considerados (histórico de crédito), bem como as informações pessoais valoradas.
> 5. O desrespeito aos limites legais na utilização do sistema *credit scoring*, configurando abuso no exercício desse direito (art. 187 do Código

> Civil), pode ensejar a responsabilidade objetiva e solidária do fornecedor do serviço, do responsável pelo banco de dados, da fonte e do consulente (art. 16 da Lei nº 12.414/2011) pela ocorrência de danos morais nas hipóteses de utilização de informações excessivas ou sensíveis (art. 3º, § 3º, I e II, da Lei nº 12.414/2011), bem como nos casos de comprovada recusa indevida de crédito pelo uso de dados incorretos ou desatualizados.

Além disso, editou-se a Súmula n.º 550 do STJ que enuncia:

> "A utilização de escore de crédito, método estatístico de avaliação de risco que não constitui banco de dados, dispensa o consentimento do consumidor, que terá o direito de solicitar esclarecimentos sobre as informações pessoais valoradas e as fontes dos dados considerados no respectivo cálculo".[32]

Feitas as considerações sobre os Recursos Especiais n.º 1.4719.697/RS e n.º 1.147.199/RS, importante ressaltar, ainda na análise da jurisprudência do STJ acerca do cadastro positivo, o recente julgamento do Recurso Especial nº 1.758.799/MG, de relatoria da Ministra Nancy Andrighi, apreciado pela 3ª Turma do STJ em 12 de novembro de 2019.

Esclareça-se, de início, que o Recurso Especial nº 1.758.799/MG trata de temática distinta daquela abordada no julgamento do Tema n.º 710, de relatoria do Ministro Paulo de Tarso Sanseverino. Como visto, o recurso repetitivo versava sobre o *credit scoring*. Por sua vez, no Recurso Especial n.º 1.758.799/MG, discute-se banco de dados. Essa diferenciação foi essencial para a conclusão do recurso repetitivo, de modo que as teses lá firmadas não podem ser aplicadas ao caso julgado no final de 2019 pela 3ª Turma do STJ.

Ademais, a relatora, Ministra Nancy Andrighi, ressaltou que a lei do cadastro positivo previa, tanto em sua redação original, quanto na redação atual, a necessidade de comunicação do consumidor acerca da disponibilização e da comercialização dos dados pessoais. A Ministra relatora salientou ainda

[32] BRASIL. Superior Tribunal de Justiça. Súmula n.º 550. 2ª Seção, julgado em 14.10.2015, DJe 19.10.2015.

que a nova redação é menos exigente no formato do dever de informar, mas não retirou a obrigação da gestora do banco de dados de proceder à efetiva comunicação.

Diante desse contexto, a conclusão adotada pela Ministra Nancy Andrighi, e acolhida pela unanimidade dos Ministros que compõem a 3ª Turma do STJ, foi no sentido de que, no caso concreto, houve descumprimento do dever de informar o consumidor "sobre a abertura do cadastro e o compartilhamento dos seus dados, obstando-lhe, o acesso ao conteúdo das informações pessoais armazenadas e sua eventual retificação."[33][7]. Além disso, compreenderam que, na espécie, foram utilizadas informações excessivas, que em nada contribuem para avaliação da situação econômica do consumidor cadastrado.

Por essas razões, a 3ª Turma do STJ manteve o acórdão proferido pelo Tribunal de Justiça do Estado de Minas Gerais – TJMG, que entendeu configurado o dano moral *in re ipsa* no caso concreto.

À guisa de conclusão, da análise dos citados precedentes do STJ, é possível constatar que as discussões acerca do cadastro positivo já fazem parte da jurisprudência brasileira. Todavia, ante a constante – e rápida – evolução da temática na sociedade, e diante do arcabouço normativo pátrio – especificamente a LGPD –, conclui-se que novas demandas – cada vez mais complexas e incertas – exigirão atuação vigilante do Poder Judiciário brasileiro, almejando-se, assim, equilíbrio entre a sistemática do cadastro positivo, os direitos consumeristas e a proteção de dados.

3.2. Ato de Concentração nº 08700.002792/2016-47 – Gestora Inteligente de Crédito

Conforme visto na seção anterior, o Superior Tribunal de Justiça desempenhou papel de protagonista na discussão sobre proteção de dados pessoais e sua intersecção com o cadastro positivo, reforçado com a realização da primeira audiência pública de sua história. Mas não somente o STJ teve a oportunidade de apreciar tais questões. O Conselho Administrativo de Defesa Econômica ("CADE") teve papel crucial no entendimento e estruturação

[33] BRASIL. Superior Tribunal de Justiça. REsp n.º 1.758.799/MG. Rel. Min. Nancy Andrighi, 3ª Turma, julgado em 12.11.2019, DJe 18.11.2019. Inteiro teor do acórdão. p. 16.

do cadastro positivo no Brasil, ao analisar e julgar o Ato de Concentração nº 08700.002792/2016-47.

Tratava-se de operação proposta, conjuntamente, por Bradesco, Banco do Brasil, Santander, Caixa Econômica Federal e Itaú para a constituição de um novo *bureau* de crédito denominado Gestora Inteligência de Crédito ("GIC"), com atividades voltadas para a avaliação de risco financeiro, com o consequente processamento e armazenamento de dados cadastrais e financeiros referentes à adimplência e inadimplência de pessoas físicas e jurídicas. De acordo com as instituições financeiras, a iniciativa em criar um novo *bureau* de crédito estaria ligada ao interesse direto delas em reduzir a inadimplência da população brasileira bem como promover maior inclusão financeira no país.

A análise da constituição do GIC levantou diversas discussões relativas ao funcionamento do mercado de serviços de informações de crédito e a posição das instituições financeiras no arranjo deste mercado. O mercado de serviços de informações de crédito possui, basicamente, dois principais grupos de agentes: as fontes de informações e as consulentes de informações. É, em sua essência, um mercado de dois lados, pois ambas as pontas do mercado utilizam um subsídio comum: a informação de crédito. Assim, quão maior for o número de fontes de um dado *bureau* de crédito, um maior número de consulentes será atraído por ele, pois tal *bureau* terá uma maior base de dados disponível.[34]

[34] "68. Conforme já observado no presente Parecer, quanto maior o número de usuários nos bancos de dados dos bureaus de crédito, maior o interesse dos concedentes de crédito em consultá-los e maior a utilidade em negativar inadimplentes, buscando-se, assim, assegurar uma maior exposição do devedor, por exemplo. Ou seja, a utilidade dos bureaus de crédito é aumentada a cada nova adesão de um usuário ao serviço, fazendo com que a externalidade de rede seja característica presente no mercado em tela como um todo". (Parecer nº 21/2016/CGAA2/SGA1/SG).

Estrutura do mercado de serviços de informações de crédito

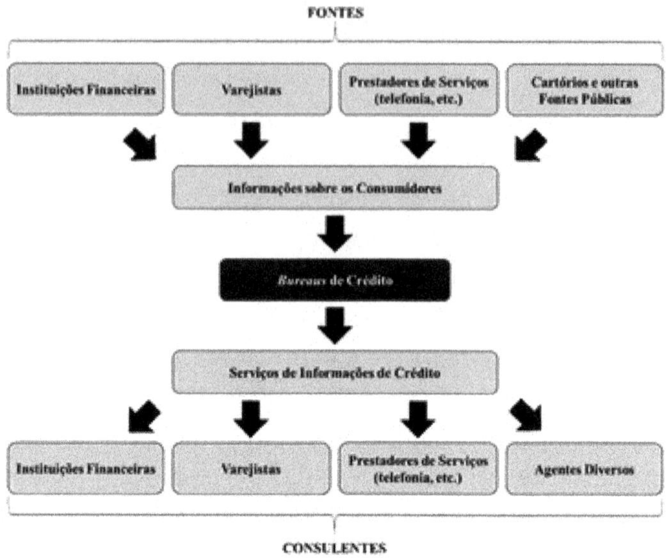

Fonte: Parecer nº 21/2016/CGAA2/SGA1/SG

O diagrama deixa claro que as instituições financeiras atuam nas duas pontas do mercado: ao mesmo tempo em que são uma das principais fontes de informações sobre os consumidores, alimentando, assim, os *bureaux* de crédito, também é seu principal cliente, dado que precisam consultar constantemente informações de crédito para concessão de crédito a pessoas físicas e jurídicas, por exemplo.

À época da notificação do ato de concentração, o mercado de informação de crédito no Brasil tinha como principais *players* a Serasa, Boa Vista e o SPC Brasil. Estes *bureaux* atuavam na chave de informações negativas de crédito, provenientes de fontes públicas (protestos de títulos, por exemplo) ou privadas, disponibilizando plataformas para auxiliar a decisão de concessão de crédito pelas empresas clientes. Não havia, assim, o fornecimento de informações de crédito positivas por parte dos *bureaux*, para a formação de um histórico de crédito do consumidor, mas apenas informações negativas.[35]

[35] Em seu Parecer n.º 21/2016, a Superintendência-Geral do CADE se utilizou da seguinte alegoria para descrever as diferenças entre o cadastro negativo e cadastro positivo: "25. (...) Em simples analogia, enquanto o cadastro negativo pode ser comparado a uma fotografia,

Portanto, a implementação de um novo *bureaux* de crédito, controlado pelas cinco maiores instituições financeiras do país, voltado para a chave do cadastro positivo e formação de *score* de crédito, naturalmente levantou preocupações por parte da autoridade concorrencial, especialmente quanto a preocupações relacionadas a incentivos de fechamento de mercado devido a potenciais integrações verticais.[36]

As instituições financeiras que figuram como requerentes do ato de concentração podem ser consideradas como fontes de dados, a partir da definição colocada pela própria Lei do Cadastro Positivo. O GIC, por sua vez, nos termos da lei, seria o gestor dos dados. E, por fim, as instituições financeiras, seriam, também um dos principais consulentes dos bancos de dados.[37] Neste arranjo, as instituições financeiras participariam de todas os níveis do mercado de crédito, seja diretamente ou indiretamente por meio do GIC.

Nesse sentido, uma primeira preocupação colocada pelo CADE se referia à relação entre as instituições financeiras como fontes de dados e o GIC. As instituições financeiras, sócias do GIC, poderiam ter incentivos para

que registra uma situação momentânea, que se altera logo que o consumidor quita sua dívida, pois tal adimplemento extingue o registro negativo; o cadastro positivo possui o registro histórico do consumidor, com informações de dívidas contraídas, quitadas ou ainda ativas, perfazendo um conjunto mais completo de informações sobre o comportamento do cliente".

36 "Quando da análise de concentrações econômicas, as duas principais preocupações decorrentes de integrações verticais são: fechamento de mercado (market foreclosure) e elevação de custos dos rivais (raising rivals costs). Em ambos os casos, o que está em jogo é a potencial dificuldade criada para empresas rivais, seja pelo fechamento de acesso a um insumo relevante para sua produção (quando a relação vertical se dá à montante – upstream) seja pela limitação ao escoamento de produtos par as etapas seguintes da cadeia produtiva (quando a relação vertical se dá à jusante – downstream)". (PEREIRA NETO, Caio Mario da Silva; CASAGRANDE, Paulo Leonardo. **Direito Concorrencial:** doutrina, jurisprudência e legislação. São Paulo: Saraiva, 2016, p. 140).

37 "Art. 2º Para os efeitos desta Lei, considera-se: (...) II – gestor: pessoa jurídica que atenda aos requisitos mínimos de funcionamento previstos nesta Lei e em regulamentação complementar, responsável pela administração de banco de dados, bem como pela coleta, pelo armazenamento, pela análise e pelo acesso de terceiros aos dados armazenados; IV – fonte: pessoa natural ou jurídica que conceda crédito, administre operações de autofinanciamento ou realize venda a prazo ou outras transações comerciais e empresariais que lhe impliquem risco financeiro, inclusive as instituições autorizadas a funcionar pelo Banco Central do Brasil e os prestadores de serviços continuados de água, esgoto, eletricidade, gás, telecomunicações e assemelhados; V – consulente: pessoa natural ou jurídica que acesse informações em bancos de dados para qualquer finalidade permitida por esta Lei".

fornecer informações somente para seu próprio *bureau* de crédito, privando outros agentes do mercado de crédito – notadamente, SPC Brasil, Serasa e Boa Vista – de terem acesso às mesmas informações. Caso isso ocorresse, os concorrentes do GIC perderiam sua atratividade para os potenciais consulentes, pois deteriam menos informações em seus bancos de dados.[38] Além disso, considerando que se tratava das cinco principais instituições financeiras do Brasil, razoável pensar que a quantidade de dados de crédito detidos por elas fosse de grande significância.

Uma segunda preocupação seria o fechamento de mercado na relação entre o GIC e instituições financeiras como consulentes dos dados disponibilizados pelo proposto novo *bureau* de crédito. Considerando que os *bureaux* de crédito são remunerados a cada consulta feita pelo grupo de consulentes, existiria o risco de as cinco maiores instituições financeiras do país somente realizarem consultas ao GIC – *bureau* do qual seriam os principais sócios. Dessa forma, os concorrentes do GIC deixariam de auferir uma partir significativa de sua remuneração, pois não prestariam mais serviços às instituições sócias do GIC.

A terceira preocupação analisada pelo CADE em seu exame do Ato de Concentração, dizia respeito ao potencial fechamento de mercado no vetor GIC-demais consulentes. O novo *bureau* de crédito poderia discriminar os demais consulentes, não atendendo aos pedidos de consultas dos concorrentes de seus sócios. Isto teria efeitos em todo o mercado de concessão de crédito, pois as Consulentes não teriam acesso a informações essenciais para o desempenho de suas atividades de concessão de crédito.

Ao analisar a primeira preocupação, a SG considerou que eventual recusa no fluxo de informações poderia comprometer sobremaneira a capacidade dos concorrentes do GIC em se manterem no mercado. Nesse sentido, levando em consideração também as diferenças entre o Cadastro Negativo e o Cadastro Positivo, a SG concluiu que não havia, na operação, qualquer garantia de que as

[38] "101. Logo, ao centralizar o fornecimento de informações negativas, discriminando os demais bureaus de crédito, os Requerentes estariam agregando mais valor à GIC, a qual se tornaria mais atrativa para todos os consulentes, consumidores finais dos produtos fornecidos pelos bureaus, em virtude da quantidade e também da qualidade das informações negativas de pessoas físicas e de pessoas jurídicas reunidas pela mesma. Além disso, ao não ter acesso a tais informações, os demais bureaus deixariam de ser competitivos, haja vista as externalidades de rede já mencionadas, fazendo com que a GIC, possivelmente, se tornasse o único player dos referidos mercados no médio prazo". (Parecer nº 21/2016/CGAA2/SGA1/SG).

informações transitariam, sem qualquer óbice, entre as instituições financeiras e o GIC, mesmo com a apresentação de compromisso de não-exclusividade entre os bancos e o GIC. Da mesma forma, a SG entendeu que tal compromisso não era suficiente para afastar as preocupações concorrenciais decorrentes da relação entre as instituições financeiras como consulentes e o *bureau* a ser criado. Sobre a terceira preocupação, a SG concluiu que ela deriva das duas anteriores. Os demais agentes do mercado de informações para concessão de crédito somente poderão se manter de forma competitiva caso não exista fechamento de mercado entre as instituições financeiras sócias do GIC e a própria instituição.[39] Frente a este cenário, a SG concluiu ser necessária a imposição de medidas para além do compromisso de não-exclusividade, com o objetivo de garantir a oferta, não discriminatória, pelo GIC, dos mesmos serviços e produtos ofertados a suas instituições sócias a todos os demais potenciais consulentes do mercado. Dessa forma, a SG opinou pela aprovação da operação mediante assinatura de Acordo em Controle de Concentrações ("ACC"), com o objetivo de afastar os incentivos para a prática de condutas anticompetitivas por parte dos bancos sócios do GIC.

O ACC foi assinado pelas partes em novembro de 2016, após deliberação pelos conselheiros do Tribunal Administrativo do CADE, que acolheram, por maioria, a sugestão da Superintendência-Geral. Especialmente interessante para o presente artigo são as cláusulas referentes à coleta de autorizações para o Cadastro Positivo.

Cumpre esclarecer que, à época da assinatura do acordo, ainda estava vigente a dinâmica do *opt-in* para o Cadastro Positivo (como visto na seção inicial deste artigo, esta dinâmica passou para *opt-out* com a promulgação da Lei Complementar n.º 166/2019). Dessa forma, a preocupação do CADE estava em o GIC, de alguma forma, obstar a coleta de consentimento de seus clientes para o compartilhamento de dados com outros *bureaux* de crédito. A solução encontrada pela autoridade da concorrência foi a imposição de um

[39] "212. (...) Contudo, como visto, a capacidade desses agentes de se manterem competitivos depende de um adequado endereçamento das duas preocupações concorrenciais levantadas anteriormente: não discriminação, pelos Requerentes, seja como fonte, seja como consulentes. Presente qualquer condição que deteriore o nível de competitividade desses bureaus, mais relevante será o papel do GIC no mercado, tornando essencial que seus serviços estejam disponíveis a todos os consulentes". (Parecer nº 21/2016/CGAA2/SGA1/SG).

formulário padrão para a coleta de autorizações do Cadastro Positivo, no qual o consumidor optaria por autorizar o envio de suas informações aos *bureaux* de sua preferência.[40]

Por fim, deve ser ressaltado que este caso levantou interessantes discussões no CADE sobre o papel do Cadastro Positivo em um ambiente de concentração bancária e altos *spreads* como o brasileiro. Por mais que considerasse que a criação de um *bureau* com Cadastro Positivo fosse benéfica para diminuição da assimetria de informações entre os agentes que concedem e os que tomam crédito,[41] a Conselheira Cristiane Alkmin, por exemplo, em seu voto, entendeu que os remédios apresentados não eram suficientes para combater as preocupações anticompetitivas decorrentes da operação sob análise.[42] Atualmente, o GIC existe e está em funcionamento, sob o nome fantasia Quod.[43]

[40] "II.3. **Coleta de autorizações para o Cadastro Positivo:** Especificamente no tocante à coleta de autorizações para fins de Cadastro Positivo, as Compromissárias comprometem-se a utilizar, tanto nos canais físico quanto digitais, um formulário contendo expressamente os nomes dos bureaux de crédito que atendam à legislação vigente aplicável, especialmente quanto aos requisitos patrimoniais e técnicos de segurança da informação bancária. O formulário permitirá ao consumidor optar por autorizar o envio de informação ao bureau que entender adequado. Poderá o consumidor autorizar expressamente a Todos, tendo ainda a possibilidade de excluir aqueles que não quiser autorizar. Os nomes dos bureaux serão dispostos em ordem alfabética, logo abaixo da opção "[ ] Todos", conforme exemplificativo constante do Anexo I."

[41] "2. Decerto, se 'aqueles que concedem crédito' lograrem distinguir os bons dos maus agadores, o custo do financiamento para os bons pagadores se reduzirá (spread menor, com risk-based pricing), o que pode induzir o aumento da demanda por crédito por este grupo de consumidores, o que é excelente para as instituições financeiras, que podem aumentar as suas carteiras de crédito com menor risco de inadimplemento". (Voto da Conselheira Cristiane Alkmin no Ato de Concentração n.º 08700.002792/2016-47).

[42] "22. Assim, entendo que a solução, valendo exclusivamente para o canal bancário das Requerentes, é estabelecer que quando os bancos forem apresentar um formulário do CP (cadastro positivo) ao cliente, que este obrigatoriamente inscreva esta pessoa (PF ou PJ) em **TODOS os birôs de crédito existentes (o chamado de formulário chumbado ou fechado)**. Partindo do princípio que o CF (consumidor final) quer se cadastrar, quanto maior o número de birôs confiáveis a que ele estiver associado, melhor, o que é verdade ao menos com relação aos birôs incumbentes. Caso o CF não queira algum birô, ele poderá optar por sair (opt-out) **ou** poderá se cadastrar diretamente junto ao birô desejado (que não seja pelo canal bancário). Ou seja, o CF segue tendo opções." (Voto da Conselheira Cristiane Alkmin no Ato de Concentração n.º 08700.002792/2016-47. Grifos no original).

[43] Mais informações disponíveis no site: <https://www.quod.com.br/a-quod>.

De toda forma, o que se deve notar aqui é a importância dada pela autoridade concorrencial não somente ao instituto do Cadastro Positivo, mas também aos dados dos consumidores e a importância da competição no mercado de informações de crédito para que de fato possam ocorrer os benefícios almejados pelo cadastro positivo, como redução de taxas de juros para os tomadores de crédito. A autoridade antitruste demonstra estar realmente preocupada com os efeitos anticompetitivos que o uso indevido de dados pessoais possa causar. Trata-se de sinalização importante acerca de uma potencial agenda de investigações na intersecção entre proteção de dados pessoais e direito da concorrência, principalmente com a maior emergência de plataformas digitais que baseiam suas estruturas de negócios na coleta e processamento de dados pessoais.[44]

4. Hipótese de Vazamento de Dados Pessoais e sua Responsabilização

O Decreto nº 9.936/2019, em seu art. 18, estabeleceu os principais parâmetros de ação de gestores na hipótese tanto de vazamento de dados de cadastrados a terceiros, bem como todo e qualquer incidente de segurança que possa causar prejuízo relevante aos cadastrados. Inicialmente, nota-se que o decreto buscou estabelecer diferenças entre incidentes de segurança que possam causar prejuízos relevantes a terceiros dos demais incidentes, que não estariam, a princípio, submetidos ao regime do art. 18. Não há a definição do que seria um prejuízo "relevante", o que confere um grau de indeterminação à cláusula passível de análise pelo Poder Judiciário em demandas futuras.

[44] Sobre o tema, cf. ZANATTA, Rafael A.F.; RENZETTI, Bruno P. Proteção de dados pessoais e direito concorrencial: razões de aproximação e potencialidades de pesquisa. **Revista Fórum de Direito na Economia Digital**, Belo Horizonte, a. 3, n. 4, p. 141-170, jan./jun., 2019. "Em tempos de movimentações institucionais abruptas nas democracias ocidentais, revigoramento das autoridades antitrustes e maior integração das comunidades de direito concorrencial e proteção de dados pessoais, esses parecem ser terrenos férteis para a pesquisa jurídica. É de se esperar um processo de dupla irrigação entre esses campos, com ampliação do repertório conceitual de cada um deles e ressignificação de conceitos muitas vezes tidos como canônicos e indisputáveis" (p. 165).

Ao tratar sobre o juízo de gravidade, o §2º do artigo menciona que "avaliada eventual comprovação de que foram adotadas medidas técnicas adequadas que tornem os dados pessoais afetados ininteligíveis para terceiros não autorizados a acessá-los". É possível depreender, portanto, que a comunicação deverá ser obrigatoriamente independentemente da inteligibilidade dos dados pelos terceiros que obtiveram acesso indevido à base de dados. Trata-se, por exemplo, de hipótese na qual o terceiro transfere à sua máquina arquivos de dados originado pela base de dados, mas não obtém acesso às informações presentes nestes arquivos, em virtude de proteção por determinado protocolo de criptografia. Este juízo, no entanto, não deve ser exercido exclusivamente pelo gestor, que tem o dever de notificar as autoridades relacionadas no art. 18, bem como aqueles cadastrados cujos dados possam ter sido comprometidos ou que possam ser relevantemente prejudicados pelo incidente de segurança ocorrido.

O gestor deverá comunicar o órgão adequado a depender dos sujeitos envolvidos. O inciso I do art. 18 estabelece o dever de comunicação à Autoridade Nacional de Proteção de Dados (ANPD) na hipótese de vazamento de dados de pessoas naturais. Trata-se aqui, portanto, de uma aproximação do regime da LGPD, na medida em que o destinatário da norma, como expressamente exposto nesta Lei, é a pessoa natural (art. 1º), submetendo-se o gestor, portanto, às sanções administrativas passíveis de serem aplicadas pela ANPD à luz do art. 52 e seguintes da LGPD. No entanto, a ANPD, embora tenha tido sua estrutura determinada pela Lei nº 13.853/2019, não foi constituída de fato até o presente o momento, culminando na ineficácia do art. 18, inciso I. Adicionalmente, cabe notar que devido à pandemia de COVID-19, a Lei nº 14.010/2020, que trata do Regime Jurídico Emergencial e Transitório das relações de direito privado (RJET) durante a pandemia, estabeleceu, em seu art. 20, a alteração do início do período de vigência das sanções administrativas presentes na LGPD para 1º de agosto de 2021.

Houve também um movimento para tentar adiar a entrada em vigor do restante dos dispositivos da LGPD. A Medida Provisória nº 959/2020, em seu art. 4º, previa o adiamento do início da vigência da LGPD para 3 de maio de 2021. Todavia, o Congresso, ao formular o Projeto de Lei de Conversão nº 34/2020, entendeu prejudicado o art. 4º da MP nº 959/2020, afastando o adiamento nele previsto. Nesse cenário, o Senado Federal aprovou a

Lei nº 14.058/2020, a qual foi sancionada pelo Presidente da República em 17 de setembro de 2020. Dessa forma, a LGPD, com exceção de suas sanções administrativas, entrou em vigor no dia seguinte, 18 de setembro de 2020.[45]

Na sequência, o Decreto nº 9.936/2019 estabelece em seu art. 18, inciso II, que na hipótese de o vazamento relacionar-se a dados prestados por instituições financeiras autorizadas a funcionar pelo Banco Central do Brasil, este deve ser comunicado. Já os dados de consumidores em geral demandam a comunicação à Secretaria Nacional do Consumidor do Ministério da Justiça e Segurança Pública. A comunicação (§1º), neste sentido, deve ser realizada em até dois dias úteis, contados da data do incidente, e conterá, pelo menos, a descrição da natureza dos dados pessoais afetados; as informações sobre os cadastrados envolvidos; a indicação das medidas de segurança utilizadas para a proteção dos dados, inclusive quanto aos procedimentos de encriptação utilizados; e, por fim, as medidas que foram ou serão tomadas para fins de mitigação ou reversão do prejuízo. A comunicação também deverá ser realizada aos cadastrados imediatamente (§3º).

Quanto ao regime de responsabilização por danos morais e materiais decorrentes do vazamento de dados, o art. 16 da Lei 12.414/2011 estabelece a responsabilidade objetiva e solidária do banco de dados, da fonte e do consulente, aferível nos termos do Código de Defesa do Consumidor. Esta redação, ao incluir a utilização da parametrização de responsabilidade existente no Código de Defesa do Consumidor, decorre das alterações efetuadas pela Lei Complementar nº 166/2019. Surge, no entanto, uma dificuldade interpretativa decorrente desta alteração: o art. 17 seguinte estabelece que, na hipótese do cadastrado ser considerado consumidor à luz do Código de Defesa do

[45] Aqui se faz um esclarecimento necessário para o correto entendimento do histórico legislativo da Lei Geral de Proteção de Dados. O texto da Lei n.º 13.709/2018 previa a entrada em vigor da lei para 15 de agosto de 2020, exatos 24 meses após sua publicação (art. 65, II). Com a edição da MP nº 959/2020, a vigência da LGPD ficou "suspensa" até a sanção pelo Presidente da República da Lei de Conversão, nos termos do art. 62, §12, da Constituição Federal. Assim, a LGPD não entrou em vigor em 15 de agosto de 2020 devido ao fato de a MP 959/2020 ainda estar em vigor. Como a Lei nº 14.058/2020, fruto da conversão, não tratou do tema referente ao adiamento do LGPD, entende-se que ela não recepcionou o artigo que prescrevia tal adiamento. Assim, a LGPD entrou em vigor no dia seguinte à sanção presidencial da Lei nº 14.058/2020.

Consumidor, serão aplicáveis as sanções nele previstas, bem como eventuais sanções adicionais, tais como medidas corretivas, por órgãos de proteção e defesa do consumidor. Ao realizar a alteração no art. 16, como feito pelo legislador em sede da Lei Complementar nº 166/2019, e trazer a remissão neste artigo também ao Código de Defesa do Consumidor, houve uma redução da proteção aos cadastrados não-qualificados como consumidores, na medida em que (i) não se pode falar de aplicação das regras do Código de Defesa do Consumidor a estes, e (ii) ao passo que o art. 16 correspondia ao artigo que estabelecia a proteção de cadastrados de modo geral, independentemente de sua qualificação como consumidor ou não, sob a ótica da responsabilidade objetiva. Esta responsabilidade objetiva, aliás, é a mais adequada para os casos envolvendo vazamentos de informações em bancos de dados, pois independentemente da qualificação do cadastrado como consumidor ou não, há evidente disparidade técnica entre o gestor do banco de dados e o cadastrado, o que impossibilita a mera aplicação da regra geral do art. 927 do Código Civil, na medida em que a comprovação e apreciação do elemento culposo seria impossibilitada em virtude da alta técnica que envolvem os bancos de dados, além de que, afastar-se-ia do objetivo primário da lei, que visa a coibir os vazamentos de dados em geral, ocorridos em bancos de dados regulados por ela.

Por fim, cabe destacar que os órgãos de proteção e defesa do consumidor, para fins de aplicação de sanções adicionais, que incluem tanto medidas corretivas como a determinação de exclusão de informações incorretas, atuarão de maneira concomitante, respeitados os seus limites de competência.

5. Novas Fronteiras do Cadastro Positivo: o Início do *Open Banking* no Brasil

Como é sabido, o setor bancário brasileiro possui um reduzido número de *players* relevantes e uma grande franja de agentes menores, normalmente *fintechs*. De acordo com o "Relatório de Economia Bancária" de 2019, produzido pelo Banco Central do Brasil, os cinco principais bancos do Brasil – Caixa, Banco do Brasil, Itaú, Bradesco e Santander – corresponde a aproximadamente 80% do mercado do estoque de crédito para pessoa física (quando se fala de crédito para pessoa jurídica, o BNDES passa a ter atuação relevante).

Nesse cenário de alta concentração bancária, as *fintechs* encontraram um campo fértil para desenvolvimento e estão colocando em xeque as práticas dos grandes bancos. De acordo com o relatório Radar Fintech, elaborado pelo FintechLab, havia 604 *fintechs* no Brasil em junho de 2019. Estas *fintechs* são capazes de oferecer serviços a seus consumidores com tarifas quase zero e também de oferecer crédito com baixas taxas de juros, principalmente para um público desbancarizado – aquele cliente que nunca teve uma conta bancária. São iniciativas em diversos setores, tais como banco soluções de pagamento, gerenciamento de renda, *online banking*, entre outras.

O BACEN não se manteve inerte neste cenário de intensa mudança. Iniciativas como as Agendas BC+ e BC# demonstram que a autoridade bancária está atenta para mudanças setoriais.[46] Houve a edição da Resolução n.º 4.649/2018, proibindo que instituições bancárias limitem o acesso de instituições menores a soluções de pagamento e transferência de recurso e também a Resolução n.º 4.656/2018, a qual criou dois novos tipos societários: a sociedade de crédito direto e a sociedade de empréstimo entre pessoas. No mesmo sentido, o BACEN iniciou a regulação do *open banking*, com a Resolução Conjunta BACEN/CMN n.º 1/2020.[47]

O *open banking* – também conhecido no Brasil como Sistema Financeiro Aberto – é definido pelo art. 2º da Resolução Conjunta n.º 1/2020 como o "compartilhamento padronizado de dados e serviços por meio de abertura e integração de sistemas". Dessa forma, o cliente de uma instituição bancária poderá compartilhar seus dados com provedores de aplicativos (*third-party providers*) por meio de APIs, com possibilidade de acesso a novos produtos financeiros. O *open banking* será implementado no Brasil em quatro estágios

[46] A Agenda BC+ foi lançada em 2016 e tem como principal finalidade a correção de questões estruturais do Sistema Financeiro Nacional. Por sua vez, a Agenda BC# é mais recente (criada em 2019) e reformulou os trabalhos da Agenda BC+. Seus trabalhos estão estabelecidos em quatro pilares essenciais: inclusão, competitividade, transparência e educação. A agenda tem como objetivo conectar os objetivos microeconômicos do BACEN às inovações bancárias. O open banking se inclui dentro das atividades da Agenda BC#. Mais informações: <https://www.bcb.gov.br/acessoinformacao/bchashtag>.

[47] A Resolução Conjunta n.º 1/2020 foi precedida pelo Comunicado n.º 33.455/2019, quando foram publicados os requisitos fundamentais para a implementação do open banking no Brasil. O BACEN também conduziu a Consulta Pública n.º 73/2019, durante a qual recebeu sugestões e comentários sobre a minuta de resolução.

distintos[48] e as grandes instituições bancárias devem participar desde a Etapa 1.[49]

Não há dúvidas que o *open banking* tem o potencial de promover a criação de novos negócios financeiros, tendo os dados como insumo principal. Nesse sentido, torna-se cada vez mais necessária a proteção de dados do consumidor. O *open banking* está fundado no necessário consentimento do consumidor para o compartilhamento de seus dados bancários, demonstrando uma clara intersecção entre a regulação e a Lei Geral de Proteção de Dados. Um outro ponto de intersecção entre *open banking* e proteção de dados está no fato de que o *open banking* somente se concretizará mediante a portabilidade de dados. Os consumidores terão o poder de gerenciar seus dados pessoais, com a possibilidade de transferência para outras plataformas, possibilitando que os consumidores alternam entre plataformas de maneira mais fácil e simples. É interessante notar que a portabilidade de dados também está expressamente prevista na LGPD, ao listar, em seu art. 18, como um dos principais direitos do titular dos dados.

Para o presente estudo, é interessante notar como a Resolução Conjunta n.º 1/2020 alça o consentimento do usuário a uma posição de protagonismo no sistema de *open banking*. Primeiramente, seu art. 8º dispõe que "a solicitação de compartilhamento de dados de cadastro e de transações e de serviços (...) compreende as etapas do consentimento, autenticação e confirmação". Portanto, o consentimento é a primeira etapa de qualquer operação de compartilhamento de dados. Deve haver expressão de vontade por parte do titular dos dados para que seus dados sejam compartilhados entre instituições, uma espécie de *opt-in* ao *open banking*.

Mais à frente, o art. 10 dispõe sobre como deve ser feita a identificação do cliente e obtido seu consentimento: deve ser solicitado com linguagem clara, objetiva e adequada (inciso I); deve se referir a finalidades determinadas

[48] Na Etapa 1, deverão ser compartilhados dados sobre produtos e serviços das instituições financeiras; a Etapa 2 prevê o compartilhamento de dados cadastrais de clientes; durante a Etapa 3 serão compartilhados dados transacionais de clientes e histórico de informações financeiras; por fim, na Etapa 4, haverá o compartilhamento de informações sobre transações cambiais, investimentos, seguros, entre outros.

[49] Instituições financeiras classificadas nos segmentos S1 e S2 da Regulação Prudencial do BACEN terão participação obrigatória no open banking desde a primeira etapa (art. 6º, I, (a), da Resolução Conjunta n.º 1/2020).

(inciso II); deve ser limitado a doze meses (inciso III); deve discriminar a instituição transmissora de dados (inciso IV); e deve discriminar os dados ou serviços que serão objeto de compartilhamento (inciso V). No mesmo sentido, o §3º do art. 10 veda a obtenção de consentimento por meio de contrato de adesão, por meio de formulário com opção de aceite previamente preenchida ou, ainda, de forma presumida, sem manifestação ativa pelo cliente.

O estudo destas disposições deixa claro que o *open banking* somente será possível no Brasil devido ao arcabouço jurídico inaugurado pela LGPD para a proteção de dados pessoais. Além disso, assim como na LGPD, o consentimento ativo e expresso é pedra angular do sistema de *open banking*. O mais interessante, entretanto, é notar como o Cadastro Positivo e seu sistema de *opt-out* parece ser um estranho no ninho na proteção de dados brasileira, ao prever que não necessidade de consentimento expresso do titular para que ocorra o compartilhamento de dados, indo na contramão de outras regulamentações, inclusive no setor bancário.

Conclusão

Como visto ao longo do desenvolvimento deste artigo, bancos de dados referentes (in)adimplemento de consumidores não é qualquer novidade. A inovação da Lei n.º 12.414/2011 ocorreu ao dispor sobre a criação de um histórico e pontuação positiva de crédito, rompendo com a lógica sedimentada na "negativação" do consumidor junto aos órgãos de proteção ao crédito. As motivações para a construção de um sistema de Cadastro Positivo no Brasil – redução de taxas de juros e aumento da oferta de crédito, entre outras – devem ser, de fato, enaltecidas. Todavia, na ânsia de promover maior popularidade do *score* de crédito entre consumidores, a legislação parece ter se olvidado da necessária proteção aos dados pessoais de seus usuários.

A mudança imposta pela Lei Complementar n.º 166/2019, alterando a dinâmica de *opt-in* para *opt-out*, está em clara divergência ao disposto pela Lei Geral de Proteção de Dados Pessoais e o próprio Código de Defesa do Consumidor. Como visto, a autodeterminação informativa deve ser a regra, de forma que somente o titular dos dados pode decidir sobre a disponibilização e processamento de seus dados. Em outras palavras, houve o esvaziamento da necessidade de consentimento prévio do usuário para seus dados sejam coletados. Esta situação se tornou ainda mais reprovável neste ano de 2020, quando o Plenário do STF reconheceu o direito fundamental à proteção dos dados pessoais.

Reconhece-se que a necessidade de consentimento prévio pode ter sido um empecilho para maior adesão ao Cadastro Positivo. Contudo, também não qualquer dado concreto quando à eficácia da inclusão automática nos bancos de dados dos *bureaux* e redução de juros bancários e maior oferta de crédito.

Como também visto no decorrer deste artigo, os consumidores enfrentam diversas barreiras burocráticas para conseguirem retirar suas informações pessoais dos bancos de dados das instituições de crédito. Não se trata de processo trivial e é demasiadamente custoso para o usuário, gerando incentivos para que ele não prossiga com a requisição de saída do cadastro. O sistema de *opt-out* se mostra extremamente ineficaz para o consumidor – mas muito eficaz para os *bureaux*.

Verdade é que está em vigor a Lei do Cadastro Positivo que implementou o sistema de *opt-out*, afastando o princípio basilar da autodeterminação informativa. Cabe a nós, como titulares dos dados, mantermos intensa vigilância de como são utilizados e buscar sua remoção, caso necessário, sem desistirmos frente a um processo burocrático e moroso. A tutela de direitos fundamentais começa na Constituição Federal, mas somente se sustenta na prática: parece ser o momento necessário para que a proteção dos dados pessoais se concretize como tal.

Referências

AKERLOF, George A. The Market for "Lemons": Quality Uncertainty and the Market Mechanism. **The Quarterly Journal of Economics,** vol. 84, no. 3, (Aug., 1970), p. 488-500. Disponível em: <https://www.jstor.org/stable/1879431?seq=1>.

BANCOS brasileiros lançam bureau de crédito Quod. Forbes. 12 de junho de 2018. Disponível em: <https://forbes.com.br/last/2018/06/bancos-brasileiros-lancam-bureau-de-credito-quod/>. Acesso em 15 ago. 2020.

BOAVISTA. O que é o Score Boavista? Disponível em: <https://www.consumidorpositivo.com.br/score/>. Acesso em 14 ago. 2020.

BRASIL. Conselho Administrativo de Defesa Econômica. Ato de Concentração n.º 08700.002792/2016-47. **Voto da Cons. Cristiane Alkmin.** 09.11.2016.

______. Conselho Administrativo de Defesa Econômica. **Parecer n.º 21/2016/CGAA2/SGA1/SG**. 02.09.2016.

______. Superior Tribunal de Justiça. **REsp n.º 1.419.697/RS**. Rel. Min. Paulo de Tarso Sanseverino, 2ª Seção, julgado em 12.11.2014, DJe 18.11.2014.

______. Superior Tribunal de Justiça. **REsp n.º 1.758.799/MG**. Rel. Min. Nancy Andrighi, 3ª Turma, julgado em 12.11.2019, DJe 18.11.2019.

______. Superior Tribunal de Justiça. **Súmula n.º 550**. 2ª Seção, julgado em 14.10.2015, DJe 19.10.2015

FEBRABAN. Linha do Tempo. Disponível em: <https://portal.febraban.org.br/50anos/linha-do-tempo/>. Acesso em 15 ago. 2020.

FICO. About us. Disponível em: <https://www.fico.com/en/about-us>. Acesso em 15 ago. 2020.

FREAS, Theresa. Credit through the ages: where it all began. Disponível em: <https://insight.equifax.com/the-history-of-consumer-credit/>. Acesso em 14 ago. 2020.

MENDES, Laura Schertel. Decisão história do STF reconhece direito fundamental à proteção de dados pessoais. **Jota.** Brasília, 10 de maio de 2020. Disponível em: https://www.jota.info/paywall?redirect_to=//www.jota.info/opiniao-e-analise/artigos/decisao-historica-do-stf-reconhece-direito-fundamental-a-protecao-de-dados-pessoais-10052020". Acesso em: 14 ago.2020.

______. Habeas data e autodeterminação informativa. **Revista Brasileira De Direitos Fundamentais & Justiça**, 12(39), 2019, p. 202 https://doi.org/10.30899/dfj.v12i39.655

PEREIRA NETO, Caio Mario da Silva; CASAGRANDE, Paulo Leonardo. **Direito Concorrencial: doutrina, jurisprudência e legislação**. São Paulo: Saraiva, 2016

QUOD. Sim, você está no controle. Disponível em: <https://www.quod.com.br/para-voce>. Acesso em 14 ago. 2020.

SERASA. Dívida com cartório: como regularizar? Disponível em:< https://www.serasa.com.br/ensina/seu-nome-limpo/divida-com-cartorio/>. Acesso em: 15 ago. 2020.

SERASA ENSINA. O que é score de crédito?. Disponível em: <https://www.serasa.com.br/ensina/aumentar-score/o-que-e-score-de-credito/>. Acesso em 14 ago. 2020.

SILVA, José Afonso da. **Comentário Contextual à Constituição.** 8. ed. São Paulo: Malheiros, 2012.

SOPRANA, Paula. Birôs de crédito dificultam saída do cadastro positivo no Brasil. FOLHA DE S. PAULO. São Paulo, 12 de janeiro de 2020. Disponível em: <https://www1.folha.uol.com.br/mercado/2020/01/biros-de-credito-dificultam-saida-do-cadastro-positivo.shtml>. Acesso em 14 ago. 2020.

SPC BRASIL. Dúvidas frequentes. Disponível em: <https://www.spcbrasil.org.br/cadastropositivo/consumidor/duvidas-frequentes.html>. Acesso em 14 ago. 2020.

ZANATTA, Rafael A.F. **Perfilização, Discriminação e Direitos: do Código de Defesa do Consumidor à Lei Geral de Proteção de Dados Pessoais.** No prelo. Disponível em: < https://www.researchgate.net/publication/331287708_Perfilizacao_Discriminacao_e_Direitos_do_Codigo_de_Defesa_do_Consumidor_a_Lei_Geral_de_Protecao_de_Dados_Pessoais>.

______ RENZETTI, Bruno P. Proteção de dados pessoais e direito concorrencial: razões de aproximação e potencialidades de pesquisa. **Revista Fórum de Direito na Economia Digital**, Belo Horizonte, a. 3, n. 4, p. 141-170, jan./jun., 2019.

ZANCHIM, Kleber Luiz. **Contratos Empresariais**. São Paulo: Quartier Latin, 2012. p. 91-109

5.
Desafios da Implementação de um Programa de Conformidade à LGPD no Comércio

Livia Clozel
Maria Eugênia Lacerda
Mariana Almirão de Sousa
Thomas Kefas

Introdução

Tendo como ponto de partida as discussões sobre a Lei Geral de Proteção de Dados, foram aventados pontos a serem estudados a respeito dos desafios encontrados para a sua implementação no comércio. Como objetivo da presente pesquisa, almeja-se traçar o panorama hodierno da aplicação da LGPD ao setor. Para tanto, foi realizada uma pesquisa com oitenta e nove profissionais de proteção de dados para que respondessem questões a respeito do conhecimento sobre a LGPD, a tomada de medidas em direção a execução questões sobre como é feito o tratamento dos dados coletados. Entre as respostas obtidas, 79,6% afirmaram conhecer a lei; entre eesses, 27%, apesar de terem ciência, não realizaram ações de cumprimento. Da totalidade, 47% iniciou o processo de conformidade (52% com adequação em andamento, 31% em busca de parceiros para começar o programa e 17% concluíram o processo). Daqueles que não estabeleceram, 37% tem outras prioridades, 29%

não conhece a lei, 21% não se encontra em situação financeira apta a dispor de recursos e 13% acredita que a LGPD não é aplicável ao seu negócio. Um fator preocupante foi questão a respeito do adiamento da vigência da LGPD, em que 63,3% respondeu em favor da prorrogação. Também se indagou sobre os motivos que levam ao desejo de adiamento, bem como por soluções a esse inquietante obstáculo.

Para tanto, utilizaram-se dos dados obtidos para embasar a hipótese da pesquisa, de forma a fundamentar o método hipotético-dedutivo adotado com uma análise quantitativa das informações obtidas, para que se possa responder ao problema da pesquisa em identificar de que forma a LGPD impacta o mercado, mais especificamente o setor do comércio e qual seria um possível caminho para se mitigarem os impactos negativos da implementação da lei no setor.

1. Proteção Jurídica Constitucional aos Dados Pessoais

Ao se analisar o tema dos dados pessoais na legislação brasileira, deve-se buscar, inicialmente, uma abordagem constitucional de alguns temas como a privacidade, a ordem econômica e os próprios dados pessoais, numa ótica de convergência dos "importantes problemas dogmáticos do direito constitucional e do direito civil",[1] a eficácia dos direitos fundamentais na ordem privada e o da privatização das funções e procedimentos de ordem pública.

Antes de analisar-se a LGPD, faz-se necessário retomar um debate sobre o direito constitucional sobre os dados pessoais. De fato, não há uma previsão constitucional direta que trate da proteção de dados. Contudo, não se deve olvidar que a Constituição Federal, ao optar por positivar um "conceito materialmente aberto de direitos fundamentais consagrado pelo art. 5º, §2º, da CF"[2] que, por sua vez "aponta para a existência de direitos fundamentais positivados em outras partes do texto constitucional e até mesmo em tratados internacionais, bem assim para a previsão expressa da possibilidade de se reconhecer

[1] CANOTILHO, J.J. G. Dogmática de direitos fundamentais e direito privado. In: SARLET, Ingo Wolfgang (Org). **Constituição, direitos fundamentais e direito privado.** 2. ed. Porto Alegre: Livraria do Advogado. 2006. p. 341-342.

[2] SARLET, Ingo. **A eficácia dos direitos fundamentais.** 10. ed. 2009. p. 71.

direitos fundamentais não-escritos".[3] Há, de forma expressa, conforme nos lembra Afonso da Silva,[4] a declaração sobre o caráter inviolável da intimidade dos sujeitos, de sua vida privada, da sua honra e da sua imagem, como previsto no art. 5º, X. Nas palavras do autor, o constituinte "erigiu, expressamente, esses valores humanos à condição de direito individual, mas não o fez constar do *caput* do artigo. Por isso estamos considerando-o um direito conexo ao da vida. Assim, ele figura no *caput* como reflexo ou manifestação deste".[5]

Essas garantias da intimidade e da vida privada são consideradas sinônimas, como consequência do *right of privacy* do direito anglo-americano.[6] Mas o legislador constituinte não pecou de redundância no inciso X do art. 5º da Constituição de 1988: tanto que se percebe essa separação na LGPD, ao se estabelecer a separação entre dados pessoais gerais e dados pessoais sensíveis, ou simplesmente, dados sensíveis.

Seguindo o pensamento de Mendonça,[7] os direitos fundamentais não devem ser compreendidos como uma gama de direitos em *numerus clausus*, mas sim como rol exemplificativo, uma vez que a Constituição Federal impõe uma perspectiva desenvolvimentista a tais direitos. Sendo o desenvolvimento princípio norteador de todo o sistema constitucional, pode-se concluir que os direitos fundamentais não se restringem aos exemplos dados na Constituição: deve-se buscar uma evolução nos direitos apresentados à sociedade.

Os princípios constitucionais garantidores dos direitos fundamentais são, como aponta Canotilho, "a síntese ou matriz de todas as restantes normas constitucionais, que àquelas podem ser direta ou indiretamente reconduzidas".[8] Percebe-se que a "tutela da dignidade da pessoa humana como princípio reflete uma opção político constitucional do legislador constituinte",[9]

[3] *Id.* p.71 (grifo nosso).

[4] SILVA, José Afonso da. **Curso de direito constitucional positivo.** 25. ed. São Paulo: Malheiros, 2005. p.205.

[5] *Id.* p.205-206.

[6] *Id.* p. 206.

[7] MENDONÇA, Fabiano. **Introdução aos direitos plurifuncionais.** Natal: Fabiano Andre de Souza Mendonca, 2016.

[8] CANOTILHO, José Joaquim Gomes; MOREIRA, Vital. **Fundamentos da Constituição.** Coimbra: Coimbra. 1991. p. 66 .

[9] BLUM, Rita P. F.; FREITAS, Rodrigo L. Privacidade e proteção de dados pessoais: entre o hoje e o amanhã. In: BRANCO FILHO, Teixeira; CARVALHO Thelmo de. **A contemporaneidade dos direitos civis, difusos e coletivos.** Rio de Janeiro: Jurimestre, 2018. p. 315.

não sendo opção desse legislador, tampouco opção da sociedade atual, limitar os direitos fundamentais somente àqueles que foram expressamente previstos no texto constitucional original. Em razão disso, deve-se considerar a proteção de dados pessoais como direito fundamental, e não engessar a vontade do legislador constitucional originário, atentando contra o estado de desenvolvimento da sociedade e contra a própria ordem democrática de direito.

Ainda que os direitos fundamentais previstos no texto constitucional não apontem sempre para fundamentos da dignidade da pessoa humana, é certo que algo tão vinculado a tal dignidade do sujeito, deve ser considerado como parte desses direitos fundamentais. Contudo, dado o atual debate sobre a necessidade de uma expressa constitucionalização do direito de proteção sobre os dados pessoais, não é vislumbrado motivos para se opor a isso, tendo em vista que o resultado seria somente um maior grau de segurança jurídica sobre a implementação e eficácia de tal direito.

A finalidade dessa proteção aos dados pessoais é o próprio desenvolvimento da sociedade. Logo, não se pode conceber uma proteção que se coloque como oposição ao desenvolvimento de forma injustificada[10] e, de fato, os dados pessoais são elementos vitais para o desenvolvimento socioeconômico da nossa sociedade atual, justificando-se a edição de normas mais específicas que tutelem seu uso, seja ele econômico, ou não.

No texto da LGPD, é possível verificar a observância desse condão de busca por uma regulação do mercado, na qual se define que a titularidade dos dados é do sujeito e estabelece formas de seu uso e tutela econômica, tendo como fundamento tanto o caráter personalíssimo dos dados pessoais, quanto a necessidade do mercado de tratar tais informações para o desenvolvimento dos produtos e serviços na economia. Noutros termos, a LGPD deve levar em consideração os direitos fundamentais constitucionalmente previstos para as pessoas naturais, mas sem desconsiderar as necessidades do mercado dos

[10] O termo aqui utilizado deve ser compreendido como dentro do conceito de "justo" proposto por Alexy, que prevê uma obrigatoriedade de tratamento igual ou desigual por parte do Estado desde que se tenha um fato que desequilibre o patamar de igualdade de oportunidades, como trabalhado por Sen. ALEXY. R. **Teoria dos direitos fundamentais.** São Paulo: MALHEIROS, 2008.; SEN, Amartya. **Desenvolvimento como liberdade.** São Paulo: Companhia de Bolso. 2010.

dados, buscando um parâmetro que se traduza na boa-fé aplicada à circulação dos dados na sociedade contemporânea.

Esse mercado de dados pessoais existe há décadas, e vem se aprimorando em suas práticas, velocidade e tratamento das informações. Lojkine, em 1995 já falava em uma revolução informacional:

> É verdade que a transferência para as "máquinas" de um novo tipo de função cerebral abstrata (o que caracteriza a automação) está no coração da revolução informacional, já que tal transferência tem como **consequência fundamental deslocar o trabalho humano da manipulação para o tratamento de símbolos abstratos – e, pois, deslocá-lo para o "tratamento" da informação.** Nesse sentido, a revolução informacional nasce da oposição entre a revolução da máquina-ferramenta, fundada na objetivação das funções manuais, e a revolução da automação, baseada na objetivação de certas funções cerebrais desenvolvidas pelo maquinismo industrial.[11] (grifo nosso).

O mundo viu os ativos empresariais se transformarem das grandes máquinas, sondas e plataformas das petrolíferas aos algoritmos, dados e inteligências artificiais das grandes plataformas do *Two-sided Market*. Gaspar mostra que tais mudanças, ocorridas desde o início da Revolução Industrial, foram sendo sedimentados, gerando necessidades individualizadas, experiências de consumo diferentes, solidificando-se nos usos e costumes sociais, e transformando-se em mudanças tecnológicas no cotidiano da sociedade atual.[12]

Os sujeitos passam a buscar experiências diferentes. Cada um em seus desejos individuais, o mercado cria a necessidade de investimentos em *marketing*, que, por sua vez, necessitam de maior eficácia, até que os dados dos consumidores passem a ser tratados pelas empresas, tornando o *marketing* mais eficaz e direcionado à individualização da experiência almejada pelo consumidor.

[11] LOJKINE, Jean. **A revolução informacional**. 3. ed. São Paulo: Cortez, 1995. p.11

[12] GASPAR, Marcos Antônio. **Gestão do conhecimento em empresas atuantes na indústria de software no Brasil:** um estudo das práticas e suas influências na eficácia empresarial. 2010.Tese de Doutoramento em Administração – Universidade de São Paulo, São Paulo, 2010. p. 9.

No Brasil, a tutela de tais dados foi objeto da legislação consumerista durante muito tempo, como consequência de o Código de Defesa do Consumidor ("CDC") ter reconhecido o consumidor como parte hipossuficiente da relação, mas não em toda a sua complexidade. Afinal, na elaboração do CDC a sociedade ainda não tinha tão nítida a exploração dos dados como ativo principal das relações de consumo.[13]

Não seria tarefa fácil à época compreender, por exemplo, o que se denomina hoje de *Two-sided Market.* Trata-se de um modelo que requer uma concentração de mercado que beira o monopólio, ou ultrapassa tais limites, para poder funcionar da forma como se propõe – *the winner takes it all* —, na qual, por vezes não há uma contrapartida financeira direta do consumidor. Nesse sentido, a empresa oferta um serviço ao sujeito em troca de suas informações, que serão tratadas de uma forma específica e, posteriormente, ofertada s(diretamente ou indiretamente) a outras empresas (fornecedores), realizando o tratamento dos dados pessoais, criando uma série de informações com o intuito de diminuir os custos transacionais do mercado, torando as operações mais eficientes.

Ao perceber que poderia elevar seus lucros e se tornarem mais eficientes apenas coletando dados, o mercado passou a fazê-lo de forma irrestrita. Na conjuntura social brasileira, as pessoas passaram a fornecer todas as informações sobre si mesmas, sem pensar a respeito sobre o assunto, muitas vezes ignorando que eram informações prejudiciais à sua privacidade ou à sua própria individualidade. Esse cenário é bastante preocupante pelo potencial danoso aos sujeitos em caso de tratamento indevido das informações. Porém, restringir totalmente a coleta das informações pessoais no momento atual da sociedade seria, como apontado anteriormente, um obstáculo ao desenvolvimento, objetivo constitucionalmente previsto para toda a sociedade.

O potencial danoso em muito tem relação com a natureza da informação (gênero do qual o dado pessoal é espécie) enquanto bem econômico. Goldstein lembra que, em termos econômicos, o investimento em informação sofre problemas especiais de apropriabilidade. [14] Isso significa que, uma vez que a

[13] BLUM, Rita P. F.; FREITAS, Rodrigo L. *Id.* p. 316.

[14] *In economist's terms, investment in information suffers special problems of appropriability. The fact that informations is intangible means that, absent property rights, a producer of informations will find it difficult to appropriate to herself the information's value in the marketplace. While most informations*

informação é bem intangível,[15] na ausência de um sistema de proteção, aquele que a produz teria dificuldades para se apropriar do seu valor de mercado, o que poderia inibir sua produção. Aqui é necessário separar duas espécies de informação: o dado pessoal em si, direito personalíssimo de titularidade da pesssoa por força de proteção constitucional, e dos dados tratados a partir dessa informação, fruto do investimento da empresa em sistema de tratamento da informação, e com possibilidade de uso econômico.

O problema reside nos dados pessoais protegidos pelo direito, com utilidade e valor no mercado. Sendo muitas vezes sensíveis, capazes de gerar danos sociais aos indivíduos, quando há abuso na utilização das informações pessoais. Soma-se ao fato de que a sociedade costumava não ter problemas de uso indevido de dados pessoais (gerais ou sensíveis) em grande escala, e que por isso a maioria das pessoas não procura refletir sobre o que será feito com as informações que fornecem às empresas, sendo este um problema a se combater.

Foi com esse intuito que se promulgou a LGPD, fruto de uma pressão internacional, mas que se insere em nosso ordenamento para garantir os direitos constitucionais de proteção das informações pessoais dos sujeitos, equilibrando a proteção pessoal com o uso de mercado com vista ao desenvolvimento da sociedade.

2. Notas sobre o Setor Comercial

Ao adentrar na área comercial, com o intuito de traçar um recorte no estudo da temática, importa descrever a situação do setor. Em 2014, existiam

will have little value to its producer unless she can sell it, sale will expose the information to competitors who, absente property rights, will be able freely to replicate the information and sell it at price lower than what the first producer must charge to recoup her investment in producing the information, the producer will from the start be disinclined to invest in producing information. GOLDSTEIN, Paul. **Copyright, patent, trademark and related state doctrines.** 20. ed. New York: Foundation Press. 2008. p. 17

15 *Segundo a doutrina civilista brasileira um "bem" é uma espécie do gênero "coisa". Enquanto a "cosia" engloba tudo aquilo que existe, o "bem" engloba aquilo que proporciona uma utilidade ao homem, sendo suscetível de apropriação. Noutros termos, o "bem" requer a concepção de utilidade e comerciabilidade. Por sua vez um "bem intangível", "incorpóreo", ou "imaterial" é aquele com existência abstrata e que não pode ser tocado pela pessoa humana, figura apenas no mundo do intelecto humano.* TARTUCE, Flávio. **Direito civil:** lei de introdução e parte geral. vol. 1. 6. ed. São Paulo: Metodo. 2010. p. 273-275.

1,2 milhões de unidades de comércio varejista, as quais empregavam 7,8 milhões de pessoas, com uma receita líquida de R$ 1,2 bilhões, enquanto que no comércio por atacado, 197.950 empresas, que empregavam 1,8 milhões de pessoas e com uma receita líquida de R$ 1,3 bilhões.[16]

Entre os varejistas, os pequenos negócios são considerados a espinha dorsal da economia, de acordo com um levantamento realizado em 2018 pela Sociedade Brasileira de Varejo e Consumo, representando 20,25% do PIB (Produto Interno Bruto) brasileiro.[17]

Quanto ao *e-commerce,* de 2014 a 2019 houve um salto de 37,59% em número de lojas *online.* Nesse levantamento, o país possuía 930 mil *sites* dedicados ao comércio eletrônico, segundo dados de *BigData Corp,* em parceria com o *PayPal* Brasil.[18] Tendo como base o relatório *Webshoppers*, realizado pela *Ebit* em 2018, o faturamento do setor foi de R$ 53,2 bilhões.[19] Levando em conta os benefícios aos clientes consistirem no pagamento de quantias inferiores em comparação a lojas físicas, desembaraço ao comparar custos e produtos, além da conveniência ao comprar de onde estiver sem precisar do deslocamento geográfico às lojas.[20]

No que concerne ao comércio eletrônico, durante os anos de 2014 a 2019, a quantidade de lojas *online* teve acréscimo de 37,59%. De acordo com o estudo supracitado do *BigData Corp,* no Brasil havia 930 endereços eletrônicos sediando espaços dedicados ao comércio, com faturamento de R$ 53,2 bilhões, o equivalente a 4,09% do PIB brasileiro para o ano de 2019. Esse aumento deve-se não em razão do aumento do *ticket* médio, que por sua vez diminuiu, mas pelo crescimento de 20,1% do número de pedidos. Somente no ano de 2019, 10,7 milhões de consumidores novos passaram a fazer compras pelo meio

[16] BRASIL. Instituto Brasileiro de Geografia e Estatística. Brasil em Síntese. Disponível em: <https://brasilemsintese.ibge.gov.br/comercio.html>. Acesso em: 20 jul. 2020.

[17] SOCIEDADE BRASILEIRA DE VAREJO E CONSUMO. O papel do varejo na economia brasileira – 2ª atualização. Disponível em: <http://sbvc.com.br/o-papel-do-varejo-na-economia-brasileira-2a-atualizacao> . Acesso em: 20 jul. 2020.

[18] PAYPAL. O Perfil do E-Commerce Brasileiro 2018. Disponível em: <https://www.paypal.com/stories/br/pesquisa-4-edico-do-perfil-do-e-commerce-brasileiro>. Acesso em: 20 jul. 2020.

[19] EBIT. *Webshopper* 2018, Disponível em: <https://www.ebit.com.br/webshoppers/webshoppersfree>. Acesso em: 20 jul. 2020.

[20] ROCKCONTENT. E-commerce Trends 2018. Disponível em: <https:// materiais.rockcontent.com/ecommerce-trends>. Acesso em: 5 ago. 2020.

digital. Apesar desses consumidores realizam gastos mais modestos que os consumidores que já estavam na plataforma, esses se sobrepõem com relação ao volume total de compras.

Com a pandemia, as compras a distância se tornaram uma necessidade, amenizando a resistência que uma parcela considerável da população tinha para com essa modalidade de vendas, vencendo barreiras como a dificuldade na familiarização com computadores e receios relacionados a segurança. Em 2020, a expectativa é de que os números sejam superiores, pela preocupação do consumidor com relação ao deslocamento, o aumento no armazenamento de produtos perecíveis e de necessidade pessoal e restrição das viagens de compras tanto externa como internamente. Assim, segundo o *Webshoppers*, no período de março e abril de 2020, houve um aumento de 48,3%, em comparação com as mesmas datas do ano anterior. Com o crescimento do setor, também vem aumentando o uso de dados desses consumidores, primordialmente, daqueles que compram pela Internet, tendo em vista a maior facilidade para seu tratamento.

Na pesquisa realizada para compreender o uso dos dados pelo setor, foi possível a percepção de que a coleta se dá por dois motivos principais. O primeiro deles seria a construção de um banco de dados logístico sobre quais compras foram feitas, com documentos para autenticar a segurança da compra, onde a mercadoria deve ser entregue e também para analisar em quais segmentos a empresa necessita investir, melhorando assim a eficiência dos recursos alocados.[21] Com relação a esse cadastro básico, as empresas em geral as utilizam para controle interno, inclusive para entender se um padrão de comportamento daquele usuário foi modificado, para a detecição fraudes. Por exemplo, se uma pessoa que sempre faz as compras no Paraná, começa a fazê-lo por meio de um endereço na Coreia do Sul: nessa situação a compra pode ser bloqueada ou podem intentar uma forma de contato segura com o

[21] Segundo levantamento da SalesForce. Disponível em: <https://www.salesforce.com/research/customer-expectations/>. Acesso em: 21 de jun. 2020. Há uma preferência de 2.1 vezes por aqueles que compram de preferir ofertas personalizadas, que venham com seu nome ou mais dados, dando a entender que foram elaboradas especialmente para eles. Além disso, a pesquisa constatou que 58% dos consumidores cederiam seus dados desde que as recomendações fossem mais acertadas ao seu padrão. No entanto, o levantamento não perguntou quais seriam as finalidades e usos das informações coletadas que os clientes estariam dispostos a compartilhar.

titular para realizar uma verificação. Como relação a esse tipo de tratamento, desde que sigam as diretrizes da LGDP, nenhum comentário negativo poderia ser realizado, uma vez que tem como escopo a administração geral do negócio. Nessa seara, também estão comportadas informações de segurança que devem ser reportadas a autoridades financeiras com o escopo de evitar fraudes e demais atos ilícitos.

O segundo deles é que a coleta pode ser feita para traçar um perfil do cliente, com dados demográficos e outros tipos de padrões de comportamento no anseio de realizar mais vendas. Por exemplo, ao saber que determinada pessoa compra livros de engenharia, ofertam-se cursos na área que talvez esteja interessada. Para fazer tais correlações, é necessário detectar quais compras cada pessoa faz, traçar um perfil e oferecer informações naquele sentido. Em outro exemplo de *marketing* direcionado, ao identificar que um usuário deixou no carrinho de compras determinado produto, funcionários da empresa entram em contato com a pessoa, mesmo que essa não tenha autorizado, com intuito de incentivar o consumo. Informações como essas explicam também a necessidade de se fidelizar um cliente. Ao analisar um segundo levantamento realizado pela *Voziq*,[22] percebeu-se que clientes de uma empresa há mais de três anos, indicariam o produto quatro vezes mais e também seriam cinco vezes mais tolerantes ao indultar algum lapso. Ademais, um cliente há mais de três anos tem uma tendência a desembolsar 67% do que no primeiro ano, por se sentirem mais seguros para tanto.

A Lei Geral de Proteção de Dados, além de almejar um bom manejo das informações que a tecnologia tornou disponível, também busca coibir não a coleta e manutenção de dados para finalidade administrativa e, sim, a realizada para manipular o consumo ou obter outra forma de vantagem.

Críticas do setor sobre a exigência das formas diferentes de tratamentos de dados, não sendo o objetivo da lei privar companhias de manterem registros contábeis e administrativos mas, sim, coibir práticas de compartilhamento indevido e uso de tecnologia de massa para criar dossiês a respeito de cada indivíduo.

[22] VOZIQ. 100 Interesting Stats and Predictions for Customer Retention Leaders. August 3rd 2018. Disponível em: <https://voziq.com/customer-retention/100--interesting-stats-and--predictions-for-customer-retention-leaders >. Acesso em: 7 jul. 2020.

3. Questões Relevantes sobre o Roteiro de Conformidade

A Lei Geral de Proteção de Dados é aplicada para todo o tipo de atividade que trate de dados de terceiros, podendo ser consumidores, terceiros, fornecedores ou apenas seus funcionários próprios. O que, na prática, pode ser desafiador para que empresas compreendam que mesmo não lidando com o consumidor final ou fazendo *marketing* direto, continuam tendo dados e, portanto, devem-se adequar à lei.

Para facilitar a compreensão, cabe uma breve definição da LGPD sobre tratamento de dados, que consiste em qualquer operação envolvendo dados pessoais, que possam ser objeto de coleta, produção, classificação, utilização, acesso, reprodução, transmissão, distribuição, processamento, arquivamento, armazenamento, eliminação, avaliação, controle da informação, modificação, comunicação, transferência, difusão ou extração, devendo obrigatoriamente ser feito com o conhecimento e o consentimento por escrito, ou por outro meio que demonstre a manifestação de vontade do titular.

O consentimento por escrito deve ser em cláusula destacada das demais, específica e transparente para cada forma de tratamento, sendo vedado o consentimento genérico. Empregados, fornecedores, consumidores, precisam ser informados quais dados estão sendo armazenados, onde será feito esse armazenamento, por quanto tempo, bem como os motivos que justifiquem esse tratamento, havendo a necessidade de uma finalidade específica.

Uma questão peculiar fica a cargo de microempresários individuais, como os revendedores de cosméticos. Caso esses sejam também responsáveis por um tratamento direto com seus clientes, tendo uma lista desses, armazenando conversas com registro de venda e compra ou endereços de entrega esses também serão obrigados a cumrir as regras de tratamento de dados. Muito provavelmente, com o advento da Autoridade Nacional de Dados ("ANPD"), regras próprias serão criadas para protegê-los e facilitar o cumprimento de suas obrigações. Mesmo assim, se houver um vazamento ou prejuízo aos consumidores por tratamento inadequado, esses continuarão obrigados a responder pelas indenizações na esfera cível, seguindo as regras gerais do Código Civil.

Por ser um tema que exige disposição de recursos financeiros, que pode onerar uma parcela significativa do orçamento e uma mudança da cultura de coleta de dados, sugere-se que os profissionais do alto escalão da empresa façam parte do grupo responsável por fazer a conformidade.

Assim, como cronograma, aconselha-se que empresários iniciem a adequação por meio da realização de um *data mapping*, ou seja, uma análise de atividades, estabelecimento e fluxo de dados. Por esse meio, será compreendido quais dados entram, sabendo sua origem, os modos que ingressam, como eles são tratados, onde são armazenados, qual o grau de segurança desse local, o motivo legal que respalda o tratamento. Para dados virtuais, esses poderão ser analisados por um *software* específico, enquanto que dados físicos deverão ser feitos manualmente ou após a digitalização.[23]

Com base nesse mapeamento que haverá a visualização unificada do inventário de dados, diagnosticando eventuais inadequações para, posteriormente, fazer a conformidade requerida legalmente, bem como a redução do que é tratado, com base no binômio necessidade-finalidade. Ao final do inventário, os dados deverão estar catalogados, filtrados de acordo com sua essencialidade, com previsão de quanto tempo devem ser mantidos. Convém a análise sobre a possibilidade de pseudonimização, e a discussão sobre o procedimento de

[23] Um *Data Mapping* deverá conter:
i- tipos de dados: cadastrais, anonimizados, trabalhistas, organizacionais, diretos, indiretos, sensíveis, de crianças e adolescentes;
ii- volumes de dados: fazendo referência tanto a quantidade, quanto a frequência do tráfego;
iii- etapas do fluxo de dados: canais de entrada, áreas, níveis, pessoas que possuem acesso, como é feito o armazenamento (*plain text, encrypted, hashed*), quais os tratamentos, se passaram por análises, se foram encriptados ou "hasheados";
iv- locais de armazenamento: internamente, na empresa, externamente, em servidores, nuvem ou terceiros. Incluindo aqui os informais, como aplicativos de conversa, *Dropbox*;
v- origem dos dados: se são por funcionários, colaboradores, investidores, acionistas, público em geral, meios pelos quais obtiveram acesso, no site da empresa, de empresas coligadas, no local físico, marketing, adquiriram de terceiros, etc;
vi- compartilhamento de dados com parceiros: quais são, por quais razões, qual o grau de segurança. Sejam esses escritórios de contabilidade, empresa coligada, site que realiza ações de marketing ou emissor de nota fiscal;
vii- empresas coligadas;
viii- localidades do tratamento: locais em que a empresa está sediada, plataformas de armazenamento na nuvem, *data center, softwares*, servidores externos;
ix- justificativa jurídica para o tratamento ;
x- retenção e extinção de dados: momento, prazo, forma, pessoa responsável por fazê-lo, hipótese mediante solicitação do titular;
xi- mecanismos de segurança aplicados;

descarte deles. Deve-se ressaltar que o inventário é um processo contínuo, devendo ser mantido em sincronia com a realidade do que é feito como tratamento de dados pela empresa.

Ao ter o diagnóstico, há de se traçar um plano de ação para adequação, nomeando um Encarregado pelo Tratamento de Dados Pessoais, bem como atualizar Termos de Uso, Política de Privacidade de Dados, Política de *Cookies* de acordo com a LGPD, adequando a coleta do consentimento, normalmente através de *Opt-Out, Opt-in.* Devem-se revisar contratos celebrados com fornecedores, terceiros, clientes e funcionários. Ficará a cargo do agente de tratamento de dados escolher se realizarão novos contratos ou um adendo aos antigos, para que haja *compliance* de acordo com a lei.

Na pesquisa realizada, manter o "livro de dados" com o registro das operações foi apontado como uma grande dificuldade no setor. Desde o Decreto nº 8.711/2016, havia a obrigação de manutenção de registro de dados para provedores de conexão e aplicação. Com a LGPD, esse rol foi ampliado ostensivamente para abarcar todos os responsáveis por tratamento de dados, englobando as vinte ações que são caracterizadas como tratamento.

Por ser uma lista considerável que onera empresas de modo que possa inviabilizar pequenos negócios, o Regulamento Europeu de Proteção de Dados Pessoais, em seu artigo 30, reduziu o rol de informações que devem estar inventariadas, contendo apenas os eventos mais relevantes. Uma calibragem, nesse sentido, poderá, eventualmente, ser feita pela ANPD, podendo esta, até mesmo criar listas específicas para o setor em que a empresa faz parte e quais são suas atuações com o tratamento de dados.

Fazer treinamentos contínuos com seus trabalhadores bem como análises constantes de possíveis fragilidades do sistema próprio da empresa, da nuvem, do servidor, de terceiros que tratem dados de responsabilidade da empresa servirão de nova rotina, para possibilitar que depois da adequação inicial, que os padrões de segurança permaneçam elevados.

4. Um Panorama sobre a Realidade Fática da Proteção de Dados

Uma parcela dos profissionais do setor gostaria de aumentar o leque de recursos que poderiam utilizar para captar um cliente. Na visão de parte deles, quanto maior o dossiê sobre o usuário, mais fácil seria induzi-lo ao consumo. Resta aclarado que uma lista de todas as informações possíveis sobre os consumidores poderia ser benéfica a algumas empresas, desde que tenham a tecnologia, *know how* e capital para tanto.

Uma empresa que guarda uma grande quantidade de dados, além dos custos do armazenamento, também necessitaria de *softwares* para fazer análises, que, em razão dos valores elevados, somente estão disponíveis para empresas de grande porte, prejudicando a concorrência com os pequenos e médios empreendimentos.

Os *tradeoffs* da corrida pelo "novo petróleo" fizeram surgir uma parcela de profissionais que buscam por empresas mais enxutas, com dados pontuais próprios para gerar marcadores para aquele segmento, que sejam fáceis de serem extraídos, manuseados e protegidos de invasões, gerando uma eficiência na empresa ao alocar recursos em áreas estratégicas.

Essa mudança de mentalidade tem como esteio a crescente cultura pela preocupação com a coleta e uso de dados pessoais, que, por sua vez, tem como fonte o aumento da capacidade de análise de inteligência artificial, que pode sugerir padrões de personalidade detalhada, causando uma desvantagem ao usuário. Por exemplo, ao saber que determinadas pessoas tem o hábito de compras de impulso de comida no horário do almoço, enviam-se sugestões de compras do setor alimentício para seus alvos. Cada micro particularidade deixaria o consumidor ainda mais vulnerável, tendo em vista o número de acessos, as particularidades de cada caso, como a sua especificidade para critérios psicológicos, influenciando de forma direta na capacidade livre de escolha desse consumidor.

Fato diferente está em supermercados e grandes varejistas que, anonimamente coletam informações para vendê-las. Por exemplo, recolhe-se a altura média do público-alvo de determinado produto para avaliar a melhor localização na gôndola do estabelecimento, faciltando-se as vendas, ao mesmo tempo em que mantém a privacidade daqueles que consomem.

Como forma de proteção aos dados necessários para gerir negócios anteriormente mencionados, esses podem ser "*hasheados*", aplicando-se uma máscara em dados sensíveis, permitindo-se a criptografia desses para que somente os que têm a chave, conheçam o conteúdo protegido.

Os dados anonimizados que conseguiriam criar uma segmentação de mercados, mídias, ofertas, não permitiram a análise profunda de comportamento para saber quem é a pessoa que gerou aquele dado, ou se seria uma questão de compra esporádica, ou se o produto se encaixaria no perfil daquele usuário. Tendo em vista a privacidade do titular que tenha seus dados coletados não seja do seu melhor interesse que recursos de psicologia sejam utilizados para ensejar um consumo maior, além dos riscos que o acúmulo poderia causar ao haver vazamento de dados nos servidores por profissionais ou mesmo invasões de terceiros, prejudicando a imagem da empresa perante seus usuários, como angariando punições na seara jurídica.

Outro fator a se atentar está no custo da tecnologia. Estima-se que o valor mínimo encontrado para iniciar os trâmites de adequação à LGPD, que inclui o pagamento de salários a uma equipe de profissionais de ciência de dados, além da aquisição de *softwares* básicos para um site de *e-commerce* funcionar, trazem custos mensais acima de seis dígitos. Questão adicional que agrega ao aumento de custos resta na tributação elevada para se manter um servidor no país, fazendo com que esses sejam sediados no exterior, em locais em que nem sempre há garantia de respeito às normas internacionais. Como visto, grande parte das empresas do setor não ganham o bastante para acomodar essa nova despesa.

Caso seja realizada a anonimização de dados, no sentido de tornar irreversível do ponto de vista matemático, sendo necessário a utilização de redes neurais, funções generativas, dados sintéticos ou demais meios, os custos com mão de obra qualidade e *software* seriam demasiadamente elevados, primordialmente, para empresas de grande porte, que mantêm um banco de dados com grande volume ou ter acesso a um que seja pago, dotado de ferramentas adequadas; somente então com as informações coletadas, definem-se estratégias de *marketing* direcionados. De tal sorte, a disponibilidade de investimento para adquirir dados e plataformas, além do volume de dados internos, colocaria uma empresa em grande vantagem estratégica na predição e indução de comportamentos, pressupondo que seus algoritmos façam análises acuradas.

Caso a ANPD, quando criada, tente implementar as normas do GDPR, em que existem decisões no sentido do responsável ter que ser pessoa diferente da área de *cybersecurity*, outro desafio seria o salário desse novo profissional.[24]

[24] Decisão No. 18/2020 de 28 de Abril de 2020, proferida pela *Litigation Chamber of the Belgian Data Protection Authority,* em que uma empresa de telefonia foi multada em 50 mil euros,

Tal medida trará maiores custos às micro e pequenas empresas, que deveriam ter uma tutela protetiva mais robusta. Segundo o texto da LGPD:

> Art.º 55-J- Compete à ANPD: [...]
> XVIII – editar normas, orientações e procedimentos simplificados e diferenciados, inclusive quanto aos prazos, para que microempresas e empresas de pequeno porte, bem como iniciativas empresariais de caráter incremental ou disruptivo que se autodeclarem *startups* ou empresas de inovação, possam adequar-se a esta Lei;[25]

Ao buscar no direito comparado uma solução para a lacuna que o artigo contém, não é encontrado um esteio maior, uma vez que o GDPR dispõe que a lei é aplicada para todos os negócios. No entanto, dispensa empresas com menos de 250 empregados de guardar registro de tratamento, a menos que seja uma atividade regular da empresa, ou trate de dados sensíveis ou informações e dados que possam ameaçar direitos individuais. Além dessa nota, não há qualquer menção de benesses aos micro e pequenos empreendedores.

Ainda existem outros obstáculos a serem enfrentados pelo setor na implementação da proteção de dados. Dos oitenta e nove profissionais responsáveis pela proteção de dados, que participaram da pesquisa, apontaram-se como dificuldades do setor a cultura brasileira de ceder dados espontaneamente; a resistência tanto de administradores como de funcionários para compreender a importância da boa gestão dos dados; descrença perante empresas sobre a

na Bélgica, por ter nomeado o *head de compliance* como *DPO*, no entender do tribunal belga há um conflito de interesses ao cumular ambas as funções, pela natureza do cargo de DPO necessitar de autonomia, reportando apenas a cargos como Conselho de Administração, COO/CEO e não há um nível de gerência média ou sênior. Como a função de DPO exige auditoria da empresa, caso se reportasse a um nível abaixo dos "*C-levels*" poderia sofrer pressões que prejudicariam a realização de seu trabalho, segundo o Tribunal belga. Cf. BÉLGICA. Autorité de protection de données. Dossiernummer: AH-2019-0013. Disponível em: <https://insight-plus.bakermckenzie.com/bm/attachment_dw.action?attkey=FRbANEucS95NMLRN47z%2BeeOgEFCt8EGQJsWJiCH2WAXGftAkDZIEIFEJ%2FlEb0aNX&nav=FRbANEucS95NMLRN47z%2BeeOgEFCt8EGQbuwypnpZjc4%3D&attdocparam=pB7HEsg%2FZ312Bk8OIuOIH1c%2BY4beLEAeGxeBkdeBDSA%3D&fromContentView=1> Acesso em: 4 jul. 2020. .

[25] BRASIL. Lei n.º 13.709, de 14 de agosto de 2018. Lei Geral de Proteção de Dados. Disponível em: <http://www.planalto.gov.br/ccivil_03/_ato2015-2018/2018/lei/L13709.htm>. Acesso em 14 ago. 2020.

eficácia da norma; espera por regulação da ANPD; a adequação de terceiros contratantes à norma; dificuldade técnica para fazer-se o registro de tratamento e ferramentas tecnológicas que contemplem o exigido pela lei. Tudo isso irá dificultar a criação de uma cultura de proteção e *compliance* de dados pessoais, colocando em risco, inclusive, a efetividade da norma, quer seja pelo comportamento dos destinatários – desuso ou costume negativo – ou pela falta de condições – regulação – para que ela entre em vigor.

Adentrando nos pormenores das adversidades do *compliance* da LGPD, por ainda não haver uma Autoridade Nacional atuante, existem incertezas, inclusive nos meios doutrinários, acerca de regulamentos técnicos e demais normas, que somente um órgão consultivo poderia esclarecer. Como exemplos do que será exigido para os microeemprendedores, como será a cobrança sobre eles, quanto será o "prazo razoável" para atendimento de solicitações ou quais serão os componentes de um inventário de dados. Pela realidade pátria hodierna, esses profissionais não possuem reservas financeiras suficientes para estudo e implementação de normas das quais, no futuro, podem não ser-lhes aplicadas. Fatos com estes acabam por prejudicar a segurança jurídica e fazem com que empresas prefiram esperar para somente fazer alocar capital no momento em que as regras forem aclaradas.

A mudança na cultura de dados esteve presente em muitas das respostas. A responsabilidade com a informação pessoal é uma das principais dificuldades encontradas no setor, que tem que lidar com o excesso de informações sensíveis compartilhadas espontaneamente por um indivíduo. Em um cenário em que o consumidor tenta buscar auxílio com o *chatbot* de uma empresa de Internet, ao invés de somente informar dados necessários para o atendimento, compartilham-se uma série de dados adicionais dispensáveis. Uma maior conscientização sobre a autodeterminação informativa é primordial para a compreensão de que não é a empresa a detentora dos dados e sim, as pessoas a quem aqueles dados se referem. Assim sendo, têm direito sobre o que é coletado sobre si.

Para ser implantado o acréscimo de um "livro contábil" de dados, com o registro de tratamento da totalidade dos dados pessoais, é imperioso que haja uma adaptação ao cotidiano da empresa, alterando engrenagens que sempre funcionaram de uma forma e não poderão mais fazê-lo. Encontrar tempo para mudar hábitos leva tempo e esforço, não sendo uma tarefa simples encontrar espaço para fazer a contabilidade, anotando a finalidade do tratamento, quem são os titulares, o fluxo quando o dado for sediado fora da empresa, inclusive com medidas de segurança, informações de identificação e contato do controlador e quando será a exclusão dos diferentes tipos de dados. Tal burocracia, depois de implementada, trará os benefícios da organização, como agilmente resolver questões relacionadas aos dados em uma situação de vazamentos ou pedido de retificação por parte dos usuários.

Pela questão ser nova, não existem ferramentas operacionais prontas, hábeis a realizar tudo o que a lei exige, até mesmo, como visto, por não se ter uma compreensão completa do que a ANPD o fará. Empresas experimentam softwares, trocam informações sobre eles para encontrar um que seja mais adequado às suas necessidades.

No tocante ao risco que empresas correm com o vazamento de dados, esses podem ser diversos, seja por funcionários mal-intencionados que desviam esses dados, problemas no servidor em que as informações são sediadas ou por invasões de *hackers*. Um relatório divulgado pelo *McAfee Labs*, da *Intel Security*, revela que ao menos cinco novas ameaças digitais surgem a cada segundo.[26] De acordo com o Relatório do Custo de Vazamento de Dados no Brasil, realizado pela IBM, o tempo médio para identificar uma violação de dados seria de 197 dias, e para conter o problema, uma vez identificado, seria de 69 dias. Acrescendo a isso, a taxa de implantação de segurança no Brasil é uma das menores do mundo: apenas 11% das empresas têm segurança totalmente implantada.[27] Essas dificuldades não são exclusivamente pátrias, na Europa, somente 30% das empresas está adequada ao GDPR. Como incentivo a proteção de dados, o estudo também revelou que as empresas que continham uma violação em menos de 30 dias economizaram mais de US$ 1 milhão em comparação às que levaram mais de 30 dias.

[26] MACAFEE. Relatório do Macafee sobre ameaças. Junho de 2017. Disponível em: <https://www.mcafee.com/enterprise/pt-br/assets/reports/rp-quarterly-threats-jun-2017.pdf >. Acesso em: 6 ago. 2020.

[27] IBM. Estudo IBM: Gastos com violações de dados caem no Brasil, mas país é o mais provável a ter ataques de hackers entre os pesquisados. Disponível em: https://www.ibm.com/blogs/ibm-comunica/estudo-ibm-gastos-com-violacoes--de-dados-caem-no-brasil >. Acesso em: 30 jul. 2020.

Assim, um sistema de *Privacy by Design*, a alteração na cultura da empresa e de usuários, a adoção de boas práticas de gerenciamento de dados, protegeriam a privacidade, melhorariam a imagem das empresas perante consumidores e trariam benefícios econômicos para evitar prejuízos com eventuais vazamentos.

5. Responsabilidade Civil no Setor do Comércio

Ao manter-se um programa de governança atualizado, além de prevenir possíveis acidentes e vazamentos, permite-se que uma investigação interna ocorra com agilidade em situações de risco, também servirá com uma atenuante de possíveis sanções administrativas aplicadas pela LGPD.[28]

Antes de discutir as penalidades, deve-se adentrar no debate a respeito da natureza da obrigação de indenizar, uma vez que a lei não o fez. Fazendo com que a doutrina e os tribunais busquem indícios da intenção do legislador sobre a questão:

> Art. 43. Os agentes de tratamento só não serão responsabilizados quando provarem:
> I – que não realizaram o tratamento de dados pessoais que lhes é atribuído;
> II – que, embora tenham realizado o tratamento de dados pessoais que lhes é atribuído, não houve violação à legislação de proteção de dados; ou

[28] BRASIL. Lei 13.709 /18, de 14 de agosto de 2018. *Id.*
Artigo 52. Os agentes de tratamento de dados, em razão das infrações cometidas às normas previstas nesta Lei, ficam sujeitos às seguintes sanções administrativas aplicáveis pela autoridade nacional;
[...]
§ 1º As sanções serão aplicadas após procedimento administrativo que possibilite a oportunidade de ampla defesa, de forma gradativa, isolada ou cumulativa, de acordo com as peculiaridades do caso concreto e considerados os seguintes parâmetros e critérios:
[...]
VIII- a adoção reiterada e demonstrada de mecanismos e procedimentos internos capazes de minimizar o dano, voltados ao tratamento seguro e adequado de dados, em consonância com o disposto no inciso II do § 2º do art. 48 desta Lei;

> III – que o dano é decorrente de culpa exclusiva do titular dos dados ou de terceiro.
> Art. 44. O tratamento de dados pessoais será irregular quando deixar de observar a legislação ou quando não fornecer a segurança que o titular dele pode esperar, consideradas as circunstâncias relevantes, entre as quais:
> I – o modo pelo qual é realizado;
> II – o resultado e os riscos que razoavelmente dele se esperam;
> III – as técnicas de tratamento de dados pessoais disponíveis à época em que foi realizado.
> Parágrafo único. Responde pelos danos decorrentes da violação da segurança dos dados o controlador ou o operador que, ao deixar de adotar as medidas de segurança previstas no art.º 46 desta Lei, der causa ao dano.
> Art.º 45. As hipóteses de violação do direito do titular no âmbito das relações de consumo permanecem sujeitas às regras de responsabilidade previstas na legislação pertinente.

Parte da doutrina considera que a Lei Geral de Proteção de Dados adotou a responsabilidasde civil subjetiva.[29] Já para aqueles que sustentam a responsabilidade civil objetiva, consideram que o direito de proteção de dados é fundamental e personalíssimo. Em razão de sua relevância manifestada pelo legislador com os princípios da necessidade, minimização de dados tratados, transparência, necessidade de registro e prestação de contas interpretam que o legislador optou por um regime de responsabilidade objetiva.[30] Uma terceira vertente de responsabilidade, não centrada na culpa, da responsabilidade subjetiva, nem no risco da atividade, teria como base apenas a responsabilidade na ocasião que o tratamento for ilícito e causar danos, em outras palavras, quando a garantia de segurança for violada.

[29] GUEDES, Gisela Sampaio da Cruz; MEIRELES, Rose Melo Vencelau. Término do tratamento de dados . In: TEPEDINO, Gustavo; FRAZÃO, Ana; OLIVA, Milena Donato. **Lei Geral de Proteção de Dados Pessoais**. São Paulo: Revista dos Tribunais, 2019. p. 231.

[30] DONEDA, Danilo; MENDES, Laura Schertel. Reflexões iniciais sobre a nova Lei Geral de Proteção de Dados. Revista de Direito do Consumidor, v. 120, nov.-dez., 2018, p. 469-483.

É certo que o direito de ter dados protegidos é um direito fundamental e deve ser tutelado da mesma forma que uma boa aplicação prática da lei, que será implantada no comércio, em adequação com as peculiaridades da realidade brasileira. São fatos que deverão ser sopesados pela Autoridade Nacional de Proteção de Dados, ao criar regramentos.

Educar sobre a cultura de dados que está sendo implementada no país, em pouco espaço de tempo, tendo em vista sua amplitude, será mais relevante ao longo prazo do que apenas a aplicação de multas indiscriminadas. Como visto, o Brasil não é composto somente de *big techs* com poderio econômico, profissionais equipados e recursos tecnológicos. Ao contrário, a maioria é formada por pequenos e médios empresários, que precisarão ser educados quanto à importância de dados e formas mais corretas de fazê-los.

Além disso, para que o desenvolvimento almejado pelo texto constitucional em seu artigo 3º seja alcançado, é necessário que se promova uma campanha nacional de conscientização para a importância da proteção dos dados, tanto voltado para o setor comercial e produtivo, quanto para o setor do consumo. Deve-se ter em mente que o caráter protetivo que a LGPD têm em relação aos dados pessoais não tem como condão dificultar (retroceder) ou inviabilizar o setor comercial, mas o de estabelecer critérios objetivos para a definição da boa-fé no setor comercial, ou, noutros termos, dos limites entre o uso e o abuso de direitos envolvendo dados pessoais.

6. *Privacy by Design*

O principal desafio de um programa de conformidade à LGPD é o fato de que ele dificilmente será concluído. Isso porque o procedimento padrão adotado por escritórios de advocacia e consultorias técnicas especializadas consiste em tirar uma "fotografia" dos processos com dados pessoais da empresa e indicar o que deve ser feito para deixá-los conforme, sem se atentar ao fato de que, no dia seguinte, fornecedores são substituídos, estruturas internas são repensadas e aquela foto tomada como base, deixa de ser verdadeira.

Nesse sentido, um programa bem sucedido deve abordar, a princípio, duas estratégias. Seguindo a metáfora do parágrafo anterior: (i) tirar fotos subsequentes e jamais parar de revisar os processos internos e procedimentos padrões; ou (ii) criar ferramentas autorrenováveis e investir em treinamentos internos, de forma a fomentar um ecossistema interno de preocupação e cuidado com a proteção de dados.

Ambas as alternativas partem do pressuposto de que um programa de conformidade precisa estar em constante renovação e que seu sucesso depende, justamente, de sua atualização frequente. No entanto, enquanto a primeira opção mantém o conhecimento centralizado em especialistas e constrói uma estrutura engessada, na qual os processos passam pelo escritório e pela consultoria para sua validação, o que resulta, no mínimo, em notas astronômicas de honorários, a segunda transfere o poder decisório para dentro da empresa e distribui a capacidade de reflexão e cuidado por todos os níveis hierárquicos da administração, desde o estagiário que aprende a bloquear o computador antes de sair de sua mesa; até o CEO.

A segunda alternativa tem como força-motriz os princípios de *Privacy by Design*, que é um conjunto de princípios que devem ser aplicados no desenvolvimento de sistemas, para "mitigar preocupações com privacidade e atingir a conformidade com a proteção de dados".[31] O objetivo dessa seção é apresentá-los como norte para a preservação de todos os ajustes feitos ao término de um programa de conformidade à LGPD.

O conceito de *Privacy by Design* foi cunhado por Ann Cavoukian nos anos 1990 e apresentado pela primeira vez em 2009.[32] Esse conceito tem como fundamento a incorporação de princípios de proteção de dados desde a criação, até a implementação e manutenção de processos, de forma a garantir que dados pessoais serão protegidos do começo ao fim.[33]

De acordo com a Agência Espanhola de Proteção de Dados: "*Privacy by Design* envolve voltar o foco para a gestão do risco e para a responsabilidade, de forma a estabelecer estratégias que incorporem a proteção de dados ao

[31] GÜRSES, S., TRONCOSO, C., e DIAZ, C. Engineering Privacy by Design. **Computers, Privacy & Data Protection**, v. 14, n. 3, p. 25, 2011. Disponível em: https://www.esat.kuleuven.be/cosic/publications/article-1542.pdf. Acesso em: 9 ago.2020

[32] UNIÃO EUROPEIA (Espanha). Agencia Española de Protección Datos. **A Guide to Privacy by Design**. [*S. l.*: *s. n.*], outubro/2019. p. 5. Disponível em: https://www.aepd.es/sites/default/files/2019-12/guia-privacidad-desde-diseno_en.pdf. Acesso em: 9 ago. 2020.

[33] CAVOUKIAN, Ann. **Information & Privacy: 7 foundational principles.** Internet Architecture Board. 2011. Disponível em: https://www.iab.org/wpcontent/IABuploads/2011/03/fred_carter.pdf. Acesso em: 10 ago.2020.

longo de todo o ciclo de vida de um objeto".[34] Sendo assim, em contramão ao que foi indicado anteriormente, *Privacy by Design* não deve ser interpretado como o último passo para um programa de conformidade à LGPD, mas como algo inerente e paralelo ao ajuste das práticas internas à legislação de proteção de dados brasileira.

Ann Cakouvian, ao criar o conceito de *Privacy by Design*, estruturou essa abordagem em sete princípios fundadores:[35]

i. Proativo e Não Reativo; Preventivo e Não Corretivo;
ii. Privacidade Como Padrão;
iii. Privacidade Embutida no Design;
iv. Funcionalidade Total: Soma Positiva e Não Soma Zero;
v. Segurança de Ponta – Proteção Completa do Ciclo de Vida;
vi. Visibilidade de Transparência – Mantê-lo Aberto;
vii. Respeito pela Privacidade do Outro – Mantê-lo Centrado no Usuário;

O primeiro princípio "Proativo e Não Reativo; Preventivo e Não Corretivo" parte do pressuposto de que o exercício do *Privacy by Design* depende da análise e antecipação de eventos danosos antes que esses incidentes de segurança efetivamente aconteçam. A "proatividade como regra" indica que os agentes de tratamento devem minimizar suas condutas tradicionalmente reativas e adotar posturas de cautela e prevenção. Por exemplo, ao criar uma cultura interna de compromisso com a privacidade e respeito às políticas internas; e definir e atribuir responsabilidades para que cada integrante da organização saiba seu papel na proteção dos dados pessoais.[36]

O princípio da "Privacidade como Padrão" determina que a regra geral deve ser a proteção máxima aos dados pessoais dos titulares. Nenhuma ação do indivíduo é necessária para assegurar a proteção de seus dados pessoais, porque a privacidade é inerente ao sistema.[37] Ou seja, é necessária ação positiva

[34] UNIÃO EUROPEIA (Espanha). *Id.*
[35] CAVOUKIAN, Ann. *Id.*
[36] UNIÃO EUROPEIA (Espanha). *Ibid.*
[37] MOURA, Raissa; CABELLA, Daniela; FERRAZ, Lara. **Descomplicando Privacy by Design**: Um guia prático para implementar os 7 princípios fundamentais na sua empresa. 1. ed. São Paulo: InLoco, 2020. 27 p. v. 1. Disponível em: https://f.hubspotusercontent30.

do titular para que seus dados pessoais estejam sujeitos a menores níveis de proteção (como na transferência para terceiros para fins de promocionais; ou análises de perfil para o direcionamento de produtos personalizados), porque a proteção máxima é a regra. De acordo com Ann Cavoukian, a Privacidade como Padrão é exercida na medida em que o titular é informado antes, ou no momento da coleta, sobre quais dados pessoais serão coletados, por quanto tempo, e para quais finalidades; quando a coleta é "justa, lícita, e ilimitada ao que é necessário para atingir os propósitos específicos",[38] e realizada de forma enxuta e sem excessos.[39]

O princípio da "Privacidade Embutida no Design" indica que o desenvolvedor do sistema deve incorporar a proteção de dados aos seus projetos pilotos (sejam procedimentos, produtos ou serviços) de forma integral e inseparável,[40] e não como um apêndice. Esse princípio suscita a ideia de que a proteção de dados precisa ser inerente ao sistema, desde sua concepção, sem que isso reduza ou prejudique sua funcionalidade.[41] A própria ideia de funcionalidade precisa ser repensada à luz dos princípios de *Privacy by Design*, porque processos ilícitos ou excessivos precisam ser repensados e adaptados de forma a eliminar tais efeitos prejudiciais.

No que diz respeito ao princípio da "Funcionalidade Total: Soma Positiva e não Soma Zero", Ann Cavoukian[42] aponta:

> Privacy by Design visa a acomodar todos os legítimos interesses e objetivos em uma soma positiva, ou seja, de forma a garantir que todos vençam ("ganha-ganha"), e não por meio de um formato datado

net/hubfs/5242234/Brasil/Resources/Privacidade/Privacidade%20-%20eBooks/Ebook-Descomplicando-PrivacyByDesign%2002.pdf. Acesso em: 10 ago. 2020.

[38] CAVOUKIAN, Ann. **Information & Privacy: 7 foundational principles**. Internet Architecture Board. 2011, p.3. Disponível em: https://www.iab.org/wpcontent/IABuploads/2011/03/fred_carter.pdf. Acesso em 10.ago.2020.

[39] *Id.*

[40] UNIÃO EUROPEIA (Espanha). Agencia Española Protección Datos. **A Guide to Privacy by Design**. [*S. l.*: *s. n.*], outubro/2019. p. 8. Disponível em: https://www.aepd.es/sites/default/files/2019-12/guia-privacidad-desde-diseno_en.pdf. Acesso em: 9 ago. 2020.

[41] CAVOUKIAN, Ann. Information & Privacy: 7 foundational principles. Internet Architecture Board. 2011, p.3. Disponível em: https://www.iab.org/wpcontent/IABuploads/2011/03/fred_carter.pdf. Acesso em 10 ago.2020.

[42] *Id.*

> e de soma zero, onde concessões desnecessárias são feitas. O *Privacy by Design* evita falsas dicotomias, como privacidade versus segurança, ao demonstrar que é possível, e desejável, ter ambos..[43]

A autora esclarece, ainda, que *Privacy by Design* está relacionado ao respeito aos dados pessoais dos titulares como aliado à conquista satisfatória dos interesses comerciais da empresa. É importante que os agentes de tratamento busquem soluções criativas para atingir seus objetivos sem colocar a proteção de dados em risco, buscando um equilíbrio sustentável entre o tratamento de dados pessoais, os princípios da lei, e os direitos dos titulares.

O princípio da "Segurança de Ponta – Proteção Completa do Ciclo de Vida" pressupõe que as medidas de segurança e demais funcionalidades desenvolvidas a partir das noções de *Privacy by Design* serão inseridas no sistema antes do *input* dos primeiros dados pessoais. Sendo assim, esses dados serão tratados com segurança e dentro dos limites sugeridos, de sua coleta, até a exclusão.[44] De acordo com Ann Cavoukian,[45] "não devem existir lacunas nem na proteção dos dados, nem na prestação de contas",[46] e a segurança ganha especial destaque porque é condição necessária para garantir a privacidade.[47]

O princípio da "Visibilidade de Transparência – Mantê-lo Aberto" está diretamente vinculado à ideia de transparência. Ou seja, qualquer operação ou procedimento com dados pessoais, além de respeitar os princípios anteriores, deve ser auditável por terceiros.[48]

43 Tradução livre do original em inglês: *"Privacy by Design seeks to accommodate all legitimate interests and objectives in a positive-sum "win-win" manner, not through a dated, zero-sum approach, where unnecessary trade-offs are made. Privacy by Design avoids the pretense of false dichotomies, such as privacy vs. security, demonstrating that it is possible, and far more desirable, to have both."*

44 CAVOUKIAN, Ann. *Id.*

45 *Id.*

46 Tradução livre do original em inglês: "There should be no gaps in either protection or accountability."

47 CAVOUKIAN, Ann. *Id*

48 *Id*

E, por fim, o princípio do "Respeito pela Privacidade do Outro – Mantê-lo Centrado no Usuário" tem como fundamento a preocupação em manter o usuário como foco dos procedimentos realizados.[49] Isso se dá ao conceder participação efetiva do titular com relação ao gerenciamento de suas preferências, ao empregar Políticas de Privacidade amigáveis; consentimento granular; amplos canais de comunicação entre titular e agente de tratamento; capacidade de entender e regular a maneira pela qual seus dados pessoais são tratados, dentre outros.

Ann Cavoukian aponta que o empoderamento dos titulares pode ser o melhor caminho para evitar abusos no tratamento de dados pessoais,[50] porque a construção dessa estrutura de transparência e amplo acesso exige tamanha preparação prévia dos procedimentos internos do agente de tratamento que o respeito à privacidade é praticamente uma consequência.

A sistematização do *Privacy by Design* é clara na medida em que transmite quais devem ser as principais preocupações dos agentes de tratamento durante o processo de revisão de seus processos com dados pessoais e, mais do que isso, o que deve ser considerado para assegurar que os programas de conformidade serão continuamente revistos e atualizados (afastando-se, portanto, da ameaça de serem apenas uma "fotografia" da realidade da empresa).

No entanto, uma das críticas feitas ao conceito de *Privacy by Design* é justamente sua falta de especificidade, a ausência de orientações com relação a como efetivamente traduzir tais princípios em práticas de engenharia e design de software.[51]

Diferentemente do GDPR, a LGPD não tem um capítulo específico endereçando as regras de *Privacy by Design* e o procedimento correto pelo qual ela deve ser implementada. Pelo contrário, é possível verificar os princípios de *Privacy by Design* distribuídos ao longo do texto legal, mas sendo endereçados especialmente nos princípios da LGPD, conforme tabela abaixo:

[49] *Id*

[50] *Id*

[51] GÜRSES, S., TRONCOSO, C., e DIAZ, C. *Id.*

Sete Princípios de *Privacy by Design*	Correspondência aproximada na LGPD
Proativo e Não Reativo; Preventivo e Não Corretivo;	Art. 6º As atividades de tratamento de dados pessoais deverão observar a boa-fé e os seguintes princípios: VIII – prevenção: adoção de medidas para prevenir a ocorrência de danos em virtude do tratamento de dados pessoais; VII – segurança: utilização de medidas técnicas e administrativas aptas a proteger os dados pessoais de acessos não autorizados e de situações acidentais ou ilícitas de destruição, perda, alteração, comunicação ou difusão;
Privacidade Como Padrão;	Art. 6º As atividades de tratamento de dados pessoais deverão observar a boa-fé e os seguintes princípios:
Privacidade Embutida no *Design*;	Art. 46. Os agentes de tratamento devem adotar medidas de segurança, técnicas e administrativas aptas a proteger os dados pessoais de acessos não autorizados e de situações acidentais ou ilícitas de destruição, perda, alteração, comunicação ou qualquer forma de tratamento inadequado ou ilícito. § 2º As medidas de que trata o caput deste artigo deverão ser observadas desde a fase de concepção do produto ou do serviço até a sua execução.
Funcionalidade Total: Soma Positiva e Não Soma Zero;	Art. 6º As atividades de tratamento de dados pessoais deverão observar a boa-fé e os seguintes princípios: III – necessidade: limitação do tratamento ao mínimo necessário para a realização de suas finalidades, com abrangência dos dados pertinentes, proporcionais e não excessivos em relação às finalidades do tratamento de dados;
Segurança de Ponta – Proteção Completa do Ciclo de Vida;	Art. 46. Os agentes de tratamento devem adotar medidas de segurança, técnicas e administrativas aptas a proteger os dados pessoais de acessos não autorizados e de situações acidentais ou ilícitas de destruição, perda, alteração, comunicação ou qualquer forma de tratamento inadequado ou ilícito. § 2º As medidas de que trata o caput deste artigo deverão ser observadas desde a fase de concepção do produto ou do serviço até a sua execução.

Visibilidade de Transparência – Mantê-lo Aberto;	Art. 6º As atividades de tratamento de dados pessoais deverão observar a boa-fé e os seguintes princípios: VI – transparência: garantia, aos titulares, de informações claras, precisas e facilmente acessíveis sobre a realização do tratamento e os respectivos agentes de tratamento, observados os segredos comercial e industrial; X – responsabilização e prestação de contas: demonstração, pelo agente, da adoção de medidas eficazes e capazes de comprovar a observância e o cumprimento das normas de proteção de dados pessoais e, inclusive, da eficácia dessas medidas.
Respeito pela Privacidade do Outro – Mantê-lo Centrado no Usuário;	Art. 6º As atividades de tratamento de dados pessoais deverão observar a boa-fé e os seguintes princípios: I – finalidade: realização do tratamento para propósitos legítimos, específicos, explícitos e informados ao titular, sem possibilidade de tratamento posterior de forma incompatível com essas finalidades; II – adequação: compatibilidade do tratamento com as finalidades informadas ao titular, de acordo com o contexto do tratamento; Art. 9º O titular tem direito ao acesso facilitado às informações sobre o tratamento de seus dados, que deverão ser disponibilizadas de forma clara, adequada e ostensiva acerca de, entre outras características previstas em regulamentação para o atendimento do princípio do livre acesso.

A tabela acima, de cunho não-exaustivo, carece revisões na medida em que a LGPD entrar em vigor e entendimentos judiciais forem construídos ao redor dos parâmetros legais e da prática do mercado.

De todo modo, resta a garantia de que as ideias do *Privacy by Design* encontram respaldo na legislação brasileira de proteção de dados e, se não foram mencionados explicitamente no corpo da lei, certamente, podem ser encontrados a partir de uma análise principiológica do texto legal.

Enquanto a Autoridade Nacional de Proteção de Dados não tiver publicado suas resoluções, diretrizes e entendimentos, que conduzam os agentes de tratamento à postura conforme, ao esclarecer aspectos sutilezas da lei, cabe ao mercado e à academia buscarem, juntos a conformidade. Seguir os princípios de *Privacy by Design* aqui descritos é parte essencial do caminho.

Conclusões

Tendo como ponto de partida a pesquisa realizada com profissionais da área de proteção de dados, percorreu-se um *iter*, através de conhecimentos respaldados em um referencial teórico de autores constitucionalistas, com o intuito de embasar os argumentos da consideração a proteção de dados como direito fundamental, bem como alertar para os reflexos do uso massificado de dados por empresas, as quais podem vir a desconsiderar o direito que indivíduos têm em relação aos seus dados pessoais.

Ao adentrar na seara da utilização de dados pelo comércio, a pesquisa realizada logrou êxito ao elencar as razões pelas quais efetivamente se usam dados, sejam essas desde questões administrativas para realizar a entrega das compras, confirmar a veracidade, no intento de coibir fraudes, como também para traçar um perfil do consumidor, induzindo-o a um gasto mais elevado.

Ao tratar de temas que ainda ensejam debates entre os operadores do direito, está a questão da responsabilidade de empresas de pequeno porte, em fazer o registro de tratamento de dados, bem como os custos que podem advir, onerando demasiadamente um orçamento já reduzido de grande parte do setor do comercial, discussões como essas somente serão sanadas com as determinações da Autoridade Nacional, em sua ausência, por decisões judiciais para sanar tal lacuna.

Como foram apontadas dificuldades técnicas que foram elencadas como empecilhos para a efetivação da norma, em especial, a ausência de tecnologia que cumpra a totalidade dos requisitos exigidos pela Lei Geral de Proteção de Dados, idenficaram-se dificuldades de gestão para alocar os montantes necessários para o setor de segurança digital, além da descrença sobre a eficácia da norma.

Como sugestão para adequação de conformidade, recomenda-se o sistema de *Privacy by Design*, com o intento de alterar a cultura da empresa, utilizando boas práticas de gerenciamento de dados, para proteger a privacidade, melhorar a imagem da corporação perante consumidores e trazer benefícios econômicos ao evitar prejuízos com eventuais vazamentos.

Referência

ALEXY. R. **Teoria dos direitos fundamentais.** São Paulo: MALHEIROS, 2008.;

BÉLGICA. Autorité de protection de données. Dossiernummer: AH-2019-0013. Disponível em: <https://insightplus.bakermckenzie.com/bm/attachment_dw.action?attkey=FRbANEucS95NMLRN47z%2BeeOgEFCt8EGQJsWJiCH2WAXGftAkDZIEIFEJ%2FlEb0aNX&nav=FRbANEucS95NMLRN47z%2BeeOgEFCt8EGQbuwypnpZjc4%3D&attdocparam=pB7HEsg%2FZ312Bk8OIuOIH1c%2BY4beLEAeGxeBkdeBDSA%3D&fromContentView=1> Acesso em: 4 jul. 2020

BRASIL. Instituto Brasileiro de Geografia e Estatística. Brasil em Síntese. Disponível em: <https://brasilemsintese.ibge.gov.br/comercio.html>. Acesso em: 20 jul. 2020.

_____. Lei n.° 13.709, de 14 de agosto de 2018. Lei Geral de Proteção de Dados. Disponível em: <http://www.planalto.gov.br/ccivil_03/_ato2015-2018/2018/lei/L13709.htm>. Acesso em 14 ago. 2020.

CANOTILHO, J.J. G. Dogmática de direitos fundamentais e direito privado. In: SARLET, Ingo Wolfgang (Org). **Constituição, direitos fundamentais e direito privado.** 2.ed. Porto Alegre: Livraria do Advogado, 2006.

CAVOUKIAN, Ann. **Information & Privacy: 7 foundational principles.** Internet Architecture Board. 2011. Disponível em: https://www.iab.org/wpcontent/IABuploads/2011/03/fred_carter.pdf. Acesso em 10 ago.2020.

EBIT. *Webshopper* 2018, Disponível em: < https://www.ebit.com.br/webshoppers/webshoppersfree>. Acesso em: 20 jul. 2020.

GASPAR, Marcos Antônio. **Gestão** do conhecimento em empresas atuantes na indústria de software no Brasil: um estudo das práticas e suas influências na eficácia empresarial. 2010. Tese de Doutoramento em Administração – Universidade de São Paulo, São Paulo, 2010.

GUEDES, Gisela Sampaio da Cruz; MEIRELES, Rose Melo Vencelau. Término do tratamento de dados. In: TEPEDINO, Gustavo; FRAZÃO, Ana; OLIVA, Milena Donato. **Lei Geral de Proteção de Dados Pessoais**. São Paulo: Revista dos Tribunais, 2019.

GOLDSTEIN, Paul. **Copyright, patent, trademark and related state doctrines.** 20. ed. New York: Foundation Press, 2008.

GÜRSES, S., TRONCOSO, C., e DIAZ, C. Engineering Privacy by Design. **Computers, Privacy & Data Protection**, v. 14, n. 3, p. 25, 2011. Disponível em: https://www.esat.kuleuven.be/cosic/publications/article-1542.pdf. Acesso em: 9 ago. 2020

LOJKINE, Jean. **A revolução informacional**. 3. ed. São Paulo: Cortez, 1995.

MACAFEE. Relatório do Macafee sobre ameaças. Junho de 2017. Disponível em: <https://www.mcafee.com/enterprise/pt-br/assets/reports/rp-quarterly-threats-jun-2017.pdf>. Acesso em: 6 ago. 2020.

MOURA, Raissa; CABELLA, Daniela; FERRAZ, Lara. **Descomplicando *Privacy by Design***: Um guia prático para implementar os 7 princípios fundamentais na sua empresa. 1. ed. São Paulo: InLoco, 2020. v. 1. Disponível em: https://f.hubspotusercontent30.net/hubfs/5242234/Brasil/Resources/Privacidade/Privacidade%20-%20eBooks/Ebook-Descomplicando-PrivacyByDesign%2002.pdf. Acesso em: 10 ago. 2020.

PAYPAL. O Perfil do E-Commerce Brasileiro 2018. Disponível em: <https://www.paypal.com/stories/br/pesquisa-4-edico-do-perfil-do-e-commerce-brasileiro>. Acesso em: 20 jul. 2020.

ROCKCONTENT. E-commerce Trends 2018. Disponível em: <https://materiais.rockcontent.com/ecommerce-trends>. Acesso em: 5 ago. de 2020.

SARLET, Ingo. **A eficácia dos direitos fundamentais.** 10. ed. 2009.

SEN, Amartya. **Desenvolvimento como liberdade.** São Paulo: Companhia de Bolso, 2010.

SILVA, José Afonso da. **Curso de direito constitucional positivo.** 25. ed. São Paulo: Malheiros, 2005.

SOCIEDADE BRASILEIRA DE VAREJO E CONSUMO. O papel do varejo na economia brasileira – 2ª atualização. Disponível em: <http://sbvc.com.br/o-papel-do-varejo-na-economia-brasileira-2a-atualizacao>. Acesso em: 20 jul. 2020.

TARTUCE, Flávio. **Direito civil:** lei de introdução e parte geral. Vol. 1. 6. ed. São Paulo: Metodo, 2010.

6.
Proteção de Dados Pessoais, Plataformas Digitais e Aplicativos de *Smartphone*

Lucas de Góis Barrios
Marcelo Vinícius Miranda Santos

Introdução

O grande uso das plataformas e aplicativos digitais na sociedade contemporânea é uma das marcas que caracterizam o momento histórico atual. São incontáveis em número e funcionalidades, além de ser impossível mensurar o seu real impacto no desenvolvimento daquilo que virá a ser o mundo de amanhã.

Tais ferramentais capturam a atenção desde as mais tenras idades das novas gerações, ganhando também cada vez mais espaço entre aqueles que viram a sua chegada já em momento mais avançado da vida. Por meio delas, economia, política e cultura estão se integrando a um ambiente interconectado e de acesso imediato, mesmo que esse movimento ainda continue ficando alheio a grande parcela da população mundial. Diante disso, buscaremos analisar a sua relação com o mercado, a partir da importância do controle e obtenção da informação.

Como se dá essa atividade, quais são os mecanismos utilizados para torná-la rentável, como a coleta e o tratamento de dados pode expor a perigo os direitos dos seus usuários, quais têm sido as iniciativas para mitigar o seu potencial lesivo e como a legislação e os órgãos de regulamentação têm se portado nesse novo horizonte são algumas das questões que procuramos enfrentar ao longo do presente trabalho.

Será analisado o risco atrelado ao tratamento de dados pessoais no setor, bem como o papel dos atores que movem esse seguimento: os desenvolvedores. Nesse sentido, buscaremos revelar a necessidade de uma postura ativa, preventiva e integrada desses agentes de tratamento, o que será apreciado com base nas melhores práticas, diretrizes e responsabilidades, dando-se especial destaque para as principais *guidelines*, para os valores encartados sob o prisma do *privacy by design* e para as normas previstas na Lei Geral de Proteção de Dados Pessoais – LGPD (Lei nº 13.709/2018).

Além da análise do regramento legislativo, da regulamentação e normas contratuais do setor, serão abordados diversos casos práticos e pesquisas que se mostraram de grande importância para o correto dimensionamento da problemática que propusemos enfrentar neste trabalho.

1. Breve Panorama da Economia de Aplicativos para *Smartphone*

A presente seção tem por objetivo apresentar brevemente um panorama da economia de aplicativos para *smartphone*. Para isso, cumpre também dedicar breves linhas a respeito de alguns segmentos relacionados, quais sejam, o mercado de sistemas operacionais para *smartphones*, bem como as lojas virtuais de aplicativos.

O mercado de sistemas operacionais para aparelhos celulares é bastante ilustrativo de como a tecnologia pode evoluir de forma rápida. Nas últimas décadas, existiu uma quantidade razoável de sistemas operacionais dedicados a aparelhos celulares, tais como Blackberry, Symbian, Windows Mobile, PalmOS, dentre outros[1]. Entretanto, na sua atual configuração, o mercado é dominado por duas marcas, quais sejam, Android e iOS, que estão instalados,

[1] Para uma evolução histórica dos sistemas operacionais mobile, ver "*Most Popular Mobile OS 1999 – 2019*", disponível em: <https://www.youtube.com/watch?v=MMyMB4zm9so>. Acesso em 2 ago. 2020.

respectivamente, em 86,2% e 12,9% de todos os aparelhos *smartphone* do mundo.[2]

Em decorrência do domínio dos sistemas operacionais *mobile* Android e iOS, há também a dominância das suas respectivas lojas de aplicativos – Google Play Store e Apple App Store –, que constituem verdadeiros *gatekeepers*, controlando o acesso dos consumidores aos aplicativos de *smartphone*. Assim, afirma-se que Android (Google) e iOS (Apple) constituem distintos *ecossistemas*.

A loja da Apple (App Store) foi lançada em julho 2008, inicialmente com 500 apps, e hoje já possui em seu repositório mais de 2,2 milhões de apps,[3] tendo o Brasil como oitavo país do mundo com mais downloads de apps.[4] Já a loja Google Play Store foi lançada também em 2008 (inicialmente denominada "Android Market"), contando atualmente com mais de 3,3 milhões de apps[5] sendo o Brasil o segundo país do mundo com mais downloads de aplicativos.[6] Um estudo especializado estima que, em 2018, os consumidores de todo o mundo gastaram US$ 101 bilhões em aplicativos de *smartphones*.[7]

Os usuários no Brasil passam pouco mais de 3 (três) horas por dia no celular, número próximo à média de países como Estados Unidos, Japão e Canadá. Além disso, estimativas indicam que o brasileiro tem aproximadamente 70 aplicativos instalados no celular, sendo que utiliza, usualmente, em torno de 30 deles.[8] Vale lembrar que a quantidade e o tempo dedicado nos aplicativos, em geral, possui relação proporcional à quantidade de dados pessoais coletados por esses serviços.

Em 2018, os aplicativos mais populares no Google Play, seja em número de *downloads*, seja por usuários ativos por mês, foram aplicativos de redes sociais e comunicação (tais como WhatsApp, Facebook, Instagram, Facebook

[2] HOLANDA. The Netherlands Authority for Consumers & Markets. *Market study into mobile apps stores*. 2019, p. 15. Disponível em: <https://www.acm.nl/sites/default/files/documents/market-study-into-mobile-app-stores.pdf>. Acesso em: 2 ago. 2020.

[3] HOLANDA. The Netherlands Authority for Consumers & Markets, *Id.*, p. 4.

[4] APP ANNIE. *The State of Mobile*, 2019, p. 156. Disponível em: <https://www.thedmti.com/wp-content/uploads/2019/01/State_of_Mobile_Main_2019.pdf>. Acesso em 2 ago. 2020.

[5] HOLANDA. *Id.*, p. 4

[6] APP ANNIE. *Id.*, p. 156.

[7] *Id.*, p. 3.

[8] *Id.*, p. 12-13.

Messenger), além de transporte (Uber e 99), mobilidade (Waze), compras (Mercado Livre), música e entretenimento (Netflix e Spotify) e serviços bancários (Banco do Brasil).[9]

É evidente, portanto, que a economia que gira em torno dos aplicativos constitui uma parcela significativa da economia digital, uma vez que é através dos aplicativos que os consumidores realizam inúmeras atividades do dia a dia. Além disso, os aplicativos mobilizam diversos atores, seja aqueles ligados ao processo de desenvolvimento e programação das aplicações, seja aqueles diretamente ligados à atividade-fim dos aplicativos.

Com base na classificação utilizada pela Apple,[10] é possível distinguir os aplicativos em pelo menos oito categorias de acordo com o tipo de negócio adotado por cada aplicativo: (i) gratuitos, (ii) gratuitos com publicidade, (iii) gratuitos com produtos e serviços físicos, (iv) gratuitos com compras dentro do app, (v) pagos, (vi) gratuitos com assinatura, (vii) apps de leitura e (viii) apps multiplataforma.

A partir do enquadramento de cada aplicativo nas referidas categorias, a Apple realiza cobrança de comissão de 30% quando há pagamento pelos usuários dentro dos aplicativos. É o que ocorre com aqueles classificados nas categorias (iv), (v) e (iv) acima.[11]

O tipo de negócio adotado por cada aplicativo tem relação com sua inclinação a tratar dados pessoais em maior ou menor grau. Por exemplo, muitos aplicativos gratuitos (geralmente aqueles que não obtém receitas *off-line* ou por serviços por assinatura) acabam buscando obter parte relevante de suas receitas através de propaganda online (mídia programática), o que implica, normalmente, tratamento de dados pessoais por terceiros que operam no ambiente de propaganda online.

[9] *Id.*, p. 77-78.

[10] Disponível em: <https://www.apple.com/br/ios/app-store/principles-practices/>. Acesso em 2 ago. 2020.

[11] O ano de 2020 foi marcado pela abertura de diversas investigações por autoridades antitruste a respeito das práticas comerciais impostas pelas lojas de aplicativos em face de desenvolvedores. Uma das práticas comerciais investigadas é justamente a imposição do pagamento de comissão à Apple pelos desenvolvedores de aplicativos. Veja, por exemplo, COMISSÃO EUROPEIA. Antitrust: Commission opens investigations into Apple's App Store rules. Press release, 15 jun. 2020. Disponível em: <https://ec.europa.eu/commission/presscorner/detail/en/ip_20_1073>. Acesso em 8 ago. 2020.

2. Aplicativos, Agentes e Tratamento de Dados Pessoais

A presente seção busca apresentar, de modo não exaustivo, exemplos e formas de tratamento de dados pessoais por aplicativos de *smartphone* e sua relação com dispositivos da Lei nº 13.709/2018 (Lei Geral de Proteção de Dados Pessoais – LGPD), que regulamenta o tratamento de dados pessoais no Brasil.

A LGPD define, em seu art. 5º, inciso X[12], aquilo que se considera "tratamento" de dados pessoais. De acordo com a definição ampla estabelecida no diploma legal, qualquer ato praticado pelos agentes de tratamento que envolva dados pessoais (por exemplo, coleta, acesso, armazenamento, processamento, transmissão, transferência etc.), é considerado tratamento de dado pessoal.

Alguns aspectos têm de ser levados em conta a fim de verificar se um aplicativo, incluindo os serviços de terceiros com quem ele se comunica, estão sujeitos à LGPD. Deve-se lembrar, incialmente, que a LGPD pode ser aplicável inclusive àquelas operações de tratamento de dados pessoais localizadas no exterior.[13] Além disso, a LGPD não se aplica ao tratamento de dados pessoais com fins exclusivamente jornalísticos, artísticos, acadêmicos ou relacionados à segurança pública ou repressão criminal.[14]

O primeiro passo, a fim adequar o aplicativo à LGPD, é mapear quando e onde existe tratamento de *dado pessoal*. Nem sempre a identificação se determinados dados são de fato "pessoais" se mostra tarefa trivial, uma vez que uma pessoa pode ser identificada através das mais variadas inferências algorítmicas.

O conceito de dado pessoal deve ser lido em conjunto com o conceito de dado anonimizado. A legislação define dado pessoal como a "informação relacionada a pessoa natural identificada ou identificável" (art. 5º, inciso I, da LGPD). Por oposição, a LGPD não é aplicável ao *dado anonimizado*, entendido como aquele "relativo a titular que não possa ser identificado, considerando a utilização de meios técnicos razoáveis e disponíveis na ocasião de seu tratamento" (art. 5º, III, da LGPD). Assim, é preciso estar atento se um dado

[12] Art. 5º, inciso X: "tratamento: toda operação realizada com dados pessoais, como as que se referem a coleta, produção, recepção, classificação, utilização, acesso, reprodução, transmissão, distribuição, processamento, arquivamento, armazenamento, eliminação, avaliação ou controle da informação, modificação, comunicação, transferência, difusão ou extração".

[13] Nesse sentido, cf. art. 3º da LGPD.

[14] Cf. art. 4º da LGPD.

supostamente anonimizado pode ser ligado à identidade de alguém através das técnicas de computação.

Alguns aspectos podem ser apontados como centrais para iniciar o processo de adequação do tratamento de dados pessoais do aplicativo às disposições da LGPD: (i) a identificação das situações em que o aplicativo atua como *controlador* e *operador* do tratamento de dados pessoais, (ii) a escolha da *base legal* para cada operação de tratamento e observância dos requisitos específicos do tratamento (art. 7º a 14 da LGPD), (iii) o atendimento aos *princípios* estipulados pela LGPD (art. 6º), e (iv) a observância e garantia dos *direitos dos titulares* (art. 17 a 22 da LGPD).

A LGPD define como controlador "[a] pessoa natural ou jurídica, de direito público ou privado, a quem competem as decisões referentes ao tratamento de dados pessoais" (art. 5º, IV). Já o operador consiste aquela pessoa natural ou jurídica que "realiza o tratamento de dados pessoais em nome do controlador". A distinção dos papéis de controlador e operador é importante para a LGPD por diversas razões, inclusive para fins de responsabilização civil.[15]

Os conceitos de controlador e operador têm origem no direito europeu, tendo sido consagrados pela Diretiva 46/95/CE. Além disso, também foram previstos na atual *General Data Protection Regulation* (GDPR)[16] e incorporados pela LGPD. Assim, inspirada pela experiência europeia, a LGPD estabelece diferentes obrigações e responsabilidades para cada tipo de agente pelo tratamento de dados pessoais.

A *Opinion 02/2013 on apps on smart devices*, da Article 29 Working Party,[17] emitida ainda na vigência da Diretiva 46/95/CE, estabelece exemplos de distinção entre controladores e operadores no ambiente de aplicativos para *smartphones*, e pode ser tomado, até certo ponto, como indicativo das diferentes situações relacionadas ao tratamento de dados pessoais no setor de aplicativos.

De acordo com o referido documento, se o aplicativo delegar a terceiros o armazenamento de dados pessoais na nuvem, e esse terceiro assume o papel de

15 A responsabilidade civil será tratada mais detalhadamente na seção 5, abaixo.

16 Regulação da União Europeia nº 2016/679.

17 O Article 29 Working Party (WP29), previsto no artigo 29 da Diretiva 46/95/EC, foi criado em 1996, constituindo-se conselho consultivo formado por representantes de autoridades de proteção de dados pessoais da União Europeia. Após a GDPR, a WP29 foi substituída pela European Data Protection Board – EDPS.

operador, o desenvolvedor do aplicativo precisa estar em conformidade com "todas as obrigações" relacionados ao tratamento pelo operador.[18] De modo semelhante, no direito brasileiro, o controlador assume responsabilidades especiais, por exemplo, de avaliar o enquadramento do tratamento em alguma das bases legais,[19] obter validamente o consentimento do titular[20] e elaborar o relatório de impacto à proteção de dados pessoais (caso necessário)[21], dentre outras obrigações.

Outra utilidade comumente relacionada aos aplicativos é o rastreamento. Diversos agentes do setor oferecem a possibilidade de inserção de rastreadores dentro dos aplicativos, em troca do oferecimento de métricas aos desenvolvedores e anunciantes de propaganda online. Não raro esses rastreadores possibilitam que os desenvolvedores, através do cruzamento de identificadores únicos, conheçam quais aplicativos os usuários têm instalados nos seus celulares. Portanto, na medida em que as empresas que oferecem os rastreadores definem os propósitos da sua ferramenta antes de oferecê-la aos desenvolvedores de aplicativos e anunciantes, atuam como controladores, conforme definição estabelecida pelo art. 5º, IV da LGPD.[22]

Pode ocorrer, também, de um mesmo agente ser controlador e operador em uma mesma situação, a depender da perspectiva analisada. Por exemplo, (i) um aplicativo requisita do sistema operacional a geolocalização do dispositivo para realizar tratamento de dados pessoais para sua atividade-fim, e (ii) o sistema operacional também realiza tratamento de dados pessoais para fornecer essa geolocalização. Nesse exemplo, o sistema operacional pode ser considerado um operador (afinal a finalidade do tratamento foi determinada pelo aplicativo). Entretanto, se o sistema operacional também trata dados pessoais para melhorar o seu próprio serviço de geolocalização, nessa última perspectiva o sistema operacional pode ser considerado controlador.[23]

18 COMISSÃO EUROPEIA. ARTICLE 29 WORKING PARTY. Opinion 02/2013 on apps on smart devices, 2013. Disponí¬vel em: <https://ec.europa.eu/justice/article-29/documentation/opinion-recommendation/ files/2013/wp202_en.pdf>. Acesso em 8 ago. 2020. p. 10.

19 Para dados pessoais não-sensíveis, art. 7º da LGPD, e para dados sensíveis, art. 11 da LGPD.

20 Art. 8º, § 2º da LGPD.

21 Art. 5º, XVII, da LGPD.

22 Referido exemplo é trazido em COMISSÃO EUROPEIA. ARTICLE 29 WORKING PARTY. *Id.* p. 13.

23 COMISSÃO EUROPEIA. ARTICLE 29 WORKING PARTY. *Id.* p. 11.

A fim de facilitar a compreensão do leitor, os diferentes agentes que atuam no ecossistema de aplicativos para *smartphone* podem ser ilustrados, de forma simplificada, na **Figura 1** abaixo, que utiliza como exemplo o sistema operacional Android.

Neste exemplo, o desenvolvedor do aplicativo pode inicialmente se utilizar de ferramentas de terceiros para auxiliar no desenvolvimento do aplicativo. Em seguida, esse aplicativo será publicado na loja de aplicativos (no caso, Google Play Store). O usuário instala o aplicativo em seu *smartphone*, que utiliza a plataforma do sistema operacional Android. Uma vez instalado, o aplicativo pode se comunicar com o sistema operacional de diferentes formas, em geral, através da API da plataforma Android, para fazer requisições de informações ou enviar informações para o aparelho. Adicionalmente, o aplicativo pode se comunicar com serviços de terceiros através da Internet, como serviços de propaganda online (*e.g.* para veicular anúncios e rastrear a navegação dos usuários), serviços de armazenagem em nuvem (*cloud*), serviços de análise de dados (*analytics*), dentre outros.

Figura 1. Exemplo simplificado de atores envolvidos no ecossistema de aplicativos do sistema operacional Android.

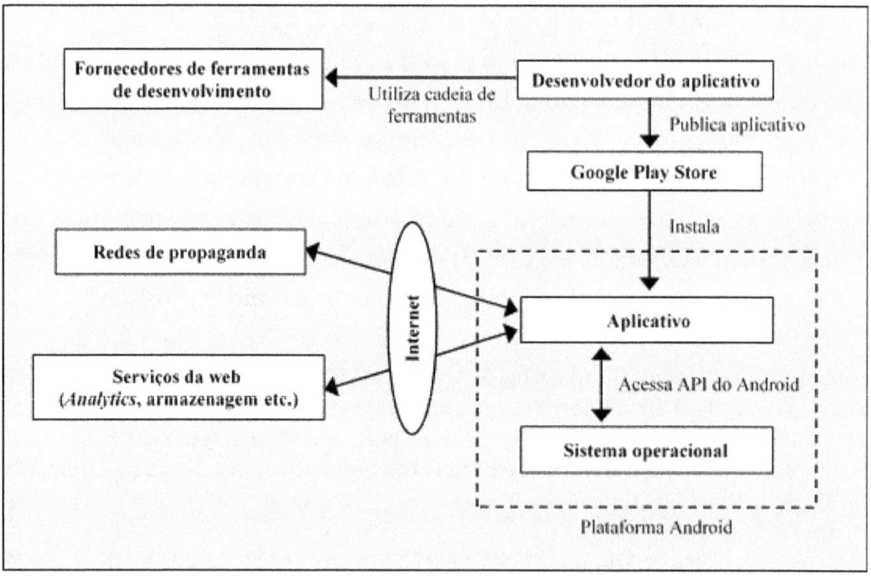

Fonte: Elaboração própria, adaptado de ACAR et al. (2016).

Para investigar e conscientizar a sociedade civil sobre a comunicação entre os aplicativos e serviços de terceiros, que podem pôr em risco a privacidade e proteção de dados dos usuários, pesquisadores de universidades estadunidenses desenvolveram o *website* AppCensus AppSearch,[24] que realiza mapeamento dos aplicativos e permite consulta das informações que os aplicativos compartilham com terceiros. Uma simples consulta dos aplicativos que o leitor utiliza no seu dia-a-dia pode ser útil para melhor compreender as possibilidades de compartilhamento de seus dados com terceiros através de aplicativos para *smartphone*.

Além dos dados pessoais fornecidos pelos próprios usuários aos aplicativos (*e.g.* geolocalização, agenda telefônica, e-mail etc.), é possível o compartilhamento pelos aplicativos, no caso do sistema operacional Android, de pelo menos 8 (oito) identificadores únicos ligados aos aparelhos celulares: (i) *Advertising ID*, (ii) *Android ID*, (iii) número serial do aparelho (*Serial Number*), (iv) descrição do aparelho, (v) IMEI, (vi) *Wi-Fi MAC Address*, (vii) *Google Services ID* e (viii) número serial do SIM Card.

A *Opinion 02/2013*, mencionada acima, também serve de referência – até onde for compatível com a legislação pátria – para exemplos de situações que podem constituir violação à LGPD por aplicativos.

Assim, por exemplo, para um aplicativo de alarme cuja principal funcionalidade é permitir ser desligado via comando de voz, estaria configurada coleta excessiva de dados pessoais (em violação ao princípio da necessidade – art. 6º, III da LGPD) caso esse aplicativo monitorasse e registrasse a voz do usuário 24 horas por dia, 7 dias por semana, em oposição ao simples monitoramento a partir do momento em que o alarme tocasse.

É possível imaginar, ainda, um exemplo de violação ao princípio da finalidade (art. 6º, I da LGPD). É o que ocorre na hipótese de um aplicativo inicialmente desenhado para trocas de e-mail que, em razão de uma mudança no modelo de negócio, resolve fundir os endereços de e-mail cadastrados nesse aplicativo com contatos telefônicos cadastrados em outro aplicativo. Nesse caso, cada controlador teria de obter o consentimento individual de todos os usuários para o novo propósito de tratamento de dados pessoais.

[24] Disponível em: <https://search.appcensus.io/>. Acesso em: 10 ago. 2020.

2.1. Algumas Palavras sobre o Ecossistema de Mídia Programática

Um dos maiores vetores da economia digital está relacionado ao enorme mercado surgido a partir da geolocalização possibilitada por aparelhos de celulares.

Uma reportagem do jornal New York Times[25] revelou, por exemplo, que uma base com 4 (quatro) meses de dados de geolocalização obtida através de aplicativos de celular, sem nome ou telefone de indivíduos, foi capaz de identificar diversas pessoas naturais. A partir de 800 pontos de localização dentro de uma determinada sala de aula, os dados foram ligados à identidade de uma professora. No total, a referida professora foi mapeada em 8.600 pontos de localização (isto é, um registro de geolocalização a cada 21 minutos).

Os dados de geolocalização da base de dados foram obtidos de diversos aplicativos instalados pelos usuários. Os aplicativos inserem no código-fonte um comando para que seja enviada a geolocalização dos usuários para empresas parceiras, como a empresa de *marketing* proprietária do banco de dados obtido pela reportagem. O jornal identificou a existência de pelo menos 1.200 aplicativos de Android e 200 aplicativos iOS contendo códigos assim.[26]

Uma das formas de remuneração obtida por aplicativos se dá pela venda direta dos dados pessoais. De acordo com a reportagem, empresas pagariam entre 0,50 a 2 centavos de dólar por usuário por mês.[27]

Não obstante a prática identificada pela reportagem, a forma mais comum de obtenção de receita por aplicativos (principalmente aqueles gratuitos) é a propaganda online automatizada (mídia programática). Trata-se da veiculação automatizada de anúncios com base no perfil do usuário que acessa o aplicativo. Em milésimo de segundos, a requisição é enviada para o ecossistema de mídia programática, retornando ao usuário um anúncio.

O ecossistema de mídia programática é composto por uma série de atores. Nas pontas estão, de um lado, os anunciantes, e, de outro, os publicadores do

[25] VALENTINO-DeVRIES, Jennifer. Your Apps Know Where You Were Last Night, and They're Not Keeping It Secret. *The New York Times*, 10 dez. 2018. Disponível em: <https://www.nytimes.com/interactive/2018/12/10/business/location-data-privacy-apps.html>. Acesso em: 10 ago. 2020.

[26] *Id.*

[27] *Id.*

anúncio (por exemplo, aplicativos de celular). Em meio a eles, outra série de atores, como *Demand-Side Platforms* (DSPs), *Ad Exchanges* e *Supply-Side Platforms* (SSPs), que são responsáveis por diferentes tarefas, como processar o perfil desejado pelo anunciante, enviar o perfil do consumidor e realizar o leilão online automatizado para decidir o anúncio que será veiculado de forma quase instantânea. Há ainda outros atores como as *Data Management Platforms* (DMPs) e as *Consent Management Platforms* (CMPs).[28]

Os agentes do mercado de publicidade online relacionado aos aplicativos de celular não se interessam economicamente apenas em dados de geolocalização dos usuários, mas também em qualquer conjunto de dados que possa revelar hábitos dos consumidores e facilitar o seu mapeamento comportamental. O entrecruzamento de dados identificadores obtidos a partir de diferentes aplicativos e enviados a terceiros agregadores permite a formação de um perfil comportamental ainda mais completo dos usuários.

Um estudo recente[29] apontou que o ecossistema de mídia programática poderia estar operando em violação ao regulamento europeu de proteção de dados pessoais (*General Data Protection Regulation* – GDPR), em razão de possível invalidade na obtenção do consentimento dos usuários. A organização responsável pelo estudo analisou 10 (dez) aplicativos populares e descobriu que eles estariam compartilhando dados com 135 (cento e trinta e cinco) agentes terceiros. Apenas um identificador único (o *Android Advertising ID*) estaria sendo transmitido para 75 (setenta e cinco) agentes terceiros, viabilizando uma ampla perfilização dos consumidores.

Por essas razões, a autoridade britânica de proteção de dados pessoais (Information Commissioner's Office – ICO) iniciou uma investigação[30] sobre a indústria de publicidade online, sob a suspeita de que as empresas estariam

[28] Para uma breve e sucinta explicação do ambiente de propaganda online, ver REINO UNIDO. Information Commissioner's Office. *Update report into adtech and real time bidding.* 20 jun. 2019, p. 10-14. Disponível em: <https://ico.org.uk/media/about-the-ico/documents/2615156/adtech-real-time-bidding-report-201906.pdf>. Acesso em: 10 ago. 2020.

[29] FORBRUKERRÅDET. *Report*: Out of Control, 14 jan. 2020. Disponível em: <https://www.forbrukerradet.no/undersokelse/no-undersokelsekategori/report-out-of-control/#>. Acesso em: 10 ago. 2020.

[30] REINO UNIDO. Information Commissioner's Office. *Update report into adtech and real time bidding.* 20 jun. 2019. Disponível em: <https://ico.org.uk/media/about-the-ico/documents/2615156/adtech-real-time-bidding-report-201906.pdf>. Acesso em: 10 ago. 2020.

operando em violação às disposições do GDPR. A autoridade suspeita que as bases legais utilizadas para justificar o tratamento dos dados pessoais não seriam válidas.

3. A Privacidade como Diretriz Orientadora do Desenvolvimento de Aplicativos e Plataformas Digitais

O papel dos desenvolvedores das aplicações e plataformas na proteção dos direitos dos titulares dos dados é indiscutível. A força dos padrões de segurança e o potencial eventualmente lesivo de determinada ferramenta digital estão intrinsecamente ligados aos objetivos e valores do seu criador. Entretanto, alinhar a vontade social expressamente manifestada pelas normas protetivas aprovadas pelo Poder Legislativo com o interesse econômico e o afã inovador dos agentes da vanguarda tecnológica nem sempre é uma tarefa das mais simples.

3.1. Evolução Histórica, Melhores Práticas e o Papel Regulador das Plataformas Digitais

Os aparelhos celulares evoluíram bastante até que se chegasse ao primeiro iPhone, lançado em 2008, que revolucionou a telefonia móvel. Colocados em perspectiva, os primeiros anos dos *smartphones* parecem marcados por experimentalismo, havendo poucos e dispersos esforços para uma efetiva regulação da privacidade no contexto das plataformas e aplicativos de celular.

A rápida evolução dos sistemas operacionais móveis iOS e Android, com a expansão de vendas dos dispositivos (*hardware*) a eles vinculados, ditaram o ritmo das preocupações de privacidade dos usuários e das autoridades. Nessa corrida tecnológica, as plataformas lenta e gradualmente introduziram mecanismos de privacidade que foram incorporados à arquitetura e ao desenho dos seus sistemas e aplicações.

Uma das primeiras investidas de autoridades públicas na tentativa de regular a privacidade de usuários no contexto de aplicativos de *smartphone* pode ser atribuída à Procuradoria Geral do Estado da Califórnia que, em 2012, notificou mais de 100 (cem) desenvolvedores para que inserissem políticas de privacidade em seus aplicativos.[31] No mesmo ano, a Procuradoria havia assinado um acordo com a Apple e Google, para que as plataformas obrigassem os desenvolvedores a publicar o *link* da política de privacidade nas lojas de aplicativos, que ficaria visível aos usuários antes que pudessem instalar os aplicativos nos seus aparelhos.[32]

Na mesma época, diversas autoridades e entidades emitiram *guidelines* com orientações e recomendações de medidas a fim de endereçar preocupações de privacidade e proteção de dados pessoais no desenvolvimento de aplicativos para *smartphone* e no ambiente das plataformas digitais. Destacam-se: (i) *Privacy On The Go*, da Procuradoria Geral do Estado da Califórnia,[33] (ii) *Privacy Design Guidelines for Mobile Application Development*, da GSM Association – GSMA,[34] (iii) *Privacy in mobile apps: Guidance for app developers*, da Information Commissioner's Office – ICO,[35] (iv) *Mobile Privacy Disclosures: Building Trust Through Transparency*,[36] da Federal Trade Commission – FTC e (v) *Opinion 02/2013 on apps on smart devices*, do Article 29 Working Party, vinculado à União Europeia[37].

[31] STATE OF CALIFORNIA. Department of Justice. *Attorney General Kamala D. Harris Notifies Mobile App Developers of Non-Compliance with California Privacy Law*, 30 out. 2012. Disponível em: <https://oag.ca.gov/news/press-releases/attorney-general-kamala-d-harris-notifies-mobile--app-developers-non-compliance>. Acesso em: 10 ago. 2020.

[32] STATE OF CALIFORNIA. Department of Justice. *Attorney General Kamala D. Harris Secures Global Agreement to Strengthen Privacy Protections for Users of Mobile Applications*. Disponível em: <https://oag.ca.gov/news/press-releases/attorney-general-kamala-d-harris-secures-global--agreement-strengthen-privacy>. Acesso em: 10 ago. 2020.

[33] ESTADOS UNIDOS. State of California. *Privacy On The Go*, 2013. Disponível em: <https://oag.ca.gov/sites/all/files/agweb/pdfs/privacy/privacy_on_the_go.pdf>. Acesso em: 10 ago. 2020.

[34] GSMA. *Privacy Design Guidelines for Mobile Application Development*, 2012. Disponível em: <https://www.gsma.com/publicpolicy/resources/privacy-design-guidelines-mobile-application-development>. Acesso em: 10 ago. 2020.

[35] ICO. *Privacy in mobile apps:* Guidance for app developers, 2013. Disponível em: <https://ico.org.uk/media/for-organisations/documents/1596/privacy-in-mobile-apps-dp-guidance.pdf>. Acesso em: 10 ago. 2020.

[36] ESTDOS UNIDOS. FEDERAL TRADE COMMISSION. *Mobile Privacy Disclosures:* Building Trust Through Transparency, 2013. Disponível em: <https://www.ftc.gov/reports/mobile-privacy-disclosures-building-trust-through-transparency-federal-trade-commission>. Acesso em: 10 ago. 2020.

[37] COMISSÃO EUROPEIA. ARTICLE 29 WORKING PARTY. *Id.*

Referidos documentos não apenas guiaram os desenvolvedores de aplicativos, de modo a tornar os aplicativos mais seguros e menos intrusivos à privacidade, como também influenciaram a adoção de mecanismos de transparência e controle pelas próprias plataformas.

Um dos documentos mais influentes é aquele emitido pela autoridade estadunidense FTC. O órgão reconhece que as plataformas (notadamente iOS e Android) têm uma responsabilidade especial no ecossistema: "*With the unique position they occupy, platforms could be placing a greater emphasis on consumer privacy in their relationship with app developers.*"[38]

As *guidelines* do FTC oferecem recomendações para as plataformas, no sentido de promover a transparência no tratamento de dados pessoais, sugerindo medidas como: (i) a veiculação de pedidos de permissão em tempo real (*just-in-time disclosures*), (ii) a disponibilização de painéis de controle de privacidade (*privacy dashboards*), e (iii) utilização de ícones informativos (por exemplo, indicando ao usuário quando algum aplicativo está usando sua localização).[39] Referidas inovações se tornaram boa prática na indústria, influenciando o *design* de dispositivos conectados.

O documento do FTC recomenda ainda que as plataformas promovam o *enforcement* das obrigações contratuais estabelecidas com os desenvolvedores de aplicativos, sejam transparentes sobre o processo de revisão e aceitação dos aplicativos nas suas lojas, e implementem mecanismos de não-rastreamento (*Do Not Track* – DNT).[40] Há, por fim, outra série de recomendações dirigidas a outros atores do ecossistema, como como agentes de propaganda online e terceiros.

Vale destacar que o sistema operacional tem influência direta na quantidade de dados pessoais coletados e transmitidos, seja pelo próprio sistema operacional, seja pelos aplicativos instalados na respectiva plataforma.[41] Basta observar os principais sistemas operacionais *mobile* da atualidade: Android e

[38] ESTADOS UNIDOS. FEDERAL TRADE COMMISSION. *Id.*, p. 14-15.

[39] *Id.*, p. 15-18.

[40] *Id.*, i-iii.

[41] Comparando a coleta de dados pessoais em diferentes sistemas operacionais (Android e iOS), veja, por exemplo, SCHMIDT, Douglas C. *Google Data Collection*, 2018, p. 14. Disponível em: <https://digitalcontentnext.org/wp-content/uploads/2018/08/DCN-Google-Data-Collection-Paper.pdf>. Acesso em: 10 ago. 2020.

iOS estão assentados em premissas distintas, dentro de um ecossistema que atende aos modelos de negócios da Apple e do Google, consideravelmente distintos. Isso porque o primeiro tem a maior parte de suas receitas obtidas na venda de *hardware* (iPhone), enquanto o último, em propaganda online.

Ao longo dos anos, os sistemas operacionais Android e iOS foram implementando o modelo de permissões nas suas plataformas, por meio do qual os usuários vão, aos poucos, concedendo acesso dos aplicativos às funcionalidades do dispositivo, conforme a necessidade que cada usuário tem, em tempo real, de utilizar os recursos.

Atualmente, consolidou-se o entendimento de que o sistema operacional deve utilizar o princípio do menor privilégio (oriundo da segurança da informação), segundo o qual um aplicativo deve possuir somente as mínimas permissões necessárias para desempenhar suas tarefas. Além disso, os desenvolvedores devem declarar de antemão as permissões que necessitam, e os usuários devem ter a oportunidade de analisar e decidir se essas permissões parecem adequadas antes de instalar um aplicativo.[42]

No caso do Android, por exemplo, somente a partir de maio de 2015 (com a introdução da versão 6.0) o sistema operacional passou a requisitar a concessão de permissões em tempo real (isto é, permissões adicionais para que o aplicativo pudesse acessar funcionalidades do celular durante sua execução). Até então a permissão de acesso a todos os recursos ocorria no momento da instalação.[43] Trata-se de mudança significativa (e tardia) em benefício da proteção dos usuários.

Vale apontar que a plataforma Android não analisa individualmente se todas as permissões solicitadas são estritamente necessárias para cada aplicativo funcionar.[44] Portanto, há um ônus sobre o usuário para avaliar se as

[42] REARDON, Joel et al. 50 Ways to Leak Your Data: An Exploration of Apps' Circumvention of the Android Permissions System. *28th USENIX Security Symposium*, 2019, p. 1-3. Disponível em: <https://www.usenix.org/system/files/sec19-reardon.pdf >. Acesso em: 10 ago. 2020.

[43] "Cada app para Android é executado em um sandbox com acesso limitado. Se um app precisar usar recursos ou informações fora do próprio sandbox, ele precisará solicitar a permissão adequada. Você declara que seu app precisa de uma permissão listando-a no manifesto do app. Depois disso, é necessário solicitar que o usuário aprove cada permissão no momento da execução (*no Android 6.0 e versões mais recentes*)" (grifo nosso). Disponível em: <https://developer.android.com/training/permissions/requesting>. Acesso em: 10 ago. 2020.

[44] REARDON, Joel et al. *Id.*, p. 3.

permissões informadas parecem razoáveis. Nesse contexto, ganha relevo o papel do consentimento e os problemas inerentes à sua validade.[45]

Como se pode perceber, a posição especial detida pelas plataformas, a rápida evolução tecnológica, com a expansão de aparelhos *smartphone* e o crescimento exponencial do número de aplicativos, fez com que as plataformas rapidamente estabelecessem complexos regulamentos e políticas de revisão de aplicativos direcionadas aos desenvolvedores, estabelecendo requisitos (inclusive de proteção de dados pessoais[46]) para aprovação dos aplicativos nas suas lojas.

As plataformas mantêm, ainda, páginas na Internet com orientações de *privacy by design* direcionadas aos desenvolvedores, buscando educá-los visualmente quanto às melhores práticas, em aspectos relacionados à proteção de dados pessoais, como a forma e o momento de apresentação do pedido de permissão para que o aplicativo acesse recursos do dispositivo (*just-in-time disclosures*).[47]

No caso do sistema operacional Android, destaca-se que o contrato entre a plataforma e o desenvolvedor do aplicativo estabelece que o último é responsável por estar em conformidade com a legislação de proteção de dados aplicável.[48]

[45] Destaca-se, nesse modelo de permissões, a importância do consentimento em dois momentos: (i) no primeiro, a obtenção do consentimento válido pelo usuário antes que o aplicativo possa acessar recursos protegidos por permissão, e (ii) no segundo, a plataforma deve assegurar que o aplicativo não acesse os recursos que o usuário não concedeu permissão. São apontados, entretanto, problemas do modelo de permissões, tais como a falta de informação clara e adequada ao usuário, falta de contextualização e falta de transparência sobre o porquê as permissões requisitadas pelos aplicativos são necessárias. Além disso, estudos indicam que há inúmeras formas de aplicativos burlarem o modelo de permissões no sistema Android. Cf. REARDON, Joel *et al. Id.*, p. 1-14.

[46] No caso da Apple, veja, por exemplo, *App Store Review Guidelines*. Disponível em: <https://developer.apple.com/app-store/review/guidelines/#legal>. Acesso em: 10 ago. 2020. No caso do Google Play, veja, por exemplo, Central de políticas, disponível em: <https://support.google.com/googleplay/android-developer/topic/9858052?hl=pt-BR>. Acesso em: 10 ago. 2020.

[47] No caso do Google Play, veja, por exemplo *Android permissions*, disponível em: <https://material.io/design/platform-guidance/android-permissions.html>. Acesso em: 10 ago. 2020. No caso da Apple App Store, veja, por exemplo *Requesting Permission*. Disponível em: <https://developer.apple.com/design/human-interface-guidelines/ios/app-architecture/requesting-permission/>. Acesso em: 10 ago. 2020.

[48] "4.8 Você [desenvolvedor de aplicativo] concorda que, caso disponibilize os Produtos por meio do Google Play, protegerá a privacidade e os direitos dos usuários. Se os usuários fornecerem a Você, ou o Produto acessar ou usar, nomes de usuário, senhas ou outras informações de login ou pessoais, Você concorda em divulgar aos usuários que essas informações ficarão

Um grande desafio atual diz respeito à efetividade do monitoramento e *enforcement* das disposições contratuais pelas plataformas em relação aos aplicativos publicados em suas lojas. Diversos atores, como empresas[49] e autoridades públicas, como Ministério Público[50] e PROCON,[51] têm questionado,

disponíveis para o Produto e fornecer o devido Aviso de privacidade e a devida proteção, conforme a legislação pertinente. Além disso, o Produto só poderá usar essas informações para os fins limitados para os quais o usuário deu permissão. Se o Produto armazenar informações pessoais ou confidenciais fornecidas pelo usuário, Você concorda que isso será ser feito com a devida segurança e somente durante o tempo que for necessário. Porém, se o usuário tiver aceitado um contrato à parte com Você que permita o armazenamento ou a utilização de informações pessoais ou confidenciais diretamente relacionadas ao Produto (não incluindo outros produtos ou apps), seja por Você ou pelo Produto, o uso dessas informações passará a ser regido pelos termos do contrato à parte. Se o usuário fornecer informações da Conta do Google ao Produto, o uso de tais informações ficará restrito ao acesso à Conta do Google do usuário nas circunstâncias e para os fins limitados aos quais o usuário houver consentido." Disponível em: <https://play.google.com/intl/all_br/about/developer-distribution-agreement.html>. Acesso em: 10 ago. 2020.

49 APELAÇÃO. AÇÃO COMINATÓRIA COM PEDIDO DE ANTECIPAÇÃO DE TUTELA. Aplicativo fraudulento criado por terceiro e disponibilizado na loja virtual de aplicativos da ré. Possibilidade de disponibilização de aplicativos por terceiros alheios à ré. Artigo 18 da Lei n.º 12.965/2014. Não responsabilização por danos decorrentes de conteúdo gerado por terceiro. Artigo 19 da Lei n.º 12.965/2014. Apenas haverá responsabilização civil em caso de dano decorrente de conteúdos gerados por terceiros por descumprimento de ordem judicial específica. Artigo 19, §1o da Lei no 12.965/2014. A ordem judicial deve conter identificação clara e específica do conteúdo apontado como infringente, sob pena de nulidade. Impossibilidade de monitoramento de aplicativos futuros criados em nome do banco. Violação do Princípio do Livre Acesso à Informação (inciso XIV do art. 5º da CF). Responsabilidade e interesse de monitoramento do Banco autor. Sentença, nessa parte reformada. Recurso provido. (TJSP. Apelação Cível n.º 1013818-03.2017.8.26.0100; Relatora: Maria Salete Corrêa Dias; Órgão Julgador: 3ª Câmara de Direito Privado; Foro Central Cível – 12ª Vara Cível; Data do Julgamento: 11.02.2020).

50 AÇÃO CIVIL PÚBLICA – Ministério Público que pretende a declaração de ilicitude do aplicativo 'Secret Circle', com condenação da ré na obrigação de impedir sua disponibilização – Aplicativo que permite envio de mensagens anônimas, em violação à legislação pátria (...) – Anonimato que é apenas aparente, não se tratando de situação oponível às autoridades ou que impeça a identificação ou localização de eventual usuário violador da ordem jurídica – Utilização do aplicativo que demanda prévio registro junto à ré, para realização de download, e junto ao aplicativo, que fica vinculado ao número de telefone e 'e-mail' do usuário – Conexão à internet, outrossim, que gera número de IP, o qual permite mesmo a localização física do usuário – Marco Civil da Internet que obriga os provedores à guarda dos registros de acesso à aplicações de internet pelo prazo de 6 meses – Ausência, outrossim, de finalidade prática da tutela pretendida – Existência comprovada de outros aplicativos com mesma funcionalidade – Possibilidade, ademais, de ocultação e simulação de identidade em qualquer rede social ou

seja no Poder Judiciário, seja em processos administrativos sancionadores, a alegada omissão e permissividade das plataformas em fiscalizar e remover aplicativos que descumprem regras estabelecidas pelas próprias plataformas, além das normas estabelecidas na legislação brasileira, como o Marco Civil da Internet – MCI (Lei nº 12.965/2014) e o Código de Defesa do Consumidor – CDC (Lei nº 8.078/1990).

Apenas para citar um exemplo, tem sido observada, nas lojas de aplicativos voltadas ao público consumidor brasileiro, a ausência de disponibilização de políticas de privacidade em língua portuguesa, ou a remissão a normas europeias sem validade no Brasil, o que configura violação ao dever de informação estabelecido na legislação brasileira (por exemplo, art. 11, § 3º do MCI e art. 6º, III do CDC).

3.2. *Privacy by Design*

A significativa evolução nas técnicas de estruturação das aplicações e plataformas digitais, apontadas na seção anterior, com a gradual concepção de um formato menos invasivo e a oferta de maior controle ao titular dos dados pessoais representa a tentativa de consagrar as premissas reunidas sob o manto do *privacy by design*. Listados por Ann Cavoukian, os princípios fundamentais do *privacy by design* seriam:[52]

> 1. Proactive not Reactive; Preventative not Remedial. *The Privacy by Design approach is characterized by proactive rather than reactive measures. It anticipates and prevents privacy invasive events before they happen. PbD does not wait for privacy risks to materialize, nor does it offer remedies for*

aplicativo de comunicação pela via dos chamados 'perfis falsos' – Sentença anulada – Pedido julgado improcedente – RECURSO PARCIALMENTE PROVIDO. (TJSP. Apelação Cível n.º 1096713-26.2014.8.26.0100; Relatora: Angela Lopes; Órgão Julgador: 9ª Câmara de Direito Privado; Foro Central Cível – 42ª Vara Cível; Data do Julgamento: 10.03.2020)"

[51] Procon-SP multa Google e Apple em até R$ 10 milhões por causa do FaceApp. *Tecnoblog*, 30 ago. 2020. Disponível em: <https://tecnoblog.net/305053/procon-sp-multa-google-apple-faceapp/>. Acesso em: 10 ago. 2020.

[52] CAVOUKIAN, Ann *et al.* Privacy by design: The 7 foundational principles. *Information and privacy commissioner of Ontario*, Canada, v. 5, 2009. Disponível em: <http://dataprotection.industries/wp-content/uploads/2017/10/privacy-by-design.pdf>. Acesso em: 2 ago. 2020.

resolving privacy infractions once they have occurred – it aims to prevent them from occurring. In short, Privacy by Design comes before-the-fact, not after.
2. Privacy as the Default; *We can all be certain of one thing – the default rules! Privacy by Design seeks to deliver the maximum degree of privacy by ensuring that personal data are automatically protected in any given IT system or business practice. If an individual does nothing, their privacy still remains intact. No action is required on the part of the individual to protect their privacy – it is built into the system, by default.* (...)
3. Privacy Embedded into Design. *Privacy by Design is embedded into the design and architecture of IT systems and business practices. It is not bolted on as an add-on, after the fact. The result is that privacy becomes an essential component of the core functionality being delivered. Privacy is integral to the system, without diminishing functionality.* (...)
4. Full Functionality – Positive-Sum, not Zero-Sum. *Privacy by Design seeks to accommodate all legitimate interests and objectives in a positive-sum "winwin" manner, not through a dated, zero-sum approach, where unnecessary trade-offs are made. Privacy by Design avoids the pretence of false dichotomies, such as privacy vs. security, demonstrating that it is possible, and far more desirable, to have both.* (...)
5. End-to-End Security – Lifecycle Protection. *Privacy by Design, having been embedded into the system prior to the first element of information being collected, extends securely throughout the entire lifecycle of the data involved — strong security measures are essential to privacy, from start to finish. This ensures that all data are securely retained, and then securely destroyed at the end of the process, in a timely fashion. Thus, Privacy by Design ensures cradle to grave, secure lifecycle management of information, end-to-end.* (...)
6. Visibility and Transparency. *Privacy by Design seeks to assure all stakeholders that whatever the business practice or technology involved, it is in fact, operating according to the stated promises and objectives, subject to independent verification. Its component parts and operations remain visible and transparent, to both users and providers alike. Remember, trust but verify!* (...)
7. Respect for User Privacy Above all. *Privacy by Design requires architects and operators to keep the interests of the individual uppermost by offering such measures as strong privacy defaults, appropriate notice, and empowering user-friendly options. Keep it user-centric!*

Tais valores trazem diretrizes de optimização da privacidade a partir da atuação diligente dos desenvolvedores, destacando a relevância do seu papel no que se refere à defesa dos direitos do usuário. Contudo, são pertinentes as críticas sobre a falta de clareza dos conceitos apresentados e sobre uma possível desconexão entre o pensamento jurídico e o grau de evolução da engenharia computacional. Como destacam Gürses, Troncoso e Diaz:[53]

> *These vague definitions of privacy by design seem to be symptomatic of a disconnect between policy makers and engineers when it comes to what it means to technically comply with data protection. In all the definitions, it is implied that data minimization can be substituted through organizational and technical forms of control and transparency. Hence, the different manifestations of privacy by design in policy documents leave open the option of interpreting it as the collection and processing of any data – but with a privacy label (...) From a security engineering perspective, control and transparency mechanisms do not provide the means to mitigate the privacy risks that arise through the collection of data in massive databases. This becomes especially problematic with respect to large-scale mandatory systems like road tolling systems and smart energy systems, or de facto mandatory systems like telecommunications (e.g., mobile phones).*

A crítica, entretanto, não rechaça a importância da atuação dos desenvolvedores. Ao contrário, busca revelar a insuficiência de prescrições com caráter meramente simbólico, a fim de ampliar a compreensão dos problemas vinculados à questão e trazer maior efetividade às políticas que busquem endereçar o tema.[54]

A percepção da importância da existência de mecanismos de proteção na estrutura das ferramentas de tratamento, que já constava entre as bases da Diretiva 95/46/CE da União Europeia,[55] ganhou especial destaque no

[53] GÜRSES, Seda; TRONCOSO, Carmela; DIAZ, Claudia. Engineering privacy by design. *Computers, Privacy & Data Protection*, v. 14, n. 3, p. 25, 2011. Disponível em: <https://software.imdea.org/~carmela.troncoso/papers/Gurses-CPDP11.pdf>. Acesso em: 2 ago. 2020.

[54] *Id.*

[55] No *Considerando* 46 da Diretiva: "(46) Considerando que a protecção dos direitos e liberdades das pessoas em causa relativamente ao tratamento de dados pessoais exige que sejam tomadas medidas técnicas e organizacionais adequadas tanto aquando da concepção do sistema de tratamento como da realização do próprio tratamento, a fim de manter em especial

GDPR, com a previsão de um artigo específico sobre *privacy by design* e *privacy by defaut*:[56]

> Artigo 25.º
> Proteção de dados desde a concepção e por padrão
> 1. Considerando as técnicas mais avançadas, os custos da sua aplicação, e a natureza, o âmbito, o contexto e as finalidades do tratamento dos dados, bem como os riscos decorrentes do tratamento para os direitos e liberdades das pessoas singulares, cuja probabilidade e gravidade podem ser variáveis, o responsável pelo tratamento deverá implementar, tanto no momento de definição dos meios de tratamento como no momento do próprio tratamento, as medidas técnicas e organizativas adequadas, como a pseudonimização, destinadas a aplicar com eficácia os princípios da proteção de dados, tais como a minimização, e a incluir as garantias necessárias no tratamento, de uma forma que este cumpra os requisitos do presente regulamento e proteja os direitos dos titulares dos dados.
> 2. O responsável pelo tratamento deverá implementar medidas técnicas e organizativas para assegurar que, por padrão, só sejam tratados os dados pessoais que forem necessários para cada finalidade específica do tratamento. Essa obrigação aplica-se à quantidade de dados pessoais recolhidos, à extensão do seu tratamento, ao seu prazo de conservação e à sua acessibilidade. Em especial, essas medidas asseguram que, por padrão, os dados pessoais não sejam disponibilizados

a segurança e impedir assim qualquer tratamento não autorizado; que compete aos Estados-membros zelar por que os responsáveis pelo tratamento respeitem estas medidas; que estas medidas devem assegurar um nível de segurança adequado, atendendo aos conhecimentos técnicos disponíveis e ao custo da sua aplicação em função dos riscos que o tratamento implica e a natureza dos dados a proteger". UNIÃO EUROPEIA. Parlamento Europeu e Conselho da União Europeia. *Diretiva 1995/46/CE*, Luxemburgo, 24 out. 1995. Disponível em: <http://eur-lex.europa.eu/legal-content/PT/TXT/HTML/?uri=CELEX:31995L0046&from=PT>. Acesso em: 2 ago. 2020.

[56] UNIÃO EUROPEIA. Parlamento Europeu e Conselho da União Europeia. *Regulamento (UE) 2016/679*, Bruxelas, 4 maio 2016. Disponível em: <https://eur-lex.europa.eu/legal-content/PT/TXT/?uri=CELEX:32016R0679>. Acesso em: 2 ago. 2020.

> sem intervenção humana a um número indeterminado de pessoas singulares.
> 3. Pode ser utilizado como elemento para demonstrar o cumprimento das obrigações estabelecidas nos n.os 1 e 2 do presente artigo, um procedimento de certificação aprovado nos termos do artigo 42.º.

No Brasil, parágrafo segundo do artigo 46 da LGPD também destaca a necessidade de implementação, "desde a fase de concepção do produto ou do serviço até a sua execução", das "medidas de segurança, técnicas e administrativas aptas a proteger os dados pessoais de acessos não autorizados e de situações acidentais ou ilícitas de destruição, perda, alteração, comunicação ou qualquer forma de tratamento inadequado ou ilícito".

Há, portanto, uma obrigação legal de observância das diretrizes reunidas sob o manto do *privacy by design*, o que se dá, inclusive, sob pena de imputação do dever de indenizar qualquer dano sofrido pelo titular dos dados, conforme arts. 42 e 44 da LGPD. Entretanto, também há o reconhecimento da necessidade de definição de quais medidas e padrões de segurança devem ser atendidos, tendo a lei remetido à Autoridade Nacional de Proteção de Dados (ANPD) a tarefa de "dispor sobre padrões técnicos mínimos", nos termos do art. 46, § 1º.

Tal escolha legislativa demonstra a necessidade de alinhamento entre as perspectivas jurídica e técnica, com o intuito de promover a proteção dos dados pessoais na medida dos interesses da sociedade, o que deve levar em conta não apenas a imposição de barreiras ao acesso por terceiros, mas também a autonomia do usuário, o grau de desenvolvimento da engenharia computacional, a importância econômica da informação e a sua relação com a vanguarda tecnológica e o potencial interesse público atrelado ao tratamento.

Um marco relevante sobre a relação entre o desenvolvimento da aplicação e a segurança conferida ao titular dos dados será formado com os julgamentos da ADPF 403 e da ADIn 5.527 pelo Supremo Tribunal Federal.[57] As demandas, dentre outras pretensões, buscam a interpretação constitucional do Marco Civil da Internet – MCI (Lei nº 12.965/2014) para validar a possibilidade

[57] Ao tempo da elaboração deste artigo, os julgamentos estão suspensos por pedidos de vista do Ministro Alexandre de Morais.

de desenvolvimento de aplicações que, por padrão de segurança, utilizem a criptografia de modo a não manter os registros das comunicações tidas pelos usuários. Em síntese, pretende-se evitar situações como a do bloqueio do WhatsApp por decisão judicial em virtude do não fornecimento dos registros das conversas dos usuários no âmbito de investigação criminal.[58] Em que pese a pendência de decisão definitiva, nos votos até então proferidos, os Ministros Edson Fachin e Rosa Weber destacaram a impossibilidade de imposição de sanções aos desenvolvedores que prezaram pela segurança da informação ou de intepretação que "enfraqueça a proteção criptográfica de aplicações da internet" ou que implique na "fragilização deliberada dos mecanismos de proteção da privacidade inscritos na arquitetura da aplicação".[59-60]

[58] Por exemplo: a decisão proferida em maio de 2016 pelo Juiz da Vara Criminal de Lagarto (SE), Marcel Maia Montalvão, nos autos do Processo nº 201655000183 (em segredo de justiça).
[59] "Decisão: Após o voto do Ministro Edson Fachin (Relator), que julgava procedente o pedido formulado na arguição de descumprimento de preceito fundamental para declarar a inconstitucionalidade parcial sem redução de texto tanto do inciso II do art. 7º, quanto do inciso III do art. 12 da Lei 12.965/2014, de modo a afastar qualquer interpretação do dispositivo que autorize ordem judicial que exija acesso excepcional a conteúdo de mensagem criptografada ponta-a-ponta ou que, por qualquer outro meio, enfraqueça a proteção criptográfica de aplicações da internet; e do voto da Ministra Rosa Weber, que acompanhava o Ministro Relator, mas dava interpretação conforme à Constituição a esses dispositivos, pediu vista dos autos o Ministro Alexandre de Moraes." (Conforme certidão de julgamento da sessão realizada no dia 27 mai. 2020. BRASIL, Supremo Tribunal Federal. ADPF n.º 403, Rel. Min. Edson Fachin, Ata nº 13, de 27 mai. 2020. DJE nº 150, divulgado em 16 jun. 2020).
[60] "Decisão: Após o voto da Ministra Rosa Weber (Relatora), que: (...) iv) julgava parcialmente procedente o pedido sucessivo de interpretação conforme a Constituição do art. 12, III e IV, da Lei nº 12.965/2014 apenas para (a) assentar que as penalidades de suspensão temporária das atividades e de proibição de exercício das atividades somente podem ser impostas aos provedores de conexão e de aplicações de internet nos casos de descumprimento da legislação brasileira quanto à coleta, à guarda, ao armazenamento ou ao tratamento de dados, bem como aos direitos à privacidade, à proteção dos dados pessoais e ao sigilo das comunicações privadas e dos registros, (b) ficando afastada qualquer exegese que – isoladamente ou em combinação com o art. 7º, II e III, da Lei nº 12.965/2014 – estenda a sua hipótese de incidência de modo a abarcar o sancionamento de inobservância de ordem judicial de disponibilização de conteúdo de comunicações passíveis de obtenção tão só mediante fragilização deliberada dos mecanismos de proteção da privacidade inscritos na arquitetura da aplicação, o julgamento foi suspenso." (Conforme certidão de julgamento da sessão realizada no dia 27 mai. 2020. BRASIL, Supremo Tribunal Federal. ADIn nº 5.527, Rel. Min. Rosa Weber, Ata nº 13, de 27 mai. 2020. DJE nº 150, divulgado em 16 jun. 2020).

Se confirmadas, as decisões implicarão o reconhecimento, pela mais alta corte do país, da importância da implementação da privacidade como uma diretriz orientadora do desenvolvimento de aplicativos e plataformas digitais, o que já há algum tempo vem sendo defendido pela doutrina nacional[61] e tem amparo legislativo na LGDP e respaldo das principais *guidelines* previstas para o setor, analisadas anteriormente.[62]

4. Riscos Atrelados ao Tratamento de Dados Realizado por Aplicativos e Plataformas Digitais

Em virtude do crescimento da relevância econômica, social e política dos dados pessoais no mundo contemporâneo, não é de se espantar que o aumento do número de casos envolvendo violações a direitos do titular dos dados acompanhe esse movimento. Considerando, ainda, que a interação do indivíduo com o mundo digital se dá por meio de aplicativos e plataformas criadas para os mais diversos fins, é mesmo natural que tais ferramentas estejam no centro das principais discussões sobre os riscos atrelados ao tratamento.

Com efeito, desde a coleta exagerada e o monitoramento injustificado do comportamento alheio até a exposição de informações altamente relevantes, são várias as possibilidades de violação a direitos durante a atividade dos agentes de tratamento. Nesse sentido, o potencial para que eventuais falhas afetem de forma lesiva o patrimônio ou os direitos da personalidade dos sujeitos envolvidos é enorme. Sigilo profissional, livre concorrência, segredo industrial, honra, imagem e intimidade são apenas alguns dos fatores que fazem parte dessa complexa equação.

Para além das falhas internas que podem causar prejuízos aos usuários, não se pode olvidar do grande número de ataques externos direcionados contra a segurança da aplicação ou plataforma. Os ciberataques são uma realidade

[61] Por exemplo: PEREIRA LIMA, Cíntia Rosa e BIONI, Bruno Ricardo. A Proteção de Dados Pessoais na Fase de Coleta: Apontamentos sobre a adjetivação do consentimento implementada pelo artigo 7, incisos, viii e ix do Marco Civil da Internet a partir da *Human Computer Interaction* e da *Privacy by Default*., In:______. Direito e Internet III – Marco civil da internet Lei 12.965/2014, TOMO I. 1ª Edição. São Paulo: Quartier Latin, 2015.

[62] A esse respeito, veja as *guidelines* citadas na seção 3.1 retro.

que se impõe e que deve ser considerada para efeito da implementação da estrutura adequada de segurança.[63] Apenas em 2019, o Centro de Estudos, Resposta e Tratamento de Incidentes de Segurança no Brasil, que integra o Comitê Gestor da Internet no Brasil, recebeu 875.327 notificações de incidentes, número 29% maior que o total reportado no ano anterior[64-65] e que revela o grande desafio que se coloca à frente dos atores do setor.

São vários os exemplos que trazem contornos concretos ao problema em tela.

Em dezembro de 2019, os responsáveis pelo blog VPN Mentor revelaram um vazamento de aproximadamente 270.000 pastas armazenadas no serviço de nuvem oferecido pela empresa canadense Data Deposit Box, que conta com mais de 350.000 usuários em 84 países. As falhas de segurança permitiram que fossem acessados dados, como *usernames* e senhas, facilitando o

[63] BENEVIDES, Bruno. Brasil entra na mira de hackers e vira alvo de ciberataques do exterior. *Folha de S. Paulo*, São Paulo, 6 jul. 2019. Disponível em: <https://www1.folha.uol.com.br/mundo/2019/07/brasil-entra-na-mira-de-hackers-e-vira-alvo-de-ciberataques-do-exterior.shtml>. Acesso em: 2 ago. 2020.

[64] CENTRO DE ESTUDOS, RESPOSTA E TRATAMENTO DE INCIDENTES DE SEGURANÇA NO BRASIL. *Estatísticas dos Incidentes Reportados*, 2019. Disponível em: <https://cert.br/stats/incidentes/2019-jan-dec/analise.html>. Acesso em: 2 ago. 2020.

[65] Os incidentes foram divididos de a acordo com as seguintes categorias: "*worm*: notificações de atividades maliciosas relacionadas com o processo automatizado de propagação de códigos maliciosos na rede; *dos* (*DoS – Denial of Service*): notificações de ataques de negação de serviço, onde o atacante utiliza um computador ou um conjunto de computadores para tirar de operação um serviço, computador ou rede; *invasão*: um ataque bem sucedido que resulte no acesso não autorizado a um computador ou rede; *web:* um caso particular de ataque visando especificamente o comprometimento de servidores Web ou desfigurações de páginas na Internet; *scan*: notificações de varreduras em redes de computadores, com o intuito de identificar quais computadores estão ativos e quais serviços estão sendo disponibilizados por eles. É amplamente utilizado por atacantes para identificar potenciais alvos, pois permite associar possíveis vulnerabilidades aos serviços habilitados em um computador; *fraude*: segundo Houaiss, é "qualquer ato ardiloso, enganoso, de má-fé, com intuito de lesar ou ludibriar outrem, ou de não cumprir determinado dever; logro". Esta categoria engloba as notificações de tentativas de fraudes, ou seja, de incidentes em que ocorre uma tentativa de obter vantagem. *Outros*: notificações de incidentes que não se enquadram nas categorias anteriores" In: CENTRO DE ESTUDOS, RESPOSTA E TRATAMENTO DE INCIDENTES DE SEGURANÇA NO BRASIL. *Estatísticas dos Incidentes Reportados*, 2019. Disponível em: <https://cert.br/stats/incidentes/2019-jan-dec/analise.html>. Acesso em: 2 ago. 2020.

acesso às contas dos usuários e, por sua vez, a todo o conteúdo dos arquivos armazenados.[66]

Outro vazamento de ainda maior gravidade também foi reportado pelo VPN Mentor em janeiro de 2020. Dessa vez, a empresa afetada foi a francesa Next Motion, que atua no ramo de dermatologia e procedimentos estéticos, fornecendo ferramentas de fotografia e vídeo digitais para 170 clínicas em 35 países. O banco de dados exposto continha quase 900.000 arquivos individuais que traziam, dentre outras informações altamente sensíveis, faturas, resultados propostos para os tratamentos estéticos, arquivos de vídeo, incluindo *scans* em 360 graus de rosto e corpo dos pacientes e imagens do corpo e do rosto dos pacientes.[67]

Em abril de 2020, o aplicativo de videoconferência que ganhou maior expressão com o grande aumento da demanda por reuniões virtuais ocasionado pela pandemia de Covid-19, o Zoom, teve sua segurança questionada por conta da localização de diversas chamadas de vídeo gravadas por usuários livremente disponíveis na web. De acordo com a reportagem publicada pelo The Washington Post:[68]

> *Thousands of personal Zoom videos have been left viewable on the open Web, highlighting the privacy risks to millions of Americans as they shift many of their personal interactions to video calls in an age of social distancing. Videos viewed by The Washington Post included one-on-one therapy sessions; a training orientation for workers doing telehealth calls that included people's names and phone numbers; small-business meetings that included private company financial statements; and elementary school classes, in which children's faces, voices and personal details were exposed. Many of the videos include personally identifiable information and deeply intimate conversations, recorded in people's*

[66] Report: Cloud Storage Data Breach Exposes Users' Private Information. *VPN Mentor.* Disponível em: <https://www.vpnmentor.com/blog/report-datadepositbox-leak/>. Acesso em: 2 ago. 2020.

[67] Report: 1,000s of Plastic Surgery Patients Exposed in Massive Data Leak. *VPN Mentor.* Disponível em: <https://www.vpnmentor.com/blog/report-nextmotion-leak/>. Acesso em: 2 ago. 2020.

[68] HARWELL, Drew. Thousands of Zoom video calls left exposed on open Web. *The Washington Post.* Disponível em: <https://www.washingtonpost.com/technology/2020/04/03/thousands-zoom-video-calls-left-exposed-open-web/>. Acesso em: 2 ago. 2020.

> *homes. Other videos include nudity, such as one in which an aesthetician teaches students how to give a Brazilian wax.*

Outro aspecto com grandes reflexos nos direitos dos titulares dos dados é o compartilhamento de informações entre aplicações e plataformas diferentes.

Em trabalho publicado em março de 2019, pesquisadores da Universidade de Toronto analisaram diversos aplicativos voltados para o campo da saúde e, a despeito do inequívoco caráter sensível dos dados tratados, foram constatados altos níveis de compartilhamento das informações com terceiros, como Amazon, AT&T, Facebook, Google, Microsoft, Yahoo, entre outros. Os pesquisadores descobriram também que 33% dos terceiros que recebiam as informações compartilhadas pelos aplicativos de saúde forneciam serviço de armazenamento em nuvem, enquanto 67% disponibilizavam serviços de coleta e análise de dados, incluindo *analytics* e publicidade. Entre os dados compartilhados, foram verificados, por exemplo, nome e sobrenome, e-mail, lista de medicamentos utilizados, condições médicas, prescrições medicamentosas, fatores de risco, sintomas, nome do médico e até mesmo as farmácias preferidas do usuário.[69]

Não se pode esquecer, ainda, do grande escândalo que envolveu o compartilhamento de dados entre Facebook e Cambridge Analytica e que culminou com ampla investigação protagonizada pela FTC, pelo Senado Americano e pelo Parlamento Britânico, inclusive por seus efeitos eleitorais.[70]

O uso do *hardware* dos dispositivos, condição necessária para que as funcionalidades das aplicações sejam desempenhadas, também não pode ser desconsiderado. Câmeras, microfones, leitores de impressão digital e GPSs fazem parte do rol de mecanismos que viabilizam a coleta de dados e potencializam a exposição do usuário aos perigos próprios do mundo digital. Nesse sentido, são diversos os casos de vazamento ou mesmo obtenção deliberada

[69] GRUNDY, Quinn *et al.* Data sharing practices of medicines related apps and the mobile ecosystem: traffic, content, and network analysis. BMJ, v. 364, p. 1920, 2019. Disponível em: <https://www.bmj.com/content/364/bmj.l920.long#T4>. Acesso em: 2 ago. 2020.

[70] CADWALLADR, Carole; GRAHAM-HARRISON, Emma. Revealed: 50 million Facebook profiles harvested for Cambridge Analytica in major data breach. *The Guardian*. 17 mar. 2018. Disponível em: <https://www.theguardian.com/news/2018/mar/17/cambridge-analytica-facebook-influence-us-election>. Acesso em: 2 ago. 2020.

de imagens, vídeos, gravações de voz, localização, dentre outros, a partir da fragilidade de segurança das aplicações e plataformas que fazem uso do *hardware* dos dispositivos eletrônicos.[71]

Em função dos altos riscos que são intrínsecos ao tratamento de dados pessoais, é essencial que a proteção da privacidade, dentre outros direitos do usuário, seja diretriz fundamental compartilhada entre os desenvolvedores de aplicações e de plataformas digitais. *Apps*, sistemas operacionais e o *hardware* dos dispositivos eletrônicos devem estar integrados de modo a evitar que fragilidades técnicas facilitem a coleta e o compartilhamento demasiado de informações ou, pior, sejam porta de entrada para terceiros mal-intencionados.

Devido ao grande potencial lesivo demonstrado acima, convém analisar a disciplina da responsabilidade civil que permeia a atuação dos agentes de tratamento de dados, abordando, em especial, as principais questões que se colocam para o setor.

5. Responsabilidade Civil dos Desenvolvedores de Aplicativos e Plataformas Digitais

Para a apuração do dever de indenizar, é necessário aferir o regime jurídico aplicável ao caso, o que envolve tanto a análise das disposições contratuais (se existentes) que estipulam os direitos e deveres dos envolvidos quanto a verificação das normas legais que incidem na hipótese concreta. No caso da responsabilização dos desenvolvedores de aplicativos e plataformas digitais, o enfoque abrange os termos e condições de uso, políticas de privacidade, termos de consentimento, entre outros instrumentos particulares, bem como as disposições legais pertinentes, em especial a LGPD e os diplomas que com ela dialogam, como, por exemplo, o CDC.

71 Alguns exemplos: YALON, Erez. How Attackers Could Hijack Your Android Camera to Spy on You. 19 nov. 2019. Disponível em: <https://www.checkmarx.com/blog/how-attackers-could-hijack-your-android-camera>. Acesso em: 2 ago. 2020; ALONSO, Nicolás. Aplicativo de exercício mostra localização de bases secretas do exército norte-americano. *El País*, 30 de janeiro de 2018. Disponível em: <https://brasil.elpais.com/brasil/2018/01/29/internacional/1517182703_981640.html>. Acesso em: 2 ago. 2020.

Um interessante ponto de partida é aferição do tipo de relação de direito material que está na ponta do serviço ou produto disponibilizado pelo aplicativo ou plataforma. A própria LGPD toma essa premissa como base para separar o tipo de responsabilização que incidirá sobre os agentes de tratamento de dados. Por força do seu art. 45, "as hipóteses de violação do direito do titular no âmbito das relações de consumo permanecem sujeitas às regras de responsabilidade previstas na legislação pertinente". Diante disso, não existem dúvidas sobre o regime de responsabilização que incide sobre os desenvolvedores que voltam sua atividade ao mercado de consumo: há responsabilização objetiva pelos defeitos ou falhas no produto ou serviço, sendo aplicáveis os arts. 12 e seguintes do CDC.

Entretanto, o mesmo não ocorre com os aplicativos e plataformas voltados para o mercado empresarial.[72] A responsabilidade desses agentes é regulada pela LGPD, mais precisamente pelos arts. 42 a 44, que, ainda que não imputem o dever de indenizar de forma objetiva, impõem um regime de responsabilidade mais gravoso do que o previsto no Código Civil,[73] especialmente pela inversão do ônus probatório atrelado à culpa. Nessa linha, Maria Celina Bodin de Moraes fala em responsabilidade "ativa" ou "proativa"[74] com base no art. 6º, inciso X da LGPD.[75]

[72] Com a prevalência da teoria finalista da relação de consumo, tem se firmado o posicionamento de que os serviços e produtos utilizados como insumos ou no meio da cadeia produtiva de determinada atividade não se enquadram no conceito de relação de consumo para efeito da incidência do CDC. A título exemplificativo: BRASIL, Superior Tribunal de Justiça. AgInt no AREsp n.°1.020.884/SP, Ministra Nancy Andrighi, Terceira Turma, Dje: 09.05.2017.

[73] Por extrapolar o objeto deste esforço não abordaremos mais detidamente a relação entre o regime de responsabilização do Código Civil com a LGPD. Entretanto, antecipamos o entendimento de que a aplicação do parágrafo único do art. 927 do Código Civil não parece metodologicamente adequada e, mesmo que assim não fosse, dependeria da existência de um alto grau de sinistralidade envolvendo a atividade do desenvolvedor, não podendo ser genericamente aplicável para todos os agentes de tratamento. Em sentido diverso: MENDES, Laura Schertel; DONEDA, Danilo. Reflexões iniciais sobre a nova lei geral de proteção de dados. *Revista de Direito do Consumidor,* vol. 120, p. 469-483, nov./dez. 2018.

[74] BODIN DE MORAES, Maria Celina. LGPD: um novo regime de responsabilização civil dito "proativo". *Civilistica.com,* Rio de Janeiro, 2019. Disponível em: <http://civilistica.com/lgpd-um-novo-regime-de-responsabilizacao-civil-dito-proativo/>. Acesso em: 2 de ago. 2020.

[75] "Art. 6º As atividades de tratamento de dados pessoais deverão observar a boa-fé e os seguintes princípios: (...) X – responsabilização e prestação de contas: demonstração, pelo

Fator de grande relevo, como já visto, é a relação entre os diversos atores que atuam no tratamento dos dados. O compartilhamento das informações coletadas entre inúmeros aplicativos e plataformas é comum, e muitas vezes, o momento em que ocorre a violação aos direitos do titular.[76] Nesse aspecto, a LGPD, com o expresso intuito de "assegurar a efetiva indenização ao titular dos dados", amplia a cadeia de responsabilidade, imputando, de forma solidária com o efetivo causador do dano, o dever de indenizar ao operador que "descumprir as obrigações da legislação de proteção de dados ou quando não tiver seguido as instruções lícitas do controlador" e aos controladores que "estiverem diretamente envolvidos no tratamento do qual decorreram danos ao titular dos dados", conforme art. 42, § 1º.

Vale lembrar, contudo, que, nas relações de consumo, o regime de responsabilização é o previsto no CDC, que já contém normas sobre solidariedade e prevê o compartilhamento do dever de indenizar entre os vários pontos da cadeia de fornecimento do serviço ou produto.[77] Tendo isso em vista, uma importante questão se coloca: é possível tratar a atividade das lojas de aplicativos como sendo de "distribuição ou comercialização" nos termos do CDC, atraindo o dever de indenizar os prejuízos causados aos consumidores por aplicativos que são disponibilizados na plataforma, ainda que desenvolvidos por terceiros?

Acreditamos que sim,[78] já que a atuação das lojas digitais não difere, em natureza, da atividade comercial em outros ramos, a não ser pela inexistência

agente, da adoção de medidas eficazes e capazes de comprovar a observância e o cumprimento das normas de proteção de dados pessoais e, inclusive, da eficácia dessas medidas."

[76] Cf. GRUNDY, Quinn *et al.* Data sharing practices of medicines related apps and the mobile ecosystem: traffic, content, and network analysis. *BMJ*, v. 364, 2019, p. l920. Disponível em: <https://www.bmj.com/content/364/bmj.l920.long#T4>. Acesso em: 2 ago. 2020; CADWALLADR, Carole; GRAHAM-HARRISON, Emma. Revealed: 50 million Facebook profiles harvested for Cambridge Analytica in major data breach. *The Guardian*, 17 mar. 2018. Disponível em: <https://www.theguardian.com/news/2018/mar/17/cambridge-analytica-facebook-influence-us-election>. Acesso em: 2 ago. 2020.

[77] "Art. 3° Fornecedor é toda pessoa física ou jurídica, pública ou privada, nacional ou estrangeira, bem como os entes despersonalizados, que desenvolvem atividade de produção, montagem, criação, construção, transformação, importação, exportação, distribuição ou comercialização de produtos ou prestação de serviços."

[78] Não obstante, deve-se apontar que a tendência do Poder Judiciário é afastar a responsabilidade das plataformas (lojas de aplicativos) em razão dos aplicativos publicados pelos

de um estabelecimento no mundo material. Entretanto, é preciso observar que a própria lei consumerista fixa os requisitos necessários à responsabilização do comerciante no art. 13 do CDC, quando: "I – o fabricante, o construtor, o produtor ou o importador não puderem ser identificados; II – o produto for fornecido sem identificação clara do seu fabricante, produtor, construtor ou importador; III – não conservar adequadamente os produtos perecíveis".[79] Dessa forma, ainda que se possa ampliar a responsabilidade pelos danos causados por determinada aplicação às lojas de aplicativos nos termos do CDC, a simples identificação do desenvolvedor da aplicação lesiva na plataforma é suficiente para afastar a extensão do dever de indenizar.

Para além das normas especialmente previstas pelo legislador ao aprovar a LGPD e das inovações tecnológicas que deram impulso a esse movimento, alguns conceitos clássicos permanecem essenciais para correta aferição do dever de indenizar e das suas consequências. Relação de consumo, ato ilícito, exercício regular de direito, dano, nexo causal, culpa, imputação objetiva ou subjetiva, solidariedade e direito de regresso são alguns desses conceitos que são basilares para a correta aplicação da norma e que não podem ser dispensados pelos juristas e atores do setor.

Conclusões

Não se pode ignorar o impacto das plataformas e aplicativos digitais no mundo contemporâneo. São essas ferramentas que apreendem a maior parcela do tempo do indivíduo moderno, seja fazendo parte da sua rotina de trabalho, seja nos momentos de lazer e de interação social.

O presente trabalho buscou abordar a evolução dos paradigmas técnicos que nos trouxeram ao momento histórico atual, as iniciativas de

desenvolvedores. Tal entendimento deriva da aplicação do art. 19, *caput*, do Marco Civil da Internet – MCI (Lei nº 12.965/2014). A título exemplificativo, veja o julgado citado anteriormente: Tribunal de Justiça de São Paulo. Apelação Cível n.º 1013818-03.2017.8.26.0100; Relatora: Maria Salete Corrêa Dias; Órgão Julgador: 3ª Câmara de Direito Privado; Foro Central Cível – 12ª Vara Cível; Data do Julgamento: 11 fev. 2020.

[79] BRASIL, Superior Tribunal de Justiça. AgInt no REsp n.° 1.298.531/SP, Ministro Lázaro Guimarães (Desembargador convocado do TRF 5ª Região), 4ª Turma, DJe 25 abr. 2018.

regulamentação atreladas ao tratamento de dados nesse setor altamente relevante da economia global, bem como o papel que vem sendo desempenhado pelos principais atores que impulsionam esse movimento, os seus riscos e responsabilidades decorrentes.

Com base no que foi exposto até aqui, convém destacar as seguintes conclusões:

1. O mercado de sistemas operacionais para *smartphone* hoje é amplamente dominado por dois grandes atores (Google e Apple), que detêm o controle sobre as plataformas Android e iOS, com suas respectivas lojas de aplicativos. A seu turno, os aplicativos para *smartphone* constituem uma parcela significativa da economia digital, sendo o Brasil um dos maiores mercados do mundo;
2. A arquitetura dos sistemas operacionais, inseridos em diferentes ecossistemas, e os mecanismos por aqueles implementados, influencia diretamente na quantidade e qualidade do tratamento de dados pessoais realizado pelos aplicativos;
3. O tratamento de dados pessoais no contexto de aplicativos para *smartphone* exige a compreensão dos diferentes agentes envolvidos no tratamento, o papel assumido por cada um (controlador ou operador), o mapeamento dos fluxos de dados pessoais e definição das bases legais adequadas para o tratamento a ser realizado. No caso dos aplicativos, é importante identificar quais os momentos em que há trocas de dados pessoais com o sistema operacional e com serviços de terceiros, como redes de propaganda online, serviços de análise de dados (*analytics*) e armazenamento na nuvem;
4. A evolução histórica da proteção de dados pessoais no desenvolvimento de aplicativos foi marcada por incrementos graduais nos mecanismos de regulação e controle exercido pelas plataformas, tendo em vista a evolução tecnológica e as diretrizes emanadas de autoridades públicas, como a Federal Trade Commission – FTC, nos Estados Unidos, e o Article 29 Working Party, no âmbito da União Europeia. Atualmente, as plataformas exercem um controle através de políticas de revisão de aplicativos, leis e normas contratuais, apesar de enfrentarem desafios e questionamentos relacionados à supervisão e *enforcement*

das normas em relação a aplicativos em desconformidade com as normas;

5. A atuação ativa dos desenvolvedores é essencial para a preservação dos direitos dos titulares dos dados, havendo uma obrigação legal de observância das diretrizes reunidas sob o manto do *privacy by design*, sob pena de responsabilização civil (artigos 42 a 44 da LGPD);
6. Há o reconhecimento da necessidade de definição de quais medidas e padrões de segurança devem ser atendidos, tendo a lei remetido à Autoridade Nacional de Proteção de Dados (ANPD) a tarefa de "dispor sobre padrões técnicos mínimos", nos termos do art. 46, § 1º da LGPD;
7. Diante dos inúmeros riscos atrelados à atividade de tratamento de dados, é essencial que a proteção à privacidade e aos direitos dos titulares de dados pessoais seja diretriz fundamental compartilhada entre os desenvolvedores de aplicativos e plataformas digitais, o que demanda convergência de esforços a fim de evitar que as fragilidades técnicas facilitem a coleta e o compartilhamento excessivo de informações ou sejam porta de entrada para terceiros mal-intencionados; e
8. Na LGPD, é possível distinguir um regime de responsabilização vinculado ao CDC, atrelado às relações consumeristas, de outro regime aplicável às demais relações, regime esse no qual há o agravamento da posição processual do agente de tratamento pela exigência do atendimento de padrões mínimos de segurança e pela inversão do ônus probatório.

Referências

a) *Bibliográficas*

ACAR, Yasemin **et al.** SoK: Lessons Learned from Android Security Research for Appified Software Platforms. **IEEE Symposium on Security and Privacy**, 2016. Disponível em: <https://ieeexplore.ieee.org/stamp/stamp.jsp?tp=&arnumber=7546516>. Acesso em 2 ago. 2020.

ALONSO, Nicolás. Aplicativo de exercício mostra localização de bases secretas do exército norte-americano. **El País**, 30 jan. 2018. Disponível em: <https://brasil.elpais.com/brasil/2018/01/29/internacional/1517182703_981640.html>. Acesso em 2 ago. 2020.

APP ANNIE. **The State of Mobile**, 2019. Disponível em: <https://www.thedmti.com/wp--content/uploads/2019/01/State_of_Mobile_Main_2019.pdf>. Acesso em 2 ago. 2020.

BENEVIDES, Bruno. Brasil entra na mira de hackers e vira alvo de ciberataques do exterior. *Folha de S. Paulo*, São Paulo, 6 jul. 2019. Disponível em: <https://www1.folha.uol.com.br/mundo/2019/07/brasil-entra-na-mira-de-hackers-e-vira-alvo-de-ciberataques-do--exterior.shtml>. Acesso em: 2 ago. 2020.

BODIN DE MORAES, Maria Celina. LGPD: um novo regime de responsabilização civil dito "proativo". **Civilistica.com**, Rio de Janeiro, 2019. Disponível em: <http://civilistica.com/lgpd-um-novo-regime-de-responsabilizacao-civil-dito-proativo/>. Acesso em: 2 de ago. 2020.

CADWALLADR, Carole; GRAHAM-HARRISON, Emma. Revealed: 50 million Facebook profiles harvested for Cambridge Analytica in major data breach. **The Guardian**. 17 mar. 2018. Disponível em: <https://www.theguardian.com/news/2018/mar/17/cambridge-analytica-facebook-influence-us-election>. Acesso em: 2 ago. 2020.

CAVOUKIAN, Ann et al. Privacy by design: The 7 foundational principles. *Information and privacy commissioner of Ontario*, Canada, v. 5, 2009. Disponível em: <http://data-protection.industries/wp-content/uploads/2017/10/privacy-by-design.pdf>. Acesso em: 2 ago. 2020.

CENTRO DE ESTUDOS, RESPOSTA E TRATAMENTO DE INCIDENTES DE SEGURANÇA NO BRASIL. **Estatísticas dos Incidentes Reportados**, 2019. Disponível em: <https://cert.br/stats/incidentes/2019-jan-dec/analise.html>. Acesso em: 2 ago. 2020.

COMISSÃO EUROPEIA. Antitrust: Commission opens investigations into Apple's App Store rules. **Press release**, 15 jun. 2020. Disponível em: <https://ec.europa.eu/commission/presscorner/detail/ en/ip_20_1073>. Acesso em 8 ago. 2020.

COMISSÃO EUROPEIA. ARTICLE 29 WORKING PARTY. Opinion 02/2013 on apps on smart devices, 2013. Disponível em: <https://ec.europa.eu/justice/article-29/documentation/opinion-recommendation/files/2013/wp202_en.pdf>. Acesso em 8 ago. 2020.

ESTADOS UNIDOS. Department OF JUSTCE. **Attorney General Kamala D. Harris Secures Global Agreement to Strengthen Privacy Protections for Users of Mobile Applications**. Disponível em: <https://oag.ca.gov/news/press-releases/attorney--general-kamala-d-harris-secures-global-agreement-strengthen-privacy>. Acesso em: 10 ago. 2020.

______. FEDERAL TRADE COMMISSION. **Mobile Privacy Disclosures**: Building Trust Through Transparency, 2013. Disponível em: <https://www.ftc.gov/reports/mobile--privacy-disclosures-building-trust-through-transparency-federal-trade-commission>. Acesso em: 10 ago. 2020.

______. STATE OF CALIFORNIA. Department of Justice. **Attorney General Kamala D. Harris Notifies Mobile App Developers of Non-Compliance with California Privacy Law**, 30 out. 2012. Disponível em: <https://oag.ca.gov/news/press-releases/attorney-general-kamala-d-harris-notifies-mobile-app-developers-non-compliance>. Acesso em: 10 ago. 2020.

FORBRUKERRÅDET. **Report**: Out of Control, 14 jan. 2020. Disponível em: <https://www.forbrukerradet.no/undersokelse/no-undersokelsekategori/report-out-of-control/#>. Acesso em: 10 ago. 2020.

GRUNDY, Quinn et al. Data sharing practices of medicines related apps and the mobile ecosystem: traffic, content, and network analysis. *BMJ*, v. 364, p. 1920, 2019. Disponível em: <https://www.bmj.com/content/364/bmj.l920.long#T4>. Acesso em: 2 ago. 2020.

GSMA. **Privacy Design Guidelines for Mobile Application Development**, 2012. Disponível em: <https://www.gsma.com/publicpolicy/resources/privacy-design-guidelines-mobile-application-development>. Acesso em: 10 ago. 2020.

GÜRSES, Seda; TRONCOSO, Carmela; DIAZ, Claudia. Engineering privacy by design. **Computers, Privacy & Data Protection**, v. 14, n. 3, p. 25, 2011. Disponível em: <https://software.imdea.org/~carmela.troncoso/papers/Gurses-CPDP11.pdf>. Acesso em: 2 ago. 2020.

HARWELL, Drew. Technology. Thousands of Zoom video calls left exposed on open Web. **The Washington Post**. Disponível em: <https://www.washingtonpost.com/technology/2020/04/03/thousands-zoom-video-calls-left-exposed-open-web/> Acesso em: 2 ago. 2020.

HOLANDA. The Netherlands Authority for Consumers & Markets. **Market study into mobile apps stores**. 2019. Disponível em: <https://www.acm.nl/sites/default/files/documents/market-study-into-mobile-app-stores.pdf>. Acesso em 2 ago. 2020.

ICO. **Privacy in mobile apps:** Guidance for app developers, 2013. Disponível em: <https:// ico.org.uk/media/for-organisations/documents/1596/privacy-in-mobile-apps-dp-guidance. pdf>. Acesso em: 10 ago. 2020.

MENDES, Laura Schertel; DONEDA, Danilo. Reflexões iniciais sobre a nova lei geral de proteção de dados. **Revista de Direito do Consumidor**, vol. 120, 2018.

PEREIRA LIMA, Cíntia Rosa e BIONI, Bruno Ricardo. A Proteção de Dados Pessoais na Fase de Coleta: Apontamentos sobre a adjetivação do consentimento implementada pelo artigo 7, incisos, viii e ix do Marco Civil da Internet a partir da **Human Computer Interaction** e da **Privacy by Defaut**., In:______. Direito e Internet III – Marco civil da internet Lei 12.965/2014, TOMO I. 1ª Edição. São Paulo: Quartier Latin, 2015.

REARDON, Joel *et al.* 50 Ways to Leak Your Data: An Exploration of Apps' Circumvention of the Android Permissions System. **28th USENIX Security Symposium**, 2019. Disponível em: <https://www.usenix.org/system/files/sec19-reardon.pdf >. Acesso em: 10 ago. 2020.

REINO UNIDO. Information Commissioner's Office. **Update report into adtech and real time bidding**. 20 jun. 2019. Disponível em: <https://ico.org.uk/media/about-the-ico/documents/2615156/adtech-real-time-bidding-report-201906.pdf>. Acesso em: 10 ago. 2020.

SCHMIDT, Douglas C. **Google Data Collection**, 2018, p. 14. Disponível em: <https://digitalcontentnext.org/wp-content/uploads/2018/08/DCN-Google-Data-Collection-Paper.pdf>. Acesso em: 10 ago. 2020.

VALENTINO-DeVRIES, Jennifer. Your Apps Know Where You Were Last Night, and They're Not Keeping It Secret. The New York Times, 10 dez. 2018. Disponível em: <https://www.nytimes.com/interactive/2018/12/10/business/location-data-privacy-apps.html>. Acesso em: 10 ago. 2020.

YALON, Erez. How Attackers Could Hijack Your Android Camera to Spy on You, 19 nov. 2019. Disponível em: <https://www.checkmarx.com/blog/how-attackers-could-hijack-your-android-camera>. Acesso em: 2 ago. 2020.

b) *Legislativas*

BRASIL. Código de Defesa da Consumidor (Lei n.º 8.078, de 11 de setembro de 1990). Disponível em: <http://www.planalto.gov.br/ccivil_03/_ato2015-2018/2018/lei/L13709.htm>. Acesso em: 10 ago. 2020.

BRASIL. Lei Geral de Proteção de Dados Pessoais (Lei n.º 13.709, de 14 de agosto de 2018). Disponível em: <http://www.planalto.gov.br/ccivil_03/_ato2015-2018/2018/lei/L13709.htm>. Acesso em: 10 ago. 2020.

BRASIL. Marco Civil da Internet (Lei n.º 12.965, de 23 de abril de 2014). Disponível em: <http://www.planalto.gov.br/ccivil_03/_ato2015-2018/2018/lei/L13709.htm>. Acesso em: 10 ago. 2020.

UNIÃO EUROPEIA. Parlamento Europeu e Conselho da União Europeia. **Diretiva 1995/46/CE**. Luxemburgo. 24.10.1995. Disponível em: <http://eur-lex.europa.eu/legal-content/PT/TXT/HTML/?uri=CELEX:31995L0046&from=PT>. Acesso em: 2 ago. 2020.

______. Parlamento Europeu e Conselho da União Europeia. **Regulamento (UE) 2016/679**. Bruxelas. 04.05.2016. Disponível em: https://eur-lex.europa.eu/legal-content/PT/TXT/?uri=CELEX:32016R0679. Acesso em: 2 ago. 2020.

c) *Jurisprudenciais*

BRASIL, Supremo Tribunal Federal. ADPF n.° 403, Rel. Min. Edson Fachin, Ata n. 13, de 27 mai. 2020. DJE n. 150, divulgado em 16 jun. 2020.

______. Supremo Tribunal Federal. ADIn n.º 5.527, Rel. Min. Rosa Weber, Ata nº 13, de 27 mai. 2020. DJE nº 150, divulgado em 16 jun. 2020.

______. Superior Tribunal de Justiça. AgInt no AREsp n.º 1.020.884/SP, Ministra Nancy Andrighi, 3ª Turma, Dje: 09/05/2017.

______. Superior Tribunal de Justiça. AgInt no REsp n.º 1.298.531/SP, Ministro Lázaro Guimarães (Desembargador convocado do TRF 5ª Região), 4ª Turma, DJe 25.04.2018.

______. Tribunal de Justiça de São Paulo. Apelação Cível n.º 1013818-03.2017.8.26.0100; Relatora: Maria Salete Corrêa Dias; Órgão Julgador: 3ª Câmara de Direito Privado; Foro Central Cível – 12ª Vara Cível; Data do Julgamento: 11.02.2020.

______. Tribunal de Justiça de São Paulo. Apelação Cível n.º 1096713-26.2014.8.26.0100; Relatora: Angela Lopes; Órgão Julgador: 9ª Câmara de Direito Privado; Foro Central Cível – 42ª Vara Cível; Data do Julgamento: 10.03.2020.

7.
LGPD e o Direito à Privacidade dos Trabalhadores

Selma Carloto
Livia Clozel

Introdução

O direito à privacidade foi consagrado pela primeira vez num instrumento jurídico internacional no artigo 12º. da Declaração Universal dos Direitos do Homem de 1948: "ninguém será sujeito a interferências na sua vida privada, família, lar ou na sua correspondência, nem a ataque à sua honra e reputação. Toda pessoa tem direito à proteção da lei contra tais interferências ou ataques".[1] A Declaração Universal dos Direitos do Homem influenciou a formulação de outros instrumentos sobre direitos humanos na Europa.

No final da II Guerra Mundial foi criado o Conselho da Europa, o qual reúne Estados da Europa, com o objetivo de promover o Estado de direito, a democracia, os direitos humanos e o desenvolvimento social e o qual adotou a Convenção Europeia dos Direitos do Homem no ano de 1950 e que entrou em vigor em 1953. Em 1959, foi criado, na França, o Tribunal Europeu dos Direitos do Homem para garantir que as partes contratantes cumpram as obrigações assumidas ao abrigo da Convenção Europeia de Direitos do Homem e o qual

[1] UNITED NATIONS. Declaração Universal dos Direitos Humanos. Disponível em: <https://www.ohchr.org/EN/UDHR/Pages/Language.aspx?LangID=por> Acesso em: 14 ago.2020.

se pronunciou, por meio de sua jurisprudência, em várias situações onde foi suscitada a proteção de dados.

O artigo 8º da Convenção Europeia dos Direitos do Homem garante o direito ao respeito pela vida privada e familiar, pelo domicílio e pela correspondência, além de estabelecer as condições em que são permitidas restrições a este direito e estabelece que não poderá haver ingerência da autoridade pública no exercício deste direito:

> "Direito ao respeito pela vida privada e familiar:
> 1. Qualquer pessoa tem direito ao respeito da sua vida privada e familiar, do seu domicílio e da sua correspondência.
> 2. Não pode haver ingerência da autoridade pública no exercício deste direito senão quando esta ingerência estiver prevista na lei e constituir uma providência que, numa sociedade democrática, seja necessária para a segurança nacional, para a segurança pública, para o bem estar económico do país, a defesa da ordem e a prevenção das infracções penais, a proteção da saúde ou da moral, ou a proteção dos direitos e das liberdades de terceiros."[2]

O TEDH (Tribunal Europeu de Direitos do Homem), com fundamento na Convenção dos Direitos do Homem, já decidiu, nas relações de trabalho, que as mensagens de correio eletrônico e as chamadas telefônicas a partir de estabelecimentos comerciais estão protegidas pelo conceito da vida privada e correspondência:

> "No processo que deu origem ao acórdão Copland c. Reino Unido, 283 a utilização do telefone, do correio eletrónico e da Internet pela funcionária de uma faculdade tinha sido monitorizada sem o seu conhecimento para determinar se ela estava a utilizar excessivamente o equipamento da faculdade para fins pessoais. O TEDH considerou que as chamadas telefónicas efetuadas a partir de estabelecimentos comerciais estavam abrangidas pelos conceitos de vida privada

[2] CONSELHO DA EUROPA. Convenção Europeia dos Direitos Humanos. Disponível em: <https://www.echr.coe.int/Documents/Convention_POR.pdf> Acesso em: 14 ago.2020.

e correspondência. Por conseguinte, as chamadas telefónicas e as mensagens de correio eletrónico enviadas do local de trabalho, bem como as informações obtidas através da monitorização da utilização da Internet para fins pessoais estavam protegidas pelo artigo 8.º da CEDH. No caso da requerente, as circunstâncias em que os empregadores podiam monitorizar a utilização do telefone, correio eletrónico e Internet pelos funcionários não estavam reguladas. Consequentemente, a ingerência não estava de acordo com a lei. O TEDH concluiu que tinha havido uma violação do artigo 8.º da CEDH."[3]

Com o surgimento da tecnologia da informação na década de 1960, acompanhado de uma crescente necessidade de regras mais rígidas para preservar e salvaguardar as pessoas, por meio da proteção dos seus dados pessoais, o Comité de Ministros do Conselho da Europa adotou várias resoluções sobre a proteção de dados pessoais, que faziam referência ao artigo 8.º da Convenção Europeia dos Direitos do Homem e em 1981 foi aberta a assinatura da Convenção 108, relativa ao tratamento automatizado de dados de caráter pessoal, primeiro instrumento internacional juridicamente vinculativo adotado no domínio da proteção de dados e que estabelece em seu artigo 1º.:

> " A presente Convenção destina-se a garantir, no território de cada Parte, a todas as pessoas singulares, seja qual for a sua nacionalidade ou residência, o respeito pelos seus direitos e liberdades fundamentais, e especialmente pelo seu direito à vida privada, face ao tratamento automatizado dos dados de carácter pessoal que lhes digam respeito («proteção dos dados»)."[4]

Além de prever garantias relativas à coleta e ao tratamento de dados pessoais, a Convenção 108 já proibia o tratamento de dados pessoais sensíveis,

[3] TRIBUNAL EUROPEU DOS DIREITOS DO HOMEM. Copland v. Reino Unido. 3 de abril de 2007; petição n.º 62617/00.

[4] CONSELHO DA EUROPA. Convenção para a proteção das pessoas relativamente ao tratamento automatizado de dados de caráter pessoal. Disponível em: <https://www.cnpd.pt/home/legis/internacional/Convencao108.htm>. Acesso em: 14 ago. 2020.

tais como dados referentes a origem racial, opinião política, saúde, convicção religiosa, à vida sexual ou ao registo criminal de uma pessoa natural.

O direito da União Europeia é constituído pelos tratados e pelo direito secundário, principalmente pelo Tratado da União Europeia e o Tratado sobre o Funcionamento da União Europeia, os quais foram aprovados por todos os Estados-Membros da União Europeia. A proteção de dados foi regulada pela primeira vez, na União Europeia, pela Diretiva 95/46/CE do Parlamento Europeu, relativa à proteção das pessoas singulares, no que diz respeito ao tratamento de dados pessoais e à livre circulação desses dados.

Em maio de 2018, entrou em vigor o Regulamento (UE) 2016/679 do Parlamento Europeu de 27 de abril de 2016, conhecido como *General Data Processing Regulation* (Regulamento Geral de Proteção de Dados) sobre privacidade e proteção de dados pessoais e o qual se aplica a todos os indivíduos da União Europeia e empresas que operem no Espaço Econômico Europeu, independente do país de origem e o qual revogou a Diretiva 95/46/CE. A Diretiva demandava que cada estado-membro aprovasse uma legislação interna adicional, já o regulamento é vinculativo e aplicável a todos países da União Europeia, independentemente de adequação legislativa interna e garantindo o mesmo nível de proteção a todos países da União Europeia.

Com o passar dos anos, com a crescente evolução da tecnologia, com a transformação digital e com compartilhamentos de dados de forma desenfreada e sem limites, a proteção e os cuidados com os dados pessoais e os dados pessoais sensíveis, passou a ser questão inadiável e a principal preocupação da legislação brasileira de proteção de dados, seguindo a legislação da União Europeia, o *General Data Processing Regulation,* no qual a Lei Geral de Proteção de Dados se inspirou, é a devolução do controle dos dados para os seus titulares, traduzindo-se na autodeterminação informativa, trazendo a proteção dos dados das pessoas naturais com base na boa fé e com respeito à privacidade e às liberdades individuais.

A necessidade de proteção de dados em território mundial só se confirma, já que vivemos um momento emergencial, de estado de calamidade pública, sendo a tecnologia cada vez mais importante, incluindo inteligência artificial, drones e geolocalização, entre outros, como um grande exército de combate à COVID-19 e não podemos esquecer-nos da proteção de dados, dos direitos fundamentais dos titulares. Cada vez mais, devem interagir e dialogar com a privacidade e a saúde, uma não pode excluir a outra. Os dados anonimizados afastam a incidência da Lei Geral de Proteção de Dados, e a mesma, quando entrar em vigor, ainda nos trará dispositivos que permitem o tratamento, no combate à Covid-19, de dados pessoais e de dados pessoais sensíveis sem consentimento, com fulcro no art. 7°, incisos III, VII e VIII e artigo 11, incisos II, alíneas "b", "e" e "f", respectivamente, ao autorizar o tratamento compartilhado de dados necessários à execução, pela administração pública, de políticas públicas, ao autorizar o tratamento para a proteção da vida e da incolumidade física do titular ou de terceiro e a tutela à saúde, exclusivamente, em procedimento realizado por profissionais de saúde, serviços de saúde e autoridade sanitária.

A Lei Geral de Proteção de Dados tinha previsão para entrar em vigor em 3 de maio de 2021. Ocorre que esta previsão é decorrente de uma Medida Provisória cuja finalidade era a operacionalização do Benefício Emergencial de preservação de emprego e renda e trazia em um de seus dispositivos o adiamento da Lei Geral de Proteção de Dados. O Congresso Nacional aprovou o adiamento apenas das sanções administrativas para agosto de 2021 e rejeitou o adiamento da legislação de proteção de dados para 1º de janeiro de 2021. Este projeto de lei foi sancionado e corresponde à Lei n.° 14.040 de 2020.

Com a entrada em vigor da Lei Geral de Proteção de Dados, os agentes de tratamento, além de observarem as hipóteses legais autorizadoras de tratamento, deverão observar os princípios da boa-fé, finalidade, necessidade e transparência no tratamento dos dados, além de utilizar medidas técnicas e administrativas aptas a proteger os dados de acessos não autorizados, incidentes de segurança em geral, muitos por falhas decorrentes de engenharia social de funcionários do controlador e decorrentes de práticas indevidas por parte destes, os quais estão tratando dados de clientes ou mesmo de outros colaboradores das empresas titulares de dados pessoais.

Antes da Lei Geral de Proteção de Dados entrar em vigor, já existiam diversas ações com base no Marco Civil da Internet, que asseguram, aos titulares dos dados pessoais, os direitos de inviolabilidade da intimidade e da vida privada, bem como o direito de não fornecimento a terceiros dos dados pessoais, salvo mediante consentimento livre expresso e informado e os dispositivos da Constituição Federal de 1988, que asseguram a dignidade da pessoa humana, a inviolabilidade da intimidade, da vida privada, da honra e da imagem das pessoas, além da inviolabilidade do sigilo dos dados.

1. Tratamento nas Relações de Trabalho

O tratamento de dados e a adequação à Lei Geral de Proteção de Dados nas relações de trabalho iniciam-se no anúncio de vaga de emprego, devendo-se considerar todos os tratamentos e fluxos de dados no decorrer do contrato de trabalho na fase da rescisão contratual. Muitos dados ainda poderão continuar sendo tratados após à extinção do vínculo de emprego e pelo período da prescrição, já que a Lei Geral de Proteção de Dados autoriza este tratamento. Esta, inclusive nas relações de trabalho, é aplicável ao tratamento de dados *off-line* e *on-line* e uma ficha de processo seletivo, seja física ou digital, assim como um currículo, são verdadeiros bancos e dados.

É importante destacarmos que a Lei Geral de Proteção de Dados exige conformidade não apenas no tratamento de dados de empregados ou trabalhadores com vínculo, mas também no tratamento de dados de trabalhadores autônomos e até trabalhadores eventuais, quando houver tratamento de dados de pessoas naturais. Muitas vezes as empresas contratam trabalhadores como pessoas jurídicas e sempre haverá dados pessoais de pessoas naturais que estão sendo contratadas, ainda que hajam constituído uma pessoa jurídica. Nas relações de trabalho existe ainda muita fraude às relações de emprego, mas independentemente de ser relação de trabalho, com ou sem vínculo, estaremos diante de dados de pessoas naturais, demandando conformidade com a Lei Geral de Proteção de Dados e a questão de ser uma relação de emprego passa a ser relevante quando falamos do desequilíbrio de poder existente na relação de emprego e que veremos que poderá afastar o consentimento como fundamento jurídico de tratamento de dados pessoais.

O princípio da não discriminação é um dos princípios basilares do *compliance* trabalhista e é princípio da Lei Geral de Proteção de Dados, artigo 6º, inciso IX, a qual expressamente proíbe qualquer tratamento de dados para fins discriminatórios:

> "Art. 6º As atividades de tratamento de dados pessoais deverão observar a boa-fé e os seguintes princípios:
> (...)

IX – não discriminação: impossibilidade de realização do tratamento para fins discriminatórios ilícitos ou abusivos;"[5]

O tratamento nas relações de trabalho inicia no processo seletivo, desde o anúncio de vaga de emprego, onde não poderá fazer-se referência a dados de potencial discriminatório, principalmente ao fazer alusão à discriminação negativa. Os dados pessoais coletados, para fins de processo seletivo, deverão limitar-se às informações necessárias para avaliar a aptidão do candidato e o seu potencial profissional. Infelizmente, ainda há muitas empresas que discriminam candidatos no processo seletivo e trabalhadores nas relações laborais e o que deve ser coibido por meio do *compliance* trabalhista e é vedado expressamente pela Lei Geral de Proteção de Dados, que vem trazer a efetividade aos direitos fundamentais dos titulares, inclusive, dos empregados. A exceção seriam as hipóteses de discriminação positiva, com base na igualdade material e como forma de compensação, como, por exemplo, um anúncio de uma vaga específica para deficiente ou reabilitado e com o intuito de proteção de um grupo e de cumprimento da cota na empresa.

Com a evolução tecnológica e a utilização crescente da inteligência artificial, algumas empresas discriminam candidatos por meio de algoritmos, transgredindo os princípios da transparência e do livre acesso, tendo o titular de dados direito a solicitar revisão de decisões tomadas unicamente com base no tratamento automatizado de dados pessoais que afetem seus interesses. O art. 20 da Lei Geral de Proteção de Dadosem sua redação inicial, trazia que o candidato poderia exigir que a revisão fosse realizada por pessoa natural, o que foi defendido pela Organização Internacional do Trabalho, tendo sido afastada a exigência da análise humana pela MP n.°869/2018, convertida na Lei n.º 13.853/2019.

A Lei Geral de Proteção de Dados, a Lei n. 9.029/95, assim como o artigo 373-A da CLT e a própria Constituição Federal de 1988, combatem de forma expressa a discriminação negativa, trazendo-se como princípio basilar da

[5] BRASIL. Lei n.° 13.709, de 14 de agosto de 2020. Lei Geral de Proteção de Dados. Disponível em: <http://www.planalto.gov.br/ccivil_03/_ato2015-2018/2018/lei/L13709.htm>. Acesso em: 14 ago. 2020.

conformidade à Lei Geral de Proteção de Dados o princípio da não discriminação nas relações de trabalho:

> "A empresa não pode discriminar o candidato, no anúncio de vaga de emprego. No processo seletivo, não poderá ocorrer coleta de dados com intuito discriminatório, seja por meio de questionários, ou em entrevistas, como a coleta de informações que se referem a idade, sexo, condição social, opção sexual, salvo quando a natureza da atividade a ser exercida, pública e notoriamente, assim o exigir, nos termos do artigo 373–A da CLT, inciso I, ou para proteger a própria integridade física ou saúde do trabalhador."[6]

Ainda, no processo seletivo, ao analisarmos um currículo, um verdadeiro banco de dados, seja em meio físico e *off-line*, seja no meio digital, o tempo que se tem para manter um currículo deverá estar sempre ligado à finalidade do tratamento do mesmo, devendo ser assegurada a transparência pelo empregador e controlador. Assim sendo, se a empresa receber um currículo para um processo de seleção, este poderá ser mantido durante o decorrer do processo ou por prazo maior se o interessado na vaga de emprego for informado sobre este fato, garantindo-se a transparência, além do livre acesso, qualidade de dados e a segurança da informação.

O GDPR traz dispositivo expresso para o tratamento de dados pessoais nas relações de trabalho, o que reafirma a aplicabilidade da legislação de proteção de dados na seara laboral e ainda autoriza a regulamentação, por meio de convenções coletivas de trabalho, de normas mais específicas para garantir a defesa dos direitos e liberdades no que respeita ao tratamento de dados pessoais dos trabalhadores, principalmente para efeitos de recrutamento e execução do contrato de trabalho, o que não foi repetido na nossa Lei Geral de Proteção de Dados:

[6] CARLOTO, Selma. Lei Geral de Proteção de Dados com enfoque nas relações de trabalho. São Paulo: LTr, 2020.

"Artigo 88. Tratamento no contexto laboral
1. Os Estados-Membros podem estabelecer, no seu ordenamento jurídico ou em convenções coletivas, normas mais específicas para garantir a defesa dos direitos e liberdades no que respeita ao tratamento de dados pessoais dos trabalhadores no contexto laboral, nomeadamente para efeitos de recrutamento, execução do contrato de trabalho, incluindo o cumprimento das obrigações previstas no ordenamento jurídico ou em convenções coletivas, de gestão, planejamento e organização do trabalho, de igualdade e diversidade no local de trabalho, de saúde e segurança no trabalho, de proteção dos bens do empregador ou do cliente e para efeitos do exercício e gozo, individual ou coletivo, dos direitos e benefícios relacionados com o emprego, bem como para efeitos de cessação da relação de trabalho.
2. As normas referidas incluem medidas adequadas e específicas para salvaguardar a dignidade, os interesses legítimos e os direitos fundamentais do titular dos dados, com especial relevo para a transparência do tratamento de dados, a transferência de dados pessoais num grupo empresarial ou num grupo de empresas envolvidas numa atividade econômica conjunta e os sistemas de controlo no local de trabalho.
3. Os Estados-Membros notificam a Comissão das disposições de direito interno que adotarem nos termos do n. 1, até 25 de maio de 2018 e, sem demora, de qualquer alteração subsequente das mesmas."[7]

2. Bases Legais de Tratamento nas Relações de Trabalho

O art. 7º da Lei Geral de Proteção de Dados traz as hipóteses legais de tratamento de dados pessoais, aplicando-se ao tratamento de dados dos trabalhadores:

"Art. 7º O tratamento de dados pessoais somente poderá ser realizado nas seguintes hipóteses:

[7] EUR-LEX. Regulamento Europeu de Proteção de Dados. Disponível em: <https://eur-lex.europa.eu/legal-content/PT/TXT/?uri=celex%3A32016R0679> . Acesso em: 14 ago. 2020.

I – mediante o fornecimento de consentimento pelo titular;
II – para o cumprimento de obrigação legal ou regulatória pelo controlador;
III – pela administração pública, para o tratamento e uso compartilhado de dados necessários à execução de políticas públicas previstas em leis e regulamentos ou respaldadas em contratos, convênios ou instrumentos congêneres, observadas as disposições do Capítulo IV desta Lei;
IV – para a realização de estudos por órgão de pesquisa, garantida, sempre que possível, a anonimização dos dados pessoais;
V – quando necessário para a execução de contrato ou de procedimentos preliminares relacionados a contrato do qual seja parte o titular, a pedido do titular dos dados;
VI – para o exercício regular de direitos em processo judicial, administrativo ou arbitral, esse último nos termos da Lei nº 9.307, de 23 de setembro de 1996 (Lei de Arbitragem);
VII – para a proteção da vida ou da incolumidade física do titular ou de terceiro;
VIII – para a tutela da saúde, exclusivamente, em procedimento realizado por profissionais de saúde, serviços de saúde ou autoridade sanitária; (Redação dada pela Lei nº 13.853, de 2019) – Vigência
IX – quando necessário para atender aos interesses legítimos do controlador ou de terceiro, exceto no caso de prevalecerem direitos e liberdades fundamentais do titular que exijam a proteção dos dados pessoais; ou
X – para a proteção do crédito, inclusive quanto ao disposto na legislação pertinente."[8]

O art. 11 traz as hipóteses de tratamento de dados pessoais sensíveis, que são os de maior potencial discriminatório, os dados biométricos e os dados genéticos:

[8] BRASIL. Lei n.° 13.709, de 14 de agosto de 2018. *Id.*

"Art. 11. O tratamento de dados pessoais sensíveis somente poderá ocorrer nas seguintes hipóteses:
I – quando o titular ou seu responsável legal consentir, de forma específica e destacada, para finalidades específicas;
II – sem fornecimento de consentimento do titular, nas hipóteses em que for indispensável para:
a) cumprimento de obrigação legal ou regulatória pelo controlador;
b) tratamento compartilhado de dados necessários à execução, pela administração pública, de políticas públicas previstas em leis ou regulamentos;
c) realização de estudos por órgão de pesquisa, garantida, sempre que possível, a anonimização dos dados pessoais sensíveis;
d) exercício regular de direitos, inclusive em contrato e em processo judicial, administrativo e arbitral, este último nos termos da Lei nº 9.307, de 23 de setembro de 1996 (Lei de Arbitragem);
e) proteção da vida ou da incolumidade física do titular ou de terceiro;
f) tutela da saúde, exclusivamente, em procedimento realizado por profissionais de saúde, serviços de saúde ou autoridade sanitária; ou (Redação dada pela Lei nº 13.853, de 2019) – Vigência
g) garantia da prevenção à fraude e à segurança do titular, nos processos de identificação e autenticação de cadastro em sistemas eletrônicos, resguardados os direitos mencionados no art. 9º desta Lei e exceto no caso de prevalecerem direitos e liberdades fundamentais do titular que exijam a proteção dos dados pessoais."[9]

No tratamento de dados nas relações de emprego, ou trabalho com vínculo, deve-se adotar um dos critérios trazidos pelo art. 7º da Lei Geral de Proteção de Dados. Se os tipos de dados pessoais tratados envolverem dados pessoais sensíveis deveremos tratá-los de acordo com as hipóteses mais restritas do art. 11 da mesma lei.

[9] BRASIL. Lei n.º 13.709, de 14 de agosto de 2018. *Id.*

Em resumo, destaco inicialmente que, quando falamos de dados de funcionários, os empregadores deverão estar cientes que a primeira base legal de tratamento não deverá ser o consentimento dos empregados (art. 7.º, inciso I e artigo 11, inciso I), devido à natureza da relação entre empregador e empregados, ou trabalhadores com vínculo, na qual persiste a subordinação como elemento fático-jurídico da relação de emprego.

O tratamento poderá ser necessário para a execução de um contrato, nos termos do art. 7º, inciso V, como no tratamento de informações relativas ao salário, assim como dos dados relativos à conta bancária para que os salários possam ser pagos. A disposição deverá ser interpretada de forma estrita, não restando abrangidas situações nas quais o tratamento não seja verdadeiramente necessário para a execução de um contrato, não podendo este tratamento ser unilateralmente imposto à pessoa natural pelo agente de tratamento.

Um dos fundamentos jurídicos de tratamento que tem destaque nas relações de trabalho é o tratamento com base na obrigação legal ou regulatória, nos termos do art. 7º, inciso II e artigo 11, inciso II, letra "a", como o envio de dados para o eSocial, no tratamento de dados de saúde, (dados pessoais sensíveis), nos exames admissionais e periódicos e na biometria digital do empregado para o registro eletrônico de ponto. Destaque-se que, ainda que o tratamento seja com base em obrigação legal ou regulatória, persiste o dever de transparência e informação sobre o tratamento de dados pelo controlador, já que ainda que a lei respalde o tratamento, os agentes de tratamento não poderão se afastar dos princípios da Lei Geral de Proteção de Dados.

O tratamento poderá ser realizado nas relações de trabalho para o exercício regular de um direito em processo judicial, administrativo e arbitral, podendo os dados pessoais serem preservados e tratados dados pessoais, inclusive, após o contrato de trabalho extinto, durante o período prescricional.

Pode-se invocar o tratamento para a tutela à vida e integridade física do titular ou terceiro como, por exemplo, uma enfermeira que se espeta com uma agulha e o paciente está com HIV.

Em muitas situações podemos ainda justificar o tratamento, com base no legítimo interesse, nos termos do art. 7, inciso IX, da Lei Geral de Proteção de Dados. Caso o empregador procure invocar o legítimo interesse como hipótese de tratamento, a finalidade do tratamento deverá ser sempre legítima e o método escolhido, ou a tecnologia específica devem ser necessários, proporcionais e aplicados da forma menos intrusiva possível, juntamente com a capacidade para permitir ao empregador demonstrar que foram tomadas as medidas adequadas para garantir um equilíbrio com as liberdades e os direitos fundamentais dos empregados.

Quando se elege o legítimo interesse como hipótese legal ensejadora de tratamento, deve-se realizar um teste da ponderação. O que for necessário para prosseguir interesses legítimos do responsável pelo tratamento deverá ser ponderado em relação aos direitos e liberdades fundamentais do titular e é o resultado do teste da ponderação que determina se o artigo 7.º, inciso IX, poderá ser invocado pelo controlador como fundamento jurídico para o tratamento.

O Grupo de Trabalho do artigo 29, em seu Parecer 06/2014 sobre o conceito de interesses legítimos do responsável pelo tratamento dos dados, orienta que, na utilização de dados biométricos por exigências gerais de segurança de bens ou de pessoas, os interesses ou os direitos e liberdades fundamentais em causa prevalecerão sobre o interesse legítimo. A Lei Geral de Proteção de Dados também não traz o legítimo interesse como base legal de tratamento de dados pessoais sensíveis, onde se incluem os dados biométricos. Por outro lado, o Grupo de Trabalho do Artigo 29 traz que os dados biométricos, como a impressão digital, ou o reconhecimento da íris, poderão ser utilizados para garantir a segurança de um local de alto risco, como um laboratório que esteja investigando vírus perigosos, desde que o responsável pelo tratamento tenha apresentado provas concretas da existência de um risco considerável:

> "Exemplo 17: Controles biométricos num laboratório de investigação
> Um laboratório de investigação científica que trabalha com vírus mortais utiliza um sistema biométrico para controlar os acessos devido ao elevado risco para a saúde pública no caso de esses vírus saírem das instalações. São aplicadas garantias adequadas, incluindo o facto de os dados biométricos serem armazenados nos cartões pessoais dos trabalhadores e não num sistema centralizado. Ainda que se trate de dados sensíveis, em sentido lato, o motivo do seu tratamento é de interesse público. Por essa razão, bem como pelo facto de os riscos de utilização abusiva serem reduzidos devido à utilização adequada de

> garantias, o artigo 7.º, alínea f), constitui uma base jurídica adequada para o tratamento."[10]

3. *Compliance* Trabalhista

Os empregados estão constantemente tratando dados de clientes e empregados, dependendo do departamento e o *compliance* trabalhista ajuda a coibir ações decorrentes de incidentes tanto nas relações de trabalho como de consumo:

> "O *compliance* trabalhista, na Lei Geral de Proteção de dados, previne passivos não apenas por lesão no tratamento de dados pessoais dos trabalhadores, como a judicialização e sanções decorrente de incidentes causados pelos empregados, inclusive nas relações de consumo, já que os empregados estão sempre tratando dados de clientes, sendo, na maioria das vezes, os responsáveis por incidentes decorrentes de engenharia social ou mesmo por descuidos decorrentes de falta de orientação e treinamentos por parte da empresa. Os empregados de um departamento de recursos humanos ou pessoal, por exemplo, tratam dados de empregados, mas os empregados do comercial, marketing e outros departamentos, tratam dados de clientes.".[11]

O *Compliance* Trabalhista na Lei Geral de Proteção de Dados consiste em boas práticas empresariais, incluindo ferramentas que auxiliam a empresa controladora e empregadora na adequação e conformidade com lei. Entre as ferramentas de *Compliance* Trabalhista na Lei Geral de Proteção de Dados, inclui-se o relatório de impacto à proteção de dados pessoais, os códigos de ética e de conduta, os regulamentos empresariais e outras políticas internas,

[10] UNIÃO EUROPEIA. Grupo de Trabalho do artigo 29° para a proteção de dados. Parecer 06/2014 sobre o conceito de interesses legítimos do responsável pelo tratamento dos dados na acepção do artigo 7.º da Diretiva 95/46/CE. Disponível em:< https://ec.europa.eu/justice/article-29/documentation/opinion-recommendation/files/2014/wp217_pt.pdf>. Acesso em: 14 ago.2020.

[11] CARLOTO, Selma. *Id.*

além dos treinamentos, os quais minimizarão incidentes nas relações de trabalho, além de auxiliar na conformidade à legislação e efetividade dos direitos fundamentais dos trabalhadores tutelados pela Lei Geral de Proteção de Dados. A empresa deverá colocar regras nas políticas internas, incluindo os códigos de conduta e seus regulamentos internos, para proteger os dados pessoais dos trabalhadores, principalmente para evitar riscos decorrentes de problemas relacionados à engenharia social. A empresa deverá dar treinamentos de proteção de dados para seus funcionários para alcançar a conformidade com a Lei Geral de Proteção de Dados, já que todos deverão estar em conformidade na instituição e para dar efetividade às normas colocadas nos Códigos de Conduta:

> "Seria exemplo, na prática, de *Compliance* Trabalhista, na Lei Geral de Proteção de Dados, a proibição, em regulamento empresarial ou em um código de ética e conduta, do colaborador deixar sua máquina ou computador aberto e se ausentar para seus intervalos legais ou concedidos pelo empregador, ou mesmo para sua casa no final do dia e deixar seu computador aberto, facilitando acessos indevidos de terceiros ou obrigação de criação de senhas fortes para acesso aos computadores da empresa com banco de dados dos clientes e colaboradores. Logo, a empresa deve colocar regras para evitar acessos indevidos com a consequente punição dos empregados pelo descumprimento daquelas e que podem ser desde uma advertência até a justa causa. As sanções disciplinares fazem parte mesmo dos parâmetros do Programa de Integridade do Decreto 8.420/2015 que regulamenta a lei anticorrupção, artigo 42, inciso XI. Em caso de um descuido do trabalhador que, sabendo da necessidade de fechar sua máquina a deixa aberta e muitas vezes mesmo sem uma senha forte, este poderá ser advertido e na reincidência incorrer em outras sanções na ordem pedagógica.
>
> Outro exemplo, mas que demanda, na proporcionalidade, uma sanção maior, seria para o empregado que acesse indevidamente a máquina de seu colega e para a qual não tenha autorização. As sanções lícitas, nas relações de trabalho, consistem em advertência, suspensão e justa causa, e o gestor deverá utilizar-se de proporcionalidade na aplicação

da pena, além de outros princípios como a imediatidade e o "non bis in idem".[12]

Desta forma o *compliance* trabalhista na Lei Geral de Proteção de Dados ganha destaque, já que este, por meio de suas ferramentas, previne passivos decorrentes de judicialização e sanções administrativas, não apenas nas relações de trabalho, como nas relações de consumo, já que são os empregados que estão tratando os dados de clientes, assim como os dados dos trabalhadores. O *compliance* trabalhista na Lei Geral de Proteção de Dados preserva a imagem e reputação da empresa, evita passivos e ainda tutela os direitos humanos dos titulares dos dados pessoais, incluindo os trabalhadores e clientes.

4. Consentimento. Desequilíbrio de Poder

Na União Europeia, elaboraram-se várias diretrizes ou *guidelines* e pareceres do Grupo de Trabalho do artigo 29, o qual foi criado pela Diretiva 95/46/CE e elaborou estas orientações até 2018, com orientações e exemplos práticos, tendo sido substituído pelo Comitê Europeu para a Proteção de Dados (CEPD), ou *European Data Protection Board*, um organismo europeu independente que contribui para a aplicação coerente de regras em matéria de proteção de dados na União. O Comitê Europeu para a Proteção de Dados entrou em funcionamento em 25 de maio de 2018 e durante sua primeira reunião plenária assumiu as orientações aprovadas pelo Grupo de Trabalho do Artigo 29º sobre a aplicação do Regulamento Geral de Proteção de Dados da União Europeia, dando continuidade ao trabalho do grupo.

O Grupo de Trabalho na União Europeia adotou posição quanto à interpretação de consentimento livre no contexto laboral, defendendo que, se a ausência de consentimento vier a acarretar prejuízos relevantes e reais ou potenciais para o trabalhador com vínculo ou empregado, o mesmo não será válido, caso seja necessário, já que não será considerado livre. No Brasil o consentimento é livre, informado e inequívoco, nos termos do art. 5º, inciso XII, da Lei Geral de Proteção de Dados: "XII – consentimento:

[12] CARLOTO, Selma. *Id.*

manifestação livre, informada e inequívoca pela qual o titular concorda com o tratamento de seus dados pessoais para uma finalidade determinada;"[13]

O consentimento deverá constituir uma livre escolha, um ato positivo do titular. Desta forma, se o trabalhador não tiver a possibilidade de recusar, o consentimento não será válido, principalmente se este for condição da contratação.

O Grupo de Trabalho do artigo 29 destacava o desequilíbrio de poder na *guideline* 259 sobre consentimento nas relações de trabalho, assim como para o tratamento por autoridade pública e o que está expresso no considerando 43 do GDPR:

> "A fim de assegurar que o consentimento é dado de livre vontade, este não deverá constituir fundamento jurídico válido para o tratamento de dados pessoais em casos específicos em que exista um desequilíbrio manifesto entre o titular dos dados e o responsável pelo seu tratamento, nomeadamente quando o responsável pelo tratamento é uma autoridade pública pelo que é improvável que o consentimento tenha sido dado de livre vontade em todas as circunstâncias associadas à situação específica em causa. Presume-se que o consentimento não é dado de livre vontade se não for possível dar consentimento separadamente para diferentes operações de tratamento de dados pessoais, ainda que seja adequado no caso específico, ou se a execução de um contrato, incluindo a prestação de um serviço, depender do consentimento apesar de o consentimento não ser necessário para a mesma execução"[14]

Nos termos do Regulamento da União Europeia verificamos que o consentimento deverá ser dado de livre vontade e este não deverá constituir fundamento jurídico válido para o tratamento de dados pessoais em casos específicos em que exista um desequilíbrio manifesto entre o titular dos dados e o responsável pelo seu tratamento, principalmente ao se tratar de autoridade pública, mas a utilização do consentimento como fundamento legal

[13] BRASIL. Lei n.º 13.709, de 14 de agosto de 2018. *Id.*

[14] UNIÃO EUROPEIA. Regulamento Europeu de Proteção de Dados. *Id.*

para o tratamento dos dados pelas autoridades públicas, assim como outros tratamentos, em relações com desequilíbrio de poder entre os agentes e os titulares de dados, não se encontra totalmente excluída. O Grupo de Trabalho do Artigo 29, na diretriz 259, que traz orientações relativas ao consentimento, com base no Regulamento (UE) 2016/679, adotadas em 28 de novembro de 2017, avocando alguns exemplos em que o consentimento poderá ser válido, entre os quais de uma escola pública que não condiciona o ensino à utilização de fotos dos alunos:

> "Uma escola pública solicita aos estudantes consentimento para utilizar as suas fotografias numa revista estudantil impressa. O consentimento nestas situações seria uma verdadeira escolha desde que não fosse negado aos estudantes o ensino ou os serviços a que têm direito e estes pudessem recusar a utilização das referidas fotografias sem ficarem prejudicados".[15]

Também se pode deparar com o desequilíbrio de poder no contexto laboral, em decorrência da subordinação existente nas relações de emprego, passando a ser improvável que o titular dos dados possa recusar ao seu empregador o consentimento para o tratamento dos dados já que há receio ou até risco de fato de consequências negativas decorrentes da recusa por parte do trabalhador. Diante desse fator, é improvável que um trabalhador responda livremente ao pedido de consentimento do seu empregador e o Grupo de Trabalho do artigo 29 considera problemática em suas orientações em pareceres e diretrizes, a questão de os empregadores tratarem dados pessoais dos seus funcionários atuais e até mesmo candidatos.

No entanto, não significa que os empregadores, como agentes de tratamento de dados pessoais, jamais possam utilizar o consentimento como fundamento legal para o tratamento. Poderá haver situações em que o empregador demonstre que o consentimento foi dado de forma livre, informada e

[15] UNIÃO EUROPEIA. Grupo de Trabalho do artigo 29° para a proteção de dados. Grupo de Trabalho do Artigo 29.º
Orientações relativas ao consentimento na acepção do Regulamento (UE) 2016/679. Disponível em: <https://www.cnpd.pt/home/rgpd/docs/wp259rev0.1_PT.pdf >. Acesso em: 14 ago. 2020.

inequívoca, como exige a Lei Geral de Proteção de Dados e há situações em que existe desequilíbrio de poder, saindo do tratamento pelas autoridades públicas e pelos empregadores.

O Grupo de trabalho, na diretriz 259, traz exemplo em que o consentimento poderá ser válido, quando demonstrado que o ato de dar ou recusar o consentimento não produz quaisquer consequências negativas ao trabalhador:

> "[Exemplo 5] Uma equipa de filmagem pretende filmar determinada parte de um escritório. O empregador solicita o consentimento de todos os trabalhadores que se sentam nessa zona do escritório para serem filmados, uma vez que podem aparecer em segundo plano nas filmagens do vídeo. Os trabalhadores que não quiserem ser filmados não serão de forma alguma penalizados, uma vez que serão colocados em outro local de trabalho equivalente numa outra zona do edifício enquanto durar a filmagem."[16]

O consentimento só será considerado válido se o titular dos dados puder exercer uma verdadeira escolha, sendo dado livremente e se não existir qualquer risco de coação ou consequências negativas para o titular se o consentimento for recusado.

A empresa PwC, na Grécia, recebeu uma multa no importe de 150 mil euros por violar o Regulamento Geral de Proteção de Dados da União Europeia por, entre outros fundamentos, tratar indevidamente dados de funcionários, tendo escolhido o consentimento indevidamente como hipótese legal de tratamento.

> "A PwC Grécia recebe multa de €150Mil por violar GDPR. Órgão de proteção de dados da Grécia impôs multa de €150Mil a participação grega da PwC, "PRICEWATERHOUSECOOPERS BUSINESS SOLUTIONS SA", por violar o Artigo 83 do GDPR.
> Além disso, a Hellenic Data Protection Authority também impôs medidas corretivas à organização a serem cumpridas.

[16] UNIÃO EUROPEIA. Grupo de Trabalho do artigo 29° para a proteção de dados. Grupo de Trabalho do Artigo 29.º. *Id.*

Por que a PwC foi multada?

O GDPR estabelece claramente as bases legais, sob as quais os dados pessoais podem ser processados pelos controladores. O consentimento é uma dessas bases, mas não é o único. E a escolha do consentimento da PwC como base legal para o processamento de dados pessoais de seus funcionários não era apropriada, constatou a DPA.

Os dados foram processados no decorrer das atividades comerciais da empresa e os funcionários não foram informados sobre isso. Esse tipo de abordagem foi considerado como uma violação dos princípios de justiça e transparência do GDPR.

O princípio da responsabilização também não foi cumprido, uma vez que a empresa não conseguiu demonstrar o cumprimento adequado e transferiu os encargos para os titulares dos dados. Como a PwC era, neste caso, um controlador de dados pessoais, essa transferência era inadequada.

A DPA considerou que a PwC BS como controlador:

Processou ilegalmente os dados pessoais dos seus empregados em violação do disposto no artigo 5.º, n.º 1, alínea a), alínea a), do RGPD, por ter utilizado uma base jurídica inadequada.

- *processou os dados pessoais dos seus empregados de uma forma injusta e não transparente contrária ao disposto no artigo 5.º, n.º 1, alínea a), alíneas b) ec) do RGPD, dando-lhes a falsa impressão de que estava a processar os seus dados. dados sob a base legal de consentimento, de acordo com o Artigo 6 (1) (a) do GDPR, enquanto na realidade estava processando seus dados sob uma base legal diferente sobre a qual os funcionários nunca haviam sido informados.*
- *embora fosse responsável na sua qualidade de responsável pelo controlo, não foi capaz de demonstrar o cumprimento do artigo 5.º, n.º 1, do GDPR e violou o princípio da responsabilidade estabelecido no artigo 5.º, n.º 2, do GDPR, ao transferir o ónus da prova de conformidade aos titulares dos dados.*

A empresa grega foi, portanto, multada e recebeu um prazo de três meses para tomar certas medidas para se tornar compatível.

Decisão da Hellenic DPA

A Hellenic DPA , após ter verificado as infrações ao GDPR, decidiu que, neste caso, deveria exercer as competências corretoras que lhe são conferidas pelo artigo

58.º, n.º 2, do GDPR, impondo medidas corretivas, e que ordenaria à empresa, na sua qualidade como controlador dentro de três (3) meses:

- *trazer as operações de processamento dos dados pessoais de seus funcionários, conforme descrito no Anexo I, apresentadas pela empresa, em conformidade com as disposições do GDPR;*
- *restabelecer a correta aplicação do disposto no n.º 1, alínea a), e no n.º 2 do artigo 5.º, em conjugação com o n.º 1 do artigo 6.º do GDPR, em conformidade com os fundamentos da decisão;*
- *para subsequentemente restabelecer a correta aplicação do restante das disposições do Artigo 5 (1) (b) – (f) do GDPR, na medida em que a infração estabelecida afete a organização interna e o cumprimento das disposições do RDBD tomando todas as medidas necessárias sob o princípio da responsabilização.*

Além disso, como a medida corretiva supra não é suficiente para restabelecer a conformidade com as disposições do GDPR violadas, o DPA helénico considerou que, com base nas circunstâncias identificadas no presente caso e no artigo 58.º, n.º 2, alínea i), deve ser aplicada uma multa administrativa proporcional e dissuasiva nos termos do artigo 83.º do GDPR, o que ascende a cento e cinquenta mil euros (150.000,00 euros).

O que isso significa?

Segundo o site Reclaim The Net, o representante grego da PwC é o primeiro dos "Big 4" a ser multado no âmbito do GDPR. Além disso, é a primeira consultoria que realmente ajudou muitos de seus clientes com a conformidade com o GDPR no último ano. Parece espantoso que uma empresa do tamanho e da reputação da PwC, que está ganhando muito dinheiro dando conselhos sobre o GDPR, tenha sido queimada pelo fogo que eles ajudam os clientes a evitar diariamente.

E, no entanto, serve como um bom lembrete de que nenhuma empresa localizada ou hospedada na UE está isenta de ter que cumprir o GDPR. Como mostra o precedente do Google, mesmo os participantes mais influentes de uma indústria não estão imunes. Os 150 mil euros que a PwC deve pagar não correspondem, é claro, à multa de US $ 5 bilhões imposta à gigante de tecnologia.

Por um lado, é menos de 0,5% do volume de negócios anual da empresa grega, o que não está exatamente de acordo com as diretrizes do GDPR. Essa multa era, segundo a Hellenic DPA, "*uma sanção eficaz, proporcional e dissuasiva*". Assim, no grande esquema do paradigma em mudança da abordagem à privacidade, não é tanto assim.

A decisão do regulador grego não é insignificante, no entanto. A PwC é líder de mercado em suporte a GDPR, principalmente devido à sua rede global. Muitos clientes em toda a Europa confiaram na empresa para trazer suas políticas e abordagens de acordo com a lei no ano passado. Não seria um grande esforço para essas empresas serem abaladas pelo fato de que a própria consultoria provou ser vulnerável em relação aos seus funcionários e até mesmo perder a confiança no auditor.

Afinal, boa vontade e reputação são ativos inestimáveis em qualquer mercado hoje. E com as violações de GDPR sendo casos altamente divulgados no mundo de hoje, onde a privacidade e a proteção de dados são problemas muito comuns, seria esperado que a PwC precise fazer muito esforço no controle de danos para salvar sua imagem. Com as empresas DPaaS e DRaaS aparecendo em todo o mercado hoje, pode ser o fim do monopólio das Big 4 e dos grandes escritórios de advocacia em questões legais complexas e de conformidade.

Isso não quer dizer, porém, que a reputação da PwC no campo de privacidade de dados está danificada para sempre. Se as outras filiais da consultoria tomam nota do que a Hellenic DPA lhes disse e tomarem medidas para assegurar aos seus clientes que eles aprenderam a lição e estão prontos para usá-la para serem melhores consultores de negócios, pode muito bem ser uma oportunidade e não um fracasso."[17]

5. Novas Tecnologias nas Relações de Trabalho

A tecnologia tem sofrido evolução constante com impacto a nível mundial e as empresas vêm utilizando novas formas inovadoras para lidar nas relações com seus funcionários, entre as quais, a geolocalização para diversas finalidades,

[17] MINUTO DA SEGURANÇA. PwC Grécia recebe multa de 150 mil por violar GDPR. Disponível em: <https://minutodaseguranca.blog.br/pwc-grecia-recebe-multa-de-e150mil-por-violar-gdpr/>. Acesso em: 14 ago. 2020.

como para controle de jornada de seus empregados, ou mesmo para a proteção destes, a inteligência artificial para avaliação de produtividade, para contratações e mesmo dispensa, entre outras.

As empresas, agentes de tratamento, ao utilizarem novas tecnologias, deverão assegurar a privacidade e o respeito igualitário do valor moral e da dignidade dos seres humanos, incluindo os trabalhadores, onde existe exatamente uma maior preocupação, principalmente ao tratarmos dados de grupos vulneráveis e muitas vezes alvo de discriminação, ao poderem sofrer mesmo risco de exclusão pelo algoritmo. Lembremos que os trabalhadores são considerados grupo vulnerável pelo desequilíbrio de poder decorrente da relação de emprego e dentre estes podemos considerar alguns mais vulneráveis, somando duas condições de vulnerabilidade, assim "hiper vulneráveis", as mulheres, pessoas com deficiência, minorias étnicas, crianças, e outros grupos que demandem maior proteção por serem alvo de discriminação e outras pessoas com risco de exclusão.

Neste sentido o estudo do grupo independente de peritos de alto nível sobre a inteligência artificial, criado pela comissão da União Europeia, em julho de 2018, no documento denominado orientações éticas para uma IA de confiança":

> "Prestar especial atenção a situações que envolvam grupos mais vulneráveis, tais como crianças, pessoas com deficiência e outros grupos historicamente desfavorecidos ou em risco de exclusão, e/ou a situações caracterizadas por assimetrias de poder ou de informação, como, por exemplo, entre empregadores e trabalhadores ou entre empresas e consumidores."[18]

Quando ao monitoramento, lembremos que estudamos a dificuldade de ser coletado o consentimento por prevalecer o desequilíbrio de poder nas relações de trabalho. Estudos da União Europeia apontam que, em vez de pedir o consentimento, os empregadores devem antes verificar se é comprovadamente

[18] UNIÃO EUROPEIA. Orientações éticas para uma IA de confiança. Disponível em: <https://op.europa.eu/en/publication-detail/-/publication/d3988569-0434-11ea-8c1f-01aa75ed71a1/language-pt/format-PDF>. Acesso em: 14 ago. 2020.

necessário o monitoramento da localização dos trabalhadores para um fim ou propósito legítimo e ponderar a necessidade deste monitoramento face aos direitos e liberdades fundamentais dos empregados.

No entendimento do grupo de trabalho do artigo 29 da União Europeia, como os dados de localização oriundos de dispositivos móveis e inteligentes revelam elementos íntimos da vida privada dos seus titulares, a principal hipótese de tratamento invocável deverá ser o consentimento prévio, informado e específico, não podendo ser obtido por termos gerais.

A legislação de proteção de dados do Brasil, no artigo 8º também considera que o consentimento, além de ser livre, informado e inequívoco, deverá constar de cláusula destacada, deverá referir-se a finalidades determinadas, sendo as autorizações genéricas para o tratamento de dados pessoais consideradas nulas:

> "Art. 8º O consentimento previsto no inciso I do art. 7º desta Lei deverá ser fornecido por escrito ou por outro meio que demonstre a manifestação de vontade do titular.
> § 1º Caso o consentimento seja fornecido por escrito, esse deverá constar de cláusula destacada das demais cláusulas contratuais.
> § 2º Cabe ao controlador o ônus da prova de que o consentimento foi obtido em conformidade com o disposto nesta Lei.
> § 3º É vedado o tratamento de dados pessoais mediante vício de consentimento.
> § 4º O consentimento deverá referir-se a finalidades determinadas, e as autorizações genéricas para o tratamento de dados pessoais serão nulas.
> § 5º O consentimento pode ser revogado a qualquer momento mediante manifestação expressa do titular, por procedimento gratuito e facilitado, ratificados os tratamentos realizados sob amparo do consentimento anteriormente manifestado enquanto não houver requerimento de eliminação, nos termos do inciso VI do caput do art. 18 desta Lei."[19]

[19] BRASIL. Lei n.º 13.709, de 14 de agosto de 2020. *Id.*

Se a finalidade do tratamento for alterada, o responsável pelo tratamento deve obter a renovação do consentimento para esse fim específico. Isto é, um consentimento para cada novo "*opt-in*" Os serviços de localização devem estar, de origem, desativados. A eventual existência de uma opção de recusa, por indicação expressa do titular de dados pessoais, não constitui efetivamente um mecanismo adequado para se obter o consentimento informado deste, já que o consentimento deverá ser inequívoco.

O entendimento do grupo de trabalho, em seus pareceres adotados pelo atual Comitê Europeu de Proteção de Dados, é que existe desequilíbrio de poder nas relações de trabalho, sendo o consentimento utilizado apenas em casos específicos. Diante do exposto, no que se refere aos empregados, especificamente, os agentes de tratamento, como empregadores, apenas poderão se utilizar dessa tecnologia se demonstrarem que a mesma será necessária para alcançar um objetivo legítimo e que pelo princípio da proporcionalidade este tratamento seria necessário e sem existir outros meios menos intrusivos.

O empregado deverá ter orientação para desligar o dispositivo de monitoramento ou geolocalização fora do seu horário de trabalho, devendo a empresa indicar o modo de o fazer, o que poderá constar em cláusulas de regulamento interno ou empresarial sob pena de advertência em caso de descumprimento destas regras, já que é ônus do empregador demonstrar que não houve qualquer monitoramento na vida privada e não profissional do trabalhador. A empresa poderá ainda fornecer um *smartphone* apenas para uso profissional, em vistas a assegurar o "*switch off*" e proibir o empregado de utilizá-lo para uso pessoal fora do horário de trabalho, garantindo-se assim que o dispositivo seja desligado e que não haja o monitoramento em momentos de sua vida particular, a fim de se garantir a privacidade do trabalhador e o diálogo desta com outros princípios fundamentais.

Nestas situações poderemos justificar o tratamento com base no legítimo interesse, nos termos do art. 7°, inciso IX, da Lei Geral de Proteção de Dados, devendo ser analisada a proporcionalidade, aplicando-se a forma menos intrusiva possível e garantindo-se ao empregador demonstrar que foram tomadas as medidas adequadas para garantir um equilíbrio com as liberdades e os direitos fundamentais dos empregados. Exemplificando uma situação em que o empregador utiliza a geolocalização para proteger a própria segurança do seu empregado quando se aproxima de uma região de risco.

É dever constitucional do empregador a redução dos riscos inerentes ao trabalho, por meio de normas de saúde, higiene e segurança e todos meios necessários e que assegurem a integridade física do trabalhador. Quando falamos do monitoramento por GPS para controle de jornada a norma permite formas alternativas de controle, por meio da portaria 373 do extinto ministério do trabalho, que dispõe que é possível adotar sistemas alternativos de controle da jornada de trabalho, desde que autorizados por meio de convenção ou acordo Coletivo de Trabalho, sendo a hipótese de tratamento o artigo 7, inciso II, obrigação legal ou regulatória.

Já os dispositivos de localização de veículos não são considerados dispositivos de localização do titular de dados pessoais, sendo a sua função determinar ou monitorar a localização dos veículos em que são instalados.

O Parecer 13/2011 sobre serviços de geolocalização em dispositivos móveis inteligentes dispõe que sempre que houver necessidade de tratamento por meio de geolocalização, a fim de evitar-se um monitoramento contínuo, o empregado deverá poder desligar o dispositivo de monitoramento fora do seu horário de trabalho, devendo o empregador indicar o modo de o fazer:

> "O consentimento como justificação legítima para o tratamento é problemático num contexto laboral. No seu parecer sobre o tratamento de dados pessoais no contexto laboral, o grupo de trabalho escreveu o seguinte: «quando se pedir a um trabalhador o seu consentimento e ele for potencial ou efetivamente penalizado se o recusar, o consentimento não é válido nos termos do artigo 7.º ou do artigo 8.º, uma vez que não é dado livremente. Se o trabalhador não tiver a possibilidade de o recusar, não existe consentimento. (...) Uma situação problemática é aquela em que o consentimento é uma condição para o recrutamento. O trabalhador pode, em teoria, recusar dar o seu consentimento, mas a consequência pode ser a perda de uma oportunidade de emprego. Nestas circunstâncias, o consentimento não é dado livremente, pelo que não é válido». Em vez de pedirem esse consentimento, os empregadores devem verificar se é comprovadamente necessário monitorizar a localização exata dos empregados para um fim legítimo e ponderar essa necessidade face aos direitos e liberdades fundamentais dos empregados. Nos casos em que essa necessidade seja devidamente

> justificada, a base jurídica de tal tratamento pode ser o interesse legítimo do responsável pelo tratamento dos dados (artigo 7.º, alínea f) da Diretiva Proteção de Dados). O empregador deve recorrer sempre aos meios menos intrusivos, evitar uma monitorização contínua e, por exemplo, escolher um sistema que emita um alerta quando um empregado atravessa uma linha de demarcação virtual preestabelecida. O empregado deve poder desligar o dispositivo de monitorização fora do seu horário de trabalho, devendo ser-lhe indicado o modo de o fazer. Os dispositivos de localização de veículos não são dispositivos de localização do pessoal. A sua função é determinar ou monitorizar a localização dos veículos em que são instalados. Os empregadores não devem considerá-los como dispositivos de localização ou monitorização do comportamento ou do paradeiro dos condutores ou outros empregados, nomeadamente enviando alertas relacionados com a velocidade do veículo."[20]

O Parecer 2/2017, adotado em 8 de junho de 2017,sobre o tratamento de dados no local de trabalho examina as obrigações suplementares impostas aos empregadores pelo Regulamento Geral sobre a Proteção de Dados e ao mesmo tempo reafirma as conclusões do Parecer 8/2001, fazendo uma nova avaliação do equilíbrio entre o legítimo interesse dos empregadores e a expectativa razoável de privacidade dos trabalhadores com vínculo empregatício, trazendo os riscos colocados pelas novas tecnologias e realizando uma avaliação da proporcionalidade em vários cenários em que poderiam ser aplicadas.

O aumento das novas tecnologias de tratamento de dados na empresa, decorrentes da evolução tecnológica dos últimos tempos, podem agora ser aplicadas por apenas uma fração dos custos, nos termos citados no Parecer 2/2017, já faz alguns anos. Ao mesmo tempo a capacidade de tratamento de dados pessoais, por meio destas tecnologias, vem aumentando exponencialmente.

[20] UNIÃO EUROPEIA. Grupo de trabalho de proteção de dados do artigo 29°. Parecer 13/2011 sobre serviços de geolocalização em dispositivos móveis inteligentes. Disponível em: <https://www.gpdp.gov.mo/uploadfile/2014/0505/20140505071557367.pdf >. Acesso em: 14. ago. 2020.

"O empregador monitoriza a utilização da Internet pelos seus trabalhadores durante as horas de trabalho para verificar que não estão a utilizar de forma excessiva as tecnologias de informação da empresa para fins pessoais. Os dados recolhidos incluem ficheiros temporários e cookies gerados nos computadores dos trabalhadores, que mostram os *websites* visitados e os descarregamentos efetuados durante as horas de trabalho. Os dados são tratados sem consultar previamente as pessoas em causa e os delegados sindicais/conselho de trabalhadores da empresa. Também não é fornecida informação suficiente sobre essas práticas às pessoas em causa. O volume e a natureza dos dados recolhidos constituem uma intromissão significativa na vida privada dos trabalhadores. Para além das questões de proporcionalidade, a transparência no que respeita às práticas, estreitamente ligadas às expectativas razoáveis das pessoas em causa, é igualmente um fator importante a ter em conta. Ainda que o empregador tenha um interesse legítimo em limitar o tempo despendido pelos trabalhadores a visitar *websites* que não estejam diretamente relacionados com o seu trabalho, os métodos utilizados não preenchem os requisitos do teste da ponderação previsto no artigo 7.º, alínea f). O empregador deve utilizar métodos menos intrusivos (por exemplo, limitar o acesso a determinados *websites*), que sejam, a título de boas práticas, objeto de discussão e acordo com os representantes dos trabalhadores e comunicados aos trabalhadores de forma transparente."[21]

Outro problema no contexto do tratamento laboral é que estes dispositivos inteligentes podem ser muito menos visíveis para os empregados do que outros tipos mais tradicionais, tais como as câmaras de televisão em circuito fechado aparentes, levantando questionamentos sobre o grau de conhecimento que os empregados têm dessas tecnologias, já que os empregadores poderão estar tratando ilicitamente os dados dos seus funcionários, sem mesmo aviso prévio aos empregados, o que infringiria o princípio da transparência trazido pela

[21] UNIÃO EUROPEIA. Grupo de trabalho de proteção de dados do artigo 29°. Opinion 2/2017 on data processing at work. Disponível em: <https://ec.europa.eu/newsroom/article29/item-detail.cfm?item_id=610169>. Acesso em: 14 ago.2020.

Lei Geral de Proteção de Dados e não há como tutelar direitos fundamentais, como a privacidade e outras liberdades fundamentais sem primeiro garantir-se a transparência no tratamento dos dados. Outra questão já levantada no mesmo parecer é que as fronteiras entre o domicílio e o local de trabalho são cada vez mais ténues. Por exemplo, quando os empregados trabalham à distância, no teletrabalho, o que se intensificou durante a pandemia da Covid-19 e permaneceu em muitas empresas pós pandemia, ou mesmo quando os empregados fazem viagens de negócios, poderá ocorrer o monitoramento das atividades fora do ambiente físico de trabalho, podendo até mesmo, eventualmente, incluir-se o monitoramento no contexto privado.

A Lei Geral de Proteção de Dados traz sanções administrativas, que podem alcançar o patamar de 50 milhões de reais por infração, se sua empresa não estiver adequada quando esta entrar e vigor, e as quais, não impedem a aplicação de outras sanções de caráter civil, penal ou mesmo administrativas. A Autoridade Nacional de Proteção de Dados irá analisar o caso concreto, a gravidade dos incidentes de segurança ocorridos nas empresas, com a consequente lesão a dados pessoais e dados pessoais sensíveis e quais medidas foram adotadas pelos agentes de tratamento na tentativa de mitigar os efeitos dos incidentes ocorridos, sendo importante a elaboração de um relatório de impacto à proteção de dados pessoais. Boas práticas e governança também integram os critérios para dosimetria das sanções e a nossa legislação de proteção de dados traz um capítulo para estas, dedicado à segurança e às boas práticas.

6. Relatório de Impacto à Proteção de Dados

Importante a empresa possuir registro de atividades, independentemente do número de seus trabalhadores, já que a Lei Geral de Proteção de Dados, diferente da lei europeia, não traz um limite mínimo para o registro das atividades de tratamento. Ainda, em caso de risco no tratamento, inclusive no tratamento de dados pessoais sensíveis, como os dados de saúde e biometria, o controlador deverá ter um relatório de impacto à proteção de dados pessoais, que traz as medidas e salvaguardas para mitigação de riscos no tratamento de dados e o Grupo de Trabalho do artigo 29, em seus estudos, orienta que sempre que há desequilíbrio de poder há necessidade do relatório de impacto à proteção de dados.

A *guideline* 248, do *Working Party* 29 traz nove critérios para identificar a necessidade de avaliação de impacto à proteção de dados, o qual corresponde ao relatório de impacto à proteção de dados no Brasil e o critério 7, que se relaciona aos dados relativos a titulares de dados vulneráveis, inclui de forma expressa os empregados, em decorrência do desequilíbrio de poder entre os titulares dos dados e o responsável pelo tratamento dos dados, o empregador. Ainda, lembremos que o empregador sempre trata dados pessoais sensíveis dos trabalhadores, que é critério direto de necessidade de relatório pelo artigo 38 da Lei Geral de Proteção de Dados.

Conclusões

A necessidade de conformidade à Lei Geral de Proteção de Dados é patente nas relações de trabalho, já que estamos tratando dados de pessoas naturais, onde a privacidade e os direitos fundamentais de liberdade deverão ser respeitados e em decorrência de as empresas estarem sempre tratando uma volumetria de dados intensa de trabalhadores, tanto em meio físico, como nos meios digitais, desde o recrutamento e seleção, até após mesmo a extinção do contrato de trabalho, devendo ser assegurado um padrão de segurança da informação em todos os tratamentos e fluxos de dados de trabalhadores. A proteção à privacidade dos trabalhadores em geral, incluindo os empregados, deverá ser pautada no conceito do *Privacy by Design*, garantindo-se a segurança da informação desde a coleta dos dados e em toda a arquitetura do negócio.

Não se pode olvidar que, nas relações de trabalho, não é apenas nas relações de emprego que há necessidade de adequação à Lei Geral de Proteção de Dados, mas também nos tratamentos de dados de trabalhadores sem vínculo, já que ainda que a relação de trabalho se estabeleça por meio de contrato de pessoa jurídica as empresas estarão tratando dados de pessoas naturais destes trabalhadores.

As regras de boas práticas e governança, incluindo o *compliance* trabalhista, com ações educativas, como treinamentos de proteção de dados a empregados, códigos de conduta e outras políticas internas garantem a conformidade com a Lei Geral de Proteção de Dados e coíbem ações individuais e coletivas na justiça do trabalho e na justiça comum, já que os funcionários do departamento comercial ou vendas estão tratando dados de clientes. Logo, além de evitar-se por meio de *compliance* trabalhista ações, por tratamento indevido de dados de trabalhadores, evitamos ações por desvio à Lei Geral de Proteção de Dados de dados com clientes. As boas práticas deverão incluir ainda a solução e atendimento de reclamações e petições de titulares, já que os trabalhadores, como pessoas naturais, deverão ter o controle de tratamento de seus dados pessoais, ainda que subordinados.

Independente de o tratamento estar fundado em uma das hipóteses legais de tratamento previstas na legislação o titular deverá ser informado sobre a existência, duração de tratamento e propósito legítimo e segurança no tratamento de seus dados. A transparência é um dos princípios que se destaca na adequação à Lei Geral de Proteção de Dados dos trabalhadores, os quais deverão, desde o processo seletivo, possuir informações claras e precisas sobre o tratamento de seus dados. Destacamos, no decorrer do presente trabalho, o desequilíbrio de poder existente nas relações de emprego, o que indica um cuidado maior quando estamos tratando dados de trabalhadores, devendo ser cuidadosamente examinadas as circunstâncias em que o consentimento é hipótese legal de tratamento. A recusa do consentimento não deverá trazer consequências negativas para o titular. Ressalta-se que há forte presunção de o consentimento ser frágil no tratamento de dados de funcionários, mas esta não é absoluta e nem o exclui desde que o controlador esteja diante de garantias suficientes que o mesmo é efetiva e verdadeiramente livre.

Por todo exposto, o contexto laboral requer uma abordagem distinta do consentimento e um cuidado maior no tratamento de dados dos funcionários, abrangendo aspectos culturais e sociais da relação de emprego, devendo os princípios de proteção de dados interagir com a legislação e princípios peculiares aplicáveis às relações de trabalho. A Lei Geral de Proteção de Dados dá efetividade ao tratamento dos direitos humanos dos trabalhadores ao coibir tratamentos para fins discriminatórios, não calçados na boa-fé, ou que ofendam a privacidade e os outros direitos fundamentais dos trabalhadores.

Referências

BRASIL. Lei n.° 13.709, de 14 de agosto de 2020. **Lei Geral de Proteção de Dados**. Disponível em: <http://www.planalto.gov.br/ccivil_03/_ato2015-2018/2018/lei/L13709.htm>. Acesso em: 14 ago. 2020.

CARLOTO, Selma. **Lei Geral de Proteção de Dados com enfoque nas relações de trabalho**. São Paulo: LTr, 2020.

CONSELHO DA EUROPA. **Convenção Europeia dos Direitos Humanos**. Disponível em: <https://www.echr.coe.int/Documents/Convention_POR.pdf> Acesso em: 14 ago.2020.

______. **Convenção para a proteção das pessoas relativamente ao tratamento automatizado de dados de caráter pessoal.** Disponível em: <https://www.cnpd.pt/home/legis/internacional/Convencao108.htm>. Acesso em: 14 ago. 2020.

EUR-LEX. **Regulamento Europeu de Proteção de Dados**. Disponível em: <https://eur-lex.europa.eu/legal-content/PT/TXT/?uri=celex%3A32016R0679> . Acesso em: 14 ago. 2020.

MINUTO DA SEGURANÇA. **PwC Grécia recebe multa de 150 mil por violar GDPR**. Disponível em: <https://minutodaseguranca.blog.br/pwc-grecia-recebe-multa-de-e150mil-por-violar-gdpr/>. Acesso em: 14 ago. 2020.

TRIBUNAL EUROPEU DOS DIREITOS DO HOMEM. **Copland v. Reino Unido**. 3 de abril de 2007, petição n.º 62617/00.

UNIÃO EUROPEIA. **Grupo de Trabalho do artigo 29° para a proteção de dados.** Grupo de Trabalho do Artigo 29.º Orientações relativas ao consentimento
na acepção do Regulamento (UE) 2016/679. Disponível em: <https://www.cnpd.pt/home/rgpd/docs/wp259rev0.1_PT.pdf> . Acesso em: 14 ago. 2020.

______. **Grupo de trabalho de proteção de dados do artigo 29°**. Opinion 2/2017 on data processing at work. Disponível em: <https://ec.europa.eu/newsroom/article29/item-detail.cfm?item_id=610169>. Acesso em: 14 ago.2020.

______. **Grupo de Trabalho do artigo 29° para a proteção de dados**. Parecer 06/2014 sobre o conceito de interesses legítimos do responsável pelo tratamento dos dados na acepção do artigo 7.º da Diretiva 95/46/CE. Disponível em: <https://ec.europa.eu/justice/article-29/documentation/opinion-recommendation/files/2014/wp217_pt.pdf>. Acesso em: 14 ago.2020.

______. **Grupo de trabalho de proteção de dados do artigo 29°.** Parecer 13/2011 sobre serviços de geolocalização em dispositivos móveis inteligentes. Disponível em: <https://www.gpdp.gov.mo/uploadfile/2014/0505/20140505071557367.pdf> . Acesso em: 14. ago. 2020.

______. **Orientações éticas para uma IA de confiança**. Disponível em: <https://op.europa.eu/en/publication-detail/-/publication/d3988569-0434-11ea-8c1f-01aa75ed71a1/language-pt/format-PDF>. Acesso em: 14 ago. 2020.

UNITED NATIONS. **Declaração Universal dos Direitos Humanos**. Disponível em: <https://www.ohchr.org/EN/UDHR/Pages/Language.aspx?LangID=por> Acesso em: 14 ago.2020.

8.
Lei Geral de Proteção de Dados e Controle de Acesso

Leonardo Perez Diefenthäler
Renata Chade Cattini Maluf

Introdução

Este artigo é fruto de pesquisa realizada na disciplina Lei Geral de Proteção de Dados no Programa de Pós-Graduação em Direito da Faculdade de Direito da USP, apresentada sob o formato de seminário. Muito do que se colocou aqui partiu das discussões e debates realizados em sala de aula.

O artigo, em si, centra-se na discussão de um dos temas jurídicos que a nova Lei Geral de Proteção de Dados (Lei n.º 13.709/18) toca e institui: o controle de acesso. Faz-se necessária tal discussão, pois com a crescente digitalização das relações pessoais pela capacidade de armazenamento de dados pessoais e a sua fácil e rápida transmissão com consequente atingimento incalculável de pessoas, tratar corretamente tais informações é, de modo geral, o que a LGPD possui como objetivo.

O problema que se identificou no controle de acesso e sua digitalização é, justamente, um despreparo do setor na conformação à nova lei. A pergunta que se faz, por exemplo, é quais informações devem ser coletadas na entrada a um estabelecimento comercial ou a um condomínio? Há *necessidade*? Também, quem será o responsável por guardar e informar ao indivíduo sobre o uso, armazenamento e eliminação de tais informações?

Por meio dessas perguntas, pode-se ter uma ideia do que se quer dizer por "controle de acesso" e, consequentemente, pensar que, num primeiro momento, o setor não esteja totalmente preparado, dada suas diversas modalidades e disparidades.

O que se pretende fazer neste artigo é dar subsídios iniciais ao tema com os principais pontos e clarificar quais serão as mudanças a serem encaradas e concretizadas no controle de acesso a seu espaço privado. Também, ao mesmo tempo, tecer críticas e apontamentos de possíveis problemas estruturais na conformação à LGPD.

Por se tratar de um tema específico, em primeiro lugar, definir-se-á o que é "controle de acesso" de modo mais apurado. Em segundo lugar, de modo mais pragmático, analisaremos como se dá o funcionamento do setor atualmente e, depois, centrando-se no que a LGPD traz de novo – é importante ao sistema jurídico como um todo que se torne vigente sob a justificativa de que há novas relações sociais e, portanto, novos modos de o Direito traduzi-las por meio de novas leis. Ainda, será feita uma descrição geral do ciclo de tratamento de dados do setor, passando pelas tecnologias mais usadas para manter a segurança e, consequentemente, nos diversos modos de coleta e armazenamento das informações pessoais. Por fim, serão elencados os modos de obtenção de informações e início do tratamento legal de dados, passando por um breve estudo sobre a personalidade jurídica do condomínio e a LGPD.

Pela breve exposição de como os assuntos serão tratados e da metodologia escolhida, afirma-se que a importância de ser deste artigo é, em poucas palavras, iniciar um debate e uma discussão. Muito já foi produzido para uma lei que, recentemente, completou dois anos de sua promulgação e acredita-se que, após o início de sua vigência, exigirá assertiva preparação e conscientização do setor.

1. Definição de Controle de Acesso

Tecnicamente, para delimitar o objeto de discussão sobre o que seria "controle de acesso" na sociedade em rede, é a contrapartida que se coloca ao indivíduo para poder usar daquele ambiente privado e suas possibilidades sob a justificativa de segurança. Diante disso, pode-se afirmar que há duas modalidades:

de um lado, o acesso via *Internet* a ambientes virtuais e, de outro, o acesso do indivíduo a espaços físicos. No caso, tratar-se-á desta última.

É importante fazer essa diferenciação, pois o tratamento de dados pelos diversos *sites* está, em maior medida, em conformidade com a LGPD; pode-se pensar que, como se trata de acesso físico a um espaço privado, os dados estão mais bem guardados, pois não estão na *World Wide Web.* Na verdade, e aí está uma das justificativas desta pesquisa: os dados dessa modalidade estão, igualmente, sob o jugo da nova lei e deve ser o setor conscientizado e alertado para a conformação normativa.

No controle de acesso a ambientes privados como estabelecimentos no geral, condomínios privados e comerciais, os dados pessoais entram para a virtualidade (ou não) e é, nesse ponto, que incide a LGPD.[1] Ganham, portanto, os mesmos potenciais efeitos que dados coletados no acesso via *Internet* possuem. Afinal, ambos estão virtualizados. Segundo Manuel Castells, a comunicação da forma criada pela *Internet,* constitui o que ele denomina "sociedade em rede", e adquire características importantes que tocam o objeto em pesquisa: (i) as tecnologias são criadas por informação para, então, atuarem sobre a informação, diferenciando-se muito das anteriores revoluções tecnológicas; (ii) como vivemos com base na troca de informações, as tecnologias desse tipo irão permear todo tipo de relação humana, sendo o que ele chama de *penetrabilidade dos efeitos das novas tecnologias*; (iii) a *lógica da rede* se dá do seguinte modo que, facilmente, molda-se às novas interações e complexidades sociais e sua conexão se estabelece de modo exponencial; (iv) a *flexibilidade* da rede possibilita sua constante reorganização, sendo a desordem a nova ordem e, por fim, temos o que M. Castells chama de *convergência das tecnologias específicas para um sistema altamente integrado,* querendo dizer que as fases dos aparatos tecnológicos da informação tornar-se-ão um coisa só, não conseguindo diferenciar suas etapas e instrumentos, resumindo na ideia de que:

> "o desenvolvimento da *internet* está invertendo a relação entre comutação de circuitos e troca de pacotes nas tecnologias da comunicação, para que a transmissão de dados se torne a forma de comunicação

[1] Chama-se atenção para o fato de que os dados gravados em papel são também abrangidos pela LGPD.

predominante e universal. E a transmissão de dados baseia-se nas instruções de codificação e decodificação contidas em programas."[2]

Tal panorama facilita ao estabelecimento ou à empresa de segurança reunir todos os dados, por exemplo, em armazenamento em nuvem ou em um servidor geral. A tecnologia é aprimorada, justamente, para trazer benefícios. Ao mesmo tempo, sendo a flexibilidade uma das razões de ser da LGPD, a rapidez na comunicação, a reunião de informação, e a virtualidade que a tecnologia da *Internet* espelha do mundo concreto, trazem, em contrapartida, a necessária conscientização de que a informação reunida virtualmente constitui, em concreto, milhares de informações pessoais (imagem, nome número de CPF, número de telefone, *e-mail*),[3] ao mesmo tempo, constitui

[2] De acordo com M. Castells, a tecnologia da informação constitui novo *paradigma tecnológico* que, a partir dele, edifica mudanças sociais com base em seus *aspectos centrais* citados acima. Cf. CASTELLS, Manuel. **A Sociedade em Rede**. Tradução: Roneide Venância Majer, atualização para 6ª edição, Jussara Simões. 6. ed. 2002. p. 108-111.

[3] À distância de um dígito, tem-se, facilmente, informação integral sobre determinado indivíduo: imagem, crenças, nome, documentos no geral. Essa é uma das ideias, já há muito sinalizada, sobre a perda distância interpessoal e de intimidade pelo exagero de liberdade na *internet* que Eduardo Bittar evidencia em seu artigo sobre regulação do ciberespaço onde seu enfoque se dá nos contornos do exercício de cidadania no ambiente virtual, diz ele: "O deslocamento para a dimensão desta ágora virtual não significa um transplante da ágora real ao ciberespaço, pois o indivíduo está mediado pelo dígito na constituição de sua 'entrada na rede'. Essa pequena e breve constatação parece apenas parte de uma operação técnica, mas é, enfim, o cerne da distância entre ego e alter nesta 'sociedade digito-cêntrica'. Afinal, é 'na ponta dos dedos' e 'diante do dígito' que se conta o poder de negociação entre cada parceiro de interação virtual, sabendo-se que este poder é reduzido a uma capacidade de tornar o outro uma vítima em potencial de seu 'arbítrio digital'. Assim, o efeito caos da dispersão internética gera uma percepção distorcida da relação entre liberdade e responsabilidade, onde esta é prejudicada em favor da hiper-afetação daquela. Esta é somente mais uma frente de afetação entre ego e alter, agora mediados pelo dígito-centrismo." (BITTAR, Eduardo C. B. Regulação do ciberespaço, fronteiras virtuais e liberdade: desafios globais e atuai". Revista de Economia e Direito vol. XVII, n. 1/n. 2, 2012, p. 51). Com isso, o que se pretende dizer é que as bases para um uso ético da *internet*, nesse caso, de obtenção e tratamento de informações pessoais, foram e ainda são bastante discutidos, reatribuindo um valor correto à relação entre liberdade e responsabilidade. O que, no início, centrava-se o debate na questão do exercício democrático na *ágora digital*, muito por causa das mobilizações políticas pelas redes sociais de 2011 a 2013, há alguns anos o debate se centra na pessoa humana em relação à sua intimidade. A LGPD é reflexo desse movimento.

potencial produto a ser indevidamente usado, tratado e divulgado, prevista responsabilização e sanção administrativa pela LGPD.[4]

Nesse ponto, surge uma questão principiológica e muito pertinente se a LGPD é, realmente, necessária no tratamento de dados pessoais, pois, afinal, há o Código de Defesa do Consumidor, a Constituição Federal, o Código Civil e o próprio Marco Civil da Internet. O que se responde, pelo menos em relação ao setor aqui em análise, é que é necessária pelo descrito acima e pelo o que se vai desenvolver a seguir.[5]

Feita essa importante diferenciação entre as modalidades de controle de acesso e apontamentos principiológicos da disciplina do direito digital da sociedade em rede, ou seja, o que significa requisitar informações pessoais e estar na posse de tais informações em um mundo, cada vez mais, digital, passa-se a uma definição mais específica de controle acesso de pessoas a condomínios no geral e a estabelecimentos, levando em conta sua lógica jurídica.

1.1 O que a LGPD Modifica

Controle de acesso é o uso direta ou indiretamente de um espaço físico privado, o qual em contrapartida se deve, a fim de maior segurança aos moradores, empresas e estabelecimento, fornecer informações pessoais e estar sob vigilância.

[4] Respectivamente, artigos 42 a 45 e 52 a 54. Conexão do CDC com o Marco Civil da Internet.

[5] A pergunta é pertinente e deve ser mantida na discussão em relação aos demais setores regulados. A plurinormatividade é algo característico do direito positivo da sociedade moderna; a tendência, segundo Cláudia Lima Marques, é haver um "diálogo das fontes" e analisar onde se encaixará a LGPD no sistema jurídico, na relação com as demais normas de mesmo tema. Deixamos aqui a ideia geral da autora: "Diálogo das fontes, que, no direito brasileiro, significa a aplicação simultânea, coerente e coordenada das plúrimas fontes legislativas, leis especiais (...) A teoria do diálogo das fontes é, em minha opinião, um método da nova teoria geral do direito muito útil e pode ser usada na aplicação de todos os ramos do direito, privado e público, nacional e internacional como instrumento útil ao aplicador da lei no tempo, em face do pluralismo pós-moderno de fontes que não parece diminuir no século XXI" (MARQUES, Claudia Lima (coord.). **Diálogo das fontes**. São Paulo: Revista dos Tribunais, 2012. p. 19-20.). O próprio texto legal da LGPD, por exemplo, no artigo 45 estabelece seu limite, reconhecendo a especialidade do Código de Defesa do Consumidor na questão da responsabilização em relações de consumo. Outro exemplo é o art. 3º XIII do Marco Civil da Internet que também faz menção ao CDC.

Nessa definição, a LGPD adiciona, primeiro, uma obrigatoriedade no equilíbrio entre atividade realizada e as informações pessoais requisitadas em que ambos devem ser condizentes entre si, mas reconhecendo maior peso à proteção do indivíduo.[6] Segundo, sobre o processo de tratamento, os dados pessoais ficam armazenados, na maioria dos casos, em servidores das empresas de segurança que prestam esse serviço ao condomínio ou estabelecimento comercial; a segurança do uso, transmissão e eliminação dos dados fica ao encargo da empresa contratada a qual, por sua vez, segue as diretrizes postas no contrato de serviço. Terceira modificação que a LGPD traz é a forma legal prevista de como se deve iniciar o tratamento de dados pessoais; veremos que há três possiblidades: por *consentimento*, pela finalidade de *proteção da vida ou da incolumidade física do titular ou de terceiro* e pelo *legítimo interesse do controlador*.

Novamente, é importante basear tais obrigações no equilíbrio entre a manutenção da segurança do espaço privado – ou seja quais são seus limites, por exemplo, nos dados pessoais requisitados – com as obrigações impostas pela LGPD na proteção e tratamento de informações pessoais. De um lado, portanto, há a necessidade ou vontade do visitante adentrar espaço privado e, de outro, há o resguardo da segurança daquele espaço por seus proprietários. O negócio jurídico se perfaz com a coleta de informações pessoais[7] e, assim, a segurança fica resguardada.

O que se pensa a partir das novas obrigações impostas pela LGPD é se todo estabelecimento, condomínio edilício, condomínio por loteamento e prédios comerciais, conseguirão fazer o correto tratamento de dados. Pelo o que já se percebe, o cenário do setor em análise é muito diverso e as disparidades no preparo para cada um deles pode resultar em uma dificuldade muito grande em seguir, corretamente, o que diz a LGPD a qual, por sua vez, prevê multas e sanções.

O que se intenta, neste artigo, é jogar luzes ao processo de recepção normativa quando da vigência da LGDP. Por exemplo, é de se esperar que prédios e estabelecimentos comerciais consigam se adequar à LGPD, entretanto, como

[6] Essa leitura pode ser extraída a partir de seu artigo 2º o qual reconhece como fundamento da lei a proteção da liberdade, privacidade, exercício de cidadania, ou seja, que, por trás do tratamento de dados, a proteção aos direitos humanos deve ser garantida. Por isso, um reequilíbrio na relação mediada pelo digital ou pelas tecnologias da informação.

[7] *Supra* 2.5.

se dará a recepção pelos diversos condomínios edilícios e condomínios por loteamento? Quem será o controlador e o operador do processo de tratamento? Num primeiro momento, é difícil responder a tais perguntas, mas muito já está estruturado quanto a serviços de segurança, talvez, olhar nessa direção seja um melhor caminho, compactuando melhor a LGPD à realidade – a tensão entre o *ser* e o *dever ser*.

O que se verá a seguir é como se dá todo esse processo, analisando (i) quais informações são requisitadas normalmente, (ii) quem cuida do seu tratamento, ou seja, quem é responsável e (iii) se são eliminadas tais informações ou se ficam elas guardadas e podem sofrer vazamentos ou comercialização ilegal e (iv) quais tecnologias são mais usadas.

2. Regulamentação

2.1 Regulamentação Antes da LGPD

Na regulamentação, a liberdade é positiva, ou seja, devem-se seguir diretrizes normativas específicas, as quais possuem o interesse do Estado na sua condução, desde o consentimento-tratamento-eliminação. Por outro lado, no âmbito do Código Civil, a regra geral que norteia sua lógica é a liberdade concernente às vontades das partes na formação do negócio jurídico. Nesse sentido, olhando para a relação social com a conexa relação jurídica que surge entre o espaço privado e o uso direito ou indireto deste por um indivíduo, os direitos que ali estão envolvidos, como se disse acima, são, sobretudo, direitos de propriedade, por parte do estabelecimento ou condomínio, no que se refere à manutenção da sua segurança para consecução da sua atividade comercial, por exemplo; e, também, direitos da personalidade (imagem, nome, crença, documentos de identificação, endereço etc.)

Novamente, qual a necessidade, então, de uma específica regulamentação pela LGDP? O que justifica uma regulamentação da transmissão de dados pessoais é se tal relação se demonstra desigual e sujeita, facilmente, a práticas ilícitas. O que se tem, nesse caso, é que o digital potencializa o recolhimento de muitas informações em pouco tempo e são, facilmente, transmitidas, ficando – devido ao tempo relativo de causalidade da internet – difícil a responsabilização. Diante disso, faz sentido a regulamentação específica pela LGPD. Por outro lado, contudo, o desafio não é regulamentar, mas ser eficaz, levando em conta, também, o estado atual do setor.

Além disso, no que concerne à proteção de dados, apesar da grande e crescente atualização do sistema jurídico brasileiro sobre regulação das relações jurídicas mediadas no e pelo digital[8] tem-se, somente, o Marco Civil da Internet, tratando diretamente sobre o tema, o que o difere das demais legislações as quais tratam indiretamente da proteção de direitos no digital, sendo verdadeiras ramificações de sua respectiva disciplina geral.[9] É o caso do Direito Processual que, em 2006 e ainda na modificação para o Código Civil de 2015 prevê como se dará o processo na forma eletrônica.[10]

Ao lado da LGPD, portanto, o Marco Civil da Internet traz dispositivos que dialogam com partes constituintes do procedimento de proteção de dados pessoais. No caso, por exemplo, trata da eliminação (art. 7º, X que foi

[8] Comparativamente, o Brasil demorou a iniciar o processo de regulamentação da *internet* se em comparação da quantidade de usuários que possui, seu potencial de crescimento e as legislações estrangeiras sobre o tema em países cujo índice de uso da *internet* se mostrou bem menor. Por exemplo Argentina, Chile e Colômbia possuem leis de proteção de dados desde, respectivamente, 2000, 1999 e 2000 e, proporcionalmente, tem uma quantidade menor de usuários de *internet* que o Brasil. Cf. PINHEIRO, Patrícia Peck. **Direito Digital**. 6.ed. São Paulo: Saraiva, 2016. p. 117.

[9] É o caso do *e-commerce* que é tratado no Decreto nº 7.962 de 2013; do *e-government* que, dentre vários dispositivos, há o Decreto nº 9.637 de 2018 que institui a Política Nacional de Segurança da Informação, também, o Decreto nº 3.555 de 2000 que já previa a publicação da licitação e a convocação para o pregão por meio eletrônico (*Idem*, p. 146 e 344, respectivamente). Há, muito intensificado em 2020 por conta da pandemia de Coronavírus, o *e-learning* por meio dos AVA (Ambiente Virtual de Aprendizagem): "Os cursos ministrados a distância, basicamente, podem ser divididos em cursos supletivos, de educação profissional, cursos de graduação, de pós-graduação e cursos livres. Os três primeiros estão regulamentados pelo art. 80 da Lei nº 9.394, de 1996, pelos Decretos nº 2.494 e 2.561, ambos de 1998, e pela Portaria do Ministério da Educação nº 301, de 7 de abril de 1998" (*Ibidem*, p. 368-369). Como se vê, são muitos dispositivos que podem ser citados que indiretamente tratam o digital. O cuidado direito do digital, contudo, fica por conta do Marco Civil da Internet e, aqui, pela LGPD. Para um panorama geral, cf. *ibidem*, Cap. 8.

[10] Lei nº 11.419 de 19 de dezembro de 2006 (lei de processo eletrônico) e novo CPC (Lei nº 13.105 de 16 de março de 2015) respectivamente. Um exemplo bastante conhecido é a possibilidade de intimação por meio eletrônico (art. 6º da lei de processo eletrônico e art. 246, V do CPC).

complementado pela LGPD no art. 18) desses dados quando requisitado pelo particular à empresa armazenadora como se viu acima.

2.2 Regulamentação pela LGPD

De início, propomos o esquema a seguir que nos guiará na descrição do funcionamento geral do setor:

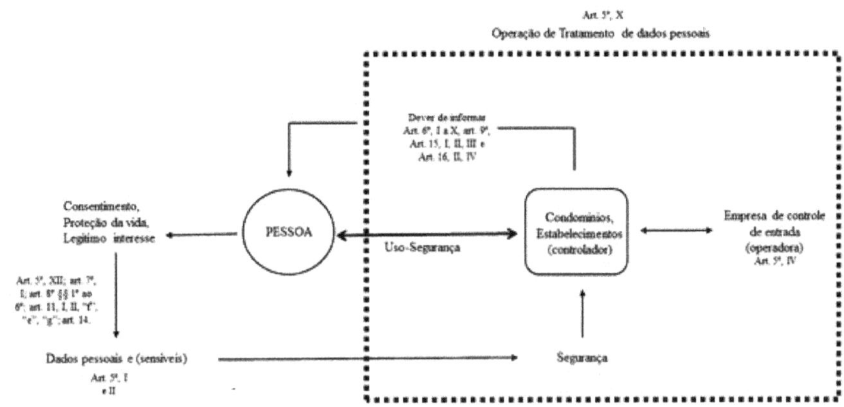

Daremos ênfase, contudo, ao procedimento legal de coleta-tratamento--eliminação de dados pelos condomínios edilícios.

Pelo quadro, identifica-se a segurança como finalidade almejada pelos estabelecimentos e a contrapartida do recebimento de informações pessoais as quais possibilitam, ao mesmo tempo, atingir a segurança pretendida. Dessa relação, deve haver um equilíbrio. Também, os estabelecimentos possuem o dever de informar. No caso, o controlador do procedimento de tratamento de dados seria o próprio estabelecimento e, se houver, a empresa de controle de entrada contratada seria o operador.

Diante dessa leitura normativa da LGPD ao controle de acesso, como, de fato, ocorre nos estabelecimentos e condomínios?

Na era em que a segurança é imprescindível, o controle de acesso em portarias é feito, praticamente, em todos os lugares: condomínios edilícios residenciais, condomínios edilícios comerciais, condomínios atípicos ou loteamentos fechados, prédios públicos, empresas, indústrias, hospitais, academias, parques temáticos, aeroportos, espaços de *coworking*, dentre outros locais. Para ter-se uma ideia geral, estima-se que haja, no Brasil, 440 mil condomínios edilícios verticais[11]; sendo que 33% da população brasileira vive em condomínios (68 milhões de brasileiros); e esse percentual é ainda maior na cidade de São Paulo, em que 37% dos paulistanos optaram por esse tipo de moradia[12]. Desse modo, por mais que se trate de uma relação mediada pelo digital (banco de dados), devemos imaginar o tanto de informação armazenada de diversas pessoas que, cotidianamente, necessitam adentrar tais espaços.

Quando falamos de controle de acesso especificamente em condomínios edilícios, a primeira dúvida que se apresenta é se a Lei Geral de Proteção de Dados (Lei nº 13.709/18) a eles se aplica quando o controle de portaria é feito exclusivamente por empregados dos condomínios e não empresas terceirizadas. Isso porque os condomínios não têm a finalidade de oferecer bens ou serviços, e por isso, poderiam se enquadrar em uma das exceções de aplicabilidade da lei, nos termos do artigo 3º, II, da LGPD.

Além disso, se fizermos uma interpretação literal dos artigos 1º e 3º, os condomínios edilícios não estariam abrangidos pela LGPD já que ditos dispositivos legais fazem referência expressa a operações de tratamento feitas *por pessoa natural ou por pessoa jurídica de direito público ou privado*. E condomínio não é pessoa natural nem tampouco pessoa jurídica de direito privado, pois não se encontra no rol do artigo 44 do Código Civil, que abrange apenas as associações, sociedades, fundações, organizações religiosas, partidos políticos e empresas individuais de responsabilidade limitada. A personalidade do condomínio é apenas formal, distinguindo-se dos titulares de suas unidades autônomas.

Embora o condomínio seja um ente despersonalizado, a jurisprudência não é pacífica sobre o assunto tanto que há diversos julgados em que foi admitida a aquisição de propriedade imobiliária por esta figura jurídica e o Superior

11 BRANCO, Robson. Estimativa de 5,4 bilhões de reais mensalmente em ativo circulante em condomínios no Brasil. Portal Base Blog. Disponível em: <https://basesoft.com.br/blog/2012/03/05/estimativa-de-54-bilhoes-de-reais-mensalmente-em-ativo-circulante-em--condominios-no-brasil> . Acesso em: 18 ago. 2020.

12 ROBBOTON Condomínios e imóveis. Condomínios em São Paulo: tudo o que você precisa saber sobre o mercado. Disponível em: <https://blog.robotton.com.br/condominios-em-sao--paulo-tudo-o-que-voce-precisa-saber-sobre-o-mercado> . Acesso em: 18 ago.2020.

Tribunal de Justiça já reconheceu a personalidade do condomínio para fins tributários. Na mesma esteira, os Enunciados 90[13] e 246[14] das Jornadas de Direito Civil da Justiça Comum Federal reconheceram personalidade jurídica ao condomínio edilício e, no ano de 2.009, por meio do Projeto de Lei nº 4.816/09[15] foi feita uma tentativa de conferir aos condomínios edilícios a oportunidade de se constituírem pessoas jurídicas, acrescentando dispositivos à Lei dos Registros Públicos e ao Código Civil de 2002. O projeto de lei foi arquivado e sabemos que enunciados representam apenas um conjunto de diretrizes com o intuito de estabelecer um padrão aos atos processuais e não têm o poder de substituir as normas vigentes, mas não podemos deixar de reconhecer que um caminho está sendo trilhado.

Essa discussão acerca da aplicação ou não da Lei Geral de Proteção de Dados aos condomínios edilícios passa ao largo do General Data Protection Regulation (GDPR), lei europeia que serviu de inspiração para o legislador pátrio, que foi mais feliz ao adotar, no artigo 4º, uma definição abrangente para os responsáveis pelo tratamento de dados, incluindo *outro organismo que, individualmente ou em conjunto com outras, determina as finalidades e os meios de tratamento de dados pessoais.*[16] Aqui, certamente os condomínios estão inseridos.

De qualquer modo, mesmo aqueles que adotam o posicionamento de que condomínio edilício não tem personalidade jurídica e, portanto, não está

[13] Enunciado nº 90 da I Jornada de Direito Civil: "Deve ser reconhecida personalidade jurídica ao condomínio edilício nas relações jurídicas inerentes às atividades de seu peculiar interesse".

[14] Enunciado nº 246 III Jornada de Direito Civil – Fica alterado o Enunciado n. 90, com supressão da parte final, prevalecendo o texto: "Deve ser reconhecida personalidade jurídica ao condomínio edilício".

[15] Autoria do deputado José Santana de Vasconcellos (PR-MG). Ementa: Acrescenta dispositivo à Lei nº 6.015, de 31 de dezembro de 1973, que dispõe sobre Registros Públicos e à Lei nº 10.406, de 10 de janeiro de 2002, que instituiu o Código Civil, conferindo aos condomínios edilícios a oportunidade de se constituírem como pessoas jurídicas. Referido projeto foi arquivado em 2011.

[16] Art. 4º GDPR. Definições.
Para efeitos do presente regulamento:
"Controlador", a pessoa singular ou coletiva, autoridade pública, agência ou outro organismo que, isoladamente ou em conjunto com terceiros, determina as finalidades e os meios do tratamento de dados pessoais; Quando os objetivos e os meios desse tratamento forem determinados pela legislação da União ou do Estado-Membro, o responsável pelo tratamento ou os critérios específicos para a sua nomeação poderão ser previstos pela legislação da União ou do Estado-Membro.

incluído dentre as pessoas citadas nos artigos 1º e 3º da LGPD, não podem esquecer que o tratamento de dados pessoais deve garantir, sempre, a preservação da intimidade e privacidade, independentemente do setor e de sua aplicação direta na LGPD, com fulcro no artigo 5º, X, da Constituição Federal. E mais, quem coleta e trata os dados pessoais em um condomínio é uma pessoa física a mando do síndico e, a essas pessoas, aplica-se a LGPD.

Aliás, todos aqueles que realizam operação de controle de acesso estão equiparados aos conceitos de controlador e operador, salientando que a lei estabelece a vinculação e a responsabilidade solidária entre ambos em algumas situações.

O controlador é a pessoa natural ou jurídica, de direito público ou privado, a quem compete as decisões referentes ao tratamento de dados pessoais. É ele que demanda a operação de tratamento de dados e que deve orientar corretamente o operador, para que este último realize o tratamento de dados em conformidade com a legislação e seus princípios. Também cabe a ele, controlador, o ônus da prova de que o consentimento do titular foi obtido nos termos da lei, bem como comunicar ao titular a mudança de finalidade no tratamento de dados, além de ser o responsável pelo cumprimento dos direitos do titular.

Em um condomínio, o controlador é o síndico, cujas atribuições estão previstas no artigo 1.348 do Código Civil, e a coleta de dados pessoais será realizada na pessoa do síndico, responsável pela administração, e o mesmo, por via contratual, terceiriza o tratamento de dados para as administradoras de condomínio ou empresas de controle de portaria. Portanto, o síndico tem a obrigação de buscar a conformidade entre as práticas do condomínio e a nova legislação. Já em outros estabelecimentos como hospitais ou empresas, o controlador é o respectivo gestor.

Em relação à responsabilidade, tanto o controlador como o operador podem responder por danos patrimoniais, morais, individuais ou coletivos, quando houver violação à lei. Muito se discute se a responsabilidade dos agentes de tratamento de dados é objetiva ou subjetiva diante da falta de clareza da lei, concluindo a doutrina que se trata de responsabilidade objetiva especial. Por essa razão, todos aqueles que realizam controle de acesso em suas dependências, devem ser bastante criteriosos na contratação de seus fornecedores e parceiros comerciais, pois não basta contratar softwares de qualidade para que estejam protegidos, dada a responsabilidade solidária em incidentes de vazamento de dados ou violação à proteção de dados pessoais.

No que toca às sanções administrativas previstas na LGPD, nos parece que algumas delas encontram dificuldade de aplicação na atividade de controle de acesso. As sanções de *suspensão do exercício da atividade de tratamento dos dados pessoais pelo período máximo de 6 (seis) meses, prorrogável por igual período* que está prevista no artigo 52, XI, assim como a *proibição parcial ou total do exercício de atividades relacionadas a tratamento de dados* indicada no art. 52, XII, se adotadas, trarão expressivo risco à segurança dos estabelecimentos e a seus usuários.

Além disso, especificamente em relação aos condomínios, dada a sua particularidade, não há como aplicar as multas simples e diária previstas nos incisos II e III do art. 52, eis que a base de cálculo das referidas multas é o faturamento e condomínios edilícios não possuem faturamentos. Caberá, então, à Autoridade Nacional indicar base de cálculo alternativa, ficando aqui a sugestão de que seja calculada, por exemplo, com base no orçamento mensal ou no valor venal do imóvel, respondendo cada condômino na proporção de sua cota-parte.

Feitas as considerações teóricas, passemos a discorrer sobre a prática do controle de acesso e, em seguida, sobre as bases legais que fundamentam essa atividade.

2.3 O Ciclo do Controle de Acesso e as Tecnologias Utilizadas

Nas portarias, o primeiro passo para a coleta de dados para fins de controle de acesso é realizado por um funcionário do próprio estabelecimento ou por uma empresa terceirizada de portaria, o que é mais comum. Há sistemas de software específicos para o controle de acesso, que são amplamente utilizados.

Sabemos que, na prática, a exigência feita ao titular para informar seus dados pessoais usualmente é compulsória e o titular sequer é informado sobre o real uso de seus próprios dados. Porém, é importante destacar que qualquer pessoa pode recusar-se a fornecê-los, mas, em contrapartida, poderá ser vetado o seu acesso ao estabelecimento, diante da necessidade de resguardar a segurança patrimonial e a integridade física de todos os que ali adentram e permanecem.

Aos visitantes, geralmente são solicitados os seguintes dados: nome completo, um documento de identificação (RG ou CPF), um dado de contato (e-mail ou telefônico), além de ser feito o registro fotográfico. O documento de identificação deve ser obrigatoriamente apresentado a fim de garantir a veracidade dos dados, só que nesse documento há outros dados pessoais, a exemplo da data de nascimento e não existe, hoje, qualquer mecanismo que garanta que o operador não coletará dados pessoais desnecessários no controle de acesso. A única saída é acreditar que todos os agentes de tratamento de dados respeitarão integralmente os princípios da lei, em especial, os princípios da minimização, da necessidade, da finalidade e da transparência, tratando apenas os dados realmente essenciais à atividade de controle de acesso, sob pena de serem penalizados.

Para identificar os usuários, empregados e moradores de determinados locais, são comuns sistemas de identificação de dados biométricos, reconhecimento facial e dados de veículos além do uso de cartões magnéticos com chips.

Aqui, há um ponto de atenção: dados biométricos, assim compreendidos o reconhecimento facial e a impressão digital, são reputados dados pessoais sensíveis e têm tratamento diferenciado na LGPD, sendo certo que seu consentimento deve ser justificado e destacado.

Da mesma forma, dados de saúde também são dados pessoais sensíveis de maneira que o controle de acesso em clínicas e hospitais merece cuidado especial. Quanto mais sensíveis os dados, menos pessoas devem ter acesso a eles, já que dados sensíveis estão ligados às características da pessoa e dão margem a atos discriminatórios.[17]

Quando se trata de controle de acesso em condomínios, muito embora cada qual possua seu banco de dados segregado, a administradora tem acesso a dados pessoais de todos os condomínios que administra, pois é responsável por algumas checagens. Da mesma forma, é muito comum, em condomínios comerciais, que o controle de acesso seja feito por empresas terceirizadas, que se alastraram no mercado brasileiro. São elas, então, responsáveis pelo tratamento de dados pessoais dos usuários do condomínio. Portanto,

[17] Lembrando ainda que o Relatório de Impacto à Proteção de Dados Pessoais – RIPD é exigido quando o tratamento de dados, incluído os dados pessoais sensíveis, geram riscos às liberdades civis e aos direitos fundamentais.

nos parece que a Autoridade Nacional de Proteção de Dados, quando vier a ser constituída, ao invés de fiscalizar individualmente os condomínios edilícios que somam mais de quatrocentos mil espalhados pelo país,[18] poderá voltar seus olhos diretamente para as grandes empresas terceirizadas especializadas em controle de portaria e administradoras de condomínios que concentrarão bancos de dados de muitos condomínios edilícios, lembrando que há, na lei, previsão de responsabilidade solidária em alguns casos.

Os grandes condomínios comerciais, pensando na necessidade de adequação à nova lei e em garantir maior segurança, já estão realizando cadastros prévios, que funcionam da seguinte maneira: quando uma pessoa titular de dados é convidada para um compromisso em determinado estabelecimento ocupante de um prédio comercial, recebe um convite daquele com quem terá o compromisso, o qual é compartilhado com o condomínio. No convite, basicamente são solicitados seu nome, documento de identificação e uma foto para reconhecimento facial, mas é certo que cada condomínio decide as parametrizações do cadastro prévio e a necessidade de informações adicionais. No momento em que o titular devolve as informações, ele consente expressamente com o tratamento de seus dados pelo condomínio e, adicionalmente, pode lhe ser solicitado consentimento (via *opt-in*) para o envio de campanhas de e-mail marketing. Pois bem, quando o visitante chega ao prédio, o reconhecimento facial é feito automaticamente nas catracas, sendo sua entrada franqueada sem que seja necessário se dirigir ao balcão da recepção. Outra alternativa utilizada pelos condomínios é o envio de QR Code antes da visita para acesso franqueado às catracas.

Esse método soluciona o problema do consentimento do titular no tratamento de seus dados pessoais no controle de acesso, mas apresenta a desvantagem de o titular estar compartilhando seus dados também com aquele que o convidou para o compromisso, o que nem sempre pode parecer acertado.

Os condomínios mais bem equipados, especialmente os residenciais, fazem leitura automática de placas de veículos através de softwares de gerenciamento de acesso de veículos, que eliminam o controle remoto e liberam o veículo após sua identificação. Para aumentar a segurança interna, muitas

[18] BRANCO, Robson. *Id.*

vezes trabalham com dupla validação: na base de dados, as placas dos veículos estão vinculadas aos moradores e uma vez feito o reconhecimento da placa, o morador recebe um código para liberar o seu próprio acesso. Ele digita o código e entra no prédio. Outros fazem uso de leitores biométricos instalados em eclusas de veículos que permitem a identificação do motorista. Caso ele esteja rendido por criminosos, pode-se liberar a abertura do segundo portão utilizando o dedo do pânico, já que uma das dez digitais pode ser cadastrada para ser usada somente em situações de emergência.

Outro recurso comumente utilizado em estabelecimentos privados é o Circuito Fechado de Televisão, mais conhecido como CFTV, um sistema de câmeras instaladas em pontos estratégicos, tanto em ambientes internos como em áreas externas, que tem o propósito de garantir maior segurança e inibir incidentes. Embora a LGPD não faça menção expressa às imagens coletadas por esses circuitos que já fazem parte integrante dos cenários de nossas vidas, é certo que as imagens e áudios contendo pessoas e as respectivas operações de captura, armazenamento e divulgação devem receber os contornos da LGPD, pois poderão ser empregados para várias finalidades, inclusive para o reconhecimento automatizado dos indivíduos.

A imagem, por si só, configurará um dado pessoal quando for possível a identificação do indivíduo e, atenção, a partir dela, pode-se extrair outras informações relevantes sobre a pessoa, inclusive, dados sensíveis. Tenha-se, por exemplo, uma fotografia de uma pessoa em uma reunião de um partido político, o que torna identificável sua opinião política. A partir da captura, foi possível inferir um dado pessoal sensível, que tem padrão legal mais restritivo. Por outro lado, nem todas imagens de pessoas naturais devem submeter-se às normas e princípios da LGPD, já que o artigo 4º, que trata das exceções de aplicabilidade, excluiu o tratamento de dados pessoais realizado por pessoa natural para fins exclusivamente particulares e não econômicos e para fins jornalísticos, artísticos ou acadêmicos (art. 4º, incisos I e II, alíneas "a" e "b"), dentre outros.

A imagem é um elemento comumente utilizado para identificação de pessoas no controle de acesso. Em sua grande maioria, os sistemas operam extraindo representações matemáticas de traços faciais específicos, como a distância entre os olhos e o formato do nariz, a partir das quais se produz um padrão facial. Ao comparar o padrão de um rosto específico a outros contidos numa base de dados prévia, pode-se identificar indivíduos desconhecidos ou autenticar pessoas conhecidas.

O reconhecimento facial, por exemplo, é um dado biométrico que, como acima dito, é considerado um dado pessoal sensível, à luz do artigo 5º, inciso II da LGPD. Biometria significa medição biológica ou seja, estudo das características físicas e comportamentais de cada pessoa.

Os tipos biométricos são normalmente classificados em duas categorias: os *físicos*, que são atualmente utilizados no controle de acesso e os *comportamentais*, relacionados à forma de reagir de cada pessoa a determinadas situações. Na biometria comportamental, acredita-se que, em breve, será possível destacar um indivíduo no meio de uma multidão analisando apenas os seus gestos.

Na biometria física, que é comumente associada apenas à impressão digital, a medição pode se dar através de: (1) veias das mãos, (2) geometria da mão, (3) impressão digital, (4) reconhecimento facial, (5) íris, (6) retina.

De maneira geral, o sistema biométrico é um método seguro de identificação e reconhecimento das características únicas de cada pessoa e exige um scanner, um computador e um software biométrico para análise das imagens captadas. O scanner capta uma imagem nítida e de alta resolução das digitais ou da geometria da mão, íris, retina, expressões faciais. Em seguida, a imagem é submetida ao software biométrico, que analisa e extrai as características mais relevantes da figura, comparando-a com as fotografias que integram o banco de dados. O processo é feito com o auxílio de algoritmos.

Os processos de biometria física mais confiáveis são o reconhecimento através das veias das mãos, íris e retina, já que imutáveis, além de dificilmente clonados ou falsificados. Por outro lado, os métodos de menor confiabilidade dentre as alternativas de biometria são a impressão digital, a geometria das mãos e o reconhecimento facial, este último porque depende de fotografias com boa resolução, iluminação e ângulos corretos, sob pena de dificultar a leitura e o reconhecimento.

Entre os benefícios do uso da biometria está a eliminação de cartões com código de barras ou de proximidade, que podem ser facilmente extraviados ou roubados; a agilidade na identificação do morador, visitante ou prestador de serviço já cadastrado e o aumento da segurança pela inibição de pessoas mal-intencionadas, que dificilmente vão se submeter à identificação por meio de sua impressão digital ou outra característica pessoal para perpetrar um delito.

Atualmente, muito se discute sobre o uso da tecnologia de reconhecimento facial em detrimento às proteções fundamentais de direitos humanos como a privacidade e a liberdade de expressão, sendo a ética adotada no uso desta ferramenta questionada mundialmente, tanto que a cidade São Francisco, nos Estados Unidos da América, proibiu o emprego desta tecnologia pelos órgãos governamentais locais. No Brasil, recentemente a juíza Renata Barros Souto Maior Baião, da 1ª Vara da Fazenda Pública de São Paulo, deferiu em parte um pedido de produção antecipada de provas para que o Metrô de São Paulo preste informações sobre a implementação de um sistema de reconhecimento facial que custará R$ 58,6 milhões aos cofres públicos.[19] A determinação judicial teve fundamento na LGPD, mesmo em seu período de *vacatio legis*, cabendo ao Metrô de São Paulo apresentar, dentre outras provas, a análise de impacto de proteção de dados, contendo quais dados serão coletados e tratados, a base legal para essa coleta, a finalidade desse tratamento, análise à luz do princípio da minimização e da proporcionalidade, se há dentre os dados que serão coletados algum que seja definido como sensível pela LGPD, o período de retenção dos dados, o grau de risco e finalmente as ações para a mitigação do risco envolvido. Deverá ainda, informar como obterá o consentimento dos pais e responsáveis legais para obtenção, guarda e uso de dados pessoais de crianças e adolescentes; como será observada a anonimização e a guarda dos dados pessoais; impacto financeiro de eventuais falhas e vazamentos na atividade de monitoração eletrônica, considerando como potencialmente afetados todos os usuários do metrô. Em razão das crescentes discussões éticas acerca do tema, especialmente no que diz respeito ao consentimento, acreditamos que, muito em breve, haverá regulamentação do setor.

A prática atual denota que, de maneira geral, já há um cuidado no tratamento das informações e imagens dos bancos de dados coletados no controle de acesso, pois são tratadas de forma sigilosa e somente são fornecidas por requisição de autoridade policial ou do Poder Judiciário. Quando um usuário se diz vítima de algum ato e pede acesso a dados ou imagens coletadas na

[19] A ação foi ajuizada pela Defensoria Pública do Estado de São Paulo, a Defensoria Pública da União (DPU), o Instituto Brasileiro de Defesa do Consumidor (Idec), o Intervozes e o ARTIGO 19, com apoio do Coletivo de Advocacia em Direitos Humanos (CADHu). O processo tramita sob o nº 1006616-14.2020.8.26.0053.

atividade de controle de acesso, a informação é prestada, mas os dados ou imagens pessoais não são disponibilizados.

Nesse contexto, é preciso esclarecer que a Autoridade Nacional de Proteção de Dados não se equipara à autoridade policial ou Poder Judiciário, portanto, não poderá solicitar registros de câmeras de segurança. Apenas a autoridade judicial pode autorizar a entrega das imagens pessoais a um terceiro ou até mesmo às demais autoridades por se tratar de direito individual e inviolável dos interessados.

2.4. Armazenamento dos Dados Pessoais Capturados no Controle de Acesso

Os dados coletados no controle de acesso são armazenados em servidores dos próprios estabelecimentos ou em nuvem, tecnologia denominada *cloud computing*, que usa a conectividade e a Internet para hospedar os mais variados recursos, programas e informações. A computação em nuvem usa um servidor remoto para conectar dispositivos dos usuários a recursos centralizados e permite que o usuário acesse os dados armazenados por meio de qualquer computador, tablet ou telefone celular e sem a necessidade de se conectar a um computador pessoal ou servidor local.

No modelo tradicional de computação, as empresas precisam investir em downloads, hardwares, sistemas operacionais e softwares para conseguir algum tipo de aplicação, sendo certo que a computação em nuvem trouxe inúmeras vantagens, tais como a redução de custos com infraestrutura uma vez que elimina a necessidade de aquisição, instalação e manutenção de hardware e software; a economia do espaço, pois os recursos permanecem armazenados online; a centralização da informação impedindo que os dados sejam mantidos em diferentes programas, com diferentes tipos de formulários de autenticação e acesso; o aumento da segurança. Outro importante benefício que identificamos é que o armazenamento em nuvem garante funcionalidades e respostas mais ágeis, o que se mostra importante na vigência da nova LGPD para o pronto atendimento de solicitações dos titulares de dados como pedidos de retificação ou eliminação. Assim é que a computação em nuvem se tornou a escolha natural de muitas empresas.

Há três tipos de computação em nuvem; a pública, a privada e a híbrida. A nuvem pública compreende recursos computacionais, como servidores e armazenamento, fornecidos por terceiros e disponíveis para qualquer pessoa ou empresa que deseje contratá-los. O usuário é responsável pelo conteúdo que envia para a nuvem, enquanto o provedor de nuvem está preocupado com a manutenção, segurança e gerenciamento de todos os recursos. Entretanto, na nuvem pública, tudo está disponível na web e compartilhado entre vários usuários. Por outro lado, na nuvem privada, a empresa mantém a infraestrutura da nuvem em seu domínio interno e oferece acesso restrito a usuários selecionados, como funcionários e parceiros. Em geral, a nuvem privada é usada por empresas que devem seguir regras específicas sobre segurança e privacidade de dados e informações. Finalmente, a nuvem híbrida é uma combinação que permite compartilhar dados e aplicativos entre os dois tipos de nuvem anteriormente citados.

Em virtude da crescente preocupação em evitar incidentes de vazamento de dados e da tecnologia disponível, empresas de software de controle de acesso oferecem o armazenamento de dados pessoais, imagens e gravações em nuvem, alternativa mais segura e, consequentemente, com menor risco de vazamento de dados. Os softwares possuem chaves de segurança, isto é, nem todos os agentes de tratamento deverão ter acesso integral ao banco de dados da nuvem. Um porteiro, por exemplo, pode acessar o número de identidade do titular de dados e o diretor da empresa, não, pois pode não necessitar desta informação.

O armazenamento de fotografias ocupa muito espaço na nuvem, de modo que as câmeras capturam as imagens, transformam-nas em algoritmos individuais, que são armazenados no banco de dados. No momento de uma nova visita, o sistema confronta a imagem com os dados de bit e byte previamente armazenados para confirmar que o visitante é exatamente a mesma pessoa que esteve no estabelecimento anteriormente.

Atualmente, não há qualquer norma regulando o prazo para armazenamento de dados na atividade de controle de acesso. Realizamos pesquisa no mercado e verificamos que a prática estabelece o prazo mínimo de três meses, sendo usual o armazenamento dos dados coletados na atividade de acesso por mais de um ano. Aqueles que armazenam dados na nuvem, pagam pelo serviço e não tem interesse em manter os dados pessoais eternamente.

No caso de servidores próprios, é comum que a eliminação dos dados ocorra de acordo com a capacidade do servidor.

2.5 Bases Legais de Tratamento de Dados Pessoais no Controle de Acesso

Todo tratamento de dados deve estar amparado por uma das bases legais previstas na LGPD que o autorizam, além de estar, obrigatoriamente, de acordo com os princípios elencados na lei, em especial os princípios da transparência,[20] da minimização dos dados, da finalidade[21] e da necessidade.[22]

A LGPD, em seu artigo 7º, estabelece dez hipóteses em que o tratamento de dados pessoais é permitido, ao passo que, em seu artigo 11, estabelece bases mais restritivas para o tratamento de dados pessoais sensíveis.

Há, primordialmente, duas bases legais para justificar o tratamento de dados no controle de acesso, quais sejam, o *consentimento* e a *proteção da vida ou da incolumidade física do titular ou de terceiro*, mas não deve ser excluída a hipótese de utilização do *legítimo interesse do controlador* quando nenhuma das anteriores se aplicar.

A base legal de proteção da vida ou da incolumidade física do titular ou de terceiro pode servir de fundamento tanto para o tratamento de dados pessoais (art. 7º, VII) quanto para o tratamento de dados pessoais sensíveis (art. 11, II, alínea "e") e nos parece ser bastante adequada para justificar a coleta de dados no controle de acesso. Sempre se soube que controles de acesso foram instituídos para garantir a segurança dos usuários dos estabelecimentos e continuam tendo a mesma finalidade até hoje, com recursos cada vez mais modernos visando maior segurança.

A vantagem da base legal de proteção da vida e incolumidade física em comparação ao consentimento é que, no primeiro caso, discussões sobre autorização do titular ou gestão do consentimento passam ao largo.

[20] Pelo princípio da transparência, os agentes de tratamento de dados pessoais devem garantir, aos titulares, informações claras, precisas e facilmente acessíveis sobre a realização do tratamento de seus dados.

[21] De acordo com o princípio da finalidade, os dados pessoais devem ser tratados para propósitos legítimos, específicos, explícitos e informados ao titular.

[22] O princípio da necessidade estabelece que somente devem ser coletados os dados mínimos necessários para atender às finalidades do tratamento.

O consentimento, por sua vez, embora seja a base legal amplamente utilizada (artigo 7º, I), necessita, como requisito de validade, que seja livre, informado e inequívoco. E quando se tratar de dado sensível, o consentimento deve ser específico e destacado, para finalidades específicas (art. 11, I), ou seja, o titular deverá ser informado de que aquele dado sensível será usado especificamente para uma determinada finalidade. É uma transparência muito maior que se exige do controlador e do operador.

Além disso, a manifestação de vontade como fundamento para o tratamento de dados exige governança. Com efeito, os agentes de tratamento deverão fazer a gestão do consentimento, por meio da instituição de mecanismos que permitam a acessibilidade da informação que forma a base para o consentimento, cuja prova deverá ser apresentada à Autoridade Nacional de Proteção de Dados sempre que solicitada.

No caso de condomínios edilícios, o síndico deverá convocar uma assembleia e obter o consentimento dos condôminos para tratamento dos dados biométricos de seus moradores e usuários. No mesmo sentido, recomenda-se que empresas e outros estabelecimentos obtenham o consentimento expresso de seus funcionários. E quando se trata de Circuito Fechado de Televisão – CFTV instalado além dos espaços das recepções e portarias, as atividades de monitoramento por videovigilância devem contar obrigatoriamente com o consentimento dos empregados para que a prática seja reconhecida como lícita e o monitoramento não pode ser vexatório.

No que diz respeito aos dados pessoais de crianças e adolescentes, a LGPD atribuiu um regramento único, que independe de os referidos dados serem sensíveis ou não. Em qualquer caso, o tratamento de dados de crianças e adolescentes deverá ser realizado, segundo o artigo 14, § 1º, mediante o consentimento específico e em destaque dado por pelo menos um dos pais ou pelo responsável legal. E o controlador tem a obrigação de realizar todos os esforços razoáveis para verificar que o consentimento foi dado pelo responsável pela criança, consideradas as tecnologias disponíveis, nos termos do parágrafo 2º do mesmo artigo.

Nesse cenário, nos depararíamos com situações insolúveis na coleta de dados no controle de acesso, pois nem sempre os menores estão acompanhados de seus pais ou representante legal quando se dirigem a consultórios médicos, hospitais ou outros prédios, por exemplo. Muitas vezes é outro parente ou um funcionário da família que os acompanha. Mas o legislador previu a exceção ao consentimento *para a proteção da criança ou adolescente, sendo que, em qualquer caso, os dados não podem ser repassados a terceiros sem o consentimento de pelo menos um dos pais ou do responsável legal* (art. 14, § 3º, LGPD). A finalidade de proteção deve ser legítima, evidente e necessária, assim como o meio deve ser adequado e o menos invasivo possível.

Por fim, vamos tratar do interesse legítimo do controlador ou de terceiro, como fundamento autorizativo para tratamento de dados pessoais, conforme previsão do art. 7º, IX da LGPD. Essa base legal não pode ser utilizada para tratamento de dados pessoais sensíveis, pois o artigo 11 não faz qualquer referência à mesma e não pode ser utilizada no caso de prevalecerem direitos e liberdades fundamentais do titular que exijam a proteção dos dados pessoais, exceção prevista no próprio inciso IX do artigo 7º. Como, então, definir o interesse legítimo do controlador que não fere direitos e liberdade fundamentais do titular?

A natureza aberta desta base legal suscita muitas questões importantes relativamente ao seu alcance e âmbito de aplicação e como a legislação brasileira não se aprofundou no tema, nos valemos das Orientações Europeias sobre o assunto. De início, a União Europeia editou a Diretiva 95/46/CE,[23] que estabelecia regras para o tratamento de dados pessoais. O artigo 7º, alínea f) da Diretiva 95/46/CE permite o tratamento sob reserva da aplicação de um *teste da ponderação*, que pondere os interesses legítimos do responsável pelo tratamento ou do terceiro a quem os dados sejam comunicados em relação aos interesses ou aos direitos fundamentais das pessoas em causa.

Segundo a Diretiva, para realizar este teste da ponderação é importante ter em conta, antes de mais, a natureza e a origem dos interesses legítimos, e a questão de saber se o tratamento é necessário para prosseguir esses interesses, por um lado, e o impacto nas pessoas em causa, por outro. Esta avaliação inicial deve ter em conta as medidas que o responsável pelo tratamento tenciona

23 UNIÃO EUROPEIA. Grupo de trabalho do artigo 29° para a proteção de dados. Parecer 06/2014 sobre o conceito de interesses legítimos do responsável pelo tratamento dos dados na acepção do artigo 7.º da Diretiva 95/46/CE. Disponível em: https://ec.europa.eu/justice/article-29/documentation/opinion-recommendation/files/2014/wp217_pt.pdf. Acesso em: 18 ago. 2020.

adotar para cumprir o disposto na diretiva, tais como a transparência e a recolha limitada de dados.

Por sua vez, a *guideline* apresentada pelo Information Commissioner's Office – ICO,[24] a autoridade de proteção de dados do Reino Unido, acerca da aplicação do legítimo interesse, que propõe a realização de um teste em três etapas, qual seja:

(1) finalidade: a finalidade que o controlador pretende atingir com o tratamento é legítima?
(2) necessidade: o tratamento em questão é necessário para atingir a finalidade?
(3) balanceamento: os direitos individuais do titular prevalecem sobre o legítimo interesse do controlador?

No Brasil, Thiago Reys Sniesko e Leonardo Albuquerque Melo[25] sugerem a reflexão de alguns questionamentos:

(1) existe algum conflito de interesse evidente entre controlador/terceiro e o titular de dados pessoais?
(2) quais os riscos envolvidos neste tratamento?
(3) é esperado, pelo titular, que o controlador promova esta atividade de tratamento?
(4) o legítimo interesse pautado neste tratamento é de fácil compreensão pelo titular?
(5) existe a possibilidade de esta atividade de tratamento de dados pessoais ser entendida como uma atividade abusiva?

[24] ICO (UK). Lawful basis for processing legitimate insterests. Disponível em: <https://ico.org.uk/media/for-organisations/guide-to-the-general-data-protection-regulation-gdpr/legitimate-interests-1-0.pdf>. Acesso em: 18 ago. 2020.

[25] SNIESKO, Thiago Reys; MELO, Leonardo Albuquerque. Equacionando o legítimo interesse na LGPD. Portal JOTA. 22 de julho de 2020. Disponível em: <https://www.jota.info/opiniao-e-analise/artigos/equacionando-o-legitimo-interesse -na-lgpd-22072020> . Acesso em: 18 ago.2020.

Nesse contexto, entendemos que a base legal do legítimo interesse é adequada para o controle de acesso, pois (1) tal prática é lícita, de acordo com o ordenamento jurídico brasileiro, sendo, portanto, possível defender sua legitimidade; (2) não há riscos envolvidos no tratamento de dados no controle de acesso; (3) a coleta dos dados pessoais se faz necessária para atingir as finalidades do tratamento, o que é esperado pelo titular, pois não há outra forma de garantir a segurança e incolumidade física dos usuários dos estabelecimentos senão pelo controle de seu acesso; (4) o legítimo interesse neste caso é de fácil compreensão; (5) embora a prática possa afetar a privacidade do titular de dados, o que poderia representar um conflito de interesses, já é pacífico na jurisprudência brasileira o entendimento de que o direito à privacidade pode ser mitigado em determinadas circunstâncias desde que garantida a adequada transparência acerca de tal tratamento ao titular dos dados.

O outro lado da moeda do controle de acesso por legítimo interesse, pelo o que se vê acima, é que se cria maior ônus aos estabelecimentos na coleta de dados. Justifica-se a análise dos direitos envolvidos e isso tudo deve ser documentado no relatório de impacto à proteção de dados pessoais, de acordo com o artigo 10, §3º, da LGPD, o qual deverá ser enviado por solicitação da Autoridade Nacional de Proteção de Dados. Com o ônus maior para os estabelecimentos que decidem tratar dados com fundamento no legítimo interesse, o processo de fiscalização pela ANPD também aumenta. Os efeitos disso só poderão ser vistos a partir da vigência da nova lei. A dúvida que se instala é: como fazer a fiscalização de um mercado tão pulverizado?

Conclusões

Como vimos, as pessoas aceitam fornecer seus dados para ingressar nas dependências de empresas, hospitais, condomínios, indústrias e outros estabelecimentos que realizam atividade de controle de acesso sem saber como e por quanto tempo os seus dados serão armazenados ou quais os mecanismos utilizados para que as informações coletadas sejam protegidas de vazamento ou compartilhamento. E a partir daí, são criados vastos bancos de dados os quais não possuem qualquer contorno ou controle. Essa prática, contudo, em razão do advento da Lei Geral de Proteção de Dados, será profundamente modificada, pois, em linhas gerais, o objetivo da lei é que os dados pessoais sejam tratados de forma legal, justa e transparente, em níveis adequados e necessários, para propósitos legítimos, específicos, explícitos e informados ao titular com a obrigação de informação a respeito de todos os seus direitos, tais como o livre acesso aos dados, a duração do tratamento, a correção de dados inexatos, a anonimização e a portabilidade.

Na atividade de controle de acesso, identificamos problemas. Um ponto que nos chamou a atenção em relação à prática de controle de acesso refere-se ao momento de eliminação dos dados pessoais. Como se sabe, um dos objetivos da lei é a eliminação dos dados quando o tratamento deixa de ser necessário, lembrando que o titular de dados poderá revogar o seu consentimento a qualquer tempo. Ora, considerando que a finalidade de coleta de dados do visitante ou entregador quando ele adentra um estabelecimento é garantir a segurança, tal finalidade deixou de existir imediatamente após a sua saída. Nessa linha de raciocínio, o titular dos dados poderá impor que sejam imediatamente apagados. Inclusive, a Autoridade Nacional de Proteção de Dados, a quem foi atribuído o poder de editar normas e procedimentos e detém as decisões de tratamento de dados, poderá impor essa rotina de forma geral se entender adequado. Essa medida representa uma ótima solução para que todos nós, titulares de dados, tenhamos a certeza de que nossos dados pessoais não estão sendo armazenados em estabelecimentos pelos quais sequer nos lembramos de ter passado. Em contrapartida, tal medida, se padronizada, pode prejudicar a segurança do estabelecimento se se identificar, em tempo posterior, algum ato ilícito cometido, pois dificulta a formação de provas.

Assim, nos parece que o direito à eliminação dos dados deve ser avaliado levando-se em conta outros princípios e objetivos, com balanceamento do binômio segurança-proteção, de modo que o direito à privacidade pode ser melhor sopesado nesse caso, desde que garantida a adequada transparência acerca de tal tratamento ao titular dos dados.

O assunto certamente merece importantes debates, mas pensamos que uma alternativa para fundamentar a recusa de eliminar imediatamente os dados pessoais seria equiparar a atividade de segurança privada à segurança pública, já que um dos latentes problemas da nossa sociedade é a violência crescente justamente porque o Estado não consegue garantir segurança a todos cidadãos, cabendo às empresas privadas, em seus contornos, exercer esse papel. E, como a LGPD não se aplica aos casos de tratamento de dados pessoais realizados para fins exclusivos de segurança pública e atividades de investigação e repressão de infrações penais[26], poder-se-ia reconhecer que ela também não se aplica à eliminação imediata de dados pessoais tratados para garantir a segurança dos estabelecimentos, fixando-se determinado prazo para fazê-lo.

A fixação de um prazo de armazenamento e eliminação dos dados nos parece bastante adequada, inclusive, para unificação das práticas, pois como vimos, a atividade de controle de acesso é feita de forma bastante pulverizada, aberta e sem qualquer norma específica. Aqui vale rememorar a citação de Stefano Rodotà, tão pertinente para o setor sob comento: "Proteção de dados é uma expressão de liberdade e dignidade pessoais e, como tal, não se deve tolerar que um dado seja usado de modo a transformar um indivíduo em objeto de vigilância constante".[27]

Aliás, justamente porque o setor de controle de acesso é pulverizado, nos perguntamos inúmeras vezes como a Autoridade Nacional de Proteção de Dados terá condições de fiscalizar todos os estabelecimentos de fazem controle de portaria. Talvez um caminho seja fiscalizar as empresas terceirizadas de controle de portaria, tão comuns no mercado brasileiro, que concentram grandes bancos de dados pessoais dos usuários dos estabelecimentos clientes e, na forma da lei, têm responsabilidades como agente de tratamento de dados pessoais.

Referências

BITTAR, Eduardo C. B. **Regulação do ciberespaço, fronteiras virtuais e liberdade:** desafios globais e atuais. Revista de Economia e Direito vol. XVII, n. 1/n. 2, 2012.

BRANCO, Robson. Estimativa de 5,4 bilhões de reais mensalmente em ativo circulante em condomínios no Brasil. Portal Base Blog. Disponível em: <https://basesoft.com.br/blog/2012/03/05/estimativa-de-54-bilhoes-de-reais-mensalmente-em-ativo-circulante-em-condominios-no-brasil> . Acesso em: 18 ago. 2020.

[26] Artigo 4º, III, "a" e "d" da LGPD.

[27] RODOTÀ, Stefano. **A vida na sociedade da vigilância – a privacidade hoje**. Rio de Janeiro: Renovar, 2008. p. 19.

CASTELLS, Manuel. **A sociedade em rede**. Tradução: Roneide Venância Majer, atualização para 6ª edição, Jussara Simões, São Paulo, Paz e Terra, 2002.

ICO (UK). Lawful basis for processing legitimate insterests. Disponível em: <https://ico.org.uk/media/for-organisations/guide-to-the-general-data-protection-regulation-gdpr/legitimate-interests-1-0.pdf> . Acesso em: 18 ago. 2020.

MARQUES, Claudia Lima (coord.). **Diálogo das fontes**. São Paulo: Revista dos Tribunais, 2012.

PINHEIRO, Patrícia Peck. **Direito Digital.** 6.ed. São Paulo: Saraiva, 2016.

ROBBOTON Condomínios e imóveis. Condomínios em São Paulo: tudo o que você precisa saber sobre o mercado. Disponível em: <https://blog.robotton.com.br/condominios-em-sao-paulo-tudo-o-que-voce-precisa-saber-sobre-o-mercado> . Acesso em: 18 ago.2020.

RODOTÀ, Stefano. **A vida na sociedade da vigilância – a privacidade hoje**. Rio de Janeiro: Renovar, 2008.

SNIESKO, Thiago Reys; MELO, Leonardo Albuquerque. Equacionando o legítimo interesse na LGPD. Portal JOTA. 22 de julho de 2020. Disponível em: <https://www.jota.info/opiniao-e-analise/artigos/equacionando-o-legitimo-interesse -na-lgpd-22072020> . Acesso em: 18 ago.2020.

TOMASEVICIUS FILHO, Eduardo. O princípio da boa-fé na Lei Geral de Proteção de Dados. Revista Consultor Jurídico. São Paulo, 9 de março de 2020. Disponível em <https://www.conjur.com.br/2020-mar-09/direito-civil-atual-principio-boa-fe-lgpd>. Acesso em: 14 ago. 2020.

UNIÃO EUROPEIA. Grupo de trabalho do artigo 29° para a proteção de dados. Parecer 06/2014 sobre o conceito de interesses legítimos do responsável pelo tratamento dos dados na aceção do artigo 7.º da Diretiva 95/46/CE. Disponível em: <https://ec.europa.eu/justice/article-29/documentation/opinion-recommendation/files/2014/wp217_pt.pdf.> Acesso em: 18 ago. 2020.

9.
Responsabilidade Civil por Danos à Personalidade no Tratamento de Dados pelo Setor da Saúde

João Guilherme Pereira Chaves

Introdução

Espera-se com o presente artigo apresentar uma visão global sobre a proteção de dados no setor da saúde, focando-se na análise da Lei Geral de Proteção de Dados (LGPD – Lei n.° 13.709/2018) e a responsabilidade civil que pode ser gerada por danos à personalidade por meio do tratamento ilícito de dados pessoais. Trata-se de esforço sintético antes de minunciosamente analítico a respeito de todas as consequências e responsabilizações engendradas pelo setor. Logo no primeiro ponto do artigo, fica-se evidente ao leitor a razão dessa abordagem: o setor da saúde é um dos mais complexos e amplos setores de serviços na sociedade. Os atores são diversos e as regulações demasiado específicas. Além disso, todas as camadas do setor são influenciadas pelo *big data*, onde a utilização de informações tratadas a partir de imensa quantidade de dados influencia diretamente o dia-a-dia do setor.

Apesar da complexidade em sintetizar áreas tão díspares em um mesmo setor econômico, é possível encontrar pontos de convergência. Todos os setores compartilham da responsabilidade delicada de alto potencial de risco gerada pelo uso constante de dados pessoais sensíveis (empresta-se aqui o termo conforme o texto da LGPD (art. 5º, II). O foco do trabalho serão os dados pessoais sensíveis, ainda que não se olvide a clara necessidade do tratamento de dados pessoais comuns (art. 7º da LGPD) no setor da saúde. Delimita-se o trabalho em relação aos dados pessoais sensíveis por uma questão de melhor corte metodológico para a investigação científica aqui proposta.

Ainda, outros pontos de convergência podem ser encontrados: o setor da saúde é regulamentado pela LGPD de maneira uniforme, ainda que o setor carregue diversas nuances em seus atores distintos com distintas prestações de serviços. Evidentemente, tal abordagem pela legislação facilita um esforço sintético como o deste artigo, mas não deixa escapar algumas possíveis críticas em relação ao tratamento uniforme para alguns temas que poderiam ser abordados de maneira distinta, como a pesquisa com seres humanos.

O arranjo do presente texto se dará da seguinte forma: o primeiro tópico apontará a importância da proteção de dados nos respectivos setores a serem estudados, com a apresentação de normas anteriores à LGPD a respeito de cada um deles, apresentando um esboço geral dessas áreas diversas (pesquisa com seres humanos; hospitais/clínicas; saúde suplementar; e empresas de TI com foco em aplicações para fins de saúde). A finalidade deste primeiro ponto é demonstrar tanto a necessidade do uso de dados, assim como as diferentes experiências que envolvem cada uma dessas áreas.

O segundo ponto apresentará os riscos envolvendo o tratamento de dados na saúde e breves noções e comentários acerca dos dispositivos da LGPD específicos sobre a saúde. A finalidade desse tópico será apresentar os problemas convergentes entre os setores da saúde em relação ao tratamento de dados pessoais: a importância do consentimento e a dificuldade da anonimização. O pensamento binário da proteção de dados em consentimento e anonimização conforme a LGPD possui limites que ficam escancarados pela análise por meio da saúde.

Por fim, serão apresentadas as normas que regem a responsabilidade civil na LGPD, tecendo comentários ao seu uso para a responsabilização de agentes de tratamento de dados no caso de danos à personalidade por ato ilícito. O foco principal será nos danos gerados pelo tratamento ilícito de dados pessoais sensíveis, devido à proximidade com o setor da saúde e seu óbvio efeito sobre a autodeterminação informativa do titular dos dados. Espera-se que, ao fim do texto, o leitor tenha um quadro geral da proteção de dados no setor da saúde.

Para a investigação científica, utilizou-se pesquisa de método dedutivo, partindo do estudo dos principais conceitos da LGPD ao setor da saúde, partindo para a análise de setores exclusivos da área da saúde, avaliando sua necessidade no uso de dados, os riscos de cada uma dessas áreas e, finalmente, a responsabilização civil no caso de danos à personalidade do indivíduo por meio de abuso dos seus dados. A pesquisa foi desenvolvida ao longo do primeiro semestre de 2020, utilizando-se de bibliografia referência na área, legislação e jurisprudência. Para a pesquisa bibliográfica, foram utilizadas obras físicas de livros – indicados na seção das referências bibliográficas ao fim do texto – e nas bases de dados *Fórum; Base; Biblioteca Digital Brasileira de Teses e Dissertações; Dart Europe; Directory of Open Access Journals; Directory of Open Access Books; Dialnet; EBSCO; Networked Digital Library of Theses and Dissertations; OasisBR; RCAA; ROMA TRE-PRESS; e Periódicos CAPES/MEC.*

1. Importância do Tratamento de Dados para o Setor da Saúde: Análise da Proteção de Dados em Clínicas, Hospitais, Órgãos de Pesquisa e Empresas da Saúde Suplementar

O dinamismo das relações sociais na modernidade e o desenvolvimento tecnológico desenfreado pede novos modelos jurídicos, para que se substituam aqueles que sejam defasados. Os dados pessoais, como muito vem sendo discutido, têm papel central na economia do conhecimento e muito se questiona sobre a reação do direito nessa área. Assim como Danilo Doneda, defende-se o papel central do direito civil para que se estabeleça um novo perfil para a autonomia privada e permita o livre desenvolvimento individual mesmo em uma conjuntura de tantas incertezas,[1] sem ignorar a centralidade da proteção de dados como ferramenta para o livre desenvolvimento da personalidade, sendo efetivamente direito fundamental.[2]

[1] DONEDA, Danilo. Da privacidade à proteção de dados pessoais. 2. ed. São Paulo: Thomson Reuters Brasil, 2019. p. 65.

[2] SARLET, Ingo Wolfgang. Proteção de dados pessoais como direito fundamental na Constituição Federal brasileira de 1988: contributo para a construção de uma dogmática constitucionalmente adequada. Direitos Fundamentais e Justiça – RBDFJ, ano 4, n. 42, p. página

Conhecer a importância econômica do tratamento de dados é apenas o primeiro ponto para a análise, visto que o setor da saúde se caracteriza pelo grande número de atores, nem sempre com interesses convergentes. Tal importância se apresenta, portanto, de formas diversas. A regulação desenhada pela Lei Geral de Proteção de Dados permite (ou busca) balancear o interesse econômico e social da eficiência gerada pelo fluxo de dados com a proteção ao paciente/participante/usuário/segurado que cada vez mais se apresenta como um indivíduo de vidro, prestando dados comuns e sensíveis em troca do serviço de saúde.

Nesse primeiro ponto se discutem alguns conceitos necessários para a argumentação do artigo, como a diferença entre dados pessoais sensíveis e dados pessoais de saúde, seguido da apresentação da importância do tratamento de dados para cada setor da saúde analisado: as atuações de clínicas e hospitais, órgãos de pesquisa, atores da saúde suplementar e empresas de TI.

1.1. Dados Sensíveis e Dados de Saúde

O tratamento de dados é intimamente ligado à prestação de cuidados à saúde em todas as suas formas, o que faz com que tanto a LGPD quanto a *General Data Protection Regulation* (GDPR, a norma europeia de proteção de dados e influência direta na LGPD), tratem a proteção de dados da saúde como uma categoria especial.[3] Nesse sentido, sendo mais específico em relação ao conceito de dados pessoais em saúde – fugindo parcialmente do conceito de dados pessoais e dados pessoais sensíveis que a norma analisada usa – empresta-se o conceito de Deodato, que os conceitua como "dados pessoais relativos à saúde de uma pessoa e que normalmente são recolhidos, registrados e usados pelos profissionais de saúde".[4]

inicial-página final, jan./ jun. 2020. Disponível em: https://www.forumconhecimento.com.br/periodico/136/41941/91854. Acesso em: 6 ago. 2020.

[3] ROSA, Diogo Miguel Alcaçarenho. Proteção de dados pessoais em saúde e hospitais E.P.E.: responsabilidade civil do responsável pelo tratamento. Dissertação defendida na Universidade de Lisboa. Lisboa. 2019. Disponível em: <https://repositorio.ul.pt/bitstream/10451/37436/1/ulfd136577_tese.pdf>. Acesso em: 15 jul. 2020.

[4] DEODATO, Sergio. Proteção de dados pessoais de Saúde. Porto: Universidade Católica Editora, 2017. p. 57.

Atenta-se que a norma europeia, ao contrário da brasileira, divide os dados pessoais de saúde em dados relativos à saúde; dados biométricos; e dados genéticos. Para a norma, são dados relativos à saúde – artigo 4º (15) –, "dados relacionados com a saúde física e mental de uma pessoa singular, incluindo a prestação de serviços da saúde, que revelem informações sobre seu estado de saúde"; são dados biométricos – artigo 4º (14) – aqueles dados "(...) resultantes de um tratamento técnico-específico relativo às características física, fisiológicas ou comportamentais de uma pessoa singular que permitam ou confirmem a identificação única dessa pessoa singular, nomeadamente imagens faciais ou dados dactiloscópios"; e são dados genéticos – artigo 4º (13) – os relativos "(...) às características genéticas, hereditárias ou adquiridas, de uma pessoa singular que deem informações únicas sobre a fisiologia ou a saúde dessa pessoa singular e que resulta designadamente de uma análise de uma amostra biológica proveniente da pessoa singular em causa".[5]

A norma brasileira, de maneira sucinta, sintetiza os conceitos da GDPR no conceito único de dados pessoais sensíveis (art. 5º, II), enunciando que se trata do "dado pessoal sobre origem racial ou étnica, convicção religiosa, opinião política, filiação a sindicato ou a organização de caráter religioso, filosófico ou político, dado referente à saúde ou à vida sexual, dado genético ou biométrico, quando vinculado a uma pessoa natural". Além disso, não existe maior explanação sobre o que significaria dado referente à saúde, dado genético ou biométrico. Tal abordagem sintética acaba por deixar para futuras regulações legais e infralegais a conceituação, o que pode ter sido a vontade do legislador, visto que esperava desenhar uma lei geral que funcionasse como valoração de um microssistema de proteção de dados.

1.2. O Tratamento de Dados na Pesquisa com Seres Humanos

Na pesquisa biomédica, os principais atores são as instituições de pesquisa e o participante da pesquisa, que poderá estar acometido de enfermidades ou

[5] PARLAMENTO EUROPEU. Regulamento 2016/679/UE do Parlamento e do Conselho Europeu de 27 de abril de 2016 – relativo à proteção das pessoas singulares no que diz respeito ao tratamento de dados pessoas e à livre circulação desses dados e que revoga a Diretiva 95/46/CE. Disponível em: https://publications.europa.eu/pt/publication-detail/-/publication/3e485e15-11bd-11e6-ba9a-01aa75ed71a1. Acesso em: 25 ago. 2019.

não. O método científico por sua própria natureza exige uma amostra significativa de informações para análise. Rechaça-se na academia pesquisas que buscam comprovar uma hipótese por meio de um corte de dados diminuto, enquanto se exaltam pesquisas "de fôlego" que apresentam uma amostra significativa. No método científico, a reprodução estável de uma hipótese é o grande objetivo, afastando um efeito da mera coincidência, e permitindo compreender que tal efeito tem nexo direto a uma causa comprovada em ambiente de pesquisa. Naturalmente, o *big data* permite mecanismos muito sedutores para a pesquisa, visto que proporciona o controle de uma quantidade expressiva de dados. Concorda-se com a ponderação de Molinaro e Sarlet quando apontam que

> *Big data* (...) abre oportunidades para integrar várias informações em análises abrangentes e de fontes-cruzadas. Além de considerável quantidade de dados incluídos, a qualidade de seu processamento interpretativo é, de modo inconteste, crucial para esse desempenho de integração.[6]

A pesquisa com seres humanos e, portanto, baseada em dados pessoais, é regulada em nível interno principalmente pela Resolução do Conselho Nacional de Saúde nº 466/2012. Nos termos da resolução, a autonomia ou não da pessoa em participar da pesquisa é registrada por meio da assinatura de um Termo de Consentimento Livre e Esclarecido (TCLE), constando informações claras e relevantes acerca do projeto de pesquisa, seus benefícios, riscos e desconfortos, a gratuidade pela participação, o ressarcimento de despesas em que venha a incorrer, a garantia de reparação dos danos causados em sua execução e a faculdade de retirada imotivada do consentimento a qualquer tempo. Com a LGPD, essa conjuntura se altera parcialmente: independe de consentimento o tratamento de dados pessoais sensíveis se realizada por órgãos de pesquisa, garantida, se possível, a anonimização dos dados (art. 11, II, 'c').

[6] MOLINARO, Carlos Alberto; SARLET, Gabrielle Bezerra Sales. Questões tecnológicas, éticas e normativas da proteção de dados pessoais na área da saúde em um contexto de big data. Direitos Fundamentais e Justiça – RBDFJ, ano 4, n. 41, p. página inicial-página final, jul./ dez. 2019. Disponível em: https://www.forumconhecimento.com.br/periodico/136/41882/91032. Acesso em: 6 ago. 2020.

Tal alteração deve ser vista com cautela. Órgão de pesquisa é um conceito delimitado pela própria LGPD como órgão ou entidade da administração pública direta ou indireta ou pessoa jurídica de direito privado sem fins lucrativos que inclua em sua missão institucional ou em seu objetivo social ou estatutário a pesquisa básica ou aplicada de caráter histórico, científico, tecnológico ou estatístico (art. 5º, XVIII). Isso significa que no que diz respeito a órgão do setor privado com fins lucrativos, o tratamento de dados sem o TCLE constitui ato ilícito, o que pode gerar responsabilização civil caso gere dano.

Vê-se que houve preocupação da utilização de dados sensíveis por empresas privadas com finalidades mercadológicas – preocupação verdadeira e que pode ser bem ilustrada pelo infame caso da captação de expressões faciais na linha amarela do metrô de São Paulo pela administradora da linha[7] –, mas tal disposição acabou por limitar a complexidade do campo da pesquisa. Utilizando o conceito de instituição de pesquisa conforme a Resolução nº 466/2012, mais completo e melhor indicado para as nuances da pesquisa, divide-se instituição de pesquisa em instituição proponente de pesquisa (organização, pública ou privada, legitimamente constituída e habilitada, à qual o pesquisador responsável está vinculado) e instituição coparticipante de pesquisa (organização, pública ou privada, legitimamente constituída e habilitada, na qual alguma das fases ou etapas da pesquisa se desenvolve). Acredita-se que o mal delimitado conceito de órgão de pesquisa pela LGPD possa ocorrer pela tentativa de colocar todos os dados pessoais sensíveis em um mesmo regime regulatório, e talvez prossiga o já conhecido gargalo da pesquisa brasileira se concentrar apenas em órgãos públicos como as universidades.

Ainda no tópico da Resolução CNS nº 466/2012, a dispensa do consentimento feito formalmente pelo TCLE não é inovação da Lei Geral de Proteção de Dados. A Resolução CNS nº 466/2012 permite a dispensa do consentimento (art. IV, §8) em casos em que exista inviabilidade da colheita do TCLE ou que a obtenção signifique riscos substanciais à privacidade e confidencialidade os dados do participante, mediante apreciação da Comissão Nacional de Ética e Pesquisa. Tal regulação se apresenta completamente inviável frente

[7] O caso foi protagonizado pela ViaQuatro, conforme notícia: IDEC. Justiça impede uso de câmera que coleta dados faciais em metrô de São Paulo. 2018. Disponível em: https://idec.org.br/noticia/justica-impede-uso-de-camera-que-coleta-dados-faciais-do-metro-em-sp. Acesso em: 16 ago. 2020.

as disposições dos direitos da personalidade conforme o Código Civil como observado por Eduardo Tomasevicius Filho.[8] Porém, a norma é agora recepcionada pela Lei Geral de Proteção de Dados, norma mais nova e de caráter especial.

Por fim, a dificuldade da anonimização do dado genético em uma pesquisa com tal finalidade é apresentada de maneira genérica na LGPD (o que é da própria natureza da norma que tem vistas a ser meramente um quadro) e não é diferente na *General Data Protection Regulation*. Ao contrário da LGPD, porém, a norma apresenta uma preocupação com o binômio anonimização/consentimento no que diz respeito a pesquisa científica, entendendo que são necessárias salvaguardas além do binômio.[9] Na leitura desse tópico da GDPR, Shabany e Borry concluem que "Nevertheless, the Regulation does not elaborate further on such safeguards, leaving it primarily to the Member States to adopt adequate safeguards and conditions for processing data under the research exemption".[10] Em outras palavras: tal como na atual legislação brasileira, para que se melhor compreenda como serão elaboradas as medidas de salvaguardas para a pesquisa científica, deverá ser aguardada legislação complementar acerca do tema.

O artigo 13 da LGPD tem como foco específico o tratamento de dados pessoais sensíveis pelos órgãos de pesquisa. Limita-se o tratamento especificamente dentro do órgão de pesquisa, uma conclusão natural visto a instituição coparticipante da pesquisa não integra o conceito de órgão de pesquisa. O responsável civil no caso de qualquer dano causado ao participante da pesquisa será a instituição de pesquisa proponente. O artigo também abre uma leitura hermenêutica mais ampla, incluindo a necessidade de observância pelo controlador e operador dos dados dos padrões éticos relacionados a estudos e pesquisas, o que apontaria diretamente para as citadas resoluções do Conselho Nacional de Saúde.

[8] TOMASEVICIUS FILHO, Eduardo. O Código Civil brasileiro na disciplina da pesquisa com seres humanos. Revista De Direito Sanitário. São Paulo. V. 16(2), p. 116-146, 2015.

[9] Article 89(1)

[10] SHABANI, M; BORRY, P. Rules for processing genetic data for research purposes in view of the new EU General Data Protection Regulation. European journal of human genetics. 2018. EJHG, 26(2), 149–156. https://doi.org/10.1038/s41431-017-0045-7. Disponível em: <https://www.ncbi.nlm.nih.gov/pmc/articles/PMC5838983>. Acesso em: 20 jul. 2020.

1.3 O Tratamento de Dados na Saúde Suplementar

A proteção da dados já é amplamente regulamentada na saúde suplementar ainda antes do advento da Lei Geral de Proteção de Dados. Não apenas as grandes quantidades de dados pessoais permitem a criação de perfis mais detalhados de indivíduos e pessoas, possibilitando a avaliação de riscos por parte das empresas securitárias, ato amplamente considerado como danoso à personalidade do titular, como também agrega fluxo de dados entre diversos atores como titular do plano de saúde, seus dependentes, agregados, beneficiários e usuários. Em suma: todos os que utilizam ou adquirem o serviço.

Efeitos colaterais a parte, o manuseio de dados pelas empresas de saúde suplementar é necessário e regulamentado pela ANS. A Lei 9.656/98, norma que regula os planos e seguros privados de assistência à saúde, apresenta o alcance da regulamentação por parte da ANS, tornando a agência reguladora a principal fonte normativa para compreender a utilização de dados pessoais pelo setor. Veja que no mercado de consumo da saúde suplementar, o acesso, o tratamento e a integração dos dados pessoais e dos dados pessoais sensíveis do consumidor, tanto pela ANS como pelas empresas que atuam neste setor, são imprescindíveis para a elaboração de políticas públicas eficazes e para prestação do serviço ser adequada e ter qualidade. A participação da ANS e do Sistema Único de Saúde (SUS) na prestação da saúde suplementar é marca do sistema de saúde brasileiro, que se caracteriza pelo seu hibridismo do ponto de vista da distinção sistêmica entre público e privado.[11]

Como uso imprescindível de dados pela saúde suplementar, pode-se citar a obrigação do fornecimento de dados e do preenchimento da declaração de saúde pelo consumidor no momento da aquisição do plano de saúde; no caso de reembolso de honorários, o prestador de serviços precisa compartilhar dados com a operadora do plano de saúde; para autorização de alguns procedimentos, são necessários alguns laudos médicos (dados sensíveis); políticas públicas necessitam de monitoramento de casos para definir diretrizes e prevenção da saúde; e prontuário eletrônico disponível entre os prestadores

[11] GREGORI, Maria Stella. Os impactos da Lei Geral de Proteção de Dados na saúde suplementar. Revista de Direito do Consumidor, v. 127/2020, jan-fev. 2020. Disponível em: <https://www.thomsonreuters.com.br/content/dam/openweb/documents/pdf/Brazil/white-paper/rdc-maria-stella.pdf.> Acesso em: 20 mai. 2020. p. 11.

de serviços de saúde. Esses exemplos foram levantados pela própria ANS em recente nota técnica (Nota Técnica nº3/2019/GEPIN/DIRAD-DIDES), referente a LGPD.

A obrigação do compartilhamento de dados pessoais com as empresas integrantes do sistema de saúde suplementar já se apresentava obrigatória com a edição da Lei n.º 9.656, em seu art. 20. A partir dessa rede de informações a ANS não apenas edita políticas públicas na área da saúde, como também fornece serviços que são de sua competência como a resolução de conflitos envolvendo normas suas e os repasses das empresas do sistema de saúde suplementar ao Sistema Único de Saúde, o que se apresenta como uma fonte de fomento ao sistema público de saúde. Outras resoluções da ANS regulam melhor como se dará tal transmissão, demonstrando responsabilidade por parte da agência reguladora com os dados pessoais dos interessados.[12]

Naturalmente, existem efeitos colaterais negativos dignos de menção. Nas últimas décadas levantaram-se preocupações a respeito do uso discriminatório dos dados pessoais sensíveis na área da saúde suplementar, o que pode ser facilmente interpretado das regulações da Agência Nacional de Saúde Suplementar (ANS) a esse respeito. Segundo a Súmula Normativa nº 27 de 2015 da ANS:

> É vedada a prática de seleção de riscos pelas operadoras de plano de saúde na contratação de qualquer modalidade de plano privado de assistência à saúde. Nas contratações de planos coletivo empresarial

[12] Para melhor compreender o intercâmbio de informações captado pela ANS, necessário atentar para a lei que a cria: Lei n 9.961 de 28 de Janeiro de 2000. A legislação permite a integração de informações com os bancos de dados do Sistema Único de Saúde e requisitar informações às operadoras. Naturalmente, a legislação apresentou deveres para tal atuação, tais como: a) no artigo 1º da Regulação Normativa nº 21, a obrigatoriedade de manter protegidas as informações assistenciais fornecidas pelos seus consumidores ou por sua rede de prestadores, quando acompanhadas de dados que possibilitem a sua individualização, não podendo ser transmitidas para terceiros; b) no artigo 12 da Resolução Normativa n.º 162, na entrega da Declaração de Saúde (documento onde o indivíduo apresenta seu estado atual de saúde), comprometem-se as operadoras a protegerem tais informações, sendo vedada a divulgação ou o fornecimento a terceiros não envolvidos na prestação de serviços, sem a anuência expressa do consumidor; c) na Resolução Normativa nº. 389, transparência nas informações; d) no artigo 3º da Resolução Normativa n.º 413, na contratação eletrônica as operadoras tem total responsabilidade pela guarda e segurança das informações.

> ou coletivo por adesão, a vedação se aplica tanto à totalidade do grupo quanto a um ou alguns de seus membros. A vedação se aplica à contratação e exclusão de beneficiários.[13]

Em nível legal, a seleção de riscos e discriminação no uso de informações já havia sido discutida pela Lei n.º 9.656/98, que proibia o impedimento da participação do consumidor em planos privados de assistência à saúde por razão da idade ou condição de pessoa portadora de deficiência (art. 14). Tal preocupação nasce do interesse nítido de companhias de seguro de saúde sobre o perfil de saúde de seus segurados. Pode-se prever que o monitoramento do segurado permitiria promover políticas de incentivos para aqueles que possuírem estilo de vida saudável, e sanções para aqueles que possuírem estilo de vida danoso.[14] O seguro de saúde opera com prêmios equivalentes ao risco, tendo surgido pela noção de que os riscos são partilhados por um grupo maior, não devendo as tarifas serem ajustadas individualmente de maneira discriminatória. A proibição do uso de dados com a finalidade de seleção de riscos, dessa maneira, foi terminantemente proibida por disposição do art. 11, §5º da LGPD.[15]

Outro ponto interessante a respeito das regulações da ANS diz respeito à figura do encarregado (conforme LGPD, art. 5º, VIII), ou seja, a pessoa indicada pelo controlador e operador para atuar como canal de comunicação entre o controlador, os titulares dos dados e a Autoridade Nacional de Proteção de Dados (ANPD). De acordo com a Regulação Normativa nº 255/2011, ficam obrigadas as operadoras de planos de saúde à designar um funcionário pela área técnica do fluxo das informações relativas à assistência prestada aos consumidores de planos de saúde, obrigado a zelar pela proteção do sigilo de dados. Dessa maneira, as empresas da saúde suplementar já possuem a figura

[13] ANS. Súmula Normativa nº 27, de 10 de junho de 2015. Disponível em: <http://www.ans.gov.br/component/legislacao/?view=legislacao&task=PDFAtualizado&format=raw&id=Mjk5NA>. Acesso em: 20 jul. 2020.

[14] MOLINARO; SARLET, *Id.*, p. 191.

[15] LGPD, art. 11, § 5º É vedado às operadoras de planos privados de assistência à saúde o tratamento de dados de saúde para a prática de seleção de riscos na contratação de qualquer modalidade, assim como na contratação e exclusão de beneficiários.

do *Data Protecion Officer* (DPO), ao menos em teoria, tendo um preparo nesse sentido em relação à LGPD.

Por fim, necessário citar a existência do Padrão TISS (Troca de Informações da Saúde Suplementar), em vigência desde 2012 pela Resolução Normativa n.º 305.[16] O TISS tem como finalidade padronizar as ações administrativas de verificação, solicitação, autorização, cobrança, demonstrativos de pagamento e recursos de glosas; subsidiar as ações da ANS de avaliação e acompanhamento econômico, financeiro e assistencial das operadoras de planos privados de assistência à saúde; compor o registro eletrônico dos dados de atenção à saúde dos beneficiários de planos privados de assistência à saúde. Assim sendo, o TISS significa a troca de dados de atenção à saúde entre operadoras de planos privados, prestadores de serviço de saúde, contratante de plano privado de assistência à saúde familiar, coletivo por adesão e coletivo empresarial, o beneficiário do plano privado de assistência de saúde e a ANS. A troca de informações de acordo com o Padrão TISS é inteiramente recepcionada pela LGPD, visto que a comunicação de dados pessoas sensíveis é permitida nas hipóteses relativas a prestação de serviços de saúde (art. 11, §4º).

1.4 O Tratamento de Dados em Hospitais e Clínicas

A realidade dos hospitais e clínicas é complexa do ponto de vista do armazenamento e tratamento de dados. São anos de arquivos físicos onde se encontram arquivados processos clínicos mais antigos, não necessariamente digitalizados. Apesar da atividade principal de um hospital ou uma clínica ser a prestação de cuidados de saúde, absolutamente não existe maneira de ocorrer a prestação do serviço sem o tratamento de dados pessoais dos pacientes.

A grande problemática nessa área em específico são os prontuários médicos. A Resolução CFM n. 1.638/2002 define o prontuário médico como:

[16] ANS. Resolução Normativa – RN n.º 305, de 9 de outubro de 2012. Estabelece o Padrão obrigatório para Troca de Informações na Saúde Suplementar – Padrão TISS dos dados de atenção à saúde dos beneficiários de Plano Privado de Assistência à Saúde; revoga a Resolução Normativa – RN nº 153, de 28 de maio de 2007 e os artigos 6º e 9º da RN nº 190, de 30 de abril de 2009. Disponível em: < http://www.ans.gov.br/component/legislacao/?view=legislacao&task=TextoLei&format=raw&id=MjI2OA== > Acesso em: 20 jul. 2020.

> (...) o documento único constituído de um conjunto de informações, sinais e imagens registradas, geradas a partir de fatos, acontecimentos e situações sobre a saúde do paciente e a assistência a ele prestada, de caráter legal, sigiloso e científico, que possibilita a comunicação entre membros da equipe multiprofissional e a continuidade da assistência prestada ao indivíduo.[17]

Pela definição do prontuário médico vemos a preocupação com a legalidade e o sigilo, que passam a ser interpretadas sob a égide da LGPD, onde pode se argumentar que existe maior permissividade em relação ao tratamento de dados de saúde do que anteriormente. Ainda, destaca-se o caráter comunicativo do prontuário, que possibilita a comunicação deste pelos membros da equipe multiprofissional, com vistas à melhor prestação de serviço ao indivíduo.

A atuação interdisciplinar justifica-se no sentido de proporcionar o pleno atendimento ao paciente, visto que o corpo humano se apresenta como um complexo de sistemas que não se esgota em apenas uma atuação da ciência da saúde. Do ponto de vista jurídico, pode-se citar o artigo 7º, II da Lei 8.080/1990 (Lei do Sistema Único de Saúde), que apresenta como um dos princípios da norma a "integralidade de assistência, entendida como conjunto articulado e contínuo das ações e serviços preventivos e curativos, individuais e coletivos, exigidos para cada caso em todos os níveis de complexidade do sistema". A integralidade da assistência significa que mais de um membro do corpo prestador de serviços em um hospital terá acesso ao prontuário do mesmo paciente. De outro lado, apesar de acontecimento mais raro em uma clínica prestadora de serviços de saúde, pode ocorrer o encaminhamento de acordo com a análise do profissional.

Necessário pontuar que o compartilhamento de dados pessoais nem sempre ocorrerá apenas dentro de um mesmo hospital, e menos ainda dentro de uma mesma clínica. É possível imaginar cenários onde exista o encaminhamento de dados pessoais sensíveis para laboratórios, *call centers* e diagnósticos por imagens. Nesse caso, estar-se-ia diante da figura de um hospital como

[17] CFM. Resolução n.º 1.638/2002. Define prontuário médico e torna obrigatória a criação da Comissão de Revisão de Prontuários nas instituições de saúde. Disponível em: <https://sistemas.cfm.org.br/normas/visualizar/resolucoes/BR/2002/1638>. Acesso em: 5 jul. 2020.

controlador de dados e terceiros operadores de dados, todos com sua específica responsabilidade frente a possíveis danos à personalidade, como será visto com mais detalhes no terceiro ponto deste texto.

Em realidade, a comunidade da saúde esteve sempre regulada no sentido de respeito à personalidade por meio dos prontuários. Pode-se citar como marco jurídico a Lei Estadual de São Paulo nº 1.982/52 (Lei Alípio Correia Netto) em que foi exigido aos hospitais públicos e filantrópicos o arquivamento dos prontuários clínicos de forma adequada.[18] Outra resolução de interesse ao estudo é a Resolução CFM n. 1.821 de 2007,[19] que instituiu normas de digitalização e eliminação de registros em papel, e a Lei nº 13.787 de 2018[20] (já com vistas à LGPD) que regulou a utilização de sistemas informatizados para a armazenamento e manuseio de prontuários.

Além disso, não se pode olvidar o fato de que o sigilo médico como base da relação paciente/instituição de saúde, já era intensamente regulado antes da LGPD. Pode-se citar como exemplos o artigo 154 do Código Penal – Revelar alguém, sem justa causa, segredo de que tem ciência em razão de função, ministério, ofício ou profissão, e cuja revelação possa produzir dano a outrem –, e normas processuais do art. 388 do Código de Processo Civil e art. 297 do Código de Processo Penal que dizem respeito a limitação de testemunho no judiciário quando envolver sigilo profissional. De maneira infralegal, o Código de Ética Médica (Resolução CFM 2.217/2018) também resguarda o sigilo profissional, indicando que o médico guardará sigilo a respeito das informações que detenha conhecimento no desempenho de suas funções, com exceção dos casos previstos em lei.

[18] BARROS, E *et al.* Exame clínico: consulta rápida. 2. ed. Porto Alegre: Artmed, 2004.

[19] CFM. Resolução CFM n.º 1.821, de 23 de novembro de 2007. Aprova as normas técnicas concernentes à digitalização e uso dos sistemas informatizados para a guarda e manuseio dos documentos dos prontuários dos pacientes, autorizando a eliminação do papel e a troca de informação identificada em saúde. Disponível em: < https://sistemas.cfm.org.br/normas/visualizar/resolucoes/BR/2007/1821> . Acesso em: 20 jul. 2020.

[20] BRASIL. Lei n.º 13.787, de 27 de dezembro de 2018. Dispõe sobre a digitalização e a utilização de sistemas informatizados para a guarda, o armazenamento e o manuseio de prontuário de paciente. Disponível em: < http://www.planalto.gov.br/ccivil_03/_ato2015-2018/2018/lei/L13787.htm> . Acesso em: 20 jul. 2020.

1.5 O Tratamento de Dados em Empresas de TI e Aplicativos

Empresas de tecnologia já atuam em todos os setores da sociedade, não sendo diferente a área da saúde. O oferecimento de *software, hardware* e serviços *online* implicam na coleta, armazenamento e gerenciamento de dados, para garantir a optimização do recurso obtido pelo titular dos dados. Os aplicativos para aparelhos tecnológicos onipresentes, como os celulares, cada vez mais inundam o mercado, podendo apontar alguns exemplos como aplicativos para monitorar exercícios (*Huawei Health, Health Infinity, Google Fit,* entre outros); aplicativos ligados ao Poder Público para agendar atendimento clínico e odontológico em unidades básicas de saúde e estabelecimentos de saúde próximos ao usuário (*Saúde Já-Curitiba, Coronavírus-SUS; Saúde-Guarulhos; Conecte-SUS; Saúde AMS,* entre outros); guias para dietas saudáveis (*Dieta e Saúde-Tech Fit, Alimente-se-Leal Apps,* entre outros); são alguns dos diversos recursos amparados por aplicativos à disposição nas plataformas de compras *online* nos celulares e computadores.

Sem os dados do consumidor, as aplicações não alcançam seus objetivos. É necessário o monitoramento dos dados sensíveis dos usuários para que os guias de exercícios possam indicar os melhores rumos a serem tomados pelo interessado; assim como será necessário que o interessado ceda seu endereço e localização por meio de sistemas de GPS para que os aplicativos do Poder Público possam indicar os estabelecimentos de saúde mais próximos. As oportunidades para terapia e estratificação de diagnósticos mais eficazes se ampliam por meio da cessão de dados a serem tratadas por meio dos algoritmos da tecnologia desenvolvida por empresas de tecnologia.

Naturalmente, tal como nos outros tópicos explorados, os riscos colaterais também são diversos. Como colocado por Molinaro e Sarlet,[21]

> Em resumo, os pontos fortes, as fraquezas, as oportunidades e os riscos de utilização de *big data* em áreas relacionadas à saúde podem ser identificados em contextos de aplicativos: os pontos fortes incluem a crescente base de dados, o desenvolvimento associado a instrumentos digitais e o alto grau de *networking* entre os atores. Em contrapartida,

[21] MOLINARO; SARLET. *Id.*, p. 195-196.

incluem as flutuações na qualidade dos dados, a falta de transparência dos fluxos dos dados, a perda de controle e a maior coordenação, requisitos regulamentares e de qualificação.

2. Breves Comentários às Normas da LGPD em Relação ao Setor: Limites do Consentimento e da Anonimização

A Lei Geral de Proteção de Dados pauta-se no equilíbrio das relações entre o titular dos dados e controlador desses dados. Com foco na proteção do titular dos dados, exige-se o consentimento livre, informado, inequívoco e determinado, significando que no momento em que o titular consente para o tratamento de seus dados por terceiro, deve ter noção absoluta da finalidade a que se presta essa coleta, compreendendo qual será o uso desses dados pessoais. Como se verá adiante, no setor da saúde o consentimento é, em algumas situações-chave, mera exceção. A exigência do consentimento assume em alguns casos um papel formal, resultado da realidade contemporânea.

Ocorre que o aspecto nevrálgico da legislação de proteção de dados do ponto de vista do titular é o direito à privacidade e intimidade. Dessa preocupação do legislador, surge o conceito de autodeterminação informativa, visto comumente como uma espécie de evolução do direito à privacidade, porém tem aspecto mais complexo que esse, sendo antes um espelho da própria personalidade. Tratar-se-ia de uma renovação de como a sociedade vê sua privacidade. Em um mundo de vidro, onde o indivíduo se coloca ao público com maior facilidade tendo em vista a vitória das redes sociais como palco público, a privacidade como direito de estar só não teria sentido. O interesse do titular estaria antes na capacidade de ser soberano sobre a seus dados, impedindo que sejam utilizados de maneira não permitida por ele. Os perigos para os interesses do titular estariam principalmente nas múltiplas novas oportunidades de coleta, análise e vinculação dos dados, tornando esse material bruto em informações. Além disso, a fixação do legislador da LGPD pela anonimização e pseudononimização dos dados como salvaguarda do titular nos casos em que seu consentimento não é necessário, beira a ingenuidade quando se discutem dados pessoais sensíveis.

A LGPD, no que tange a tutela da saúde, exclui a obrigatoriedade do consentimento do titular para o tratamento de dados quando forem usados exclusivamente em procedimentos realizados por profissionais da saúde, serviços de saúde e autoridade sanitária. A lei veda o uso compartilhado entre controladores com o objetivo de obter vantagem econômica. A exceção seria o caso em que o compartilhamento desses dados beneficiar o titular quando solicitado ou para transações financeiras e administrativas resultantes do uso ou da prestação do serviço.

Defende-se que o consentimento livre, informado, esclarecido e consciente é necessário na relação titular-agentes de tratamento de dados – especialmente por envolver de certo modo dados sensíveis – exatamente para que se defina a finalidade para o tratamento de dados. Essa defesa possui um peso antes ético do que legal, ressalta-se. O artigo 11, II, 'f" da LGPD garante dispensa do consentimento em casos de tutela da saúde em procedimentos realizados por profissionais da saúde, serviços de saúde ou autoridade sanitária. Ainda é nebuloso o alcance de tal norma. Por exemplo: estariam os aplicativos de monitoramento de saúde ou de guia de exercícios incluídos no termo "serviços de saúde"? Acredita-se que a leitura aqui deve ser feita de maneira restritiva pelo jurista, sob pena de prejuízo ao direito do titular.

Não apenas existe base legal na referida lei no que diz respeito a tutela da saúde, mas, também, para o cumprimento de obrigação legal ou regulatória pelo controlador e para a proteção da vida ou de incolumidade física do titular ou de terceiros. Pode-se citar como exemplo no primeiro caso o cumprimento de normas de guarda de prontuários regulamentadas de maneira infralegal. No segundo caso, podem-se citar os casos de notificação compulsória.

Nesse mesmo raciocínio, o controlador dos dados na saúde deve, independente do consentimento do titular, tratar os dados sempre com vistas ao interesse desse. As lentes da boa-fé objetiva conforme o atual sistema civilista brasileiro devem ser observadas. Existe dever de informação inerente à boa-fé objetiva, exigindo que o controlador dos dados do paciente/segurado/participante/usuário o mantenha sempre informado dos benefícios esperados e de riscos potenciais. Ainda que em alguns dos casos citados não se trate de um contrato, vale relembrar que os deveres acessórios inerentes a esse, conforme estipulados por Antonio MeneSes Cordeiro,[22] atingem o sujeito ativo da relação na forma de deveres de proteção, prestação de contas, esclarecimento, informação, cuidado, sigilo e cooperação. A dispensa do consentimento não afasta nenhum desses deveres.

A LGPD mantém o direito do titular de acesso, correção, eliminação, anonimização, portabilidade e informação sobre terceiros que o controlador possa eventualmente ter compartilhado os dados. Trata-se de modelo de *opt-out*[23] onde o titular possui o direito de bloquear o tratamento de seus dados no momento que desejar. A informação por parte do controlador dos dados deverá ser em linguagem clara, precisa, apropriada e suficiente, apresentando a pertinência e adequação dos dados coletados.

Importante pontuar que o setor da saúde sempre esteve atento à proteção de dados, ainda antes da LGPD. Conforme apresentado em tópicos anteriores, na saúde suplementar, a seleção de riscos já era regulada antes da LGPD; na pesquisa clínica os direitos de informação e consentimento para utilização de dados sempre esteve presente desde a Declaração de Helsinque e suas subsequentes atualizações, o que pode ser melhor exemplificado na mais ampla regulação nesse sentido no Brasil, a Resolução do Conselho Nacional de Saúde n.º 466/2012 – regulação essa que sofre críticas pelo caráter infralegal,[24] com razão, tendo em vista o vácuo de proteção que gera –; assim como na atuação clínica e dos hospitais, o Termo de Consentimento Livre e Esclarecido sempre se apresentou como necessário.

Além disso, como apresenta Bioni pela análise de estudos empíricos realizados para compreender a sobrecarga e evasão ao consentimento, o titular dos dados consente com a cessão de seus dados na maior parte das vezes em

[22] CORDEIRO, Antonio Meneses. Da boa-fé no direito civil. 2. ed. Coimbra: Almedina, 2001.

[23] O modelo *opt-out* contrasta com o modelo de *opt-in* em relação ao início de um tratamento de dados. No modelo de *opt-in*, o titular escolhe que seus dados sejam utilizados pelo controlador, cedendo esses dados por escolha pessoal (*in*). No *opt-out*, por sua vez, o controlador pode, sem contato com o titular, tratar os dados de pleno direito, restando o direito do titular em sair (*out*). Como exemplos do sistema de *opt-in* no nosso ordenamento jurídico, pode-se pontuar os casos não abarcados pelas exceções do consentimento na LGPD (art. 7º, *caput*, e art. 11, *caput*); e como exemplo do sistema *opt-out*, as regulações da Lei de Cadastro Positivo (Lei nº 12.414/2011).

[24] TOMASEVICIUS FILHO, Eduardo. O Código Civil brasileiro na disciplina da pesquisa com seres humanos. Revista De Direito Sanitário. São Paulo. V. 16(2), p. 116-146, 2015, p. 120-124.

busca de um favorecimento imediato.[25] Não são medidas as consequências (é de evidente ironia o número de vezes que um indivíduo aceita a utilização de *cookies* em cada uma das dezenas de *sites* que são acessados por dia na sua rotina comum apenas para remover o aviso que está entre ele e seu conteúdo desejado). Certamente o mesmo pode ser aplicado na área da saúde. Em que situação um indivíduo deixaria de se submeter a um tratamento para sua saúde por receio de um possível desuso de seus dados? Como maneira de ilustrar o anterior raciocínio se pode apresentar os regimes regulatórios desenvolvidos no Brasil durante a pandemia da COVID-19. Dentre as medidas da Lei n.º13.979/20, está a obrigatoriedade de compartilhamento entre órgãos e entidades da administração pública federal, estadual, distrital e municipal de dados essenciais à identificação de pessoas infectados ou com suspeita de infecção por coronavírus, devendo empresas do setor privado compartilharem dados nesse sentido se solicitados.[26] A finalidade, naturalmente, é evitar a propagação do vírus. Não existe preocupação de perda de soberania sobre dados em troca de uma sobrevivência do estado de pandemia.

Talvez o maior vácuo nesse sentido esteja nas empresas de TI e os aplicativos. Apesar de apresentarem uma proposta positiva, questiona-se sua urgência, em contraste a outros pontos apresentados sobre o setor da saúde. Para tanto, é acertada a sugestão de Molinaro e Sarlet nesse sentido: os *softwares* de propósitos médicos poderiam possuir a mesma regulação dos dispositivos médicos comuns. Tais dispositivos necessitam de certificação após avaliação de risco específica do produto, sobretudo quanto a minimização de riscos.[27] Acredita-se que o conceito de *privacy by design* com fiscalização baseada nas diretivas fundamentais da Lei Geral de Proteção de Dados seja a melhor solução nesse caso.

[25] BIONI, Bruno Ricardo. Proteção de dados pessoais: a função e os limites do consentimento. 2. ed. Rio de Janeiro: Editora Forense, 2020. p. 141-153.

[26] Lei 13.979/20, Art. 6º É obrigatório o compartilhamento entre órgãos e entidades da administração pública federal, estadual, distrital e municipal de dados essenciais à identificação de pessoas infectadas ou com suspeita de infecção pelo coronavírus, com a finalidade exclusiva de evitar a sua propagação.
§ 1º A obrigação a que se refere o *caput* deste artigo estende-se às pessoas jurídicas de direito privado quando os dados forem solicitados por autoridade sanitária.

[27] MOLINARO; SARLET. *Id.*, p. 196.

Na pesquisa, os principais gargalos ao setor são a limitação do conceito de "instituição de pesquisa" ao setor público, afastando algumas benesses ao setor privado. Além disso, como apontam Molinaro e Sarlet, o *big data* apresenta, muitas vezes, a possibilidade de uso de dados coletados por instituições diferentes que nem sempre representam o mesmo contexto, dificultando a interpretação desses dados. Acusam os autores da falta de protocolos uniformes para a coleta, anotação e garantia da qualidade dos dados; assim como regras para um bom intercâmbio entre dados coletados de maneiras diversas, problemas resultantes da falta de modelos de contrato e de consentimento adequados para os pacientes em relação ao uso secundário de dados.[28]

Já na saúde suplementar, entende-se que contratos de seguro-saúde possuem uma relação contratual que se posterga pelo tempo, dificultando e justificando a exceção ao consentimento. Não se é possível prever todas as nuances que modificarão o âmbito obrigacional do negócio jurídico, visto estar condensado junto à uma evolução científica medicinal (cada vez mais frenética) e características de saúde do segurado (não necessariamente visíveis ao início do contrato). Tomando os ensinamentos de Ronaldo Porto Macedo Junior, a estrutura de um contrato relacional talvez seja a mais próxima dos contratos de seguro-saúde: "(...) nos contratos relacionais as partes reconhecem os limites para presentificar o futuro e deixam de pretender tão intensamente fazer isto, tal como se configurava o ideal do pensamento contratual clássico".[29]. Bioni concorda com o ensinamento de Macedo Porto, apontando ser impossível um "consentimento expresso" de todos os termos contratuais com esse objeto.[30] Naturalmente, a própria LGPD impede a cessão de dados "guarda-chuva", pela incidência do princípio da finalidade, impedindo, em última instância, um consentimento amplo. Assim, justifica-se a aplicação do art. 11, II, 'f', em relação à saúde suplementar.

Concluindo, entende-se que os mais comuns casos de responsabilização civil pela LGPD e, portanto, as zonas de maiores riscos no setor, são os vazamentos; o não-atendimento dos direitos do titular (ou seja, qualquer ato que mitigue seu direito à autodeterminação informativa); e o tratamento ilegal,

[28] MOLINARO, Carlos Alberto; SARLET, Gabrielle Bezerra Sales. *Id.*, p. 188.

[29] MACEDO JUNIOR, Ronaldo Porto. Contratos relacionais e defesa do consumidor. São Paulo: Revista dos Tribunais, 2007. p. 168.

[30] BIONI, Bruno Ricardo. *Id.*, p. 226.

em desvio à finalidade acordada entre titular e controlador. O princípio da finalidade é basilar à proteção de dados pessoais, significando que deve existir determinação de propósitos para todo e qualquer ato de utilização de dados, não podendo existir desvio dos seus propósitos iniciais.[31]

3. Responsabilidade Civil por Danos Causados à Personalidade por Meio do Tratamento de Dados Pessoais

O primeiro artigo da Lei Geral de Proteção de Dados apresenta sua base valorativa. Nele se apresentam como fundamentos a privacidade; a autodeterminação informativa; a liberdade de expressão, informação, comunicação e opinião; a inviolabilidade da intimidade, da honra e da imagem; o desenvolvimento econômico e tecnológico e a inovação; a livre iniciativa, a livre concorrência e a defesa do consumidor; os direitos humanos, o livre desenvolvimento da personalidade, a dignidade e o exercício da cidadania pelas pessoas naturais. Nota-se o equilíbrio entre os interesses do titular dos dados, frente aos interesses do controlador desses mesmos dados. Em seguida se discorrerá sobre a responsabilidade civil a partir da LGPD.

A responsabilidade civil é regulamentada na seção III do capítulo VI da LGPD ("Da Responsabilidade e do Ressarcimento de Danos"). Nem todos os casos de responsabilidade civil serão objeto da LGPD, sendo que o próprio marco regulatório reconhece especificamente o caso em que o Código de Defesa do Consumidor deverá ser utilizado (artigo 45). A questão da responsabilidade civil é um ponto secundário tanto no GDPR,[32] e é brevemente discutida na LGPD (artigos 42 à 44). No que diz respeito a responsabilização criminal, a norma é completamente silente. Dessa maneira, pode-se apoiar principalmente nas regulações já existentes previamente à LGPD

[31] GODINHO, A.M; QUEIROGA NETO, G.R.; TOLÊDO, R.C.M.A responsabilidade civil pela violação à dados pessoais. **Revista IBERC,** v. 3, n.1, p. 1-23. Jan-abr./2020, p. 6. Disponível em: https://revistaiberc.responsabilidadecivil.org/iberc/article/view/105/78. Acesso em: 14 ago. 2020.

[32] ROSIER, K; DELFORGE, A. Le régime de la responsabilité civile du responsable du traitement et du sous-traitant dans le RGPD. In Le règlement général sur la protection des données (RGPD/GDPR): analyse approfondie. Bruxelles: Larcier . 2018. p. 665-700. (Cahiers du CRIDS; 44).

(Por exemplo: Lei 12.965/2014 – Marco Civil da Internet – e Lei nº 12.737/2012 – Lei Carolina Dieckmann). O foco aqui será a responsabilização civil, porém. Essa é discorrida em seção própria no texto legislativo.

Pode-se dizer que o próprio legislador reconheceu a insuficiência da LGPD como proteção jurídica aos dados pessoais: no artigo 42 aponta que a violação a legislação de proteção de dados pessoais enseja à reparação. Existe a formação de um microssistema de proteção de dados, portanto. Conforme Capanema, na expressão "legislação de proteção de dados" deve-se incluir "(...) não apenas as leis que versem sobre a proteção de dados, mas as normas administrativas regulamentares que serão expedidas pela Autoridade Nacional de Proteção de Dados ou por outras entidades".[33] Assim, serão incluídas as regulações infralegais como a resoluções do Conselho Nacional de Medicina e as resoluções da Agência Nacional de Saúde.

O legislador também incluiu como fato gerador da responsabilidade civil o ato ilícito derivado da não observância das medidas de segurança, técnicas e administrativas visando a proteção de dados pessoais, a serem editadas. Dessa forma será possível deduzir duas situações de responsabilidade civil na LGPD: a) ato ilícito decorrente de violação de normas jurídicas; b) ato ilícito decorrente de normas técnicas, orientadas à segurança e proteção de dados pessoais.[34]

Quanto aos responsáveis, esses serão o controlador ou o operador. Nesse ponto é necessária uma leitura conjunta entre o Código de Defesa do Consumidor. Caso se trate de uma relação consumerista, existe interpretação sistêmica com as normas de responsabilidade solidária dos artigos 12 e 18 do Código de Defesa do Consumidor[35]. Necessário que seja feita uma leitura

[33] CAPANEMA, Walter Aranha. A responsabilidade civil na Lei Geral de Proteção de Dados. 2020. Cadernos Jurídicos, São Paulo, v. 21, n. 53, p. 163-170, jan./mar. 2020, p. 165.

[34] CAPANEMA. *Id.*

[35] CDC, Art. 12. O fabricante, o produtor, o construtor, nacional ou estrangeiro, e o importador respondem, independentemente da existência de culpa, pela reparação dos danos causados aos consumidores por defeitos decorrentes de projeto, fabricação, construção, montagem, fórmulas, manipulação, apresentação ou acondicionamento de seus produtos, bem como por informações insuficientes ou inadequadas sobre sua utilização e riscos. (...)
Art. 18. Os fornecedores de produtos de consumo duráveis ou não duráveis respondem solidariamente pelos vícios de qualidade ou quantidade que os tornem impróprios ou inadequados ao consumo a que se destinam ou lhes diminuam o valor, assim como por aqueles decorrentes da disparidade, com a indicações constantes do recipiente, da embalagem, rotulagem ou

cautelosa nos diferentes setores da área da saúde, visto que nem todos os casos traduzem em relação de consumo. No objeto do artigo, pode-se excluir a relação entre participante de pesquisa e instituição de pesquisa. De outro lado, a relação entre hospital ou clínica com paciente é claramente uma relação de consumo. No caso da saúde suplementar, muita controvérsia foi levantada, até que a confirmação da relação de consumo veio à tona por meio de entendimento sumulado do Superior Tribunal de Justiça.[36] Em conclusão: a responsabilidade civil será solidária no caso de formação de relação de consumo, mas a norma indica alternância quando não ocorre essa forma de relação (o que pode ser lido da conjunção "ou").

Outra forma de responsabilização solidária pode ser encontrada no seio da própria LGPD (art. 42, §1º), onde se permite a solidariedade nos casos de descumprimento da legislação da proteção de dados por parte do operador, ou caso não siga as instruções lícitas do controlador. Por parte do controlador, ocorrerá solidariedade nos casos em que esse esteja diretamente envolvido no tratamento, violando as regulações de proteção de dados. A exclusão da responsabilidade civil pode ocorrer quando ocorrer ilegitimidade passiva do imputado, caso não haja participado do tratamento de dados danoso; ou quando não houver ato ilícito, ou seja, quando o dano ocorra por ato lícito. Por fim, existe a hipótese de exclusão de responsabilidade civil por culpa exclusiva do titular, o que deve ser analisado com imensa cautela quando se discute proteção de dados, visto que existe imensa discrepância informacional entre titular e controlador/operador no que diz respeito ao uso de dados. Muitas vezes, terminologias informáticas podem ficar no caminho do titular, fazê-lo tomar decisões errôneas e agir de maneiras danosas que não agiria caso tivesse conhecimento da situação. Da parte do controlador/tomador, também não se pode exigir responsabilização civil caso ocorra um dano a

mensagem publicitária, respeitadas as variações decorrentes de sua natureza, podendo o consumidor exigir a substituição das partes viciadas. Ver tópico (236293 documentos)

[36] Inicialmente, o texto da Súmula nº 469 possuía a seguinte redação: "Aplica-se o Código de Defesa do Consumidor aos contratos de plano de saúde". Em 2018, a referida súmula foi cancelada com a edição da Súmula nº 608 com o texto "Aplica-se o Código de Defesa do Consumidor aos contratos de plano de saúde, salvo os administrados por entidades de autogestão". Na prática, a exceção cobre situações muito específicas onde os planos não possuem características comerciais, com financiamento por meio de grupo específico como sindicatos, associações ou cooperativas.

dado pessoal por vulnerabilidade que não fosse de seu conhecimento, não catalogada em sistemas como o *Common Vulnerabilities and Exposures – CVE*.[37] O estado da técnica será a baliza para compreender se houve negligência no nexo causal que gerou o dano civil.

Como apontado nos pontos anteriores do presente artigo, o risco inerente ao tratamento de dados pessoais sensíveis é algo que não pode ser ignorado pelo jurista. Existe jurisprudência brasileira no sentido de indenização por dano moral onde existem riscos de segurança, o que poderia vir a ser aplicado nos danos à personalidade por meio de dados pessoais.[38] Tal argumentação pode se tornar perigosa. Os impactos econômicos que uma litigância excessiva sobre o tratamento de dados poderia agir de maneira negativa não só em relação ao controlador dos dados, como também poderia gerar externalidades negativas para com o próprio titular. A indenização por danos morais pelo mero risco é exceção no ordenamento jurídico, e por uma questão de segurança jurídica assim deverá se manter. Lembra-se que a mera violação do microssistema jurídico de proteção aos dados pessoais não significa em todos os casos a formação de obrigação de indenizar. É necessário que o dano decorra da violação concreta da personalidade.

O setor da saúde deve ser ainda mais cuidadoso com o tratamento dos dados, visto que a natureza dos dados pessoais afetados será na maioria das vezes sensíveis. Conforme defendido em pontos anteriores, o risco aos dados biométricos são inerentes ao setor da saúde. Casos como a transmissão para terceiros dos dados pessoais com fins econômicos em prejuízo do titular deverão ser avaliados pelas lentes do particular. Se houver dano à sua

[37] O *CVE* é um exemplo de compilação de vulnerabilidades conhecidas pela comunidade tecnológica. Pode ser acessado pelo site https://cve.mitre.org/. Na própria definição da plataforma: "*CVE® is a list of entries—each containing an identification number, a description, and at least one public reference—for publicly known cybersecurity vulnerabilities. CVE Entries are used in numerous cybersecurity products and services from around the world, including the U.S. National Vulnerability Database*".

[38] Em 2009, no Recurso de Revista do Tribunal Superior do Trabalho, a Quarta Turma deferiu reparação por danos morais a servente que manuseava lixo hospitalar, apesar de nunca existir efetiva contaminação, não havendo fornecimento de equipamentos de proteção individual por parte da empresa requerida (RR-340400-28.2009.5.09.0022). Na seara consumerista, o Superior Tribunal de Justiça (REsp 1.768.009/MG. Relatora: Min. Nancy Andrighi. DJ: 09/05/2019) decidiu pela compensação em dano moral pela compra de alimentos com corpo estranho no seu interior, ainda que a consumidora não o tenha ingerido.

personalidade, a norma da LGPD, art. 11, §4º não se apresenta como absoluta, ainda que se trate da prestação de serviços de saúde, assistência farmacêutica e de assistência à saúde.

Ainda que no tempo em que este artigo foi redigido a jurisprudência brasileira sobre o tema seja escassa, podemos analisar a matéria pelas lentes do direito do consumidor. Vê-se que atualmente os tribunais brasileiros impõe como condição para a caracterização de danos morais que a coleta e o tratamento de dados tenham causado prejuízo à vítima, além da ilegalidade do ato.[39] Não são apenas dados pessoais sensíveis o objeto do setor da saúde, sendo necessária colheita muito maior de dados pessoais simples. Estes vem sendo considerados pelo Judiciário brasileiro como de caráter não sigiloso, nem íntimo, considerados como arquivo de consumo pelo Código de Defesa do Consumidor. Por essa leitura, afastam-se tratamentos realizados indevidamente, por não haverem gerado prejuízo concreto para a vítima. Não se afasta nesse caso as multas administrativas de 2% do faturamento bruto da empresa faltante a serem impostas pela Agência Nacional de Proteção de Dados. Porém, em vista da finalidade de reparar o titular dos dados, a disciplina normativa deixa a desejar.

Quanto a liquidação do dano, deve medir a indenização pela extensão do dano, de acordo com a regra do art. 944 do Código Civil. Importante citar a lição de Maria Celina Bodin de Moraes no indispensável papel do juiz no arbitramento do *quantum debeatur* em relação a danos à pessoa humana. O dano gerado à personalidade desagua na reparação de algo irreparável, necessitando de uma condenação simbólica. Os critérios utilizados pela jurisprudência nesse sentido para a avaliação dos danos morais seriam a) o grau de culpa e a intensidade do dolo do ofensor; b) situação econômica do ofensor; c) natureza, a gravidade e a repercussão da ofensa; d) condições pessoais da vítima; e) intensidade do sofrimento.[40] Mais específico ao caso em tela, utiliza-se o pensamento de Capanema,[41] que entende que deverão ser observados

[39] Nesse sentido: TJRS. 18ª Câmara Cível. Apelação Cível n.º 70069154854. Relator: Túlio de Oliveira Martins, D.J: 30/06/2016; e TJRS. 6º Câmara Cível. Apelação Cível n.º 70077938512. Relator: Niwton Carpes da Silva, DJ: 30/08/2018.

[40] MORAES, Maria Celina Bodin de. Danos à pessoa humana: uma leitura civil-constitucional dos danos morais. 2 ed. Rio de Janeiro: Editora Processo, 2017. p. 295-296.

[41] CAPANEMA, *Ibidem*.

os seguintes critérios: a) quantidade de dados pessoais afetados; b) natureza dos dados pessoais afetados; c) reincidência na conduta; d) omissão em tomar medidas de segurança e técnicas para minorar o dano; e) ausência de notificação dos usuários da ocorrência do incidente; f) utilização ou não dos dados por terceiros.

A natureza dos dados e a probabilidade de haver um imenso desnível econômico entre vítima (titular dos dados) e agressor (controlador ou operador de dados pessoais sensíveis), demonstram que o *quantum debeatur* será na maior parte dos casos em valor substancial. Restará analisar conforme o caso outros critérios objetivos envolvidos.

Conclusões

O presente artigo foi escrito como um ponto de partida para uma pesquisa em desenvolvimento, buscando apresentar as primeiras impressões em relação as novas conjunturas engendradas na proteção de dados pelo setor da saúde. Ocorre que na área estudada, a Lei Geral de Proteção de Dados pouco trouxe no que diz respeito à proteção dos dados de saúde, focando principalmente na continuidade da exploração econômica pelo setor. Anonimização e consentimento são conceitos-chave na norma, porém, no que diz respeito à área de saúde são vistos como meras causalidades no fluxo de dados no setor. Se a conjuntura jurídica causada por isso significará uma menor tutela à autodeterminação informativa do titular dos dados, restará aguardar a vigência da norma para uma melhor análise.

Como apontado, é ingênuo acreditar que toda a área da saúde tem a mesma conjuntura em relação a proteção de dados. Os próprios dados como reflexo do indivíduo não se eximem em "privacidade" e "intimidade", possuindo um impacto muito mais amplo sobre a personalidade de um indivíduo. Cada área da saúde irá reagir de forma diferente em relação a esse tratamento de dados, e poderá causar danos à personalidade de formas distintas. Se de um lado o tratamento de dados por hospitais/clínicas já seja muito avançado do ponto de vista ao respeito à personalidade, por conta do conceito de sigilo médico, o mesmo não pode ser dito ao mais livre setor dos aplicativos de saúde. Se de um lado a pesquisa com indivíduos para fins científicos significa um respeito intrínseco à dignidade do indivíduo, um órgão de pesquisa com fins estatísticos talvez não tenha o mesmo respeito à personalidade do participante da pesquisa. As conjunturas são bastante amplas e diversas.

De outro lado, as exceções ao consentimento e a faculdade da anonimização não eliminam a responsabilidade civil no caso de danos à personalidade por meio de tratamento de dados pessoais de forma ilícita. Como apresentado ao longo do texto, os riscos são inúmeros. Os gargalos do ponto de vista da responsabilidade civil talvez estejam mais na tradição judiciária brasileira em exigir prejuízos ao titular dos dados além da atuação ilícita por parte do agente de tratamento de dados, o que poderia gerar eventualmente uma irresponsabilidade por parte do setor nesse sentido.

Os desafios na área da saúde como um todo, podem ser resumidos pelo que Maria Stella Gregori apresenta como os desafios da saúde suplementar: a) a Agência Nacional de Proteção de Dados deve definir o que se entende por vantagem econômica e quais dados são sensíveis; b) controladores devem estabelecer uma política de governança, atentando quais dados de terceiros possuem e avaliar sua necessidade, quais dados estão compartilhados com terceiros e se tal compartilhamento é ligado a necessidade do serviço; c) revisar todos os contratos com consumidores checando o consentimento e, se não tiverem, atentar se existe interesse legítimo; d) implementação de sistemas de controle de privacidade; e) elaborar relatório de impacto de dados pessoais que podem gerar riscos às liberdades civis e aos direitos fundamentais.[42]

Em conclusão, a lista de Gregori, ainda que completa, porta-se principalmente ao ponto de vista dos atores se adequarem a LGPD como realidade. Do ponto de vista da coesão do sistema jurídico, acrescenta-se: a) a necessidade por parte do Judiciário em delimitar o *quantum* da indenização por ato ilícito; b) melhor definição dos dados genéticos, biométricos e de saúde, adequando aos conceitos regimes jurídicos específicos; c) melhor coesão entre a LGPD e as normas infralegais já consolidadas, cabendo ao legislativo trazer a nível de lei algumas regulações infralegais..

[42] GREGORI, Maria Stella. *Id.* p. 13.

Referências

a) *Bibliográficas*

BARROS, E *et al.* **Exame clínico: consulta rápida.** 2. ed. Porto Alegre: Artmed, 2004.

BIONI, Bruno Ricardo. **Proteção de dados pessoais: a função e os limites do consentimento.** 2. ed. Rio de Janeiro: Editora Forense, 2020.

CORDEIRO, Antonio Meneses. **Da boa-fé no direito civil.** Coimbra: Almedina, 2001.

DONEDA, Danilo. **Da privacidade à proteção de dados pessoais.** 2. ed. São Paulo: Thomson Reuters Brasil, 2019.

GODINHO, A.M; QUEIROGA NETO, G.R.; TOLÊDO, R.C.M.A responsabilidade civil pela violação à dados pessoais. **Revista IBERC,** v. 3, n.1, p. 1-23. Jan-abr./2020, p. 6. Disponível em: https://revistaiberc.responsabilidadecivil.org/iberc/article/view/105/78. Acesso em: 14 ago. 2020.

GREGORI, Maria Stella. Os impactos da Lei Geral de Proteção de Dados na saúde suplementar. **Revista de Direito do Consumidor,** v. 127/2020, jan-fev. 2020. Disponível em: <https://www.thomsonreuters.com.br/content/dam/openweb/documents/pdf/Brazil/white-paper/rdc-maria-stella.pdf>. Acesso em: 20 mai. 2020.

IDEC. **Justiça impede uso de câmera que coleta dados faciais em metrô de São Paulo.** 2018. Disponível em: https://idec.org.br/noticia/justica-impede-uso-de-camera-que-coleta-dados-faciais-do-metro-em-sp. Acesso em: 16 ago. 2020.

MACEDO JUNIOR, Ronaldo Porto. **Contratos relacionais e defesa do consumidor.** São Paulo: Revista dos Tribunais, 2007.

MOLINARO, Carlos Alberto; SARLET, Gabrielle Bezerra Sales. Questões tecnológicas, éticas e normativas da proteção de dados pessoais na área da saúde em um contexto de big data. **Direitos Fundamentais e Justiça – RBDFJ**, ano 4, n. 41, p. 183-212, jul./ dez. 2019. Disponível em: https://www.forumconhecimento.com.br/periodico/136/41882/91032. Acesso em: 6 ago. 2020.

MORAES, Maria Celina Bodin de. **Danos à pessoa humana: uma leitura civil-constitucional dos danos morais.** Rio de Janeiro: Editora Processo, 2017.

SARLET, Ingo Wolfgang. Proteção de dados pessoais como direito fundamental na Constituição Federal brasileira de 1988: contributo para a construção de uma dogmática constitucionalmente adequada. **Direitos Fundamentais e Justiça – RBDFJ,** ano 4, n. 42, p. página inicial-página final, jan./ jun. 2020. Disponível em: <https://www.forumconhecimento.com.br/periodico/136/41941/91854>. Acesso em: 6 ago. 2020.

SHABANI, M; BORRY, P. Rules for processing genetic data for research purposes in view of the new EU General Data Protection Regulation. **European journal of human genetics.** 2018. EJHG, 26(2), 149–156. https://doi.org/10.1038/s41431-017-0045-7. Disponível em: <https://www.ncbi.nlm.nih.gov/pmc/articles/PMC5838983/>. Acesso em: 20 jul. 2020.

ROSA, Diogo Miguel Alcaçarenho. **Proteção de dados pessoais em saúde e hospitais E.P.E.: responsabilidade civil do responsável pelo tratamento.** Dissertação defendida na Universidade de Lisboa. Lisboa. 2019. Disponível em: <https://repositorio.ul.pt/bitstream/10451/37436/1/ulfd136577_tese.pdf>. Acesso em: 15 jul. 2020.

ROSIER, K; DELFORGE, A. Le régime de la responsabilité civile du responsable du traitement et du sous-traitant dans le RGPD. In **Le règlement général sur la protection des données (RGPD/GDPR): analyse approfondie**. Bruxelles: Larcier . 2018. p. 665-700. (Cahiers du CRIDS; 44).

TOMASEVICIUS FILHO, Eduardo. O Código Civil brasileiro na disciplina da pesquisa com seres humanos. **Revista de Direito Sanitário**. São Paulo. V. 16(2), p. 116-146, 2015.

b) *Legislativas*

ANS. Resolução Normativa – RN n.°162, de 17 de outubro de 2007. Estabelece a obrigatoriedade da Carta de Orientação ao Beneficiário; dispõe sobre Doenças ou Lesões Preexistentes (DLP); Cobertura Parcial Temporária (CPT); Declaração de Saúde e sobre o processo administrativo para comprovação do conhecimento prévio de DLP pelo beneficiário de plano privado de assistência à saúde no âmbito da Agência Nacional de Saúde Suplementar; revoga as Resoluções CONSU nº 2, de 4 de novembro de 1998, CONSU nº 17 de 23 de março de 1999, artigos 2° e 4° da Resolução CONSU nº 15 de 23 de março de 1999, a Resolução Normativa 20 de 12 de dezembro de 2002 e a Resolução Normativa RN nº 55, de 2 de novembro de 2003 e altera a Resolução Normativa – RN nº 124, de 30 de março de 2006. Disponível em: <https://www.ans.gov.br/component/legislacao/?view=legislacao&task=TextoLei&format=raw&id=MTIyMw== >. Acesso em: 20 jul.2020.

ANS. Resolução Normativa – RN n.° 305, de 9 de outubro de 2012. Estabelece o Padrão obrigatório para Troca de Informações na Saúde Suplementar – Padrão TISS dos dados de atenção à saúde dos beneficiários de Plano Privado de Assistência à Saúde; revoga a Resolução Normativa – RN nº 153, de 28 de maio de 2007 e os artigos 6º e 9º da RN nº 190, de 30 de abril de 2009. Disponível em: <http://www.ans.gov.br/component/legislacao/?view=legislacao&task=TextoLei&format=raw&id=MjI2OA== > Acesso em: 20 jul. 2020.

ANS. Resolução Normativa – RN n.° 389, de 26 de novembro de 2015. Dispõe sobre a transparência das informações no âmbito da saúde suplementar, estabelece a obrigatoriedade da disponibilização do conteúdo mínimo obrigatório de informações referentes aos planos privados de saúde no Brasil, revoga a Resolução Normativa n° 360 de 3 de dezembro de 2014, e o parágrafo único do art. 5º, da RN nº 190 de 30 de abril de 2009, e dá outras providências. Disponível em:
<http://www.ans.gov.br/component/legislacao/?view=legislacao&task=TextoLei&format=raw&id=MzEzNw==#:~:text=Disp%C3%B5e%20sobre%20a%20transpar%C3%AAncia%20das,o%20par%C3%A1grafo%20%C3%BAnico%20do%20art.> . Acesso em: 20 jul. 2020.

ANS. Resolução Normativa – RN n.° 413, de 26 de novembro de 2015. Dispõe sobre a contratação eletrônica de planos privados de assistência à saúde. Disponível em: <https://www.ans.gov.br/component/legislacao/?view=legislacao&task=TextoLei&format=

raw&id=MzMyNw==#:~:text=RESOLU%C3%87%C3%83O%20NORMATIVA%20%2D%20RN%20N%C2%BA%20413,privados%20de%20assist%C3%AAncia%20%C3%A0%20sa%C3%BAde.> Acesso em: 20 jul. 2020.

______. Súmula Normativa nº 27, de 10 de junho de 2015. Disponível em: http://www.ans.gov.br/component/legislacao/?view=legislacao&task=PDFAtualizado&format=raw&id=Mjk5NA==. Acesso em: 20 jul. 2020.

BRASIL. Lei n.º 8.078, de 11 de setembro de 1990. Dispõe sobre a proteção do consumidor e d dá outras providências. Brasília, 1990. Disponível em: <http://www.planalto.gov.br/ccivil_03/leis/l8078compilado.htm>. Acesso em: 20 jul. 2020.

______. Lei n 9.961 de 28 de Janeiro de 2000. Cria a Agência Nacional de Saúde Suplementar – ANS e dá outras providências. Disponível em: <https://www.planalto.gov.br/ccivil_03/leis/l9961.htm > . Acesso em: 20 jul. 2020.

______. Lei n.º 12.414, de 9 de junho de 2011 (Disciplina a formação e consulta a bancos de dados com informações de adimplemento, de pessoas naturais ou de pessoas jurídicas, para formação de histórico de crédito). Brasília. 2011. Disponível em: <http://www.planalto.gov.br/ccivil_03/_ato2011-2014/2011/lei/l12414.htm> . Acesso em: 20 jul. 2020.

______. Lei nº 13.709, de 14 de agosto de 2018 (Lei Geral de Proteção de Dados). Brasília. 2018. Disponível em: http://www.planalto.gov.br/ccivil_03/_ato2015-2018/2018/lei/L13709.htm. Acesso em: 6 ago. 2020.

______. Lei n.º 13.787, de 27 de dezembro de 2018. Dispõe sobre a digitalização e a utilização de sistemas informatizados para a guarda, o armazenamento e o manuseio de prontuário de paciente. Disponível em: < http://www.planalto.gov.br/ccivil_03/_ato2015-2018/2018/lei/L13787.htm> . Acesso em: 20 jul. 2020.

______. Lei n.º 13.979, de 6 de fevereiro de 2020. Dispõe sobre as medidas para enfrentamento da emergência de saúde pública de importância internacional decorrente do coronavírus responsável pelo surto de 2019. Disponivel em: <http://www.planalto.gov.br/ccivil_03/_ato2019-2022/2020/lei/l13979.htm>. Acesso em: 20 jul. 2020.

CNS. Resolução n.º 466, de 12 de dezembro de 2012. Dispõe sobre diretrizes e normas regulamentadoras de pesquisas envolvendo seres humanos. Disponível em: < http://www.conselho.saude.gov.br/resolucoes/2012/Reso466.pdf> . Acesso em: 20 jul. 2020.

CFM. Resolução nº 1.638/2002. Define prontuário médico e torna obrigatória a criação da Comissão de Revisão de Prontuários nas instituições de saúde. Disponível em: https://sistemas.cfm.org.br/normas/visualizar/resolucoes/BR/2002/1638. Acesso em: 5 jul. 2020.

CFM. Resolução CFM n.º 1.821, de 23 de novembro de 2007. Aprova as normas técnicas concernentes à digitalização e uso dos sistemas informatizados para a guarda e manuseio dos documentos dos prontuários dos pacientes, autorizando a eliminação do papel e a troca de informação identificada em saúde. Disponível em: < https://sistemas.cfm.org.br/normas/visualizar/resolucoes/BR/2007/1821> . Acesso em: 20 jul. 2020.

PARLAMENTO EUROPEU. Regulamento 2016/679/UE do Parlamento e do Conselho Europeu de 27 de abril de 2016 – relativo à proteção das pessoas singulares no que diz respeito ao tratamento de dados pessoas e à livre circulação desses dados e que revoga a Diretiva 95/46/CE. Disponível em: https://publications.europa.eu/pt/publication-detail/-/publication/3e485e15-11bd-11e6-ba9a-01aa75ed71a1. Acesso em: 25 ago. 2019.

c) *Jurisprudenciais*

STJ. **REsp 1.768.009/MG.** Relatora: Min. Nancy Andrighi. DJ: 09/05/2019. Disponível em: https://ww2.stj.jus.br/processo/pesquisa/?src=1.1.2&aplicacao=processos.ea&tipoPesquisa=tipoPesquisaGenerica&num_registro=201802143042. Acesso em: 25 jul. 2020.

TJRS. 18ª Câmara Cível. **Apelação Cível n.º** 70069154854. Relator: Túlio de Oliveira Martins, D.J: 30/06/2016. Disponível em: https://tj-rs.jusbrasil.com.br/. Acesso em: 25 jul. 2020.

TJRS. 6º Câmara Cível. **Apelação Cível n.º** 70077938512. Relator: Niwton Carpes da Silva, DJ: 30/08/2018. Disponível em: https://tj-rs.jusbrasil.com.br/. Acesso em: 25 jul. 2020.